Das Buch

Dieses Nachschlagwerk bietet Biographien der führenden Politiker der Bundesrepublik Deutschland – von Konrad Adenauer, Ludwig Erhard, Kurt Schumacher und Theodor Heuss bis zu Helmut Kohl, Richard von Weizsäcker, Hans-Jochen Vogel, Hans-Dietrich Genscher, Petra Kelly – und schildert deren Aktivitäten und Werdegang. Auch die Erinnerung an manche zu Unrecht in Vergessenheit geratene Politiker wird wieder geweckt.
Das Buch ist jedoch nicht nur ein Personenlexikon, sondern auch ein Grundriß der Geschichte der Bundesrepublik von den schwierigen Anfängen unter Adenauer über die Ostpolitik Brandts in den siebziger Jahren bis zu den Auseinandersetzungen über NATO-Doppelbeschluß, Arbeitslosigkeit und Umweltprobleme. Über 200 Kurzportraits erläutern, wie die beschriebenen Politiker den Kurs der Bundesrepublik steuerten. Kontinuitäten und Kontraste im historischen Ablauf können im Anhang verglichen werden.

Zu Herausgeberin und Autoren

siehe S. 253

ECON Handbuch

Ulrike Nikel
(Hrsg.)

Politiker der Bundesrepublik Deutschland

Persönlichkeiten des politischen Lebens seit 1949 von A bis Z

ETB
ECON Taschenbuch Verlag

Bildnachweis: CDU: Abb
Alle anderen: Presse- und Informationsamt der Bundesregierung

1. Auflage 1985

Umschlagdesign: Ludwig Kaiser
Satz: Dörlemann-Satz, Lemförde
Druck und Bindung: Ebner Ulm
Printed in Germany
ISBN 3-612-22008-X

Inhalt

Einführung

Als mit Inkrafttreten des Grundgesetzes am 24. Mai 1949 die Geburtsstunde der Bundesrepublik schlug, waren sechzehn Jahre vergangen, seit der erste republikanisch-demokratische Versuch der Deutschen gescheitert war. Nicht mehr als vierzehn Jahre hatte die Republik von Weimar Bestand gehabt. Was folgte, waren Diktatur, Verfolgung und Mord, ein erbarmungsloser Vernichtungskrieg, der in Gestalt unermeßlichen Nachkriegselends schließlich auf Deutschland zurückschlug.

Bildeten schon das Scheitern von Weimar sowie die Erfahrung des Nationalsozialismus bzw. der eigenen schuldhaften Verstrickung nicht zu unterschätzende Belastungen für die junge zweite Republik, so war diese zudem mit einer weiteren Hypothek behaftet: nämlich nicht Resultat freier demokratischer Willensbildung zu sein, sondern sich primär dem Diktat der westlichen Siegermächte zu verdanken. Kein Wunder also, daß die Frage nach der Demokratiefähigkeit der Deutschen, Historiker und Publizisten viele Jahre lang ebenso beschäftigen sollte wie jene andere Frage, ob Bonn gleich Weimar sei, ob ein Teil jener Schwächen, welche die erste Republik hatte zugrunde gehen lassen, trotz allen Bemühens der Gründerväter um den Ausschluß systemimmanenter Gefahren nicht auch die Bundesrepublik bedrohte.

Was den Weg in die politische Normalität außerdem stark behinderte, war neben dem Faktum, daß man weiterhin unter alliierter Kuratel stand, also keineswegs ein souveränes Land war, die Tatsache, daß dieses neue staatliche Gebilde sich – so wurde es im Grundgesetz verankert – lediglich als Provisorium definierte, als Vorstufe für ein wiedervereinigtes demokratisches Deutschland. Auch wenn man – im Einverständnis mit den Westmächten – die Gründung eines Teilstaates forciert und dafür die deutsche Einheit preisgegeben hatte, so wurde das Postulat der Wiedervereinigung (hinzu trat mit Formulierung der Hallstein-Doktrin der Alleinvertretungsanspruch) doch zum ideologischen Rüstzeug Bonner Politik. In den ersten Jahren freilich war man noch von der Richtigkeit der »Magnettheorie« überzeugt, wonach die ökonomische Anziehungskraft und Attraktivität des Westens irgendwann zur Integration des Ostens führen müsse.

Ein Staat zwischen Ost und West, an der Nahtstelle der Machtblöcke gelegen, mitten im Spannungsfeld des Kalten Krieges zwischen den einstigen Verbündeten – diese Konstellation bestimmte Prämissen und Möglichkeiten bundesrepublikanischer Politik. Die Erlangung staatlicher Souveränität und die feste Verankerung ins westliche Bündnis, daneben das Wunder des raschen Wiederaufbaus waren die Merkmale der Adenauer-Ära; die längst überfällige Öffnung nach Osten, durch ein komplexes Vertragswerk festgeschrieben, wurde zum Markenzeichen der Ära Brandt-Scheel.

Fünfunddreißig Jahre Bundesrepublik: Welche Männer und Frauen waren es, die das Gesicht dieses Staates geprägt haben, die leidenschaftlich um seinen politischen Weg gerungen wie gestritten haben und dies noch heute tun. Zwar darf die individualisierende Geschichtsbetrachtung des Historismus (»Männer machen Geschichte«) als überholt gelten, doch scheint es legitim, Persönlichkeiten herauszustellen, deren Biographie zugleich überindividuelle Strukturen sichtbar werden läßt; Persönlichkeiten, die politischen und geistigen Tendenzen ihrer Zeit Ausdruck verliehen haben oder die irgendwann irgendwo, sei es in Regierungs- oder Parteiämtern, entscheidende Impulse gegeben haben.

So verstanden, soll dieser Band mittels der Biographie auch schlaglichtartig die

Entwicklung der Bundesrepublik in ihren verschiedenen Phasen beleuchten. Unter diesem Aspekt läßt sich manch ansonsten vielleicht befremdlicher Beitrag wie der – um nur ein Beispiel zu nennen – des Saar-Politikers Hoffmann verstehen: nicht um die Person geht es, sondern um die politische Situation. Oder das Problem der territorialen Gestaltung des Südwestens: In den Artikeln über Heinrich Köhler, Reinhold Maier, Gebhard Müller und Leo Wohleb spiegelt sich etwas von dem erbitterten Ringen um die Bildung eines Einheitsstaates (Baden-Württemberg wurde 1951 gegründet) bzw. vom ebenso zähen Festhalten an den historisch gewachsenen Ländern wider.

Auch über Kontroversen zwischen und Innerhalb der Parteien läßt sich mosaikartig ein Bild zusammensetzen. Dabei ist keineswegs vorrangig an so fast schon klassische Kontrahenten wie Konrad Adenauer und Kurt Schumacher zu denken. Man mag sich beispielsweise anhand der Biographien von Adenauer, Karl Arnold und Jakob Kaiser die Divergenzen in der frühen CDU zwischen dem christlich-sozialistischen und dem kapitalistisch-marktwirtschaftlichen Flügel vergegenwärtigen. Für konträre Positionen in der Nachkriegs-SPD stehen u. a. Schumacher und Ernst Reuter, Viktor Agartz und Erik Nölting. Der sog. Jungtürken-Aufstand in der FDP, mit dem sich Namen wie Wolfgang Döring, Willy Weyer, Walter Scheel, aber auch Erich Mende verbinden, markierte für die dritte politische Kraft in der Bundesrepublik einen wesentlichen Meilenstein.

Die Konsolidierung der Parteien vollzog sich also keinesfalls ohne Kämpfe. Und nicht ohne Verluste. Doch es waren nicht nur die Anhänger »überholter« ideologischer Marschrouten, die innerparteilich auf der Strecke blieben – ganze Parteien waren es, die entstanden, sich auflösten, die aufgesogen oder gar verboten wurden. Auch darauf, auf Parteien wie DP, BHE, KPD, GVP, NPD soll durch ihre Exponenten verwiesen werden. Ein Problem besonderer Art stellten die Grünen dar, die sich anschicken, das in der Bundesrepublik seit mehr als zwei Jahrzehnten de facto herrschende Drei-Parteien-System ernsthaft und auf Dauer in Frage zu stellen. Obwohl inzwischen unbestritten ein Faktor deutscher Politik, muß hier eine (Petra Kelly) für alle stehen, weil das von den Grünen beschlossene Rotationsprinzip eine längere parlamentarische Präsenz und damit eine personelle Fixierung grüner Politik verhindert. Aus diesem Grund mußte selbst auf eine so herausragende Figur wie Otto Schily verzichtet werden. Weitgehend unberücksichtigt blieben ferner, wenn man von den bedeutendsten oder populärsten Ministerpräsidenten absieht, die Landespolitiker.

Jede Auswahl ist, bei allem Bemühen, letztlich subjektiv und damit anfechtbar. Keiner, der nicht den einen weglassen und den anderen hinzufügen würde. Neben den bereits genannten Intentionen lag der Konzeption dieses Bandes das Bestreben zugrunde, ein einigermaßen ausgewogenes Verhältnis herzustellen zwischen den Repräsentanten der frühen Jahre und der heutigen Politikergeneration; zwischen den einen, die als Regierungsmitglieder im Rampenlicht standen, und den anderen, die als Graue Eminenzen einflußreich an den Schaltstellen der Parteiapparate wirkten, oder auch jenen, die als »einfache« Parlamentarier engagiert und dem ihnen übertragenen Mandat entsprechend ihre Arbeit getan haben.

Dabei konnte es nicht darum gehen, nur die allseits anerkannten, durch breiten Konsens akzeptierten Persönlichkeiten herauszustellen. Politik ist keine Frage von Gut und Böse, sie hat stets ihre Schattenseiten, ihre Intrigen und Affären, ihre Schwarzen Schafe und ihre ideologischen Amokläufer. Auch die Bundesrepublik hat seit ihrem Entstehen nicht nur demokratisch einwandfreie Geister erlebt. Aber diese gehören ebenso ins Spektrum der politischen Landschaft wie jene, die dazu beigetragen haben, den angeschlagenen Deutschen ein Stück Selbstbewußtsein und Identität zurückzugeben.

Im Bewußtsein vieler, wenn nicht der meisten Deutschen beginnt die Geschichte der Bundesrepublik mit Adenauer. Was und wer vorher war, ist weitgehend unbekannt oder geriet in Vergessenheit. Zu Unrecht, denn in jenem Zeitraum zwischen der Kapitulation des Hitler-Staates und der Ausrufung der zweiten deutschen Republik wurde über deren Voraussetzung entschieden. Langsame Reorganisation des politischen und wirtschaftlichen Lebens unter alliierter Kontrolle, freie Wahlen – erstmals wieder seit 1933 – und Installation regionaler, dann überregionaler Selbstverwaltung, erste behutsame Schritte aus der totalen Vormundschaft der Siegermächte heraus – Männer und Frauen der Stunde Null waren es, die den Grundstein für das spätere Staatsgebäude legten. Deshalb wurde ihrer Leistung, selbst wenn sie nach 1949 nicht mehr in Erscheinung traten, keine geringe Aufmerksamkeit geschenkt.

Für die Abfassung der einzelnen Artikel galt als Darstellungsprinzip, nicht nur den äußeren Rahmen einer Politikerkarriere abzustecken, sondern bei aller Kürze punktuell Akzente zu setzen und Bedeutungen auszuloten, ohne in direkte parteipolitische Wertungen oder Polemiken zu verfallen. Daß das Endergebnis trotzdem vielschichtig, ein Teil der Artikel stärker biographisch, der andere mehr auf die große politische Linie hin angelegt ist, daß hier der Ton sachlicher Berichterstattung vorherrscht, dort Wertung und Parteinahme anklingt – dies kann angesichts der Vielzahl der »Beiträger« nicht ausbleiben und macht, so meine ich, zugleich einen Reiz des Bandes aus. Jeder Autor steht für die von ihm gezeichneten Artikel ein; die Bebilderung lag in den Händen des Verlages.

Ulrike Nikel

Ernst Achenbach
* 9. 4. 1909 Siegen
Der Name Ernst Achenbach steht wie kaum ein anderer für die unselige Verbindung der frühen FDP mit ehemaligen NS-Größen. Schon in den Nürnberger Kriegsverbrecherprozessen verteidigte der Essener Anwalt, der es in der NS-Zeit bis zum Leiter der Politischen Abteilung an der Pariser Botschaft gebracht hatte, Angeklagte von IG Farben und Auswärtigem Amt. Zum ersten Skandal um Achenbach kam es 1953 im Zusammenhang mit der »Naumann-Affäre«, bei der es um die Unterwanderung der FDP durch Ex-Nazis ging. Auch Achenbach wurde vorgeworfen, einige in führende Positionen des nordrhein-westfälischen Landesverbandes gebracht zu haben.
Dennoch blieb er von 1950 bis 1958 Landtagsabgeordneter und zog seit 1957 immer wieder in den Bundestag ein, 1964 außerdem in das Europäische Parlament. Eine angestrebte Kandidatur für einen Sitz in der EG-Kommission scheiterte 1970 allerdings an seiner Vergangenheit. Nach öffentlichen und parteiinternen Vorwürfen, er habe als Berichterstatter die Ratifizierung des deutsch-französischen Zusatzabkommens über die Verurteilung von Naziverbrechern jahrelang verzögert, trat Achenbach 1974 von diesem Posten im Auswärtigen Ausschuß des Bundestags zurück und kandidierte 1976 nicht mehr für den Bundestag.

Bernd Kühnl

Konrad Adenauer
* 5. 1. 1876 Köln; † 19. 4. 1967 Rhöndorf
Nur wenige deutsche Staatsmänner haben im In- und Ausland ein solches Ansehen gewonnen wie der erste Bundeskanzler. Die »Ära Adenauer« – inzwischen Inbegriff für Gründung und Aufbau der Bundesrepublik – beschreibt jedoch nur den letzten Lebensabschnitt des Beamtensohnes aus Köln.
Nach dem Abitur am Staatlichen Gymnasium an der Apostelkirche 1894 studierte Adenauer Jura und Volkswirtschaft in Freiburg im Breisgau, München und Bonn. 1897 legte er sein 1., 1901 sein 2. juristisches Staatsexamen ab. Von 1902 bis 1904 arbeitete er als Gerichtsassessor bei der Staatsanwaltschaft, als Hilfsrichter beim Landgericht Köln und zwischen 1904 und 1906 in einer Rechtsanwaltspraxis. Sein politisches Wirken begann 1906 mit dem Eintritt in die Zentrumspartei, in der sich der gläubige Katholik politisch zu Hause fühlte. Als Beigeordneter machte Adenauer in der Kommunalpolitik Kölns rasch Karriere. 1909 stieg er zum 1. Beigeordneten auf und nahm 1914 mit dem Ernährungsressort die Versorgung der Stadt unter seine Verantwortung. Von 1917 an bestimmte er 16 Jahre lang als Oberbürgermeister die Geschicke seiner Heimatstadt. Trotz der siebenjährigen Besatzungszeit (1918–1926) gelang es ihm mit Sachverstand, Überzeugungskraft und Zähigkeit, Köln zur Metropole des Rheinlandes, ja des westlichen Deutschland, auszubauen. Wenn auch sein Führungsstil und die Art seiner Repräsentation auf harte Kritik stießen, so gingen doch zahlreiche städtische Projekte (Gründung der Kölner Messe, Wiedereröffnung der Universität, bauliche Erweiterungs- und Sanierungsarbeiten) auf seine Initiative zurück.
Vehement setzte sich Adenauer separatistischen Bestrebungen der Alliierten zur Wehr. Aus taktischen Gründen trat er zeitweise für die Schaffung einer »Westdeutschen Republik« im Verband des Deutschen Reiches ein (bundesstaatliche Lösung des Rhein-Ruhr-Problems), um den französischen Einfluß abzuschwä-

Konrad Adenauer wird am 17. 10. 1954 in Washington von US-Präsident Dwight D. Eisenhower empfangen.

chen. Den Sicherheitsbedürfnissen der westlichen Nachbarn wollte er durch »organische Verflechtung« der westdeutschen, französischen und belgischen Industrien entgegenkommen.
Überregionale Bedeutung erlangte das Kölner Stadtoberhaupt durch die Wahl zum Vorsitzenden des neugeschaffenen Preußischen Staatsrats 1921, dem er bis 1933 vorstand. In dieser Zeit gehörte er auch mehrmals zum Kreis der Kandidaten für das Amt des Reichskanzlers. Die Nationalsozialisten entfernten Adenauer 1933 aus allen Ämtern. Nach vergeblichen Protesten bei Göring zog sich der 57jährige ins Privatleben zurück und wurde bis 1945 nicht mehr politisch aktiv. Dennoch war er stets Verdächtigungen und Verfolgungen ausgesetzt. Nach einjähriger Unterkunft in der Benediktinerabtei Maria Laach 1933/34 lebte Adenauer mit seiner Familie in Berlin-Neubabelsberg. 1935 zogen sie nach Rhöndorf am Rhein. Im Zuge der Verhaftungswelle nach dem 20. 7. 1944 wurde Adenauer festgenommen und drei Monate inhaftiert. Schon in den letzten Kriegstagen stand er in Kontakt mit amerikanischen Militärs, die ihn im Mai 1945 wieder zum Oberbürgermeister von Köln ernannten. Nur fünf Monate später, im Oktober 1945, wurde der fast 70jährige wegen »politischer Unfähigkeit« von der britischen Militärregierung aus seinem Amt entlassen.
Adenauer entwickelte nunmehr eine äußerst rege parteipolitische Arbeit in der CDU. 1946 wählte ihn die CDU der britischen Zone zu ihrem Vorsitzenden; er wurde Fraktionsvorsitzender im nordrhein-westfälischen Landtag und Mitglied des Zonenbeirats. Die Erfolge bei den ersten Nachkriegswahlen wie sein parteiinterner Einfluß auf die Gestaltung des Ahlener Programms der CDU machten ihn bekannt. So wurde er 1948 auch Präsident des Parlamentarischen Rats

in Bonn, der das Grundgesetz ausarbeitete. In dieser Position und dank seiner Persönlichkeit galt Adenauer bei den alliierten Militärgouverneuren als der bedeutsamste Ansprechpartner auf deutscher Seite. Den Ausgang der ersten Bundestagswahlen im August 1949 nutzte Adenauer dazu, ohne die SPD eine Regierungskoalition zu bilden, die mit seiner Wahl zum ersten Bundeskanzler der Bundesrepublik im September 1949 bestätigt wurde.

Bedingt durch die fortdauernde Besatzungsherrschaft wandte sich der »junge« Kanzler Adenauer vor allem der Außenpolitik zu. Seine außenpolitische Grundkonzeption hatte schon kurze Zeit nach der Niederlage Deutschlands 1945 festgelegen. Überzeugt von den Gefahren des Kommunismus und dem Expansionsdrang der Sowjetunion, galt es, einerseits im westlichen Teil Deutschlands die Freiheit zu sichern und das Land wiederaufzubauen, andererseits die Wiedervereinigung anzustreben. Da Moskau dem nur unter Wahrung der Einflußmöglichkeiten auf Westdeutschland zustimmen würde, konnte nach Adenauers Urteil die Bundesrepublik ihr Selbstbestimmungsrecht nur durch eine enge Bindung an die westlichen Demokratien erlangen. Die Westintegrationspolitik stellte somit den Hebel dar, die Diskriminierungen des Besatzungsstatuts abzuschütteln und der Bundesrepublik die internationale Gleichberechtigung zu verschaffen. Das Petersberger-Abkommen 1949, der Beitritt zum Europarat 1950, die Gründung der Montanunion 1952 sowie die EVG- und Deutschlandverträge 1952 trugen ebenso wie das Londoner Schuldenabkommen und der Israelvertrag 1952 zur moralischen Rehabilitierung und neuen Kreditwürdigkeit der Deutschen bei.

Doch war Adenauers Westpolitik von Beginn an heftig umstritten. Die SPD-Op-

Konrad Adenauer während einer Wahlreise im September 1957 in einem Arbeitszimmer seines Sonderzuges.

position warf ihm vor, das gemeinsame Ziel, die Wiederherstellung der Einheit Deutschlands, aufzugeben und die Bundesrepublik in die Abhängigkeit des Westens zu bringen (Schumacher über Adenauer: »Kanzler der Alliierten«). Allerdings verhinderte auch das Scheitern der EVG im August 1954 nicht, daß Adenauer in den Pariser Verträgen 1955 für die Bundesrepublik das Selbstbestimmungsrecht erreichte, sie in die Nato führte und den Aufbau der Bundeswehr durchsetzte. Abgesichert wurden die außenpolitischen Erfolge durch wirtschaftlichen Aufschwung und sozialpolitische Maßnahmen (Lastenausgleich, Rentenreform). Adenauers Wahlerfolge 1953 und 1957 (absolute Mehrheit für die CDU/CSU) bestätigten dies.
Auf der Grundlage einer »Politik der Stärke« und in enger Verbindung zu Washington (Freundschaft zu Außenminister J. F. Dulles) strebte Adenauer in der zweiten Hälfte der fünfziger Jahre einen Ausgleich mit dem Osten an. Auf den inneren Zerfall der Sowjetunion hoffend, der die Chancen für die Wiedervereinigung (»Einheit in Freiheit«) verbessern würde, erhob er für seine Regierung den »Alleinvertretungsanspruch«, d.h. für *alle* Deutschen zu sprechen, solange ein Teil von ihnen in Unfreiheit lebt. Den gegen Ende des Jahrzehnts einsetzenden weltpolitischen Veränderungen und dem neuen Entspannungskurs der USA unter Kennedy suchte Adenauer durch eine starke Anlehnung an das Frankreich de Gaulles zu begegnen, ohne die dominierende Rolle Amerikas in Europa zu verkennen. Dabei wurde ab 1961 (Bau der Berliner Mauer) zusehends deutlich, daß es in der Frage der Wiedervereinigung Deutschlands vorerst nicht zu Annäherungen kommen würde.
Obschon Adenauer intern weit mehr Bereitschaft zu flexibleren Lösungen (Österreich-Status für die DDR, Burgfriedensplan) zeigte, waren die Großmächte nur noch an der Wahrung des Status quo in Deutschland und Europa interessiert. Hinzu kam, daß seit der widerrufenen Kandidatur um die Bundespräsidentschaft 1959 im Lande wie in der eigenen Partei die Kritik an der Politik des »Alten« wuchs. Der Ausgang der Bundestagswahlen 1961 machte eine Koalition mit der FDP nötig, bei der Adenauers Kanzlerzeit befristet wurde. Als Ludwig Erhard am 16. 10. 1963 gegen den Willen Adenauers die Nachfolge als Bundeskanzler antrat, hatte der 87jährige Rhöndorfer zwar das Ziel der Wiedervereinigung nicht erreicht, durch seine Abkehr von der »deutschen Schaukelpolitik« zwischen Ost und West hin zur Westbindung jedoch die europäische Einigung wesentlich vorangebracht und im deutsch-französischen Vertrag von 1963 die Aussöhnung mit Frankreich durchgesetzt.
Aus den Trümmern von 1949 war am Ende der »Ära Adenauer« die Bundesrepublik im Inneren und nach außen hin zu einem demokratisch gefestigten Staat geworden. Auch nach seinem Rücktritt schaltete sich Adenauer immer wieder in die Tagespolitik ein. Doch trat er 1966 auf Drängen seiner Partei als Vorsitzender zurück.

Lit.: K. Adenauer, *Erinnerungen 1945–1963,* 4 Bde (1965–1968); *Adenauer Rhöndorfer Ausgabe: Briefe 1945–1949,* 2 Bde (1983/84); *Teegespräche 1950–1954* (1984), hrsg. von R. Morsey/H.-P. Schwarz; A. Baring, *Außenpolitik in Adenauers Kanzlerdemokratie* (1969); H.-P. Schwarz, *Die Ära Adenauer 1949–1963,* 2 Bde (1981/83); P. Weymar, *Konrad Adenauer. Die autorisierte Biographie* (1955)

Hanns Jürgen Küsters

Viktor Agartz
* 15. 11. 1897 Remscheid; † 9. 12. 1964 Marienheide
»Den deutschen Gewerkschaften ist es gelungen, Viktor Agartz vergessen zu machen, obwohl er sein ganzes Leben im gewerkschaftlichen Kampf gestanden hat« – so Lutz Ziegenbalg im Vorwort zu Agartz' unten genanntem Aufsatzband.
Der promovierte Volkswirt, bereits 1915 Mitglied der SPD, Mitarbeiter bei der Kölner Konsumgenossenschaft (ab 1925) und Dozent am »Freien gewerkschaftlichen Seminar«, wurde wegen seines Widerstands im Dritten Reich und wegen seiner Fachkenntnisse nach dem Krieg 1946/47 von der Militärregierung zum Leiter der Wirtschaftsämter erst der britischen, dann der Bizone ernannt. Als Wirtschaftsexperte und Chefideologe des DGB (das Grundsatzprogramm von 1949 trägt seine Handschrift) betrieb er eine marxistisch orientierte, »radikale« Gewerkschaftspolitik. Seine Forderungen nach expansiver Lohnpolitik, Vergesellschaftung der Schwerindustrie und Mitbestimmung statt Gewinnbeteiligung in den Unternehmen führten den DGB in eine Zerreißprobe. Der Widerstand maßgebender Kreise in DGB und SPD und die Drohung der christlichen Gewerkschaften, den DGB zu sprengen, zwangen Agartz zum Rücktritt als Direktor des Wirtschaftswissenschaftlichen Instituts des DGB (1953–1955). Durch seine Kontakte zur DDR geriet er in den Verdacht, vom FDGB für die verbotene KPD bestimmte Gelder empfangen zu haben. Im Dezember 1957 erreichte sein Anwalt Gustav Heinemann vor dem Bundesgerichtshof einen Freispruch. Dennoch schloß die SPD »wegen seines fortgesetzten parteischädigenden Verhaltens« den unbequem gewordenen Marxisten im Dezember 1958 nach 43 Jahren Mitgliedschaft aus.

Lit.: V. Agartz, *Gewerkschaft und Arbeiterklasse* (1971)

Erwin Fellner

Conrad Ahlers
* 8. 11. 1922 Hamburg; † 18. 12. 1980 Bonn
Ahlers wurde durch den Tod mitten aus seiner Tätigkeit als Intendant der »Deutschen Welle« herausgerissen, die er erst wenige Monate vorher mit dem ihm typischen Elan übernommen hatte. Diese Position war für den Sohn aus liberal-konservativem Hause nach eigenen Aussagen das »Große Los« und der Abschluß seiner vielseitigen Journalistenlaufbahn, die 1947 begonnen hatte und mannigfache Stationen aufwies; u. a. arbeitete er für das evangelische *Sonntagsblatt* in Hamburg, als Pressereferent der Dienststelle Blank, für die *Welt,* die *Frankfurter Rundschau,* den *Stern* und die *Hamburger Morgenpost.* Einer breiten Öffentlichkeit wurde Ahlers 1962 als stellvertretender Chefredakteur des *Spiegel* durch die sog. Spiegelaffäre bekannt, als er wegen eines umstrittenen Artikels über die Bundeswehr in den Verdacht des Landesverrats geriet. Der sensible Ahlers litt trotz des juristischen Freispruchs sehr unter diesem Verdacht.
Die stellvertretende Leitung des Bundespresseamtes 1966 und 1969 die Leitung des Presse- und Informationsamtes der Bundesregierung brachten ihm die volle persönliche und politische Rehabilitation. Erst 1968 wurde Ahlers, der 1947 in Hamburg die Junge Union mitbegründet hatte, Mitglied der SPD. Er errang zweimal ein Direktmandat für den Bundestag (1972 und 1976), behielt aber auch als Politiker seinen unbequemen, eigenwilligen Stil bei, der seine journalistische Arbeit prägte. »Er war ein politisch denkender Journalist und ein mit

journalistischen Mitteln arbeitender Politiker«, urteilte die *Süddeutsche Zeitung*.

Gisela M. Krause

Johannes Albers

* 8. 3. 1890 Mönchengladbach; † 8. 3. 1963 Köln

Unionsparteien und Einheitsgewerkschaft zugleich können sich auf ihn als einen ihrer Ideengeber und Initiatoren berufen: Auf beiden Ebenen trug er wesentlich zur Neuordnung und Stabilisierung des politischen und gesellschaftlichen Systems der Bundesrepublik bei, dies in Verbindung zu Hans Böckler zum einen, zu Konrad Adenauer zum anderen (der ihm, nach eigener Bekundung, wie nur wenigen Mitstreitern der frühen Jahre freundschaftlich zugetan war). Geschult an den christlich-sozialen Reformideen des »Volksvereins für das katholische Deutschland«, fand der gelernte Schriftsetzer, Kölner Zentrumspolitiker und Kartellsekretär der christlichen Gewerkschaften (1919–1933) über den kirchlichen Widerstand gegen den Nationalsozialismus (der noch 1945 zu einem Hochverratsprozeß vor dem Volksgerichtshof führte) zu den Gründerkreisen von CDU und DGB in Köln. Albers 1945: »Eine ordentliche demokratische Gesinnung läßt Gegensätze überbrücken, die früher zum Teil künstlich konstruiert waren.« Um den konfessionellen und sozialen Brückenschlag innerhalb der Volkspartei und hin zur Arbeitnehmerorganisation bemühte sich Albers als Vorsitzender seiner Kölner Kreispartei (1945–1962), als einer der Stellvertreter Adenauers im Vorsitz der CDU Rheinland (ab 1946), als Parlamentarier in Düsseldorf (1946–1950 MdL) und Bonn (1949–1957 MdB; ab 1951 stellvertretender Fraktionsvorsitzender) sowie als langjähriger Geschäftsführer (ab 1947) und späterer Vorsitzender der CDU-Sozialausschüsse (1958–1963, dies in der Nachfolge von Jakob Kaiser und Karl Arnold).

Hans Peter Mensing

Heinrich Albertz

* 22. 1. 1915 Berlin

Als »Vermittler zwischen Politik und Gegenkultur« charakterisierte *der Spiegel* 1981 in dem evangelischen Pfarrer einen Mann, der nicht nur bei seinen politischen Gegnern, sondern auch und gerade innerhalb seiner eigenen Partei, der SPD, ein ums andere Mal ins Kreuzfeuer der Kritik geriet. Geschreckt hat ihn das nie.

Als Sohn eines königlich-preußischen Hofpredigers folgte er zunächst dem väterlichen Vorbild und studierte Theologie. Damals, Anfang der dreißiger Jahre, trat er – trotz oder gerade – angesichts des drohenden Unheils der SPD bei. Als Vikar und Pfarrer der Bekennenden Kirche wurde er mehrfach verhaftet und schließlich 1941 an die Front geschickt. 1943 erhielt er eine längere Freiheitsstrafe wegen eines Fürbittegottesdienstes für Pastor Martin Niemöller. Nach dem Krieg widmete er sich dem Flüchtlingsproblem, zog 1947 in den niedersächsischen Landtag ein und wurde dort bereits ein Jahr später Flüchtlingsminister. 1951 wechselte er ins Sozialministerium, trat aber 1955 gemeinsam mit der Regierung Hinrich Kopf zurück und ging nach Berlin. Dort wurde er Ende 1961 zum Innensenator ernannt und übernahm schließlich 1966, nach dem Weggang von Willy Brandt, das Amt des Regierenden Bürgermeisters.

Am 26. 9. 1967 erklärte er, als Konsequenz der Erschießung des Studenten

Heinrich Albertz als Regierender Bürgermeister von Berlin.

Benno Ohnesorg durch einen Polizisten während des Schah-Besuchs am 2. 6. 1967, seinen Rücktritt. Sein Nachfolger wurde Klaus Schütz. Zunächst erklärter Gegner der damaligen Apo, sprach Albertz 1968 bei einer Osterkundgebung unter der Losung »Macht einen neuen Anfang«. In der Folgezeit geriet er in immer stärkeren Gegensatz zur Berliner SPD-Parteileitung und legte nach wiederholten Angriffen ein Parteiamt nach dem anderen nieder, zuletzt, im Juni 1970, auch sein Abgeordnetenmandat. Bis zu seiner Pensionierung im März 1979 leitete er in der Berliner Gropiusstadt eine Kreispfarrstelle. Im Blickpunkt des öffentlichen Interesses stand er wieder im März 1975: Die anarchistische »Gruppe 2. Juni« entführte den Berliner CDU-Vorsitzenden Peter Lorenz und verlangte als Gegenleistung für die Freigabe der Geisel die Haftentlassung von fünf Terroristen. Albertz beugte sich der Forderung der Entführer, die freigepreßten Terroristen auf ihrem Flug nach Aden (Südjemen) zu begleiten.
In den letzten Jahren engagierte er sich besonders für eine Amnestie der Berliner Hausbesetzerszene und gehörte zu den populären Fürsprechern der Friedensbewegung. Er sprach u.a. auf der großen Friedenskundgebung am 10. 10. 1981 in Bonn und beteiligte sich im Herbst 1983 an mehreren Aktionen der Friedensbewegung gegen die Nachrüstung.

Lit.: H. Albertz, *Dagegen gelebt. Von den Schwierigkeiten, ein politischer Christ zu sein* (1976); *Diesseits von Eden* (1979); *Blumen für Stukenbrock. Biographie* (1981)

Reinhold Bodensteiner

Ernst Albrecht

* 29. 6. 1930 Heidelberg

Als er in die niedersächsische Landespolitik überwechselte, konnte er bereits auf eine »europäische« Karriere zurückblicken. Im Anschluß an sein Studium der Rechts- und Wirtschaftswissenschaft arbeitete er von 1954 an in Brüssel, wo er schließlich als Generaldirektor für Wettbewerb bei der EWG-Kommission fungierte. 1959 promovierte Albrecht zum Dr. rer. pol. Zweimal kandidierte er vergeblich für das Amt des niedersächsischen Ministerpräsidenten, bevor ihm 1976 ein unerwarteter Erfolg zuteil wurde: Nach dem altersbedingten Rücktritt des SPD-Ministerpräsidenten Kubel wurde mit den Stimmen von zwei »Überläufern« der SPD/FDP-Koalition der CDU-Kandidat Albrecht gewählt. Durch den Abschluß eines Koalitionsbündnisses mit der FDP verschaffte er sich den Ruf eines geschickten Taktikers. Während die einen seinen Vorstoß, mit dem er die verkrusteten Fronten in der bundesdeutschen Parteienlandschaft aufgebrochen hatte, begrüßten, erntete er aus den eigenen Reihen zum Teil auch Kritik wegen vorgeblich zu weitgehender Zugeständnisse an den Koalitionspartner. Für die Bundestagswahlen von 1980 stellte er sich als möglicher Kanzlerkandidat zur Verfügung, unterlag jedoch mit 102 zu 135 Stimmen gegen Franz Josef Strauß. Dennoch ist kaum daran zu zweifeln, daß mit Albrecht noch zu rechnen sein wird, zumal er seine Position bei den niedersächsischen Landtagswahlen von 1982 durch einen eindrucksvollen Sieg (50,7%) bestätigen konnte. Nicht unumstritten dagegen ist seine Haltung in der Energiefrage – so zum atomaren Zwischenlager Gorleben und zuletzt zur Inbetriebnahme des Kraftwerks Buschhaus.

Bernd Löffler

Peter Altmeier

* 12. 8. 1899 Saarbrücken; † 28. 8. 1977 Koblenz

Er war der bisher am längsten amtierende Ministerpräsident eines Landes der Bundesrepublik: Von 1947 bis 1969 regierte er in Koblenz und Mainz. Seine politische Tätigkeit begann der gelernte Kaufmann 1929 als Stadtverordneter der Zentrumspartei in Koblenz. Mit dem Dritten Reich war dies jedoch zu Ende. Altmeier hielt sich kaufmännisch tätig über Wasser (sein durchaus respektvoll gemeinter Spitzname »Fischpitter« rührt aus dieser Zeit), um dann nach dem Krieg sofort wieder in die Politik zu gehen: als Mitbegründer der Christlich-Demokratischen Partei Rheinland-Hessen-Nassau, 1946/1947 als Regierungspräsident von Montabaur. 1947 wurde er, in der Nachfolge des ernannten Ministerpräsidenten Boden, zum Regierungschef des von der französischen Besatzungsmacht künstlich geschaffenen Landes Rheinland-Pfalz gewählt. Bis 1966 blieb er zugleich Vorsitzender der CDU dieses Landes. Als Altmeier Ministerpräsident wurde, schien dies nur eine Tätigkeit für kurze Zeit zu werden, denn kaum jemand gab dem zusammengewürfelten Rheinland-Pfalz längere Lebenschancen. Zu verschieden waren die ehemals hessischen, bayerischen und preußischen Landesteile, zu groß die Probleme dieses zu einem großen Teil armen Grenzlandes. Altmeier arbeitete zäh, schlau und geduldig, so daß aus dem Land der »Rüben und Reben« schließlich ein gut strukturierter Teil der Bundesrepublik wurde.

Lit.: P. Altmeier, *Reden 1946–1951,* hrsg. von K. M. Grass/F. J. Heyen (1975); F. Hirschner, *Dr. h. c. Peter Altmeier und das Werden von Rheinland-Pfalz* ([2]1975)

Engelbert Hommel

Rudolf Amelunxen

* 30. 6. 1888 Köln; † 21. 4. 1969 Düsseldorf

Am 23. 8. 1946 erfolgte durch britische Verordnung die Gründung Nordrhein-Westfalens. Tags darauf wurde Rudolf Amelunxen (bereits 1926–1932 Regierungspräsident in Münster, 1945/46 westfälischer Oberpräsident) zum ersten Ministerpräsidenten ernannt. Er amtierte in allergrößter Nachkriegsnot bis zum 16. 6. 1947, als ehemaliges Zentrumsmitglied selbst zunächst parteilos, erst ohne die CDU, ab Dezember 1946 als Chef einer Allparteienregierung. Unter seinen Nachfolgern Arnold (CDU) und Steinhoff (SPD) übernahm er, mittlerweile dem neugegründeten Zentrum beigetreten, sozial und demokratisch engagiert, die Ressorts Soziales (1947–1950) und Justiz (1950–1958).

Im Rückblick auf diese in der Frühgeschichte der Bundesrepublik ungewöhnlich lange und reformpolitisch ertragreiche Tätigkeit (Flüchtlingsgesetz; erstes Gesetz über die Bewährungshelfer) hat Amelunxen selbst auf die Konflikte seiner Amtszeit hingewiesen; nach seinem Ausscheiden hätten ihn die Glückwünsche vieler erreicht, die ihm »am liebsten die korsische Pest auf den Hals gewünscht hätten«. Einer seiner Hauptkontrahenten bis 1949 war Adenauer als CDU-Fraktionsführer im Düsseldorfer Landtag, dessen Lebensweg er schon vor 1945 mehrmals gequert hatte. So gehörte Amelunxen (nach familiärer Tradition und Veranlagung zwar »westfälischer Knochenschinken«, doch wie der spätere Kanzler in der Domstadt geboren und ebenfalls aus dem dortigen Apostelgymnasium hervorgegangen) u. a. zu den Kontaktpersonen Adenauers während nationalsozialistischer Verfolgung. Andere Zeitgenossen jedoch haben ihn als Lehrer und Leitfiguren nachhaltiger beeinflußt, so der katholische Sozialpolitiker Carl Sonnenschein und der sozialdemokratische Ministerpräsident Preußens, Otto Braun, dem er von 1923 bis 1926 als persönlicher Referent eng verbunden war und seither politisch verpflichtet blieb.

Lit.: R. Amelunxen, *Ehrenmänner und Hexenmeister. Erlebnisse und Betrachtungen* (1960)

Hans Peter Mensing

Hans Apel

* 25. 2. 1932 Hamburg

»Da komme ich aus Amerika zurück und denke, mich tritt ein Pferd . . .« Mit diesem Ausspruch, der schnell »die Runde machte«, kommentierte Hans Apel das durchweg negative Echo der Steuerzahler auf die in seiner Amtszeit in Kraft getretene Steuerreform Anfang 1975. Erst knapp ein Jahr zuvor hatte er (mit 42 Jahren jüngster Minister der Bundesrepublik) das Finanzressort übernommen. Bereits in seiner vorhergehenden Tätigkeit als Parlamentarischer Staatssekretär im Auswärtigen Amt, zuständig für Europafragen, war er den europäischen Ministerkollegen durch seine »dreisten Reden« aufgefallen. Apel, der stets die direkte Rede liebt, eckte des öfteren mit seinem vom Arbeiterviertel Barmbek geprägten Sprachstil an.

Während seines wirtschaftswissenschaftlichen Studiums, das er erst nach einer

kaufmännischen Ausbildung und Berufstätigkeit aufnehmen konnte (eigentlich »drängte es mich zum Lehrberuf«), trat er 1955 in die SPD ein. Seine berufliche Karriere startete er 1958 noch vor Abschluß seiner Promotion als Sekretär der sozialistischen Fraktion des Europäischen Parlaments in Straßburg. Als er 1965 das Direktmandat für den Bundestag in seinem Hamburger Wahlkreis errang, ließ er sich von seiner inzwischen erreichten Position als Abteilungsleiter beim Europäischen Parlament freistellen. 1969 und 1972 wurde er mit absoluter Mehrheit wiedergewählt.
Apel machte auch innerhalb seiner Partei Karriere. Seit 1969 stellvertretender Vorsitzender der SPD-Fraktion und Vorsitzender des Bundestags-Verkehrsausschusses, wurde er 1970 in den Bundesvorstand der SPD gewählt. Nur schweren Herzens gab er nach der für die Sozialdemokratie so erfolgreich verlaufenen Bundestagswahl 1972 seine Fraktionsarbeit, die sich an dem Vorbild Wehner orientierte, zugunsten seiner Tätigkeit im Auswärtigen Amt auf. Es war für den von hanseatischer Disziplin erfüllten Apel eine Angelegenheit der selbstverständlichen Pflichterfüllung, den Platz einzunehmen, an dem er gebraucht wurde. Genauso pflichtbewußt übernahm er 1974 bei der Regierungsumbildung das Finanzministerium und wechselte nach dem Rücktritt von Georg Leber 1978 ins Verteidigungsministerium, das er bis zum Regierungswechsel 1982 leitete. Seine Arbeit als Verteidigungsminister stieß innerhalb seiner Partei und bei den Jusos keineswegs immer auf Zustimmung (Frage der öffentlichen Vereidigung, Tornado-Fehlplanung, Nato-Doppelbeschluß).
Nach dem Ende der sozialliberalen Koalition kehrte Apel zunächst als »einfacher« Abgeordneter in den Bundestag zurück, bis er als treuer »Parteisoldat« einem Notruf an die Spree folgte, wo er als SPD-Spitzenkandidat versuchen soll, im März 1985 das Amt des Regierenden Bürgermeisters für seine Partei zurückzuerobern.

Lit.: H. Apel, *Bonn, den ... Tagebuch eines Bundestagsabgeordneten* (1972); *Ich dacht', mich tritt ein Pferd.* Bundesfinanzminister Dr. Hans Apel steht Rede und Antwort auf 100 Fragen. Eine geschriebene Talk-Show von V. Bredenberg (1975)

Gisela M. Krause

Walter Arendt
* 17. 1. 1925 Heesen/Westf.
»Der Mensch war der Mittelpunkt seiner Politik.« So würdigte Herbert Wehner die »sieben Jahre Sozialpolitik«, für die Walter Arendt als Bundesminister für Arbeit und Sozialordnung verantwortlich war (1976 hatte er auf eine nochmalige Amtsverlängerung verzichtet). Nach der Bildung der sozialliberalen Koalition 1969 war der damalige Vorsitzende der IG Bergbau und Energie und Präsident des Internationalen Bergarbeiterverbandes für die meisten überraschend ins Kabinett berufen worden. Diese Berufung schloß eine »Bilderbuch«-Gewerkschaftskarriere ab, die den Bergarbeiter, ausgestattet mit »Autorität und Führungstalent«, bis an die Spitze seiner Gewerkschaft gebracht hatte.
Nach Studien an Gewerkschaftsakademien (1947–1949) arbeitete er bis 1954 in der Presseabteilung der IG. 1955, mit dem Eintritt in den geschäftsführenden Vorstand, übernahm er bis zu seiner Wahl zum Vorsitzenden 1964 die Leitung der Abteilung. Als Gewerkschafter und als Politiker (seit 1946 Mitglied der SPD, 1961–1980 SPD-Abgeordneter im Bundestag) setzte er sich teilweise erfolgreich für die Verbesserung der Arbeitsbedingungen und die soziale Absiche-

rung der Arbeitnehmer ein. Als Minister führte er eine Reihe wichtiger Reformen ein, u.a. des Betriebsverfassungsgesetzes und der Renten. Arendt war außerdem Mitglied des Parteivorstandes (1968–1969) und des Präsidiums (1973–1979) der SPD und von 1977 bis 1980 stellvertretender Vorsitzender der SPD-Fraktion.

Gisela M. Krause

Adolf Arndt
* 12. 3. 1904 Königsberg; † 13. 2. 1974 Kassel
In der Tradition der Familie stehend, studierte Arndt in Marburg und Berlin neben Nationalökonomie und Philosophie die Rechte und strebte, als promovierter Jurist im preußischen Staatsdienst tätig, ein Richteramt an. Nach Verhaftung und Zwangsarbeit in den besetzten Gebieten während des Zweiten Weltkriegs trat er 1946 der SPD bei und stellte seine Fähigkeiten als Geschäftsführer der SPD-Fraktion (1949–1964), als Mitglied des Parteivorstands und Vorsitzender des rechtspolitischen Ausschusses (1956–1964), während des Jahres 1963 als Berliner Senator für Kunst und Wissenschaft in den Dienst der Partei.

Adolf Arndt hält am 20. 3. 1958 während der außenpolitischen Debatte über die atomare Bewaffnung der Bundeswehr eine Rede im Deutschen Bundestag.

Seine Überzeugung, daß nicht der Staat Schiedsrichter in Fragen der Wahrheit zu sein habe, ließ ihn nicht nur – gegen eine große Zahl Andersdenkender – erfolgreich eintreten für Schutz und Anerkennung der Kirchen im Godesberger Programm der SPD (1959), sie machte ihn auch zum unermüdlichen Mahner immer dann, wenn er glaubte, Grundwerte gefährdet zu sehen. Obwohl »Kronjurist« der SPD, ihr juristischer Sprecher in vielen brillant geführten Debatten im Parlament und anderswo, mochte er sich doch nie als reiner Sachwalter sehen; stets formulierte Arndt seinen eigenen, intellektuell unabhängigen Standpunkt.

Lit.: A. Arndt, *Geist der Politik. Reden* (1965)

Marlene Müller

Klaus Dieter Arndt
* 9. 3. 1927 Berlin; † 29. 1. 1974 Berlin
Wiewohl Arndt, den eine Rede Kurt Schumachers 1946 zum Eintritt in die SPD veranlaßte, sich in kurzer Folge vom Bezirksverordneten in Steglitz zum Mitglied des Berliner Abgeordnetenhauses (1963–1965) hocharbeitete, ab 1965 – bis zu seinem Tod – im Bundestag saß, von 1967 bis 1970 das Amt des Parlamentarischen Staatssekretärs im Bundesministerium für Wirtschaft innehatte, stellvertretender Vorsitzender der sozialdemokratischen Bundestagsfraktion und 1971 Mitglied des Europaparlaments war, dabei auf allen Posten gleichermaßen kompetent und überzeugend, fühlte er sich selbst doch weniger der Politik als vielmehr der Wissenschaft verpflichtet.
Seit 1950 gehörte der promovierte Volkswirtschaftler dem Deutschen Institut für Wirtschaftsforschung an; als Nachfolger von Friedensburg wurde er 1968 dessen Präsident. Einen Beitrag zur Verbesserung der nachbarschaftlichen Beziehungen zum Osten sah Arndt, den Karl Schiller einen »systemimmanenten Veränderer« nannte, früher als viele andere im Ausbau des innerdeutschen Handels, doch war er ebenso interessiert an Problemen des Handels und der Wirtschaftsbeziehungen innerhalb der Europäischen Gemeinschaft. Dabei, und auch hierin drückte sich seine Nähe zu Karl Schiller aus, trat er für eine Wirtschaftspolitik im Sinne Keynes ein.

Marlene Müller

Karl Arnold
* 21. 3. 1901 Herrlishöfen/Württ.; † 29. 6. 1958 Düsseldorf
In den Gründerjahren der Bundesrepublik als Symbolfigur des linken CDU-Flügels verehrt, galt Arnold vielfach als Alternative zu Konrad Adenauer, doch hat er es nie vermocht, aus dem Schatten des Mannes herauszutreten, den er selbst erst für die CDU gewonnen hatte und dem er, indem er ihn in den Parlamentarischen Rat drängte, den Weg zur Kanzlerschaft ebnete.
Von Beruf Schuhmacher, schloß sich Arnold früh der christlichen Gewerkschaftsbewegung an und übernahm 1926 den Vorsitz des Christlichen Deutschen Gewerkschaftsbundes in Düsseldorf. Während der NS-Diktatur wurde er verfolgt und 1944 im Zusammenhang mit dem 20. Juli verhaftet. 1945 gehörte er zu den Mitbegründern der CDU im Rheinland, in der tiefen Überzeugung, daß »allein das Christentum einer aus den Fugen geratenen Gesellschaft wieder Substanz und Halt« geben könne, und beteiligte sich maßgeblich am Wiederaufbau der Gewerkschaften. Seit 1946 Oberbürgermeister von Düsseldorf und stellvertretender Ministerpräsident im Allparteienkabinett von Rudolf Amelunxen, wurde er im Juni 1947 nach den ersten Wahlen Ministerpräsident von Nordrhein-Westfalen.
In dieser Eigenschaft eröffnete er, gewissermaßen als Hausherr, am 1. 9. 1948 im Museum Alexander König in Bonn die Sitzungen des Parlamentarischen Rates. In seiner Eröffnungsrede beschwor der Verfechter einer gesamtdeutschen Position, der sich in den Konferenzen der Ministerpräsidenten zuvor gegen ei-

nen Weststaat ausgesprochen hatte, den »festen Willen« der Versammelten, »einen Bau zu errichten, der am Ende ein gutes Haus für alle Deutschen werden soll«. Nach Konstituierung der Bundesrepublik wurde Arnold zum ersten Präsidenten des Bundesrats gewählt, und zwar gegen den Widerstand Adenauers, der diesen Posten bereits Hans Ehard zugesagt hatte. Das Verhältnis zwischen dem Kanzler und Arnold wurde zu seinen besten Zeiten als von »kühler Korrektheit« charakterisiert.

Karl Arnold

Neben Divergenzen in gesamtdeutschen Fragen traten unterschiedliche Ansichten in der Gesellschaftspolitik. Immerhin stand Arnold 1950/51 in den Diskussionen zwischen Bundesregierung und Gewerkschaften um die Einführung der paritätischen Mitbestimmung in der Montanindustrie an der Seite des DGB-Vorsitzenden Hans Böckler. Auch mißbilligte der CDU-Vorsitzende in Bonn die Bereitschaft seines linken Parteigängers in Düsseldorf zu Koalitionen mit der SPD – so geschehen 1947. Bei der nächsten Landtagswahl, 1950, beugte Arnold sich allerdings der »Staatsräson« und verzichtete auf eine Erneuerung der Großen Koalition mit der – nach Selbstverleugnung klingenden – Begründung, oberstes Ziel aller christdemokratisch regierten Länder müsse es sein, die Bonner Politik zu stützen. Trotzdem verfolgte er weiterhin sein Konzept der sozialen Partnerschaft und erklärte: »Das Land Nordrhein-Westfalen will und wird das

soziale Gewissen der Bundesrepublik sein.« Seine so definierte Politik trug ihm eine weit über die Landesgrenzen hinausreichende Popularität ein. Um so schwerer traf ihn sein Sturz als »Landesvater«, als 1956 der bisherige Koalitionspartner FDP aus bundespolitischen Motiven (um eine von Adenauer geplante, zu Lasten der FDP gehende Wahlrechtsreform im Bundesrat zu blockieren) aus der Regierung ausschied. Neuer Ministerpräsident wurde in einer dramatischen Abstimmung der SPD-Fraktionsvorsitzende Fritz Steinhoff. Im gleichen Jahr lehnte Arnold das Angebot Adenauers, der Bundesregierung als Vizekanzler beizutreten, ab. 1958 den sensationellen Landtagswahlsieg seiner Partei, die erstmals knapp die absolute Mehrheit errang, mitzuerleben, war Arnold nicht mehr vergönnt; kurz zuvor erlag er überraschend einem Herzinfarkt.
Als Mann des sozialen Ausgleichs, zuletzt als Bundesvorsitzender der CDU-Sozialausschüsse, galt er zu Recht als der »soziale Stachel« der CDU und genoß auch beim politischen Gegner Respekt und Sympathie. »Karl Arnold war Demokrat, Sozialreformer, Verfechter der Einheitsgewerkschaft aus christlicher Überzeugung«, so der Gewerkschaftsvorsitzende Heinz Vetter.

Lit.: D. Hüwel, *Karl Arnold. Eine politische Biographie* (1980); D. Hüwel/J. Rosarius (Hrsg.), *Der Politiker Karl Arnold. Ministerpräsident und Sozialreformer* (1982)

Clemens Vollnhals

Egon Bahr
* 18. 3. 1922 Treffurt/Werra
Die Bemühungen um Normalisierung und Entspannung der Beziehungen der Bundesrepublik zu den osteuropäischen Staaten sind untrennbar mit seinem Namen verbunden, gilt er doch als einer der »geistigen Wegbereiter« der neuen Ostpolitik ab 1966, zunächst unter Kanzler Kiesinger während der Großen Koalition und dann – in verstärktem Maße – in der Zeit der großen Vertragsabschlüsse in der Ära Brandt (1969–1974).
Der Sohn eines Studienrats hatte nach seinem Abitur eigentlich Malerei studieren wollen, erhielt aber wegen seines jüdischen Erbteils (Großmutter) keine Studienerlaubnis. Nach einer Lehre als Industriekaufmann wurde er 1942 zum Wehrdienst eingezogen, 1944 jedoch wegen angeblichen »Einschleichens in die Wehrmacht« wieder entlassen. Nach Kriegsende arbeitete er zunächst als Reporter bei drei Berliner Zeitungen, ab 1950 als Bonner Kommentator von Rias Berlin. 1956 trat er der SPD bei. Willy Brandt holte ihn 1960 als Leiter des Presse- und Informationsamtes nach Berlin zurück. In jenen Jahren bereitete er eine Kursänderung in der deutschen Ostpolitik gedanklich vor und propagierte als deren Zielsetzung den Slogan »Wandel durch Annäherung«.
Als Brandt Ende 1966 zum Bundesaußenminister ernannt wurde, berief er Bahr zum Sonderbotschafter im Auswärtigen Amt und übertrug ihm dort im November 1967 die Leitung des Planungsstabes. In der Folgezeit wurden alle Initiativen der Bundesregierung in der Ostpolitik maßgeblich von ihm mitbestimmt, so etwa bei der Errichtung einer Handelsmission in Prag (1969), beim Normalisierungsvertrag mit Polen (1970) oder bei den Verhandlungen zum Moskauer Vertrag (1970/71). Um dieselbe Zeit begannen die schwierigen Gespräche mit dem damaligen Beauftragten der DDR, Staatssekretär Michael Kohl, über die künftige Gestaltung der Beziehungen zwischen den beiden deutschen Staaten. Indiskretionen über angebliche Verhandlungsergebnisse lieferten immer wieder erheblichen politischen Zündstoff und führten zu heftigen Kontroversen mit der

CDU/CSU-Opposition. Immerhin konnte die sozialliberale Regierung mit dem Viermächteabkommen über Berlin (1971), dem Transit- und Grundlagenvertrag mit der DDR (1972) sichtbare Ergebnisse vorweisen, mußte sich allerdings sagen lassen, daß sie durch »übereilte Verhandlungsführung« nicht alle Möglichkeiten ausgeschöpft habe.
Nach dem Rücktritt Willy Brandts im Zusammenhang mit der Guillaume-Affäre (1974) gehörte Bahr der Regierung Schmidt zunächst nicht an, wurde dann aber, als Erhard Eppler als Minister für wirtschaftliche Zusammenarbeit zurücktrat, überraschend dessen Nachfolger, wobei er Entwicklungshilfe als einen bestimmenden Faktor weltweiter Friedenspolitik definierte. 1976 zog er, in der Nachfolge Holger Börners, als Bundesgeschäftsführer in die Bonner SPD-»Baracke«, ohne jedoch durchschlagende Erfolge erzielen zu können. Innerparteiliche Kritiker sagten ihm organisatorische Schwächen nach. Mehrmals ging Bahr auch auf deutliche Distanz zur Politik Helmut Schmidts, etwa als er die amerikanische Neutronenbombe kritisierte oder Vorbehalte gegen die Nato-Nachrüstung vorbrachte. Anfang 1981 gab er sein Amt als Bundesgeschäftsführer an Peter Glotz ab und konzentrierte sich von da an ganz auf die Abrüstungsproblematik. Auf zahlreichen Reisen ins benachbarte Ausland sowie nach Washington und Moskau forderte er eine stärkere Mitbestimmung der Bundesrepublik bei der Aufstellung von Mittelstreckenraketen in Europa und griff in scharfer Form die amerikanische Außenpolitik an. Seit dem Machtwechsel in Bonn ist er Nachrüstungsberater von Hans-Jochen Vogel. Der Parteitag bestätigte ihn 1984 als Vorstandsmitglied.

Lit.: E. Bahr, *SPD – Portrait einer Partei* (1980)

Reinhold Bodensteiner

Siegfried Balke
* 1. 6. 1902 Bochum; † 11. 6. 1984 München
Seit 1927 fest in Bayern ansässig, hatte der Chemiker und Ingenieur leitende Stellungen in der Industrie inne, bevor er ins 2. Kabinett Adenauer geholt wurde. Obwohl er bis dahin parteilos war, wurde er von der CSU als Postminister nominiert, und in dieser Funktion gelang es ihm, durch eine umstrittene Gebührenerhöhung die Rentabilität der Bundespost wiederherzustellen. 1956 übernahm er als Nachfolger von Franz Josef Strauß das Atomministerium. Zwar setzte auch er sich mit Nachdruck für die Entwicklung der Kernforschung und die friedliche Nutzung der Kernenergie ein (während seiner Amtszeit wurden in der Bundesrepublik die ersten Reaktoren errichtet), doch anders als sein Vorgänger war Balke ein entschiedener Gegner der Atomrüstung. Als er 1957 das von 18 Physikern verfaßte »Göttinger Manifest« gegen eine atomare Bewaffnung der Bundeswehr unterstützte, geriet er in einen ernsthaften Konflikt mit Adenauer. Obwohl er schließlich in seinem Amt blieb, hat ihn die Frage nach den Gefahren der Atomrüstung immer wieder beschäftigt; in dieser Hinsicht sah er im »Zuviel-Wissen« Europas Schicksal und Verpflichtung zugleich.
Bei der Regierungsumbildung vom Herbst 1962 wurde Balkes Ressort in ein Wissenschaftsministerium integriert, er selbst einem Koalitionsproporz geopfert. Seine Entlassung erfuhr er durch den Pförtner seines Ministeriums. Balke ging daraufhin, obwohl er noch bis 1969 Bundestagsmitglied blieb, in die Industrie zurück. Als Präsident der Bundesvereinigung der Deutschen Arbeitgeberverbände von 1964 bis 1969 spielte er eine wichtige Rolle in der Auseinanderset-

zung der Sozialpartner während der wirtschaftlichen Rezession von 1966 und der Ära der Großen Koalition.

Lit.: S. Balke, *Vernunft dieser Zeit* (1962)

Georg Braun

Martin Bangemann
* 15. 11. 1934 Wanzleben/Sachsen-Anh.
»Temperamentvolle Disziplinlosigkeit« bescheinigte die *Frankfurter Allgemeine* dem promovierten Juristen, der es verstanden hatte, die Südwest-FDP von einer »gutschwäbischen Honoratiorenpartei« zu einer »linksliberalen Programmpartei« zu machen. Bangemann – FDP-Mitglied seit 1963 – machte sich erstmals als Verteidiger sog. Demonstrationstäter während der Studentenunruhen von 1968 einen Namen. 1969 stieg er nicht nur zum stellvertretenden Landesvorsitzenden in Baden-Württemberg auf, sondern kam als Wortführer des progressiven Parteiflügels auch in den Bundesvorstand der FDP. Dem Bundestag gehörte er seit den Wahlen von 1972 an; zwei Jahre später wurde er zum baden-württembergischen Landesvorsitzenden und auf dem Bundesparteitag zum Generalsekretär und Nachfolger des verstorbenen Karl-Hermann Flach gewählt.
Da er sich jedoch, in Kollision zur Bonner Regierungslinie, gegen eine Koalitionsvereinbarung in Baden-Württemberg mit der SPD schon vor der Wahl aussprach, wuchsen die Spannungen mit der Parteiführung, zumal auch die versprochenen programmatischen Impulse ausblieben. So erklärte Bangemann 1975 seinen Rücktritt als Generalsekretär und gab 1978 den Landesvorsitz ab. Seither widmete er sich verstärkt der Europapolitik. Im Europaparlament, dem er seit 1973 angehörte, stand er an der Spitze der liberalen Fraktion und wurde 1982 bis zum Ende der Legislaturperiode als Vorsitzender bestätigt.
Am 17. 6. 1984 scheiterte die FDP an der 5-%-Klausel, und damit verlor auch Bangemann seinen Sitz im Europäischen Parlament. Da aber gleichzeitig Wirtschaftsminister Otto Graf Lambsdorff wegen der Flick-Parteispendenaffäre zurücktreten mußte, wurde Bangemann von Parteichef Hans-Dietrich Genscher als dessen Nachfolger ins Gespräch gebracht, so daß sich das Scheitern bei der Europawahl im nachhinein als »glückliche Fügung des Schicksals« *(Frankfurter Rundschau)* erwies. Als »neuer Hoffnungsträger seiner Partei« (*Abendzeitung*, München) trat er am 28. 7. 1984 sein Amt an, die Ablösung Genschers als Parteivorsitzender ist auf dem Bundesparteitag der FDP im Februar 1985 in Saarbrükken vorgesehen. Ab 23. 2. Martin Bangemann Parteivorsitzender.

Bernd Löffler

Rainer Barzel
* 20. 6. 1924 Braunsberg/Ostpr.
Zunächst schien es gegen Ende der siebziger Jahre so, als sei mit der Dekade des schnellen politischen Aufstiegs von Rainer Barzel seit 1963 und des abrupten Endes 1973 seine Karriere abgeschlossen. Doch nach der Regierungsübernahme der CDU 1982 gehörte Barzel erneut zur Führungsmannschaft; seit der Bundestagswahl 1983 bekleidete er das Amt des Bundestagspräsidenten. Doch trat er im Oktober 1984 auch von diesem Amt zurück. Wechselvolle politische Karrieren sind durchaus symbolisch für die Höhen und Tiefen im Leben Rainer Barzels.

Der Sohn eines Oberstudienrates absolvierte 1941 das Kriegsabitur in Berlin-Moabit, wohin sein Vater zehn Jahre zuvor versetzt worden war. Nach dem Kriegsdienst (zuletzt Leutnant bei den Seefliegern) in Norwegen und am Schwarzen Meer studierte er Jura und Volkswirtschaft in Köln und promovierte 1949 über *Die verfassungsrechtliche Regelung der Grundrechte und Grundpflichten des Menschen.* Barzels ursprüngliche politische Heimat und Ausgangspunkt war der politische Katholizismus, damals verkörpert in der Zentrumspartei, deren Wiederaufbau er zunächst beabsichtigte. Die engen Kontakte zu Carl Spiekker und Karl Arnold prägten Barzels Laufbahn in den fünfziger Jahren. Als kommissarischer Vertreter des Ministers für Bundesangelegenheiten der Regierung von Nordrhein-Westfalen kam er erstmals mit der Bundespolitik in Berührung. Doch blieb er schon wegen seiner Geschäftsführertätigkeit beim CDU-Landespräsidium vorerst Regionalpolitiker, durchaus im Gegensatz zum Kanzler Adenauer, dem die Vorstellung des linken Flügels der CDU, zu dem Arnold zählte, nicht behagte. Barzel, der auf Arnold setzte, konnte 1957 nur mit Mühe über den sicheren Wahlkreis Paderborn ein Bundestagsmandat erreichen. Die Zielstrebigkeit Barzels und sein geistig-politischer Standort – katholische Grundauffassung und ausgeprägter Antikommunismus – waren jedoch wichtige Berührungspunkte zu Adenauer.
Der Zugang zum Kanzler öffnete sich ihm über Heinrich Krone, dessen Unterstützung den schnellen bundespolitischen Aufstieg ermöglichte: 1962/63 im Alter von 38 Jahren Gesamtdeutscher Minister im letzten Kabinett Adenauer, anschließend Stellvertreter Brentanos als Fraktionschef und nach dessen Tod bis 1973 Vorsitzender der Fraktion. Barzel galt innerhalb der Partei als »Kronprinz«. So tat er auch einiges dazu, 1965 Erhard zu stürzen, was vorerst ohne Folgen für ihn blieb. Nachdem Barzel in guter Zusammenarbeit mit dem damaligen SPD-Fraktionschef Helmut Schmidt die Große Koalition unter Kiesinger parlamentarisch gestützt hatte, war seine Wahl 1971 zum Parteivorsitzenden eine Selbstverständlichkeit. Doch Barzel brachte sich erneut in Schwierigkeiten, als er in der Diskussion um die Ostverträge der Partei Stimmenthaltung empfahl, weil er nach der angestrebten Regierungsübernahme die Verträge noch verbessern wollte. Er nahm an, daß sich im Bundestag zwar keine Mehrheit gegen die Verträge, wohl aber gegen die SPD/FDP-Regierung fände, die zum Sturz des Kanzlers reichen würde. Barzels Rechnung ging indes nicht auf: Das konstruktive Mißtrauensvotum am 27. 4. 1972 scheiterte. Zudem lehnte die Partei, und insbesondere Franz Josef Strauß, Barzels Vorgehen bei den Ostverträgen ab, womit die Strategie des Oppositionschefs hinfällig wurde. Seine Karriere schien sich dem Ende zuzuneigen. Barzel legte den Partei- sowie den Fraktionsvorsitz nieder und trat in eine Rechtsanwaltspraxis ein. Nach privaten Schicksalsschlägen ging es jedoch gegen Ende der siebziger Jahre wieder aufwärts. Als Vorsitzender des Auswärtigen Ausschusses des Bundestages und Koordinator für die deutsch-französische Zusammenarbeit gelang Barzel, der seit jeher über eine brillante Intelligenz und Artikulationsfähigkeit, aber auch über taktische Gewandtheit und Entschlußkraft verfügt, nach dem Regierungswechsel im Oktober 1982 zuerst als Minister für innerdeutsche Beziehungen und dann 1983 als Bundestagspräsident ein »Comeback«. Dem raschen Aufstieg folgte ein ebenso schnelles Ende. Als sich im Oktober 1984 herausstellte, daß Barzels Beratertätigkeit in der Frankfurter Anwaltskanzlei zwischen 1973 und 1979 vom Flick-Konzern finanziert worden war, trat er – ohne daß ihm rechtlich ein schuldhaftes Verhalten nachgewiesen wurde – als Bundestagspräsident zurück.

Lit.: R. Barzel, *Gesichtspunkte eines Deutschen* (1968); *Es ist noch nicht zu spät* (1976); *Auf dem Drahtseil* (1978); *Das Formular* (1979); *Unterwegs* (1982)

Hanns Jürgen Küsters

Gerhart Baum
* 28. 10. 1932 Dresden
Auf Anhieb war der Jurist und frischgebackene Abgeordnete, der als Bundesvorsitzender der Jungdemokraten (1966–1968) und Kölner Kommunalpolitiker linksliberales Profil gewonnen hatte, im Anschluß an die Bundestagswahl vom November 1972 zum Parlamentarischen Staatssekretär im Bundesinnenministerium unter Hans-Dietrich Genscher berufen worden. Insbesondere seine entschiedenen Bemühungen um den Persönlichkeits- und Datenschutz sowie im Bereich der Umweltpolitik wiesen ihn bald als ebenso energisch wie eigenwillig aus. Die Devise, die »Freiheit der Person vor die Freiheit der Institution« zu setzen, prägte auch seinen Kurs als Nachfolger des politisch angeschlagenen Werner Maihofer im Amt des Innenministers 1978 – ungeachtet der skeptischen Kommentare (u. a. und kaum verhohlen von Kanzler Schmidt), die seine Ernennung begleiteten.
Die Unterbindung des elektronischen Datenaustauschs zwischen den Sicherheitsapparaten BKA und Verfassungsschutz (1980), die Abschaffung etlicher so lustvoll gepflegter wie unsinniger Erfassungskarteien, die Liberalisierung des Extremistenerlasses, die öffentliche Diskussion mit dem Ex-Terroristen Horst Mahler – Baums unverkrampfte Amtsführung und sein Verständnis vom Staat als dem Garanten von Freiräumen anstatt von Ordnungsräumen provozierte geradezu Kritik und Polemik der CDU/CSU-Opposition, die ihn wiederholt als »Sicherheitsrisiko« zu brandmarken und auch innerhalb seiner Partei zu isolieren versuchte, zumal er sich auch umweltpolitisch stark exponierte. So stellte er – im Gegensatz zum Wirtschaftsflügel der Liberalen – die Notwendigkeit der Kernenergienutzung in Frage und propagierte eine ökologisch orientierte soziale Marktwirtschaft.
Wohl kaum ein Personalrevirement hat den Koalitionswechsel 1982 eklatanter bezeichnet als dasjenige im Amt des Innenministers – vom stets auch um gepflegte politische Kultur bemühten Gerhart Baum zu Friedrich Zimmermann, der massiv und erfolgreich Front gegen Baums Eintritt ins neue Kabinett hatte machen können. Denn auch in der eigenen Partei hatte Baum, der bis zuletzt gegen den Wendekurs Genschers öffentlich opponiert hatte, stark an Einfluß verloren. Jedoch resignierte der nüchtern-beherrscht wirkende, gleichwohl mit kämpferischem Temperament – bei langem Atem – ausgestattete Politiker auch unter veränderten Auspizien nicht, sondern blieb der parlamentarischen wie der innerparteilichen Arbeit als stellvertretender Parteivorsitzender, umweltpolitischer Fraktionssprecher und Vorsitzender des FDP-Bundesfachausschusses Innen und Recht aktiv verpflichtet.

Lit.: G. Baum, *Deutsche Innenpolitik. Der Staat auf dem Weg zum Bürger* (1980); ders./P. Juling, *Auf und Ab der Liberalen. Von 1848 bis heute* (1983)

Rüdiger Bolz

Josef Baumgartner
* 16. 11. 1904 Sulzemoos; † 21. 1. 1964 München
Der Mitbegründer der CSU von 1945 wurde einige Jahre später als Vorsitzender der Bayernpartei zum gefährlichsten Gegner seiner früheren Partei. Bei der Bundestagswahl 1949 und bei der Landtagswahl 1950 brachte er der CSU schwere Verluste bei. Die *Süddeutsche Zeitung* bezeichnete ihn als »großen Trommler«, der mit einem einzigen Satz Wähler gewinnen konnte, »wo andere ganze Werbekolonnen benötigten«. Im Januar 1948 war der promovierte Volkswirt, der Anfang der dreißiger Jahre den Bayerischen Bauernverein organisiert hatte, von der CSU zur Bayernpartei übergetreten.
Bei der Diskussion über das Grundgesetz forderte er mit Schärfe dessen Ablehnung. Er trat für einen selbständigen bayerischen Staat ein, der sich freiwillig einem losen deutschen Bundesstaat anschließen sollte. 1954 führte er seine Partei in die sog. Viererkoalition, wodurch die CSU das erstemal in Bayern in die Opposition geriet, mit der sie sich nicht abfinden konnte. Er selbst bekleidete bis 1957 das Amt des Landwirtschaftsministers, das er schon 1946/47 innehatte. Im Gefolge der bayerischen Spielbankaffäre wurde Baumgartner 1959 wegen Meineids vor einem parlamentarischen Untersuchungsausschuß verurteilt. Das Verfahren wurde in der Öffentlichkeit als politischer Prozeß hart kritisiert. Der Bundesgerichtshof hob das Urteil auf. Zu einer neuerlichen Verhandlung kam es jedoch nicht mehr. Baumgartner zog sich aus dem öffentlichen Leben zurück, und seine Partei verlor den größten Teil ihrer Anhänger wieder an die CSU.

Emil Werner

Walter Becher
* 1. 10. 1912 Karlsbad
Seine politische Laufbahn begann als Redakteur des Zentralorgans der Sudetendeutschen Partei Henleins in Reichenberg. Becher gehörte nicht dem nationalsozialistischen Flügel dieser Partei, sondern dem »Kameradschaftsbund« an, der die ständestaatlichen Theorien des Wiener Professors Othmar Spann vertrat. Nach dem Krieg arbeitete er in der Sudetendeutschen Hilfsstelle in München und später im Sudetendeutschen Rat mit den Vertretern aller demokratischen Parteien zusammen. 1950 wurde er auf einer Vertriebenenliste in den Bayerischen Landtag gewählt (bis 1962).
Er schloß sich zunächst der rechtsorientierten »Deutschen Gemeinschaft« an (bis 1952), trat dann im April 1954 in den BHE (Block der Heimatvertriebenen und Entrechteten) ein, dessen Fraktionsvorsitzender er von 1954 bis 1958 war. 1962 scheiterte der BHE bei der Landtagswahl an der damals noch geltenden 10%-Klausel. Becher wechselte zur CSU, als deren Abgeordneter er 1965 in den Bundestag gewählt wurde (bis 1980). Im Jahr 1968 wurde er Sprecher der Sudetendeutschen Landsmannschaft. In Vertriebenenkundgebungen trat er als einer der schärfsten Gegner der Ostverträge auf. Die Warnung der sozialliberalen Regierung vor einer neuen Dolchstoßlegende beantwortete Becher mit der Behauptung (Pfingsten 1971 in Nürnberg), diesmal handele es sich nicht um eine Legende, sondern um den »perfekten Dolchstoß«.

Emil Werner

Ernst Benda

* 15. 1. 1925 Berlin

Im Bonn der sechziger Jahre hatte er größte Mühe, die herrschenden Ansichten über das angemessene Alter von Parlamentariern in der Regierung zu überwinden: Selbst mit 40 Jahren, als er bereits als Bundesjustizminister im Gespräch war, galt er noch immer als der »begabte, junge Mann« des Bundestages. Seine politischen Fähigkeiten hatte er schon früh unter Beweis gestellt. Während seines Jurastudiums schloß er sich 1946 der CDU an, war Vorsitzender der Jungen Union in Berlin (1952–1954), gehörte von 1955 bis 1957 dem Berliner Abgeordnetenhaus an und repräsentierte die Stadt bis 1971 im Bundestag.

In der Diskussion um die strafrechtliche Verfolgung von NS-Morden trat er 1964/65 mit Nachdruck für eine Verlängerung der Verjährungsfrist ein. Mit der

Ernst Benda bei einer Sitzung des Bundesgerichtshofes in Karlsruhe.

Notstandsgesetzgebung, einem weiteren brisanten Thema jener Jahre, war er seit 1967 als Parlamentarischer Staatssekretär und seit 1968 – kurz vor ihrer Verabschiedung – als Innenminister befaßt. Der Bundesrat berief ihn 1971 zum Präsidenten des Bundesverfassungsgerichtes, nachdem ihn der Wahlmännerausschuß des Bundestages ebenfalls einstimmig zum Bundesverfassungsrichter gewählt hatte. Während seiner Amtszeit wuchs der Arbeitsanfall beim Gericht auf jährlich 4000 Verfahren an. Zahlreiche wichtige Urteile fielen in die »Ära Benda«, zuletzt die Entscheidung zur Volkszählung. Ende 1983 folgte Benda einem Ruf an die Universität Freiburg.

Lit.: E. Benda, *Rechtsstaat und Verjährung* (1965); *Die Notstandsverfassung* (1966)

Bernd Löffler

Kurt H. Biedenkopf
* 28. 1. 1930 Ludwigshafen
»Zehn Jahre Wissenschaft, zehn Jahre Wirtschaft, zehn Jahre Politik« – mit diesem Grundsatz begann der »Außenseiter mit Ehrgeiz und Elan« *(Die Zeit)* seine Karriere. Folgerichtig schlug der promovierte Jurist zunächst die wissenschaftliche Laufbahn ein und wurde 1967 mit 37 Jahren jüngster deutscher Hochschulrektor in Bochum, wo er die nach ihm benannte Verfassung der Ruhruniversität gestaltete. 1971 wechselte er als Manager zum Henkel-Konzern, löste jedoch seinen Vertrag, als Helmut Kohl ihm 1973 das Amt des CDU-Generalsekretärs antrug.
Bereits 1968 hatte die Bundesregierung Biedenkopf, der 1965 der CDU beigetreten war, an die Spitze der »Sachverständigenkommission zur Auswertung der bisherigen Erfahrungen bei der Mitbestimmung« berufen. In dieser Rolle und mit dem 1970 vorgelegten Bericht, der sich zwar für eine Ausweitung der Mitbestimmung, jedoch gegen eine paritätische Besetzung der Aufsichtsräte aussprach, tat Biedenkopf sich erstmals auf der politischen Bühne hervor. Als Generalsekretär der CDU setzte er dann moderne Management- und Führungstechniken für die Reorganisation des Parteiapparates ein. Doch konnte er nicht nur in dieser Hinsicht Erfolge verbuchen; unbestritten ist auch, daß er in jener Zeit der sich wandelnden Partei hinsichtlich Programm und Profil wesentliche Impulse gab, die ihren Niederschlag in der »Mannheimer Erklärung« des CDU-Bundesvorstands von 1975 fanden. So formulierte er: »Wir müssen versuchen, aus überkommenen Denkansätzen auszubrechen und Frontstellungen abzubauen . . .«
Zunehmend wurde jedoch Biedenkopfs »Arroganz und hochmütige Basisferne« gerügt, und auch die Rivalität zu Kohl wuchs. 1977 verzichtete er auf eine erneute Kandidatur als Generalsekretär (Nachfolger: Heiner Geißler) und löste Heinrich Windelen als Vorsitzenden des Landesverbandes Westfalen-Lippe ab. Daß er wenig später Ambitionen auf das Amt Heinrich Köpplers an den Tag legte, kostete ihn viele Sympathien, ebenso sein Taktieren bei der Diskussion um den CDU-Kanzlerkandidaten für 1980 – hier übte er heftige Kritik an Kohl, unterstützte erst Ernst Albrecht und schließlich Franz Josef Strauß. Als Köppler 1980 unerwartet starb, rückte Biedenkopf während des Wahlkampfes zum Spitzenkandidaten der CDU in Nordrhein-Westfalen auf, mußte jedoch mit seiner Partei eine empfindliche Niederlage hinnehmen und sich mit dem Amt des Oppositionsführers in Düsseldorf begnügen. 1983 wurde er von seinem bisherigen Stellvertreter, dem rheinischen CDU-Vorsitzenden Bernhard Worms, als Spitzenkandidat für die Landtagswahlen 1985 abgelöst und verlor den Großteil seiner Ämter. Die Parteibasis allerdings bewahrte ihn vor einer völligen politischen Demontage, indem sie ihn im Juli 1983 mit überwältigender Mehrheit als westfälischen Landesvorsitzenden bestätigte.

Lit.: K. Biedenkopf, *Mitbestimmung. Beiträge zur ordnungspolitischen Diskussion* (1972); *Fortschritt in Freiheit. Umrisse einer politischen Strategie* (1975); *Über den Wandel der Gesellschaft am Beispiel des Unternehmerrechts* (1975)

Bernd Löffler

Kurt Birrenbach

* 2. 7. 1907 Arnsberg

In den sechziger und Anfang der siebziger Jahre gehörte Birrenbach zu den wenigen rundum anerkannten Politikern in der Bundesrepublik. Seine Bedeutung beruhte zunächst darauf, als junger Mann das Dritte Reich 1939 in Richtung Südamerika verlassen zu haben, wo er bis 1950 mit wechselnden Aufgaben für amerikanische Firmen tätig war. Zudem war ihm seine Position in der deutschen Eisen- und Stahlindustrie von Nutzen, die sich der gelernte Jurist bei Thyssen in der Nachkriegszeit aufbaute.

Als Mitglied des Bundestages (1957–1976) übte er hinter den Kulissen größeren Einfluß auf die Entwicklung der atlantischen Gemeinschaft aus als die meisten deutschen Parlamentarier, Botschafter oder Minister. Adenauer und später Kiesinger beauftragten Birrenbach in Zeiten schwieriger deutsch-amerikanischer Beziehungen mit Sondermissionen. Erhard gewann ihn 1965 als Beauftragten der Bundesregierung für die Aufnahme diplomatischer Beziehungen zu Israel. Seine zahlreichen persönlichen Beziehungen und Kontakte zu führenden politischen Persönlichkeiten brachten Birrenbach in die Rolle eines »elder statesman«, eine Vertrauensposition, die keinem anderen deutschen Politiker international zuteil wurde. Seit 1973 ist er Präsident bzw. Ehrenpräsident der Deutschen Gesellschaft für Auswärtige Politik.

Lit.: K. Birrenbach, *Meine Sondermissionen. Rückschau auf zwei Jahrzehnte bundesdeutscher Außenpolitik* (1984)

Hanns Jürgen Küsters

Theodor Blank

* 19. 9. 1905 Elz/Lahn; † 14. 5. 1972 Bonn

Als Blank kurz nach dem Ersten Weltkrieg die Volksschule verlassen hatte, wurde er das, was schon sein Vater war: Arbeiter. 1930 wurde der 25jährige zum Sekretär des Zentralverbandes der Christlichen Fabrik- und Transportarbeiter gewählt. Schon drei Jahre später verlor er diese Stellung und war lange arbeitslos. Mit 30 Jahren noch drückte er die Schulbank des Gymnasiums in Essen-Steele, wo er 1936 das Abitur bestand. Damit war der Weg frei zum Studium der Mathematik und Physik und des Ingenieurwesens, doch im August 1939 wurde der Student Blank zu einer vierwöchigen »Wehrübung« eingezogen, die bis zum Kriegsende dauerte.

Nach Rückkehr aus der Gefangenschaft trat der ehemalige Gewerkschaftssekretär dem Deutschen Gewerkschaftsbund bei und wurde einer von drei Zentralvorsitzenden des Bergarbeiterverbandes. Als solcher errang er, Kandidat der CDU, im Wahlkreis Borken–Bocholt–Ahaus in Nordrhein-Westfalen 1949 ein Mandat für den Bundestag. Als Adenauer für die Vorbereitung des westdeutschen Verteidigungsbeitrages zur westlichen Allianz einen geeigneten Mann suchte, empfahl Blank sich aus mehreren Gründen. Neben seiner Verbandstätigkeit war er erfolgreicher Abgeordneter, ein überzeugter Anhänger der Kanzlerpolitik in der Frage der Wiederbewaffnung der Deutschen und schließlich kein

Berufsoffizier, aber dennoch mit praktischen Kenntnissen vom Militärwesen ausgestattet. 1951 ernannte Adenauer den Gewerkschafter Blank im Staatssekretärrang zum »Beauftragten für die mit der Vermehrung der alliierten Truppen zusammenhängenden Fragen«.
Blank war in jener Zeit nicht nur umstritten wegen seines damaligen Auftrags, sondern vor allem wegen der Aufrüstungspolitik des Kanzlers. Die »Dienststelle Blank«, wie sie kurzerhand genannt wurde, stellte den Grundstock eines künftigen Verteidigungsministeriums dar, wobei Blank maßgeblichen Anteil an den Verhandlungen über die Europäische Verteidigungsgemeinschaft und den Aufbau der Bundeswehr hatte. Die SPD Schumachers, heftiger Widersacher dieser Politik, weil sie, so der Vorwurf, auf eine Vertiefung der Teilung Deutschlands hinauslaufe und die Wiedervereinigung unmöglich mache, mußte sich jedoch den demokratischen Mehrheiten im Parlament beugen. Als Blank im Oktober 1956 von dem an die Macht drängenden Strauß abgelöst wurde, waren Wehrpflichtgesetz und Rekrutierungspläne unter Dach und Fach und der Aufbau der Bundeswehr mit 65 000 Mann erreicht. Blank gab jedoch nicht auf. Im 3. Kabinett Adenauer eroberte er sich 1957 erneut einen Sitz, diesmal als Bundesminister für Arbeit und Sozialordnung, den er bis 1965 behielt. Bis 1969 war er dann stellvertretender Vorsitzender der CDU/CSU-Fraktion im Bundestag.

Hanns Jürgen Küsters

Herbert Blankenhorn
* 15. 12. 1904 Mülhausen/Elsaß
Nicht ohne Grund wird Blankenhorn, dessen Name untrennbar verknüpft ist mit den Anfängen deutscher Außenpolitik in Bonn, der einflußreichste deutsche Berufsdiplomat der Nachkriegszeit genannt.
Der Sohn eines elsässischen Offiziers schlug früh die diplomatische Laufbahn ein: Von 1943 bis 1945 arbeitete er als Legationsrat 1. Klasse im Protokoll des AA. Von 1946 bis 1948 war er stellvertretender Generalsekretär des britischen Zonenbeirats – eine Tätigkeit, die ihn bald mit Adenauer zusammenführte, mit dem er die CDU aufbaute und zu dessen bevorzugtem Mitarbeiter er sich immer mehr entwickelte. 1948 folgte er ihm als persönlicher Referent in den Parlamentarischen Rat.
Als Mann von schöpferischer politischer Phantasie war Blankenhorn in der Funktion des Leiters der politischen Abteilung im Bundeskanzleramt von 1949 bis 1955 Adenauers rechte Hand und wertvoller Ratgeber (»Sagen Sie das Herrn Blankenhorn ...« war oft vom Kanzler zu hören). Seine Botschafterposten bei der Nato (1955–1958) und im Frankreich de Gaulles gehörten zu den wichtigsten diplomatischen Plätzen, welche die Regierung Adenauer zu besetzen hatte. Ihnen folgten Rom (1963–1965) und schließlich London (1965–1970). Nach dem Ausscheiden aus dem Auswärtigen Dienst widmete sich Blankenhorn als Mitglied und Vizepräsident des Exekutivrates der Unesco Fragen der Entwicklungshilfe.

Lit.: H. Blankenhorn, *Verständnis und Verständigung. Blätter eines politischen Tagebuchs 1949–1979* (1980)

Hanns Jürgen Küsters

Franz Blücher

* 24. 3. 1896 Essen; † 26. 3. 1959 Bad Godesberg

Schon früh stand Franz Blücher in der ersten Reihe der bundesdeutschen Nachkriegspolitik, doch blieb der gelernte Kaufmann als Parteipolitiker stets glücklos. Für kurze Zeit Finanzminister von Nordrhein-Westfalen, wurde der FDP-Mann 1947 in den Wirtschaftsrat gewählt und war einer der Väter der Währungsreform. Von 1949 bis 1957 Vizekanzler der Bundesrepublik, konnte sich Blücher nie aus Adenauers Schatten lösen. Als Minister für den Marshallplan und später für wirtschaftliche Zusammenarbeit büßte er immer mehr Zuständigkeiten ein.

Noch glückloser war sein Wirken als Vorsitzender der FDP – ein Amt, das er 1949 von Theodor Heuss übernommen hatte und 1954 an Thomas Dehler abgab. Politischen Machtkämpfen war der leise auftretende, eher farblose Finanzfachmann mit einer Vorliebe für Lyrik nicht gewachsen. 1956 verließ er mit 15 weiteren »Rebellen« die FDP, als diese unter Dehler in Opposition zu Adenauer gegangen war. Doch auch die von ihm mitgegründete »Freie Volkspartei« (Blücher: »Wir fühlen uns als die Träger des alten Geistes der FDP«) scheiterte kläglich, und enttäuscht zog sich Blücher 1957 aus dem Bonner Geschehen zurück. Als deutsches Mitglied in der Hohen Behörde der Montanunion wandte er sich im Januar 1958 wieder seiner Spezialität, der internationalen Wirtschaftspolitik, zu.

Bernd Kühnl

Norbert Blüm

* 21. 7. 1935 Rüsselsheim

Von allen Ministern der bisherigen beiden Bundesregierungen des Kanzlers Helmut Kohl hat Norbert Blüm sicherlich den ungewöhnlichsten Lebenslauf und den buntesten Rahmen politischer Tätigkeiten und Mitgliedschaften aufzuweisen.

Er beendete zunächst in seiner Heimatstadt die Volksschule, wurde Werkzeugmacher und war in einem Automobilwerk tätig. Er kann also, wenn er von der Arbeit am Fließband spricht, auf eigene Erfahrungen zurückblicken. Während dieser Zeit besuchte er nebenbei das Abendgymnasium, holte das Abitur nach und studierte Philosophie, Germanistik, Geschichte, Theologie und promovierte schließlich in Philosophie.

Mitglied der IG Metall, wurde Blüm 1968 Hauptgeschäftsführer der Sozialausschüsse der Christlich-Demokratischen Arbeitnehmerschaft (CDA) in der CDU – ein Amt, das er bis 1975 innehatte. Ein Jahr zuvor war er zudem an die Spitze der rheinland-pfälzischen CDA getreten. Seit 1969 als »Linksaußen« Mitglied des Bundesvorstandes der CDU, wurde er schließlich 1977 als Nachfolger von Hans Katzer Vorsitzender der Bundes-CDA. Nach einem Zwischenspiel in Berlin – er war im Senat Richard von Weizsäckers zuständig für Bundesangelegenheiten – kehrte Blüm im Oktober 1982 nach Bonn zurück und wurde in das Amt berufen, für das er sich wie kaum ein anderer CDU-Politiker der Gegenwart eignet: Bundesminister für Arbeit und Sozialordnung.

Norbert Blüm ist in vieler Hinsicht das, was man unkonventionell nennt: Der »Herz-Jesu-Sozialist«, das »soziale Feigenblatt (oder: Gewissen)« der CDU geht keinem Streit aus dem Wege, er führt Wahlkämpfe durch, die seine Widersacher, die sich auch in den eigenen Reihen finden, schon das Staunen lehrten, er macht keinen Hehl aus dem Dialekt seiner hessischen Heimat und ist inzwischen mit einer ganzen Reihe von »unverblümten« Sprüchen in den politischen Zitatenschatz der Bundesrepublik eingegangen. Neben seinem Bonner Amt ist Blüm, dessen politisches Denken und Handeln von der katholischen Soziallehre beispielsweise Oswald von Nell-Breunigs geprägt wurde, Mitglied der Katholischen Arbeitnehmerbewegung und bei Amnesty International. Außerdem hat er einen Lehrauftrag an der Fachhochschule Mainz.

Lit.: N. Blüm, *Reaktion oder Reform – Wohin geht die CDU* (1972); *Gewerkschaften zwischen Allmacht und Ohnmacht* (1979); *Werkstücke. Aufsätze, Reden, Essays 1967–1980* (1980)

Engelbert Hommel

Hans Böckler
* 26. 2. 1875 Trautskirchen; † 16. 2. 1951 Köln
Als der erste Vorsitzende des Deutschen Gewerkschaftsbundes, Hans Böckler, kurz vor der Vollendung seines 76. Lebensjahres starb, waren sich Freunde und Widersacher einig, daß sein Tod »ein Verlust für das ganze deutsche Volk« sei. Diese hohe Wertschätzung bezog sich nicht nur auf die allseits verehrte Person des »letzten großen Arbeiterführers«, sondern vor allem auf seine erfolgreiche Arbeit beim Wiederaufbau der Gewerkschaften nach dem Zusammenbruch des Dritten Reiches und seine maßgebliche Einflußnahme auf die Gestaltung der Wirtschafts- und Sozialordnung der Bundesrepublik Deutschland. Sein Ziel war

Hans Böckler

es, durch die Schaffung einer starken Einheitsgewerkschaft, die überparteilich, aber nicht unparteiisch ist, den Arbeitern und Angestellten endlich die ihnen zustehende Rolle als gleichberechtigte Partner im Wirtschafts- und im politischen Leben zu verschaffen. Noch kurz vor seinem Tode rang er erbittert mit den Unternehmern und der Regierung, vertreten durch Konrad Adenauer, um die Mitbestimmung der Arbeitnehmer in der Montanindustrie. Im Zusammenhang mit diesen Verhandlungen war eine leichte Abkühlung seines Verhältnisses zur SPD zu verzeichnen.

Bereits 1949 hatte Böcklers positive Stellungnahme zum Petersberger Abkommen und damit zu Adenauers Außenpolitik Verärgerung bei seiner Partei hervorgerufen. Da er sich jetzt in der Sache der Mitbestimmung mehr und mehr auf Adenauer und die Industrie konzentrierte, fühlte sich die Partei, der er angehörte und die mit einem eigenen Gesetzentwurf angetreten war, übergangen. Böckler erlebte zwar nicht mehr die Verkündigung des Gesetzes, war sich aber sicher, mit der Einführung des Mitbestimmungsrechts in der Montanindustrie die Grundlage für die Mitbestimmung in allen anderen Wirtschaftszweigen und damit für eine verwirklichte soziale Demokratie gelegt zu haben.

Böcklers ganzes Leben stand im Dienst der Gewerkschaft und des Kampfes um die Rechte der Arbeitnehmer. Bereits 1894 trat der in Fürth aufgewachsene Metallschläger aktiv in den gerade gegründeten Deutschen Metallarbeiterverband (DMV) und in die SPD ein. Die erste hauptamtliche Funktion übernahm er 1903 als Sekretär des DMV im Saargebiet, es folgten Stationen in Frankfurt/M., Schlesien, Berlin, Danzig, Lothringen und im Siegerland. 1920 zog er in seine »Wahlheimat« Köln, zunächst als Bevollmächtigter der Verwaltungsstelle Köln des DMV und ab 1927 als Bezirkssekretär des Allgemeinen Deutschen Gewerkschaftsbundes (ADGB) für Rheinland und Westfalen-Lippe. Daneben war er auch politisch tätig. 1902 wurde er als SPD-Mitglied in das Fürther Stadtparlament gewählt. 1924 lernte er als Mitglied der Stadtverordnetenversammlung in Köln in harten politischen Auseinandersetzungen den damaligen Oberbürgermeister Adenauer kennen. 1928 zog er in den Reichstag ein.

Während der nationalsozialistischen Diktatur zeitweilig in Haft und ständiger Verfolgung ausgesetzt, gelang es ihm schließlich »unterzutauchen«. Er hielt aber ständig Kontakt mit gewerkschaftlichen Widerstandsgruppen. In den Gesprächen u.a. auch mit christlichen Gewerkschaftsvertretern reifte in ihm die Überzeugung von der Notwendigkeit einer starken geeinigten Arbeitnehmerorganisation, die sich von der zersplitterten Gewerkschaftsbewegung der Weimarer Republik unterscheiden sollte. Nach der Kapitulation 1945 war der 70jährige folgerichtig einer der ersten, der mit dem Wiederaufbau der Gewerkschaft begann. Schon im Sommer 1945 Bezirksleiter der Gewerkschaften in Rheinland-Westfalen und Mitglied des Provinzialrats von Nordrhein, legte er 1947 sein Mandat für den ernannten Landtag von Nordrhein-Westfalen nieder, um sich voll und ganz der Gewerkschaftsarbeit widmen zu können. 1949 wurde ihm die Leitung des Deutschen Gewerkschaftsbundes (DGB) übertragen. Vorher, seit 1947, war er bereits 1. Vorsitzender des DGB für die britische Besatzungszone gewesen und hatte den Vorsitz des bi-, später trizonalen Gewerkschaftsrates übernommen. Der Internationale Bund freier Gewerkschaften (IBFG), 1949 als Gegengründung zum kommunistisch beeinflußten Weltgewerkschaftsbund (WGB) entstanden, machte ihn zu einer Zeit, als Deutsche kaum in internationalen Funktionen vertreten waren, zu einem ihrer Vizepräsidenten.

Lit.: U. Borsdorf, *Hans Böckler – Arbeit und Leben eines Gewerkschafters von 1875 bis 1945* (1982); E. Klein-Viehöver/J. Viehöver, *Hans Böckler. Ein Bild seiner Persönlichkeit* (1952); *Vom Sozialistengesetz zur Mitbestimmung. Zum 100. Geburtstag von Hans Böckler,* hrsg. von H. O. Vetter (1975)

Gisela M. Krause

Klaus Bölling

* 29. 8. 1928 Potsdam

Den »Stallgeruch« der SPD-Funktionäre hat er nicht, obwohl er seit 1956 Parteimitglied ist. Daß manche Genossen ihm den aufwendigen Lebensstil neiden oder darüber verärgert sind, kann als gesicherte Erkenntnis gelten. Zu oft hat sich die Boulevardpresse hämisch mit seinem Privatleben beschäftigt. Der Sohn eines von den Nazis entlassenen Verwaltungsjuristen und einer Halbjüdin, die während des Krieges im KZ Theresienstadt war, hatte sich 1945 vorübergehend den Kommunisten angeschlossen. Von 1947 bis 1956 arbeitete er in Berlin beim *Tagesspiegel,* beim Rias und beim Sender Freies Berlin. Es folgten ab 1959 journalistische Tätigkeiten bei verschiedenen Rundfunk- und Fernsehanstalten. Ab 1973 war er Intendant von Radio Bremen, bis er (Mai 1974) von Helmut Schmidt zum Regierungssprecher und zum Chef des Bundespresseamtes gemacht wurde. Wohl kein Regierungssprecher hat bisher die Politik einer Bundesregierung so gut und so sprachgewandt »verkaufen« können wie Bölling. Auch Journalisten anderer Couleur schätzten seine Leistungen. Erleichtert wurde seine Arbeit durch das besondere Vertrauensverhältnis, das er zum Kanzler hatte.

1982 löste er Günter Gaus als Leiter der Ständigen Vertretung in Ost-Berlin ab. Da sein Nachfolger im Bundespresseamt, Kurt Becker, die in ihn gesetzten Erwartungen nicht erfüllen konnte, kehrte Bölling jedoch schon im Mai 1982 als Regierungssprecher nach Bonn zurück. Aus »halb sozialdemokratischer und halb preußischer Staatsraison«, wie er sagte. Da sich zu diesem Zeitpunkt die SPD/FDP-Regierung bereits in ihrer Auflösungsphase befand, konnte seine Hauptaufgabe nur noch darin bestehen, die in der sozialliberalen Koalition erkennbaren Grunddifferenzen nach außen zu kaschieren. Nach dem Sturz der Regierung Schmidt rechnete Bölling mit dem früheren Koalitionspartner (»Verrat«) ab. Es war ein publizistischer »Schnellschuß«, dieses Tagebuch, das wenige Wochen nach dem Rücktritt des SPD-Bundeskanzlers erschien und in den neuen Bonner Regierungskreisen erhebliche Verärgerung hervorrief.

Lit.: K. Bölling, *Die letzten 30 Tage des Kanzlers Helmut Schmidt. Ein Tagebuch* (1982); *Die fernen Nachbarn. Erfahrungen in der DDR* (1983)

Werner Krause

Holger Börner

* 7. 2. 1931 Kassel

Aus sozialdemokratischer Perspektive ist er sozusagen von Adel: Ein Großvater entzog sich in Berlin den Folgen des Sozialistengesetzes durch Umzug nach Hessen. Sein Vater, ebenfalls SPD-Mitglied, war während der Nazizeit drei Jahre lang (1933–1936) wegen seiner politischen Überzeugung im KZ. Ironie der Geschichte, daß dieser eingeschworene NS-Gegner 1941 als Angehöriger der Organisation Todt einem russischen Partisanenüberfall zum Opfer fiel. Um seiner Mutter wirtschaftlich zu helfen, erlernte der Sohn nach dem Besuch der

Mittelschule den Beruf eines Betonfacharbeiters. Zupacken (eine Vokabel, die bei Beschreibungen Börners immer wieder auftaucht) hat er also früh gelernt. 1948 in die SPD eingetreten, wurde er 1957 im Alter von 26 Jahren der jüngste Bundestagsabgeordnete. Das Schwergewicht seiner Arbeit lag zunächst bei der Sozial-, dann bei der Verkehrspolitik. Von 1967 bis 1972 war er Parlamentarischer Staatssekretär im Bundesministerium für Verkehr (ab 1969 um das Post- und Fernmeldewesen erweitert). Anfang Februar 1972 übernahm er von Hans Jürgen Wischnewski das Amt des Bundesgeschäftsführers der SPD. Börner, zwar ohne rhetorische Brillanz und ohne »Führermagnetismus«, bewährte sich mit seinen organisatorischen Talenten in dieser Funktion. 1976, als Albert Osswald als hessischer Ministerpräsident abtrat, übernahm Börner als sein Nachfolger ein schweres Erbe, da seine Partei in Hessen in einem alles in allem demoralisierten Zustand war. Seit 1977 auch Landesvorsitzender der hessischen SPD, machte der neue Ministerpräsident die verfehlte Kommunalreform in Teilen rückgängig und überstand die Landtagswahlen von 1978, obwohl es seinem Konkurrenten Dregger zum zweitenmal gelang, die CDU zur stärksten hessischen Partei zu machen.

Trotz erheblicher Kritik aus Partei wie Bevölkerung setzte sich Börner in der Folgezeit unbekümmert für den Ausbau des Frankfurter Flughafens (Startbahn West) und der Kernenergiewirtschaft ein. Schwere Verluste für die SPD bei den Kommunalwahlen vom März 1981 waren die Folge. Die Agonie der sozialliberalen Koalition in Hessen begann. Als die FDP sich 1982 für eine Koalition mit der CDU aussprach, schien Börners Sturz besiegelt. Doch unter dem Eindruck des Bonner Wendemanövers der FDP ging die hessische SPD aus den Wahlen vom September 1982 gestärkt hervor: die FDP kam nicht in den Landtag. Börner blieb geschäftsführender Ministerpräsident. Da auch die Wahlen vom September 1983, bei denen die SPD 46,2% der Stimmen errang, nicht den Weg zu einer Alleinregierung ebneten, suchte der schwergewichtige Pragmatiker Börner verstärkt die begrenzte Zusammenarbeit mit den vor 1982 von ihm kompromißlos bekämpften Grünen. Allerdings kam es bereits Ende 1984 in der Atomfrage zu grundlegenden Differenzen.

Werner Krause

William Borm

* 7. 7. 1895 Hamburg

Seine Biographie ist ein Spiegel (radikal)liberaler Geisteshaltung. 1945 hatte er, der von 1924 bis 1933 der Deutschen Volkspartei angehörte und das NS-Regime unbelastet überstand, die damalige LDP in Berlin mitbegründet. Während der Berliner Blockade 1948 war er Vorsitzender der Industrieausschüsse im US-Sektor und stellvertretender Landesvorsitzender der inzwischen konstituierten FDP. 1950 wurde er während einer Fahrt von Berlin in die BRD verhaftet und mußte wegen angeblicher »Boykotthetze« eine neunjährige Haft in DDR-Zuchthäusern verbüßen. Nach seiner Entlassung prägte Borm als Vorsitzender der Berliner FDP (1960–1969), Mitglied des Abgeordnetenhauses (1963–1967) und Bundestagsabgeordneter (1965–1972) neues deutschlandpolitisches Terrain: Nicht Haß, sondern die Überzeugung von der Notwendigkeit des Dialogs war Ergebnis seiner leidvollen Erfahrung mit der DDR – eine »selbst für die Kühnsten und Einfallsreichsten unter den deutschen Liberalen bemerkenswerte Manifestation von Mut und Phantasie« (W. Höfer), die richtungsweisend für die spätere sozialliberale Ostpolitik werden sollte.

Als Mitglied wichtiger Parteigremien gestaltete der »rührigste Jungdemokrat«

(K. H. Flach) den Weg der FDP auch in den siebziger Jahren mit, geriet jedoch ab 1978 zusehends in Konfrontation zum Genscher-Kurs, zumal er ungeniert »liberales Establishment« provozierte, offen für die Friedensbewegung eintrat, schließlich dem Parteichef erbittert »Täuschung« und »unmoralische Handlungsweise« vorhielt. Im November 1982 unterstützte Borm als wohl prominentestes Ex-FDP-Mitglied die Parteineugründung der »Liberalen Demokraten«, die er seither als Ehrenvorsitzender repräsentiert.

Rüdiger Bolz

Willy Brandt
* 18. 12. 1913 Lübeck
Herbert Ernst taufte die junge ledige Verkäuferin Martha Frahm ihren Sohn, der später zugab, daß er »in verschiedener Hinsicht vermißte, keinen Vater zu haben«. Er hatte keine leichte Kindheit. Vaterstelle nahm nach seiner Rückkehr aus dem Ersten Weltkrieg der Großvater, Landarbeiter aus Mecklenburg, ein. Als starke, ideenreiche Persönlichkeit und aktiver Sozialdemokrat prägte er den Jungen außerordentlich: »Ich wurde in die SPD hineingeboren«, erinnerte sich Brandt. Seine Begabung ermöglichte ihm den Besuch eines Gymnasiums und das Abitur – damals eine Seltenheit für ein Arbeiterkind. Nach Mitgliedschaft bei Roten Falken und Sozialistischer Arbeiterjugend setzte sich sein Mentor und politisches Vorbild Julius Leber, Reichstagsabgeordneter und später hingerichteter Widerstandskämpfer des 20. Juli 1944, für den frühzeitigen Eintritt in die SPD und journalistische Mitarbeit am *Lübecker Volksboten* ein. Doch Ende 1931 folgte das Zerwürfnis: Aus Protest gegen die Kompromißpolitik seiner Partei schloß er sich der Sozialistischen Arbeiterpartei (SAP) an, einer gerade begründeten Linksabsplitterung der SPD, die nach der nationalsozialistischen Machtergreifung 1933 in den Untergrund ging. So auch der junge Herbert Frahm, der sich zur Tarnung jetzt Willy Brandt nannte.
Im April 1933 flüchtete er nach Norwegen. Die Emigrations- und Widerstandsjahre waren turbulent; sein journalistischer Broterwerb führte ihn, als der Bürgerkrieg dort tobte, nach Spanien, die Widerstandsarbeit in mehrere weitere Länder und 1936, als Leiter der Widerstandsgruppe »Metro«, sogar ein halbes Jahr nach Berlin. 1938 wurde ihm die deutsche Staatsbürgerschaft entzogen. Als die deutsche Wehrmacht 1940 Norwegen, wo er neues Bürgerrecht erhalten hatte, überfiel, war er in ernsthafter Gefahr, doch nach vier Wochen Gefangenschaft in norwegischer Uniform entließ man ihn unerkannt. Um vor der Gestapo-Bedrohung völlig sicher zu sein, ging Brandt ins neutrale Schweden und leitete bis 1945 in Stockholm ein Pressebüro. In der schwedischen Emigration, wo er seine rege publizistische Tätigkeit fortsetzte und mit anderen Emigranten lebhafte Diskussionen um den demokratischen Neuaufbau Deutschlands führte, knüpfte er bis heute andauernde enge Bekanntschaften, wie das Beispiel Bruno Kreisky beweist.
Auch nach dem Krieg blieb der Journalismus zunächst seine Hauptbeschäftigung: Zuerst berichtete er als Korrespondent von den Nürnberger Prozessen, anschließend beorderte ihn die norwegische Regierung als Presseattaché in ihre Militärmission nach Berlin. Ende 1947 verzichtete er auf die norwegische Staatsbürgerschaft und wurde unter seinem »Nom de guerre« Willy Brandt wieder deutscher Staatsangehöriger. Zu seiner Entscheidung für diesen Namen bemerkte er einmal: »Alles, was ich war, seit ich erwachsen wurde, was ich getan hatte . . ., das hatte mit diesem Namen zu tun . . . Wenn ich jetzt davor weglaufe,

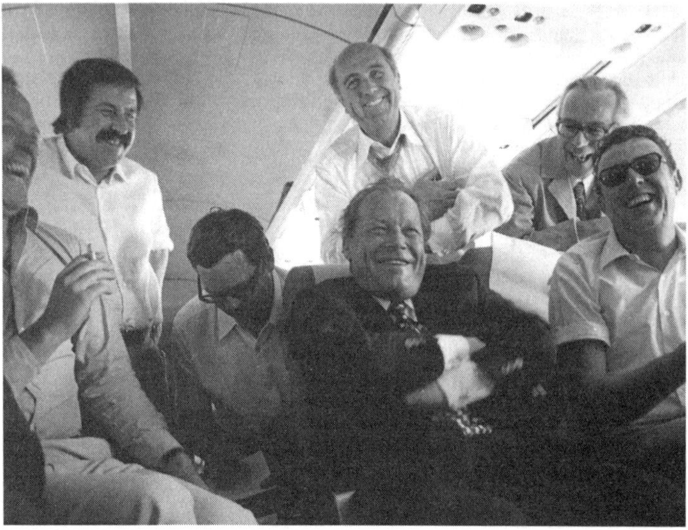

Willy Brandt auf dem Rückflug von seinem Besuch in Israel am 11. 6. 1973. Zweiter v.l. der Schriftsteller Günther Grass, hinter Brandt der Chef des Presse- und Informationsamtes der Bundesregierung, Rüdiger Freiherr von Wechmar.

wird mir gerade das vorgeworfen werden, und ich habe gesagt: ›Nein, das soll so sein!‹«
Berlin wurde die dritte entscheidende Station seines Lebens. Mittlerweile SPD-Mitglied, berief ihn Kurt Schumacher Ende 1947 zum Berliner Vertreter des SPD-Vorstandes. Ernst Reuter, der damalige Bürgermeister von Berlin, sollte in den folgenden Jahren zu einer jener Personen werden, die Brandt entscheidend prägten. Dieser Mann, der die Geschicke der krisengeschüttelten Stadt leitete, dachte ebenfalls international und europäisch. Unter seiner väterlichen Freundschaft erhielt Brandt entscheidendes Rüstzeug für die politische Arbeit und die Befähigung, zunächst in der Berliner Landespolitik Format und Erfolg zu erwerben: 1949–1957 Berliner Bundestagsabgeordneter, 1950 Mitglied des SPD-Landesvorstandes, seit 1951 im Abgeordnetenhaus, 1955 einstimmige Wahl zum Präsidenten des Berliner Abgeordnetenhauses und 1957 schließlich – nach dem Tode Otto Suhrs – Wahl zum Regierenden Bürgermeister. Diese Entscheidung war um so bemerkenswerter, als er sich gegen den Widerstand des damaligen Landesvorsitzenden Franz Neumann und seiner »Keulenriege« durchsetzen konnte. Berlin bot zu jener Zeit genug Gelegenheiten, politisches Profil zu erwerben, und Brandt setzte sich tatkräftig für die Belange dieser Stadt ein. Auf Reisen in alle Welt warb er um politische Unterstützung für die Freiheit Berlins. Der »bekannteste Bürgermeister der Welt« gewann mehr und mehr Popularität; sein Zusammentreffen mit John F. Kennedy und die ihm gegebenen amerikanischen Sicherheitsgarantien halfen ihm, die Berlinkrise während des Mauerbaus zu meistern. Schon damals sah die SPD in ihm den kommenden Mann.

Als der nach dem Godesberger Parteitag 1959 eingeschlagene Reformkurs auf regierungsfähige Mehrheiten hoffen ließ, wurde Brandt als Kanzlerkandidat 1961 in den Bundestagswahlkampf geschickt. Doch der »deutsche Kennedy« unterlag – eine Niederlage, die sich 1965 wiederholte. 1964 wählte ihn die Partei als Nachfolger des verstorbenen Erich Ollenhauer zum Vorsitzenden. Bereits in dieser Zeit wurde gedacht und formuliert, was später Markenzeichen Brandtscher Politik wurde: die »Politik der kleinen Schritte« gegenüber dem Ostblock und der »Wandel durch Annäherung« (so sein Vertrauter Egon Bahr). Die Chance, solch eine Außenpolitik in die Wege zu leiten, ermöglichte das Amt des Außenministers in der Ende 1966 gebildeten Großen Koalition von CDU/CSU und SPD unter Kiesinger, der den glücklosen, über wirtschaftliche und politische Turbulenzen gestürzten Ludwig Erhard ablöste. Gedrängt hatte sich Brandt nicht nach diesem Amt; er fügte sich dem Taktiker Herbert Wehner, dem eigentlichen Befürworter dieser »Elefantenhochzeit«, die er wohl auch über die Bundestagswahl 1969 fortzusetzen beabsichtigte. Entgegen der Absicht des Fraktionszuchtmeisters Wehner jedoch beschlossen Brandt und der FDP-Vorsitzende Walter Scheel nach Bekanntgabe des Wahlergebnisses kurzerhand die Bildung einer sozialliberalen Koalition. Es war eine dünne Mehrheit (drei Stimmen), mit der Brandt Kanzler wurde. Auch war der Regierungsanteil der FDP überproportional, Kompromisse seitens der Sozialdemokraten waren unumgänglich, doch vehement setzte die neue Regierung ihre Versprechungen in die Tat um. »Wir schaffen das moderne Deutschland«, hatte Willy Brandt 1969 im Wahlkampf verkündet. Dazu gehörte neben grundlegenden sozialpolitischen Reformen die Öffnung nach Osten. »Entspannungspolitik« und »Ostpolitik« wurden zu Markenzeichen Brandtscher Kanzlerschaft. Die Unionsparteien beklagten diese Regierung als Verstoß gegen die göttliche Weltordnung – aus ihrer Sicht begann der »Ausverkauf deutscher Interessen«. Brandt dagegen: »Wir haben den Mut, ein neues Blatt der Geschichte aufzuschlagen.«

Nach faktischer Aufgabe des Alleinvertretungsanspruches (Hallstein-Doktrin) setzte sein Besuch in Erfurt (März 1970) und der Gegenbesuch von DDR-Ministerpräsident Stoph im Mai in Kassel den Anfang einer Normalisierung im Verhältnis zur DDR, die in den Grundlagenvertrag von 1972 und weiteren Vereinbarungen einmündete. Die bereits zu Zeiten der Großen Koalition aufgenommenen diplomatischen Beziehungen zu Rumänien und Jugoslawien ergänzten Brandt und Scheel bis 1972 durch eine Serie weiterer Vertragswerke (Moskauer Vertrag, Warschauer Vertrag, Berlin-Abkommen, Vertrag mit der Tschechoslowakei), die seit dem Weltkrieg bestehende Barrieren beseitigen und die gesamten Beziehungen der Bundesrepublik zum Ostblock völlig neu definieren sollten. Brandts Absicht, bei seinen Friedensbemühungen auch moralische Schuld des deutschen Volkes anzuerkennen – der Kniefall am Ghetto-Ehrenmal in Warschau bleibt unvergessen –, gab möglicherweise mit den Ausschlag zur Verleihung des Friedensnobelpreises 1971.

CDU und CSU hingegen höhlten unverdrossen durch Überläufer die parlamentarische Mehrheit der sozialliberalen Koalition aus, bis sie sich im April 1972 stark genug wähnten, mit ihrem Gegenkandidaten Rainer Barzel die Regierung Brandt durch ein konstruktives Mißtrauensvotum zu stürzen. Mit zwei Stimmen verfehlte die Opposition ihr Ziel: die durch das entstandene parlamentarische Patt notwendigen Neuwahlen im November wurden zum Triumph für die SPD und für Brandt, dem in erster Linie dieser überwältigende Erfolg zugeschrieben wurde. Mit 45,9% überflügelte die SPD die Unionsparteien und stellte erstmalig die stärkste Fraktion im Bundestag. Trotz massiver Unterstützung der C-Par-

Bei einer Bootsfahrt auf dem Schwarzen Meer während eines UdSSR-Staatsbesuches vom 16. bis 18. 9. 1971 (v.l. Leonid Breschnew, Generalsekretär der KPdSU, Willy Brandt und Staatssekretär Egon Bahr).

teien durch die Industrie und verschiedene Interessengruppen, trotz einer gigantischen Wahlkampfkampagne, die u.a. Brandts Emigrantenschicksal in Vaterlandsverrat ummünzte und seine uneheliche Herkunft in den Schmutz zog, war seine Popularität durch das Wahlergebnis bestätigt worden.

Außenpolitisch konnte Brandt weiterhin Erfolge aufzeigen (Breschnew-Besuch, UNO-Beitritt), in der Innenpolitik allerdings begann der Glanz zu verblassen. Zweifellos hatten die enormen sozial- und rechtspolitischen Reformen ein neues Klima geschaffen – Brandts Verdienste werden zu Unrecht nur in der Außenpolitik gesehen –, doch stieß er nunmehr an die Grenzen von Anspruch und Durchsetzbarkeit. Zudem besaß er nicht unbedingt das Naturell für eine rein faktenorientierte Politik. Ölkrise und Preisauftrieb trugen Unruhe in die Bevölkerung; das Amt begann Brandt zu verschleißen. Kritik an seinem Führungsstil äußerten Helmut Schmidt und Herbert Wehner, andere SPD-Politiker befürworteten eine Entlastung durch einen »innenpolitischen Stellvertreter«. Doch den äußeren Anlaß für seinen Rücktritt gab die Enttarnung seines persönlichen Referenten, Günter Guillaume, als DDR-Spion. Am 6. 5. 1974 schrieb er an den Bundespräsidenten Gustav Heinemann: »Ich übernehme die politische Verantwortung für die Fahrlässigkeiten im Zusammenhang mit der Agentenaffäre Guillaume und erkläre meinen Rücktritt vom Amt des Bundeskanzlers.« Zehn Tage später bildete Helmut Schmidt eine neue Regierung. Brandts Aktivitäten konzentrierten sich nunmehr darauf, das Amt des SPD-Vorsitzenden für eine Art internationaler »Vorfeldpolitik« zu nutzen, denn sein Ansehen im Ausland blieb ungeschmälert. 1976 wählte ihn die Sozialistische Internationale zu ihrem

Präsidenten, und 1977 wurde er zum Vorsitzenden der Nord-Süd-Kommission gewählt.
Innenpolitisch galt es, schwere Probleme zu meistern: Brandt mußte die Politik des Kanzlers Schmidt gegen Kritiker aus der eigenen Partei verteidigen, auch wenn er sie teilweise nicht voll bejahte. Die Spannungen zwischen Parteivorsitzendem, Fraktionsvorsitzendem und Kanzler belasteten Brandt und trugen zu einem gesundheitlichen Tief bei: Ende 1978 erlitt er einen Herzinfarkt. Nur widerwillig gab er 1979 dem Nato-Doppelbeschluß zur Raketenstationierung seine Zustimmung: Er hatte sich gegen seine »innerste Überzeugung einen Aufrüstungsbeschluß abgerungen«. Doch je mehr die sozialliberale Koalition unter dem Druck des wirtschaftlichen Niedergangs und der FDP verfiel, zeichnete sich eine neue integrative Kraft des Parteivorsitzenden ab, die nach dem Sturz der Regierung Schmidt im Oktober 1982 bestätigt wurde: Befreit von der Bürde der Macht, kippte die SPD auf ihrem Parteitag vom November 1983 den ungeliebten Raketenbeschluß. Im Mai 1984 erhielt Brandt nach 20 Jahren Parteivorsitz bei der Wahl des SPD-Parteivorsitzenden einen neuen überwältigenden Vertrauensbeweis. Bundespolitisch betreibt er eine Öffnung seiner Partei zur Friedensbewegung und zu den Grünen, die möglicherweise eines Tages eine »Mehrheit links von der Mitte« schaffen soll.

Lit.: W. Brandt, *Von Bonn nach Berlin* (1957); ders./Leo Lania, *Mein Weg nach Berlin* (1960); *Draußen. Schriften während der Emigration* (1966); *Über den Tag hinaus. Eine Zwischenbilanz* (1974); *Begegnungen und Einsichten. Die Jahre 1960 bis 1975* (1976); *Links und frei. Mein Weg 1930 bis 1950* (1982); A. Baring, *Machtwechsel. Die Ära Brandt-Scheel* (1982); K. Harpprecht, *Willy Brandt – Porträt und Selbstporträt* (1969)

Eberhard Flessing

Max Brauer
* 3. 9. 1887 Ottensen bei Hamburg; † 2. 2. 1973 Hamburg
Der gelernte Glasbläser, früh schon überzeugter Sozialdemokrat und Anhänger besonders der Genossenschaftsidee, hatte bereits mit 32 Jahren das Amt des 2. Bürgermeisters und Stadtkämmerers im Magistrat des damals noch selbständigen Altona inne. Seiner Verhaftung durch die Nazis entging er durch Flucht nach Österreich; Stationen seines 13 Jahre währenden Exils waren Frankreich, China und zuletzt die USA, deren Staatsbürgerschaft er erwarb. Als Vertrauensmann der amerikanischen Gewerkschaften 1946 nach Deutschland reisend, ließ Brauer sich in Hamburg wiedereinbürgern; im Oktober 1946 wurde er vom Senat zum 1. Bürgermeister gewählt. In der Folgezeit bestimmte er, oft in eigenmächtiger Weise sich über Anordnungen der Alliierten hinwegsetzend, Deutschlands Nachkriegsentwicklung entscheidend mit.
Als Anhänger J. J. Jaurès strebte er von Anbeginn den wirtschaftlichen und geistigen Wettbewerb Deutschlands im europäischen Rahmen an. Der Praktiker, der sich selbst gern in der Rolle des Volkstribuns sah, erwies sich als der geeignete Mann für den Ausnahmezustand, die Zeit des Wiederaufbaus. Zu seinen größten Erfolgen zählte es, 1951 von den Briten endlich die Aufhebung des Schiffbauverbotes erstritten zu haben – Voraussetzung für die Wiedergeburt Hamburgs als Handels- und Schiffahrtsmetropole. Um diese Funktion der Hansestadt sicherzustellen, hatte er sich auch, als die politische Neuordnung der Bundesrepublik diskutiert wurde, strikt gegen die Einbindung in einen umfas-

senden Nordstaat ausgesprochen, welche die Stadt eines Teils ihrer Entscheidungsfreiheit beraubt hätte.
Brauer absolvierte zwei Amtsperioden: von 1946 bis 1953 und von 1957 bis 1961. Er, der sich aus kleinen Verhältnissen mit eisernem Willen hochgearbeitet, der sich unermüdlich weitergebildet hatte und der sich als Vorbild für die Arbeiterklasse verstand – er regierte die Hansestadt wie einer der »letzten Barockfürsten«, wie es die FAZ in einem Nekrolog formulierte. Weniger erfolgreich war sein Versuch, als Mitglied des Bundestags (seit 1961) eine zweite Karriere zu starten. 1965 schied er – fast 80jährig – nicht nur aus dem Bundestag, sondern auch aus dem SPD-Parteivorstand aus.

Marlene Müller

Otto Brenner
* 8. 11. 1907 Hannover; † 15. 4. 1972 Frankfurt/M.
Nicht anpassen, nicht unterordnen, sondern gegenhalten – das sei die Lehre gewesen, die Brenner schon in seiner Jugend aus der Geschichte gezogen hätte. So der IG-Metaller Hans Preiss 1977; und Brenners Nachfolger, Eugen Loderer, sprach im gleichen Zusammenhang davon, daß die IG Metall nahezu 20 Jahre den Zeichen gefolgt sei, die Brenner gesetzt habe.
1921 war Brenner, dem eine gründliche Berufsausbildung aus wirtschaftlicher

Otto Brenner während einer IG Metall-Sitzung am 16. 11. 1967.

Not heraus nicht möglich gewesen war, dem Deutschen Metallarbeiter-Verband, 1926 der SPD beigetreten. Aus Protest gegen die Haltung der sozialdemokratischen Reichsregierung in der Frage des Panzerkreuzerbaus schloß er sich 1930 der linken Sozialistischen Arbeiterpartei an und wurde 1931 Leiter des SAP-Bezirks Hannover-Braunschweig. Im August 1933 verhängte die NS-Justiz gegen ihn eine zweijährige Gefängnisstrafe wegen illegaler Weiterführung der SAP. Als Elektriker in einer Montagefirma tätig, hielt er später Verbindungen zu den Freunden im Widerstand aufrecht. Unmittelbar nach Ende des Krieges gehörte Brenner zu jenen, die für eine Vereinigung von SPD und KPD eintraten, schloß sich schließlich jedoch, nach Unterredungen mit Kurt Schumacher, der SPD an. Zwar gehörte er zeitweilig dem niedersächsischen Landtag an, doch galt sein Interesse in erster Linie der Gewerkschaftsbewegung.

Im November 1946 führte er bei der Firma Panzer-Bode den ersten Nachkriegsstreik durch, der mit einer Vereinbarung über gewerkschaftliche Mitbestimmungsrechte abgeschlossen wurde. 1947, auf dem ersten Gewerkschaftstag der IG Metall für die britische Zone, wurde er – gegen den Willen des Hauptvorstandes (Brenner galt als »zu links«) – zum Bezirksleiter der IG Metall Hannover gewählt. 1952 machte man ihn neben Hans Brümmer zum gleichberechtigten Bundesvorsitzenden. Vier Jahre später wurde er 1. Vorsitzender dieser mitgliederstärksten DGB-Organisation – ein Amt, das er 16 Jahre, bis 1972, innehatte. 1961 übernahm er zudem die Funktion des Präsidenten des Internationalen Metallarbeiterbundes.

Brenner gehörte stets zu den Befürwortern einer Sozialisierung der Schlüsselindustrien und war einer der Initiatoren des DGB-Aktionsprogramms von 1956, das u.a. als Nahziele die Verkürzung der wöchentlichen Arbeitszeit von 45 auf 40 Stunden, Lohn- und Gehaltserhöhungen, Verbesserung des Arbeitsschutzes und Mitbestimmung anstrebte. Unter Brenners Führung entwickelte sich die IG Metall zur kämpferischsten DGB-Organisation, die in zahlreichen Tarifauseinandersetzungen und Streiks die Vorreiterrolle für die gesamte Gewerkschaftsbewegung spielte. Im Gegensatz zu einigen anderen Gewerkschaftsführern beteiligte Brenner »seine« IG Metall auch an nicht genuin gewerkschaftlichen Bewegungen – so am Kampf gegen die Wiederbewaffnung, gegen die Atomrüstung und gegen die Notstandsgesetzgebung, wobei er zumeist eine radikalere Position als seine Partei vertrat. Eine Gewerkschaft – so Brenners Meinung – sollte sich nicht nur auf Lohn- und Arbeitszeitpolitik beschränken, sondern auch für gesellschaftspolitische Ziele eintreten.

Lit.: *Otto Brenner. Aus Reden und Aufsätzen,* hrsg. von der Otto-Brenner-Stiftung (1972)

Werner Krause

Heinrich von Brentano

* 20. 6. 1904 Offenbach; † 14. 11. 1964 Darmstadt

Obwohl Brentano zu den Gründungsvätern der Bundesrepublik gehörte und wichtige Positionen in Partei und Regierung innehatte, geriet er nach seinem Tode schnell in Vergessenheit. Sicherlich war er kein Politiker mit großem Charisma, auch an Emotionalität fehlte es ihm. Der aus dem lombardischen Geschlecht der di Tremezzo stammende Brentano hatte, obschon im kleinen Kreis liebenswürdig und umgänglich, keine große Ausstrahlung nach außen. Dennoch strebte er in die Politik. Zwar hatte er nach Jurastudium und Promotion

zunächst 1932 eine Anwaltskanzlei eröffnet, doch nach dem Krieg betrachtete er es dann als seine Pflicht, beim Aufbau eines anderen Deutschland zu helfen. 1945 gehörte er zu den Begründern der CDU in Hessen und arbeitete die hessische Landesverfassung mit aus. 1948/49 trat er als Mitglied des Parlamentarischen Rates und Vorsitzender des Hauptausschusses in Verbindung mit Adenauer. Zusammen mit Thomas Dehler und Georg August Zinn überarbeitete er die Ausschußfassung des Grundgesetzes. Nach Adenauers Kanzlerwahl übernahm Brentano bis 1955 den Vorsitz der CDU/CSU-Bundestagsfraktion. In diesen Jahren empfahl er sich des öfteren als Nachfolger des Kanzlers im Amte des Außenministers. Seine Erfahrungen auf europäischer Ebene resultierten vor allem aus den Arbeiten an einem Verfassungsentwurf für einen europäischen Bundesstaat, die einem Ausschuß der sechs EGKS-Staaten, zuletzt unter Brentanos Ägide, übertragen worden waren.
1955, nach Erlangung der Souveränität der Bundesrepublik, verwirklichte sich Brentanos Wunsch nach dem Außenministeramt, ohne sich allerdings Adenauers persönlichem Einfluß auf die Außenpolitik entziehen zu können. Zahlreiche Brüskierungen und Zurücksetzungen durch den Kanzler belasteten das Verhältnis. Sie waren auch der Grund dafür, daß Brentano es nicht vermochte, der Außenpolitik einen eigenen Stempel aufzudrücken, selbst dann nicht, als der wichtigste Verbündete Adenauers im Auswärtigen Amt, Hallstein, 1958 nach Brüssel wechselte. Wegen heftiger Angriffe der FDP, die nach Einfluß im AA trachtete, legte Brentano noch vor der Regierungsbildung 1961 sein Amt nieder und übernahm wieder den Fraktionsvorsitz der CDU/CSU im Bundestag. Eine Operation 1963 verhinderte im letzten Lebensjahr die Wahrnehmung seiner Fraktionsgeschäfte, die er in dieser Zeit seinem Stellvertreter Rainer Barzel überlassen mußte.

Lit.: H. von Brentano, *Deutschland, Europa und die Welt. Reden zur deutschen Außenpolitik* (1962); A. Baring, *Sehr verehrter Herr Bundeskanzler! Heinrich von Brentano im Briefwechsel mit Konrad Adenauer 1949–1964* (1974); M. Stirtz, *Heinrich von Brentano di Tremezzo. Seine Herkunft, sein Leben und Wirken für Europa* (1970)

Hanns Jürgen Küsters

Ewald Bucher
* 19. 7. 1914 Rottenburg/Neckar
Prinzipientreue brachte den promovierten Volljuristen immer wieder in die Schlagzeilen. Bucher, nach dem Krieg erst Rechtsanwalt, dann Verbandsgeschäftsführer, zog drei Jahre nach seinem Parteieintritt für die FDP/DVP 1953 in den Bundestag ein und befaßte sich vor allem mit Fragen der Mittelstands-, der Rechts- und der Wehrpolitik. Nach der Spiegelaffäre wurde er gegen heftigen Widerstand aus Reihen der CDU als Nachfolger von Wolfgang Stammberger im Dezember 1962 Bundesjustizminister. Konsequent setzte Bucher sich für eine Änderung beim Straftatbestand des Landesverrats ein und sah in der Meinungs- und Pressefreiheit eine höherrangige Rechtsnorm als im Staatsschutz; daß er im Juli 1963 auch das Zeugnisverweigerungsrecht für Journalisten forderte, gehörte ebenfalls noch zu den Aufräumarbeiten aus der Spiegelaffäre.
Im Zusammenhang mit der Verlängerung der Verjährungsfrist für NS-Verbrechen trat er am 25. 3. 1965 zurück. Einer aufgeregten Öffentlichkeit begründete er seinen Schritt damit, daß der Staat sogar in diesem Sonderfall das Recht nicht manipulieren dürfe. Vom Oktober 1965 bis zum Auseinanderbrechen der

Koalition mit der CDU/CSU hatte er ein Jahr das Ressort Wohnungswesen und Städtebau inne und zog sich dann aus der praktischen Politik zurück. Wegen der »zu starren« Bindung an die SPD verließ Bucher nach der Bundestagswahl von 1972 die FDP. 11 Jahre später glaubte er, bei den Protesten der Nachrüstungsgegner im Raketenstandort Mutlangen – seinem Wohnort – einen unerträglichen Bruch des Rechtsstaatsprinzips zu erleben, und trat in die CDU ein.

Erwin Fellner

Karl Carstens
* 14. 12. 1914 Bremen
Weder von der Herkunft – Sohn einer mittellosen Kriegerwitwe – noch vom Werdegang ist Karl Carstens ein typischer Konservativer, wie seine politischen Gegner oftmals glauben machen wollten. Er selbst nannte sich beim Antritt seines Amtes als Bundespräsident 1979 einen Liberalen. Liberal ist Carstens sicherlich, was sein Engagement betrifft, den Freiheitsraum des Bürgers zu sichern und vergrößern zu helfen. Hervorstechender bei ihm ist freilich, begünstigt durch die gutsherrliche Leutseligkeit seiner Erscheinung, der Zug zum Konservatismus. Er selbst löste den scheinbaren Widerspruch so auf: »Ein Liberaler, der in einem freiheitlichen Rechtsstaat lebt, sollte insoweit konservativ sein, daß er diesen freiheitlichen Rechtsstaat zu bewahren versucht.«
Der 1984 aus dem Amt geschiedene ehemalige erste Mann der Bundesrepublik kann auf eine beispiellose Karriere als Staatsbeamter und Professor zurückblik-

Ein Beispiel für die Popularität des Ex-Bundespräsidenten: Karl Carstens wird 1979 von der Stadt Segeberg während der Karl-May-Spiele die Ehrenhäuptlingswürde verliehen. Jugendliche bringen die Urkunde zur Villa Hammerschmidt.

ken. Als junger Rechtsanwalt wurde er 1949 vom damaligen Bremer SPD-Bürgermeister Kaisen als Rechtsberater des Senats verpflichtet und bald danach als Bundesbevollmächtigter des Landes Bremen nach Bonn entsandt. Fünf Jahre später holte ihn Konrad Adenauer ins Auswärtige Amt. Der Kanzler und damalige Außenminister betraute den befähigten Juristen mit dem schwierigen Posten eines Ständigen Vertreters der Bundesrepublik beim Europarat in Straßburg. 1960 avancierte Carstens, inzwischen Leiter der Politischen Abteilung, zum 2. Staatssekretär im Auswärtigen Amt unter Minister Heinrich von Brentano. Dessen Nachfolger, Gerhard Schröder, berief ihn in die traditionsreiche Position des 1. Staatssekretärs des Auswärtigen Amtes. Nach Bildung der Großen Koalition von CDU und SPD 1966 wechselte er mit seinem Minister ins Verteidigungsressort, ließ sich aber schon zwei Jahre später von Kanzler Kurt Georg Kiesinger als Chef des Bundeskanzleramtes anwerben. Als die CDU, der er seit 1954 angehört, 1969 in die Oppositionsrolle ging, trat der politische Beamte Carstens in den einstweiligen Ruhestand.
Der ungemein fleißige Jurist, mit einer Ärztin verheiratet, hatte sich rechtzeitig neben seiner Beamtenlaufbahn eine wissenschaftliche Karriere aufgebaut. Zunächst als Privatdozent, dann außerordentlicher Professor und schließlich als Ordinarius an der Universität Köln lehrte er Staats- und Völkerrecht. Schon 1972 entschied sich der gebürtige Bremer nach der Arbeit in der Exekutiven für die legislative Seite. Auf Bitten seiner Parteifreunde kandidierte Carstens, der sich nach eigenen Aussagen nie nach irgendeinem Amte gedrängt hat, für den Bundestag und kam über die schleswig-holsteinische Landesliste ins Parlament. Ein halbes Jahr danach bereits, am 17. 5. 1973, wählte ihn die CDU/CSU-Bundestagsfraktion zu ihrem Vorsitzenden. In der Rolle des Oppositionsführers, wo kämpferischer Einsatz von ihm erwartet wurde, zeigte der sonst so Moderate des Ungewohnten zuviel. Seine Äußerungen wurden nicht selten als Angriffe eines unversöhnlichen Rechten empfunden. Trotzdem hielten ihn auch Sozialdemokraten immer noch für einen honorigen Politiker: 90 SPD-Abgeordnete gaben Carstens 1976 bei seiner Wahl zum Bundestagspräsidenten ihre Stimmen.
Während der nächsten Jahre vermochte er erneut mit jenen Eigenschaften zu glänzen, die seine Karriere als Professor und Staatsdiener ermöglicht hatten: Fingerspitzengefühl, Klugheit im Ausgleichen von Gegensätzen, Ausdauer und menschliche Liebenswürdigkeit im Umgang mit Untergebenen. Obwohl persönliche Anfeindungen (NSDAP-Mitgliedschaft) einen deutlichen Schatten auf seine Wahl zum Bundespräsidenten 1979 legten, hat Carstens es in den fünf Jahren seiner Amtszeit verstanden, sich über die ihm anhaftenden Klischees hinwegzusetzen und dem Amt das erwartete Maß an Würde und staatsmännischem Verhalten zu verleihen.

Lit.: K. Carstens, *Politische Führung. Erfahrungen im Dienste der Bundesregierung* (1971); *Zusammenleben in Freiheit. Reden und Schriften* (1979); W. Wiedemeyer, *Karl Carstens – Im Dienste unseres Staates* (1980)

Hanns Jürgen Küsters

Herta Däubler-Gmelin
* 12. 8. 1943 Bratislava/ČSSR
Rechtspolitik und Frauenfragen sind die Schwerpunkte in der parlamentarischen Arbeit der SPD-Bundestagsabgeordneten und stellvertretenden Fraktionsvorsitzenden. Die Rechtsanwältin, Tochter eines früheren Tübinger Oberbürgermeisters, trat mit 21 Jahren in die SPD ein. Politische Eindrücke und

Erfahrungen sammelte sie in den Diskussionen im »Tübinger Kreis«, in dem sich zeitweise linke Sozialdemokraten aus Südwestdeutschland zusammenfanden, als SPD-Kreisverbandsvorsitzende in Tübingen (1971/72) und Vorsitzende der Arbeitsgemeinschaft Sozialdemokratischer Frauen in Baden-Württemberg (1971–1976). Daneben engagierte sie sich auch in der Arbeitsgemeinschaft Sozialdemokratischer Juristen.
Im Bundestag, in den sie 1972 über einen Listenplatz gelangte, war sie von 1980 bis 1983 Vorsitzende des Rechtsausschusses – eine Position, die bis dahin eher als »männliche Domäne« angesehen wurde. Neben Themen wie Verbraucherschutz, Staatshaftungsrecht und § 218 sind es vor allem die Probleme erwerbstätiger Frauen und die zunehmende Verschlechterung ihrer Situation bei wachsender Arbeitslosigkeit, denen ihr besonderes Interesse gilt. In der SPD-Bundestagsfraktion leitet sie den Arbeitsbereich »Gleichstellung der Frau«. In ihrer Partei, in der sie auch dem Bundesvorstand angehört, war sie schon mehrmals im Gespräch, wenn es um die Besetzung von Regierungsämtern ging; 1983 zählte sie zur »Regierungsmannschaft« des Kanzlerkandidaten Hans-Jochen Vogel.

Lit.: H. Däubler-Gmelin, *Frauenarbeitslosigkeit oder Reserve zurück an den Herd* (1977)

Ilse Fischer

Rolf Dahlgrün
* 19. 5. 1908 Hannover; † 19. 12. 1969 Hamburg
Von seinem Vater, einem Freund des Dichters Hermann Löns, erbte er die Liebe zu seiner niedersächsischen Heimat und zur Jagd. Der Jurist, der mit der Arbeit zum Thema *Neufassung des Wildereiparagraphen* promovierte, trat 1949 in die FDP ein. In der Hamburger Bürgerschaft, in die er 1953 gewählt wurde, war er Vorsitzender des Haushaltsausschusses. Bei der Bundestagswahl 1957 trat er in Hamburg-Harburg als Direktkandidat gegen Herbert Wehner an und wurde über die Landesliste ins Bonner Parlament gewählt. Im Fibag-Untersuchungsausschuß gegen Franz Josef Strauß übernahm er die undankbare Aufgabe des Berichterstatters.
Noch 1961 als nicht geeignet für den Posten des Bundesfinanzministers betrachtet, wurde er nach der durch die Spiegelaffäre ausgelösten schweren Regierungskrise vom Herbst 1962, die zum Rücktritt der fünf FDP-Minister führte, dennoch in dieses Amt berufen. Unter Ludwig Erhard hatte der »korrekte, aber schwache Finanzminister« (so der *Spiegel*) gegen die inflationistische Haushaltsexpansion der Regierung einerseits und die Abneigung von Wirtschaft und Steuerzahlern gegen Steuererhöhungen in einer Zeit der konjunkturellen Rezession andererseits einen schweren Stand. Als er sich mit seinen Sparvorschlägen nicht durchsetzen konnte, trat er im Oktober 1966 zurück. Dies war der Anlaß zum Auszug der FDP-Minister aus der Regierung und führte zum Sturz Erhards. 1969 bewarb sich Dahlgrün nicht mehr um eine neue Kandidatur für den Deutschen Bundestag.

Georg Braun

Gustav Dahrendorf
* 8. 2. 1901 Hamburg; † 30. 10. 1954 Braunlage
Die sittliche Idee des Sozialismus, der im Menschen das Maß aller Dinge sieht, beherrschte Dahrendorf von Anfang an. Hervorgegangen aus der sozialistischen Jugendbewegung, übte er oft Kritik an der eigenen Partei, der SPD, deren traditionalistische Erstarrung in der Weimarer Zeit ihm ein Dorn im Auge war. Seit 1924 Parteijournalist, wurde er 1927 in die Hamburger Bürgerschaft und 1932 in den Reichstag gewählt. Nach einem KZ-Aufenthalt schuf er sich eine neue Existenz im Kohlenhandel, gehörte dem sozialistischen Widerstandskreis um Julius Leber an und wurde deshalb nach dem 20. Juli 1944 zu sieben Jahren Zuchthaus verurteilt. Nach seiner Befreiung war er führend am Wiederaufbau der SPD in der sowjetischen Zone beteiligt, kehrte jedoch 1946 nach Hamburg zurück, da er der Vereinigung von KPD und SPD zur SED nicht zustimmte.
Als Geschäftsführer (seit 1949 Vorsitzender) des Großeinkaufs der Konsumgenossenschaften, als Abgeordneter der Hamburger Bürgerschaft (seit 1946) und als Vizepräsident des Zweizonen-Wirtschaftsrats (1947–1949) vertrat der undogmatische Sozialist das Konzept einer von gemeinwirtschaftlichen Elementen bestimmten »regulierten Marktwirtschaft«. In der Genossenschaftsbewegung, in der er bis zu seinem Tod an leitender Stelle tätig blieb, sah er nicht nur die Möglichkeit der Selbsthilfe, sondern auch einen »sozialen Ordnungsfaktor« innerhalb des kapitalistischen Systems.

Lit.: G. Dahrendorf, *Der Mensch, das Maß aller Dinge* (1955); W. G. Oschilewski, *Gustav Dahrendorf* (1955)

Georg Braun

Ralf Dahrendorf
* 1. 5. 1929 Hamburg
Für den Soziologen und Politiker gab es stets nur kometenhafte Karrierewege. Mit 29 Jahren bereits Professor, avancierte er binnen weniger Jahre vor allem mit Publikationen zu einer Theorie sozialen Konflikts und Wandels und mitreißend formulierten Reformideen zum deutschen Star-Soziologen. 1967 trat er in die FDP ein und wurde vier Monate später auf dem Freiburger Bundesparteitag von 1968 als ein Prophet gefeiert, der mit neuen Konzeptionen neuen Elan zu geben versprach. Er propagierte »politische Glaubwürdigkeit durch radikale Reform«, setzte sich vorbehaltlos und disputfreudig mit der Apo-Generation auseinander – u.a. in einer spektakulären Diskussion mit Rudi Dutschke – und scheute sich nicht, die Wurzel der Unruhen und Turbulenzen in der Starrheit der Regierenden und deren Angst vor Veränderung zu benennen: »Wir leben in einem Land, in dem schon allzulange die Politik zwischen öffentlicher Beschwichtigung und dem Ruf nach der Polizei verschwunden ist ... ein Teufelskreis der Unbeweglichkeit, der Gewalt hervorruft« – Worte, die anderen Klang hatten als die obligate Politikersprache.
Als intellektueller Propagator des Liberalismus als einer »Philosophie des Wandels« trug Dahrendorf wesentlich dazu bei, die FDP auf einer Welle der Hoffnung in die Ära des sozialliberalen Aufbruchs zu führen. Er wurde Landtagsabgeordneter in Baden-Württemberg (1968), zog im Jahr darauf in den Bundestag ein, wurde Parlamentarischer Staatssekretär beim neuen Außenminister Walter Scheel. Der Antagonismus von Geist und Macht schien aufhebbar. Doch mußte der Senkrechtstarter erfahren, daß Chuzpe und analytische Brillanz keineswegs vor Desillusionierung hinsichtlich der »Machbarkeit« politischer Entscheidun-

gen schützen. Das Profil realpolitischer Durchsetzungsfähigkeit erwarb Dahrendorf dann insbesondere nach seiner Berufung 1970 zum EG-Kommissar im Außenressort, später für Bildung, Wissenschaft, Technologie. Mit unorthodoxen Empfehlungen und kritischen Anmerkungen hob er die europäischen Institutionen deutlich ins öffentliche Bewußtsein. 1971 deckte er in zwei Artikeln unter dem Pseudonym »Wieland Europa« die Schwächen der Gemeinschaft rücksichtslos auf, legte sich in der Folgezeit gern mit einzelnen Mitgliedstaaten ob nationaler Egoismen an, errang gleichwohl mit überlegener Kompetenz und als entschiedener, streitbar-eleganter Verfechter von »Mehr Europa!« große internationale Anerkennung.
1974 kehrte der weltläufige Politiker und Wissenschaftler als Direktor der hochrenommierten London School of Economics in akademische Atmosphäre zurück, ohne freilich je mit markanten Stellungnahmen zu sparen. So attestierte er der SPD/FDP-Koalition wiederholt klägliches Versagen im Versuch, eine offenere Gesellschaft, mehr Freiheit zu verwirklichen, sah schließlich in der Wende vom Herbst 1982 »einen Machtwechsel der Ratlosigkeit«. Seither bemüht er sich verstärkt um einen grundsätzlichen Perspektivenwandel im gesellschaftlichen Denken und als Vorsitzender der Friedrich-Naumann-Stiftung (Dezember 1982) sowie Herausgeber der Zeitschrift *liberal* (1984) um das zukünftige Programm eines »aktiven, also fortschrittlichen Liberalismus«.

Lit.: R. Dahrendorf, *Über den Ursprung der Ungleichheit* (1961); *Gesellschaft und Freiheit. Zur soziologischen Analyse der Gegenwart* (1961); *Gesellschaft und Demokratie in Deutschland* (1965); *Pfade aus Utopia* (1968); *Konflikt und Freiheit* (1972); *Die neue Freiheit. Überleben und Gerechtigkeit in einer veränderten Welt* (1975); *Lebenschancen – Anläufe zur sozialen und politischen Theorie* (1979); *Die Chancen der Krise. Über die Zukunft des Liberalismus* (1983); *Reise nach innen und außen. Aspekte der Zeit* (1984)

Rüdiger Bolz

Thomas Dehler
* 14. 12. 1897 Lichtenfels/Oberfr.; † 21. 7. 1967 Streitberg/Oberfr.
Wenn er die Tribüne des Plenarsaals im Bundestag betrat, dann wurde es spannend. Dehler, ein begnadeter, ungemein schlagfertiger Redner, war immer für rhetorische Kabinettstücke gut, aber auch für Tumulte, die er mit oft eruptiven, unerbittlichen Attacken provozierte – ein Vollblutpolitiker, der begeisterte und verletzte, zugleich jedoch zu entwaffnender Selbstkritik fähig war.
Den Weg zum politischen Liberalismus hatte der junge Jurastudent in München – insbesondere beeindruckt durch Max Weber – schon 1919 gefunden. Er trat der DDP bei und erfuhr bald wohlwollende Förderung durch Theodor Heuss. 1923 ließ er sich, nach seiner Promotion zum Dr. jur., in München, ab 1926 in Bamberg als Rechtsanwalt nieder, war Vorsitzender der bayerischen Jungdemokraten und 1924 Mitbegründer des demokratischen Wehrverbands »Reichsbanner Schwarz-Rot-Gold«. Von 1933 bis 1945 lebte er, auch wegen der Abstammung seiner Frau, zurückgezogen, unterhielt aber Verbindung zum Widerstand und wurde zweimal vorübergehend verhaftet. Als bayerischer Vorsitzender der FDP (1946–1956) und profiliertes Mitglied des Parlamentarischen Rates gewann er rasch politisches Ansehen und wurde neben Theodor Heuss die wohl bekannteste Persönlichkeit, die im Nachkriegsdeutschland liberales Gedankengut wieder bzw. neu zu formulieren wußte. 1949 zog Dehler in den Bundestag ein (bis 1967), wurde als Justizminister in das 1. Kabinett Adenauer berufen und

schuf die wichtigsten Grundlagen der Wiederherstellung und Neuordnung deutscher Rechtsstaatlichkeit. Parlamentsgeschichte machte 1952 seine Rede gegen den – in der Volksmeinung befürworteten – Antrag auf Wiedereinführung der Todesstrafe, deren Unvereinbarkeit mit einer durch Grund- und Freiheitsrechte bestimmten Demokratie er schneidend klar vor Augen führte und damit die noch junge Bundesrepublik ihre erste große rechtspolitische Bewährungsprobe bestehen ließ.

Daß er – als stets eigenwilliger und innerlich freier Politiker mancherlei Divergenzen mit dem zu autoritären Attitüden neigenden Kanzler austragend – 1953 von Adenauer nicht in dessen neues Kabinett übernommen wurde, war für Dehler eine bittere Enttäuschung; zumal sogar Bundespräsident Heuss sich ob wiederholter antisozialdemokratischer und -gewerkschaftlicher »Amokläufe« gegen das impulsive Enfant terrible ausgesprochen hatte. Von der »Zucht des Kabinetts« befreit, übernahm Dehler bis 1956 den Fraktionsvorsitz der FDP, 1954 auch den Parteivorsitz. Unter seiner Führung gewann die Partei stärker ausgeprägte Konturen, trat kämpferischer gegen die Umklammerung des Koalitionspartners CDU/CSU auf, entwickelte forciert eigenständige deutschlandpolitische Akzente, vor allem in der Forderung nach Verhandlungen mit der Sowjetunion über die deutsche Frage. Angesichts Adenauers Saarpolitik kam es 1955 zu beidseitig barsch formulierten Gegensätzen. Die Angliederung der Saar war Dehler ein nationales Anliegen, das man nicht auf dem »europäischen Al-

Thomas Dehler

tar« opfern durfte – weder Koalitionsüberlegungen noch innerparteiliche Differenzen vermochten ihn da aufzuhalten. Nachdem Adenauer Ende 1955 ultimativ die Ersetzung Dehlers im Fraktionsvorsitz durch einen loyaleren Abgeordneten gefordert hatte und nach der Bildung einer SPD/FDP-Koalition in Nordrhein-Westfalen kam es im Februar 1956 zur Aufkündigung des Regierungsbündnisses mit der CDU/CSU in Bonn, aber auch zur Spaltung der FDP-Fraktion im Bundestag. Zwar folgte der größere Teil von Fraktion und Partei Dehler in die Opposition, doch mußte er nach der Wahlniederlage 1957 auf den Parteivorsitz verzichten. »So ist mir Thomas Dehler erschienen, seit ich ihn kannte: Als einer, der den Stein weit nach vorne warf und lief, ihn aufzufangen, ohne sich umzuschauen, ob andere ihm folgten. Es folgten ihm nicht viele. Und das war es, was die Auguren seinen Mangel an fortune nannten« (Carlo Schmid).

Das Bekenntnis zum Recht als dem Inbegriff der unantastbaren menschlichen Würde und geistigen Freiheit war das erste Leitmotiv seines politischen Handelns; das leidenschaftliche Bekenntnis zur Einheit der Nation das andere. Darin war er Fundamentalist, die nationale Frage nahm für ihn die erste Stelle ein unter den Faktoren im politischen Willensbildungsprozeß. Daß die eigentliche Wurzel seines Bekenntnisses zu einem geeinten Deutschland ein etwas unkritisch reflektierter, pathetisch verbrämter Reichsgedanke war, blieb auch innerparteilich stets beargwöhnt. Zunehmend verbitterter, registrierte Dehler, der zeitlebens Adenauers Verzicht auf Sondierungen nach der Stalin-Note von 1952 als grobe Leichtfertigkeit kritisierte, die Erstarrung der offiziellen Deutschlandpolitik zu plakativen Formeln – »dieses tatenlose Geschwätz, das sich bei feierlichen Anlässen mit der Phrase von der Wiedervereinigung in Frieden und Freiheit begnügt«.

Dehlers Bundestagsrede vom 28. 1. 1958 geriet ihm schließlich zu einer vehementen Abrechnung mit Adenauer. Nach einem Rekurs auf dessen kategorische Ablehnung aller östlichen Vorschläge und bisweilen höhnischer Abwehr der FDP- und SPD-Initiativen prangerte Dehler die Politik des Kalten Krieges als »Verzicht auf Politik« und deshalb bewußte Vertiefung der deutschen Spaltung an und folgerte: »Hier, Herr Bundeskanzler, haben Sie bewiesen, daß Sie alles taten, um die Wiedervereinigung zu verhindern.« Die Suche nach weiterführenden, flexibleren außenpolitischen Ansätzen blieb Dehlers Hauptanliegen. Nachdem er zwischen 1955 und 1958 bereits ausgedehnte Reisen in den Ostblock unternommen hatte, traf er 1963 erneut mit der Kremlführung zusammen und schilderte danach in zahlreichen Aufsätzen und vor dem Bildschirm, wie entscheidend die sowjetische Haltung nach wie vor vom Weltkriegstrauma der zweimaligen Beinahe-Niederlage und der panischen Furcht vor militärischer Einkreisung geprägt sei. Dehler postulierte deshalb die Revision des deutschen Verhaltens anstelle antikommunistischer Feindbildpflege und erntete vorwiegend Befremden und Entrüstung in der Öffentlichkeit, nicht aber in der eigenen Partei. Dort wurde der mit Ecken und Kanten ausgestattete Radikalliberale, der als Vizepräsident des Bundestags (1960–1967) zum Muster eines »elder statesman« geworden war und der es verstand, dank persönlicher Erfahrung und umfassender historischer Bildung die Erneuerung des Liberalismus in den sechziger Jahren nachhaltig zu legitimieren und abzugrenzen – insbesondere gegen die ihm immer verhängnisvoller erscheinende Vermengung kirchlicher und politischer Prinzipien –, schließlich der »wichtigste Gesprächspartner aus der Führungsgruppe der FDP für die junge Generation der Liberalen« (Günter Verheugen).

Lit.: Th. Dehler, *Reden und Aufsätze* (1969); *Bundestagsreden* (1973); W. Dorn/F. Henning (Hrsg.), *Thomas Dehler. Begegnungen – Gedanken – Entscheidungen* (1977); Th. Heuss, *Lieber Dehler! Briefwechsel mit Thomas Dehler,* hrsg. und kommentiert von F. Henning, mit einem Geleitwort von H. Hamm-Brücher (1983)

Rüdiger Bolz

Heinrich Deist

* 10. 12. 1902 Bant/Kreis Wilhelmshaven; † 7. 3. 1964 Meran

Im »Hofgeismarer Kreis«, einem Zusammenschluß undogmatisch eingestellter Jungsozialisten in der Weimarer Republik, empfing er als Student entscheidende politische Eindrücke. Ab 1931 arbeitete er als Regierungsrat im preußischen Innenministerium und war einige Zeit persönlicher Referent des Ministers Carl Severing. 1933 aus dem Staatsdienst entlassen, studierte Deist anschließend Betriebswissenschaft und ließ sich dann als selbständiger Wirtschaftsprüfer nieder. Nach dem Krieg wurde er als Vertrauensmann der Gewerkschaften Mitglied der Stahltreuhändervereinigung zur Neuordnung der Eisen- und Stahlindustrie.

1953 zog er für die SPD in den Bundestag ein. In den folgenden Jahren entwickelte er sich immer mehr zum wirtschaftspolitischen Experten seiner Partei. Er gehörte der Gemeinsamen Versammlung der Europäischen Gemeinschaft für Kohle und Stahl an und war seit 1958 Vorsitzender des Ausschusses für Investitionen und Finanzierung im Straßburger Europaparlament. Den politischen Durchbruch brachte für ihn 1958 der Parteitag der SPD in Stuttgart, wo er gegen Widerstand von links sein wirtschaftspolitisches Konzept durchsetzen konnte. Er ging davon aus, daß die Abschaffung des Privateigentums an Produktionsmitteln »keine zentrale Forderung der deutschen Sozialdemokratie mehr sein könne«. In seinen Vorstellungen spielten öffentliche Kontrolle wirtschaftlicher Macht, Wettbewerb, gerechte Einkommens- und Vermögensverteilung und Mitbestimmung eine wichtige Rolle. Er beeinflußte damit maßgeblich auch den wirtschaftspolitischen Teil des Godesberger Programms von 1959. Seit 1958 gehörte er Parteivorstand und Präsidium der SPD an und war zugleich stellvertretender Fraktionsvorsitzender im Bundestag.

Lit.: H. Deist, *Wirtschaft von morgen. Beiträge zur Wirtschaftspolitik der SPD* (1959)

Ilse Fischer

Georg Diederichs

* 2. 9. 1900 Northeim; † 19. 6. 1983 Laatzen

Der promovierte Diplomvolkswirt und Pharmazeut schloß sich 1926 der Deutschen Demokratischen Partei an, las aber damals bereits das SPD-Organ *Vorwärts* und trat 1930 in die SPD ein. Während der NS-Zeit verbrachte er vier Monate im KZ Esterwegen. Nach dem Krieg war er zunächst Bürgermeister und Landrat in Northeim. Im Herbst 1948 wurde er in den Parlamentarischen Rat delegiert. Als stellvertretender Vorsitzender des Wahlrechtsausschusses arbeitete er an der Gestaltung des Wahlgesetzes für den Bundestag mit. Im niedersächsischen Landtag, dem er seit 1947 angehörte, profilierte sich der stellvertretende SPD-Fraktionsvorsitzende durch seine glänzende Formulierungsgabe und durch treffende Zwischenrufe. In ein Regierungsamt wurde er jedoch erst 1957

berufen, als sich die »bürgerliche« Regierung Hellwege zur Aufnahme der SPD in die Regierungskoalition entschloß. Er gehörte diesem und dem folgenden Kabinett unter dem Sozialdemokraten Hinrich Kopf als Sozialminister an. Nach dem Tode Kopfs einigten sich die Koalitionspartner SPD, FDP und BHE auf Diederichs als neuen Ministerpräsidenten.
Zu den herausragenden Ereignissen seiner Amtszeit gehörte der Konkordatsvertrag mit der katholischen Kirche (1965), der allerdings heftige Proteste in der Lehrerschaft hervorrief. Widerstand gab es auch beim Koalitionspartner FDP. Die Haltung des FDP-Kultusministers führte schließlich zum Bruch des Regierungsbündnisses. Diederichs ging daraufhin eine Koalition mit der CDU ein, die auch nach den Landtagswahlen von 1967 fortgesetzt wurde. Der Parteiwechsel verschiedener Abgeordneter und die veränderten politischen Verhältnisse in Bonn nach der Bildung der Regierung Brandt-Scheel ließen eine Fortsetzung des Regierungsbündnisses dann nicht mehr vertretbar erscheinen. Bei den Neuwahlen 1970 war Diederichs schwer erkrankt und wurde durch Alfred Kubel als Ministerpräsident abgelöst.

Lit.: H. Vogt, *Georg Diederichs,* hrsg. von der niedersächsischen Landeszentrale für politische Bildung (1978)

Ilse Fischer

Wolfgang Döring
* 11. 11. 1919 Leipzig; † 17. 1. 1963 Düsseldorf
Als der ehemalige Berufsoffizier 1954 für die FDP in den nordrhein-westfälischen Landtag einzog, gerieten die politischen Fronten in Bewegung: Als Anhänger der sog. FDP-Jungtürken um Walter Scheel und Willi Weyer hatte Döring entscheidenden Anteil am Sturz des CDU-Ministerpräsidenten Karl Arnold im Februar 1956, wobei es nicht zuletzt darum ging, eine für die FDP verhängnisvolle Wahlrechtsreform zu verhindern. Zwar fand die anschließend gebildete sozialliberale Koalition bei den Landtagswahlen von 1958 keine Mehrheit, doch der junge Abgeordnete galt wegen seines Versuchs, die Liberalen zur SPD hin zu öffnen und die soziale Frage auch programmatisch stärker zu berücksichtigen, fortan als »Raketentreibsatz der FDP« *(Die Zeit).*
Seit 1957 im Bundestag, wurde er 1961 zum stellvertretenden Fraktionsvorsitzenden und ein Jahr später auch zum stellvertretenden Bundesvorsitzenden seiner Partei gewählt: Nun engagierte sich die »politische Hoffnung« *(Frankfurter Rundschau)* verstärkt für die Umwandlung der FDP in eine Volkspartei mit sozialer Komponente. Er stimmte gegen eine erneute Kanzlerschaft Adenauers, dessen Ostpolitik er ablehnte, und verteidigte während der Spiegeldebatte seinen Freund Rudolf Augstein gegen die Angriffe der Regierung. Als er wenige Monate später einem Herzinfarkt erlag, war die politische Führung der FDP – so die *Welt* – »um einen leuchtenden Farbpunkt ärmer geworden«. Seine Ideen gewannen nach seinem Tod allerdings immer mehr Bedeutung.

Klaus Lesche

Klaus von Dohnanyi
* 23. 6. 1928 Hamburg
Die politische Karriere des »roten Barons«, seit dem 24. 6. 1981 Hamburgs 1. Bürgermeister, begann mit einer Bruchlandung: Gleich zum Auftakt war der Sozialdemokrat (Beitritt 1957) und Einser-Jurist in Hessen, 1966 von Georg-

August Zinn als Justizminister nominiert, in der Fraktion durchgefallen. Der »kleine Kennedy« *(Capital)*, seit 1960 in München Gesellschafter des Marktforschungsinstituts Infratest, früher auch Ford-Manager, schaffte dann zwei Jahre später den Sprung auf die Bonner Bühne: 1968 beamteter Staatssekretär unter Wirtschaftsminister Karl Schiller, 1969 als Bundestagsneuling Parlamentarischer Staatssekretär im Bildungsministerium.
Ab 1972 Bundesminister für Bildung und Wissenschaft, galt Dohnanyi manchen nur als Lückenbüßer in diesem »Reformressort«. Sein Hochschulrahmengesetz und die Reform der Berufsbildung wurden in der Öffentlichkeit heftig kritisiert. 1974 mußte er beim Kanzlerwechsel von Brandt zu Schmidt die Bonner Kabinettsrunde verlassen. Sieben Jahre später empfahl die Bonner Parteiführung den »Allroundpolitiker« als Bürgermeisterkandidaten seiner Heimatstadt. Vor dieser seiner »schwierigsten politischen Entscheidung« hatte er Höhen und Tiefen durchlebt. 1976 auf schier aussichtslosem Listenplatz in Rheinland-Pfalz gerade noch in den Bundestag eingerückt, von Helmut Schmidt überraschend zum Staatsminister im Auswärtigen Amt (Schwerpunkt »Europa«) berufen, wurde ihm drei Jahre später auch im Lande Wiedergutmachung zuteil: Als Spitzenkandidat führte er 1979 die rheinland-pfälzische SPD zu ihrem bislang besten Landtagswahlergebnis und übernahm den Mainzer Landesvorsitz. Im selben Jahr rückte er in den Bundesvorstand der SPD ein.
Der Sproß einer Musiker- und Juristenfamilie von Rang (der Vater, Reichsgerichtsrat, von den Nazis ebenso ermordet wie zwei Brüder der Mutter, Claus und Dietrich Bonhoeffer) definiert sich selbst als »einen vom aufklärerischen Reformflügel« der Sozialdemokratie. Für den politischen Freund Willy Brandts war das erste Zusammentreffen mit den hanseatischen Genossen denn auch eine »schwierige Begegnung«: Die SPD vor Ort war (nach dem Rücktritt ihres Bürgermeisters Hans-Ulrich Klose) völlig zerstritten und in der Wählergunst erheblich gesunken; zudem traute ein Teil der »Parteilinken« dem früheren Wissenschaftsminister eine Fortsetzung der Reform- und Integrationspolitik (Ausstieg aus dem Kernkraftprojekt Brokdorf) nicht zu. Dohnanyi wußte sich jedoch, mit allen SPD-Stimmen in den Senat gewählt, als neuer Bürgermeister der Hansestadt zu profilieren. Der »Genosse Nadelstreifen«, kein Verfechter eines Konfrontationskurses, ging in der Kernkraftfrage einen mittleren Weg und rückte angesichts der schwierigen Wirtschaftslage an Elbe und Alster arbeitsmarktpolitische Überlegungen in den Vordergrund. Nach einem »Wahlkampf der Gentlemen« konnten weder er noch sein CDU-Kontrahent Walther Leisler Kiep Mitte 1982 einen arbeitsfähigen Senat bilden. Entgegen allen Warnungen der CDU vor einer rot-grünen Katastrophe beendeten die neuerlichen Bürgerschaftswahlen vom 19. 12. 1982 die »Hamburger Verhältnisse«: Klaus von Dohnanyi regiert seitdem mit einer absoluten Mehrheit im Hamburger Senat.

Wolfgang Gröf

Werner Dollinger
* 10. 10. 1918 Neustadt/Aisch
Zur Politik sei er »aus Zufall« gekommen, hat der Sohn eines fränkischen Großhändlers einmal gesagt. Der promovierte Diplomkaufmann war Gründungsmitglied der CSU und vertritt sie seit 1953 im Deutschen Bundestag. Seither hat Werner Dollinger viele Positionen innegehabt: 1961/1962 als erster Protestant CSU-Landesgruppenchef, seit 1963 ununterbrochen stellvertretender Parteivorsitzender. 1962 wurde er Bundesschatzminister, im November 1966 –

kurz vor Ende der Regierung Erhard – zusätzlich Minister für wirtschaftliche Zusammenarbeit. Während der Großen Koalition war Dollinger Minister für Post- und Fernmeldewesen.
In der liberal-konservativen Regierung Kohl übernahm er im Oktober 1983, inzwischen 65jährig, das Verkehrsministerium. In seiner Partei war er von 1969 bis 1976 stellvertretender Landesgruppenchef, leitet den Wirtschaftsbeirat der Union und den Evangelischen Arbeitskreis der CSU. Weite Strecken seiner Karriere verdankt er sicherlich der Tatsache, daß er als Franke und Protestant hervorragend in den CSU-Proporz paßte. Doch auch seine politischen Gegner bestätigen ihm Fleiß, Ausdauer und Zuverlässigkeit. Dollinger gehörte im November 1976 zu den 18 CSU-Politikern, die sich als »Dissidenten von Kreuth« gegen den Trennungsbeschluß der CSU (Beendigung der Fraktionsgemeinschaft mit der CDU) stellten.

Bernd Kühnl

Alfred Dregger
* 10. 12. 1920 Münster/Westf.
Der langjährige hessische CDU-Vorsitzende trat erst relativ spät in das Rampenlicht der Bundespolitik. Sein Lebenslauf ist typisch für die Angehörigen seines Jahrgangs: Grundschule, humanistisches Gymnasium, dann direkt in die Wehrmacht, in der er von 1939 bis 1945 den gesamten Zweiten Weltkrieg mitmachen mußte, zuletzt als Hauptmann und Bataillonskommandeur im Osten; er wurde viermal verwundet. Diese Zeit hat den Menschen und Politiker Dregger tief geprägt. Nach dem Krieg studierte er Jura, promovierte 1950, 1953 folgte die große juristische Staatsprüfung, anschließend war er als Referent in Verbänden tätig.
1956 dann begann sein Leben als »Berufspolitiker« mit der Wahl zum Oberbürgermeister von Fulda. In diesem Amt blieb er bis 1970 – eine lange Lehrzeit, die er mit großem Engagement ausfüllte; und darin Konrad Adenauer nicht unähnlich, der vor seiner eigentlichen großen Zeit gleichfalls 16 Jahre lang Oberbürgermeister war.
Dreggers Aufstieg zu einem der bekanntesten Politiker der Bundesrepublik jedoch setzte auf einer anderen Ebene ein, nämlich als er 1967 Landesvorsitzender der hessischen CDU wurde. Dieser Landesverband befand sich Mitte der sechziger Jahre in einem desolaten Zustand; die Partei lag bei Landtagswahlen bei etwa 26% der Stimmen. Die Übermacht der SPD Georg August Zinns schien unüberwindbar. Doch dann hieß es: »Dregger kommt«, und mit ihm kam die CDU aus ihrem Tal heraus. Seit 1962 Landtagsabgeordneter in Wiesbaden, zuletzt (bis 1972) Fraktionsvorsitzender, steigerte Dregger, der in dem Ruf steht, ein harter und ehrgeiziger Mann zu sein, kontinuierlich die Ergebnisse seiner Partei in Hessen, bis schließlich 1982 im Oktober das Amt des Ministerpräsidenten greifbar nahe schien. Aber die hessische Wahl des Herbstes 1982 machte Dregger zu einer tragischen Figur: Unmittelbar nach dem Sturz des Bundeskanzlers Schmidt mußte er den angeblichen Verrat von Bonn büßen und verfehlte die sicher scheinende absolute Mehrheit – eine Niederlage, die er noch nicht verwunden hat und aus der er auch persönliche Konsequenzen zog, indem er den Landesvorsitz niederlegte und auf eine erneute Kandidatur als CDU-Spitzenkandidat in Hessen verzichtete. Seit dem 4. 10. 1982 ist er Fraktionsführer seiner Partei im Bundestag.

Lit.: A. Dregger, *Systemveränderung – Brauchen wir eine andere Republik?* (1972); *Freiheit in unserer Zeit. Reden und Aufsätze,* zusammengestellt von G. Reichert (1980)

Engelbert Hommel

Josef Hermann Dufhues

* 11. 4. 1908 Castrop-Rauxel; † 26. 3. 1971 Rheinhausen

Sympathieträger breiter Schichten ist er nie gewesen, der Bochumer Rechtsanwalt und Notar, der als Vorsitzender der Jungen Union Deutschlands bei Gründung der Bundesrepublik (1949/50) als erster die CDU-Nachwuchsorganisation als Sprungbrett für eine bemerkenswerte Karriere nutzte: MdL in Nordrhein-Westfalen (1950–1971), dort von 1958 bis 1962 Innenminister im Kabinett Meyers, Vorsitzender der CDU Westfalen (1959–1971) und des Präsidiums der CDU Nordrhein-Westfalen (1966–1969), erster Geschäftsführender Vorsitzender der Bundespartei (1962–1966), einer ihrer stellvertretenden Vorsitzenden (1967–1969), daneben langjähriger Verwaltungsratsvorsitzender des WDR in Köln.

Hinter diesen Funktionen und Amtszeiten verbergen sich weitergehende Pläne und gescheiterte Ambitionen des »loyalen Rebells« *(Rheinischer Merkur):* mehrmals z.B. auf den Ministerpräsidentensessel in Düsseldorf, besonders auch die Führung der CDU auf Bundesebene in der Übergangszeit von Adenauer über Erhard zu Kiesinger. Konzeptionell hat Dufhues der Union mit seinen Reformforderungen der sechziger Jahre (Effektivität, Mitgliederwerbung, Wählerkontakt) schon früh den Weg zur erneut erfolgreichen, erneuerten Volkspartei der siebziger und achtziger Jahre gewiesen. Nach außen jedoch, im Umgang mit den divergierenden Kräften der eigenen Partei und mit möglichen neuen Koalitionspartnern, hat er sich (mal für, mal gegen ein SPD-Bündnis votierend) im Machbaren des Interregnums zwischen 1963 und 1969 sowie den Chancen eigener Machtausübung verschätzt.

Hans Peter Mensing

Felix von Eckardt

* 18. 6. 1903 Berlin; † 11. 5. 1979 Capri

»Felix von Eckardt gelang, woran unmittelbar vor ihm in zwei Jahren vier Männer gescheitert waren: Er wurde als Pressechef der Bundesregierung das Auge, das Ohr und das Sprachrohr Adenauers«, so heißt es nicht zu Unrecht im Klappentext seiner Memoiren. Die abwechslungsreiche Laufbahn des 1952 ins Amt berufenen Regierungssprechers ist damit zutreffend charakterisiert.

Während des Ersten Weltkriegs war er kurz preußischer Kadett gewesen, wandte sich dann nach den journalistischen Lehrjahren beim *Hamburger Fremdenblatt* und den *Münchener Neuesten Nachrichten* (1921–1926) mehr der internationalen Politik zu. Zuerst außenpolitischer und diplomatischer Korrespondent verschiedener Blätter (1927–1929), war er von 1929 bis 1932 als Presseattaché an der Deutschen Gesandtschaft in Brüssel tätig. Beweglich, gewandt und weltoffen wie er war, hatte er sich nach 1933 als Filmautor, Dialogregisseur und in ähnlichen Funktionen in der deutschen Filmindustrie vornehmlich mit der leichten Muse durchgebracht. 1946 gründete er in Bremen den *Weser-Kurier,* dessen Lizenzträger, Chefredakteur (1951) und Mitherausgeber er wurde. Kurz nach Aufnahme seiner Tätigkeit im Presseamt, dem er von 1952 bis 1955 und, nach zweijährigem Aufenthalt als Botschafter bei den Vereinten Nationen, von 1956 bis 1962 (ab 1958 dann als Staatssekretär) vorstand, brachte er das Kunststück fertig, mit Adenauer und der Presse gleichermaßen auszukommen. Eckardt war nie verlegen um Antworten, die den Journalisten meist eine gute Schlagzeile boten. 1962 wechselte er als Bevollmächtigter der Bundesrepublik in Berlin nochmals für zwei Jahre in die Diplomatenrolle. Beendet hat Eckardt seine Karriere als Abgeordneter des Bundestages.

Lit.: F. von Eckardt, *Ein unordentliches Leben. Lebenserinnerungen* (1967)

Hanns Jürgen Küsters

Hans Ehard

* 10. 11. 1887 Bamberg; † 18. 10. 1980 München

Ehards Geburtsstunde als Politiker schlug, als sich 1946 die heillos zerstrittene CSU auf keines ihrer Zugpferde als Ministerpräsidenten einigen konnte und so nach einem Mann Ausschau halten mußte, der von allen Flügeln akzeptiert werden konnte. Ehard, 1923/24 Anklagevertreter im Hitler-Prozeß und von 1933 bis 1945 Senatspräsident beim Oberlandesgericht München, hatte bis dahin vor allem als Experte für Rechts- und Verfassungsfragen von sich reden gemacht und war an der Ausarbeitung der bayerischen Verfassung von 1946 maßgeblich beteiligt gewesen.

Im Amt des Ministerpräsidenten, das er von 1946 bis 1954 und von 1960 bis 1962 ausübte, war er alles andere als ein Lückenbüßer. Von ihm ging 1947 die (schließlich gescheiterte) Initiative zu einer gemeinsamen Konferenz der Ministerpräsidenten aller vier Besatzungszonen aus. 1948/49 bemühte er sich erfolgreich darum, dem Grundgesetz durch die Schaffung des Bundesrates ein »föderalistisches Gesicht« zu geben, und schuf damit die Voraussetzungen für das »Geflüsterte Ja« Bayerns zur Bundesrepublik. Die CSU, deren Vorsitz er von 1949 bis 1955 innehatte, verdankte Ehard keine wesentlich neuen Impulse. Das parteipolitische Tagesgeschäft blieb ihm fremd, gleichwohl führte er seine Partei, die zwischen 1945 und 1948 oft am Rande des politischen Abgrundes gewesen war, in ruhigere Gewässer.

Hans Woller

Hermann Ehlers

* 1. 10. 1904 Berlin; † 29. 10. 1954 Oldenburg

Nach Jurastudium und Promotion gehörte der spätere Bundestagspräsident und einer der führenden politischen Vertreter des Protestantismus Anfang der dreißiger Jahre der Reichsleitung des Bibelkreises (ev. Jugendarbeit) an und arbeitete als Jurist bei verschiedenen kirchlichen Einrichtungen. Wegen seiner Mitgliedschaft im Bruderrat der Bekennenden Kirche (seit 1935) wurde er 1939 nicht als Richter in den Staatsdienst übernommen. 1941 erhielt er den Einberufungsbefehl. Als Mitglied des oldenburgischen Oberkirchenrates (seit Oktober 1945) gestaltete Ehlers maßgeblich die institutionelle Grundlage der Ev. Kirche in Deutschland (EKD) mit.

1949 wurde er für die CDU in den Bundestag gewählt, 1950 zum Bundestagspräsidenten. Obwohl Ehlers die Politik Adenauers prinzipiell befürwortete, mahnte er wiederholt zur sorgfältigen Prüfung aller östlichen Vorschläge für eine Wiedervereinigung Deutschlands. 1952 wurde er zum 2. Vorsitzenden der CDU gewählt. Seine sachliche Amtsführung als Bundestagspräsident sicherte ihm Sympathien aus allen Parteien, und so erfolgte seine Wiederwahl 1953 mit

467 von 487 Stimmen. Sein plötzlicher Tod wurde von allen Parteien als schmerzlicher Verlust empfunden.

Lit.: H. Ehlers, *Drei Jahre deutscher Bundestag* (1952); *Um dem Vaterland zu dienen. Reden und Aufsätze,* hrsg. von F. Schramm (1955); W. Börner, *Hermann Ehlers* (1963)

Clemens Vollnhals

Horst Ehmke
* 4. 2. 1927 Danzig
Bereits zur Zeit der CDU/SPD-Koalition soll Horst Ehmke seinen Fahrer auf dessen Frage nach dem morgendlichen Fahrziel mit der Antwort verblüfft haben: »Egal, wohin, ich werde überall gebraucht!« Erst 1967 war er, quasi ein »Senkrechtstarter«, als Staatssekretär im Bundesjustizministerium in den Kreis der Ministrablen aufgestiegen, nachdem er sich im Eiltempo zum heimlichen Chefstrategen der SPD und geistigen Vater der SPD-»Perspektiven im Übergang zu den siebziger Jahren« entwickelt hatte. Zusammen mit seinem Minister Gustav Heinemann erarbeitete er damals eine Reihe fortschrittlicher Gesetzentwürfe: Reform des Strafrechts, des Strafvollzugs, der Justizverfassung und des Unehelichenrechts. Diese Bestrebungen setzte der schlagfertige Jurist in der nachfolgenden kurzen Zeit als Bundesjustizminister 1969 fort. Die Jurisprudenz schien überhaupt sein Metier, denn darin hatte er längst - mit einer Professur in Freiburg - eine glänzende Karriere gemacht.

Der Sohn eines Chirurgen nahm - nach Notabitur und Fronteinsatz - 1946 das Studium der Rechte und der Volkswirtschaft auf. Ein Jahr später bereits trat er der SPD bei. Seine Studien ergänzte er, u.a. in den USA, noch mit dem Fach Politische Wissenschaft. Vier Jahre war er bei dem »Kronjuristen« der SPD, Adolf Arndt, wissenschaftlicher Assistent; bekannt wurde er weithin als einer der Verteidiger im »Spiegel-Prozeß«. Auf der Bonner Bühne hatte er sich schnell einen Namen als »Allroundpolitiker« machen können, doch war es ihm zugleich gelungen, mit seiner »intellektuellen Schnoddrigkeit« nicht nur einfache Genossen zu verprellen.

Willy Brandt holte den umstrittenen »Wunderknaben« und Verfechter einer »progressiven pragmatischen Politik« Ende 1969 mit Ministerrang ins Kanzleramt, nachdem Ehmke gerade äußerst erfolgreich in den Bundestag gewählt worden war. 1972 wurde er als Minister in die Ressorts für Forschung und Technologie sowie Post- und Fernmeldewesen quasi abgeschoben. In diesem »technischen Gemischtwarenladen« fühlte Ehmke sich nicht recht heimisch. 1974 stürzte er, ebenso wie Brandt, über die Guillaume-Affäre, deren Verantwortung ihm nachträglich angelastet wurde. Seine weitere politische Karriere schien blockiert.

Trotz allmählich geschickten Taktierens gelang es Ehmke erst im zweiten Anlauf 1977, den stellvertretenden Fraktionsvorsitz zu übernehmen. Er wurde ein Gegner der Raketenstationierung und artikulierte sich als scharfer Kritiker der Politik Reagans. Mit seinem Moskaubesuch im August 1982 demonstrierte er, was er von einer »Quarantäne« der Sowjetunion hielt. Seine Anfang 1984 kontrovers diskutierte »Überlegung für die Selbstbehauptung Europas« verstand er als Analyse und Perspektive, die sich jedoch nicht gegen die USA richten sollte.

Lit.: H. Ehmke, *Politik der praktischen Vernunft. Aufsätze und Referate* (1969); *Politik als Herausforderung. Reden, Vorträge, Aufsätze,* Bd. I: 1968–1974 (1974); Bd. II: 1975–1979 (1979); ders./D. Klama, *Die Macht der großen und der kleinen Tiere* (1980)

Horst-Peter Schulz

Herbert Ehrenberg
* 21. 12. 1926 Collnischken/Ostpr.
Nicht nur sein ungetrübter Optimismus und sein unverkennbarer ostpreußischer Tonfall riefen manches Schmunzeln hervor, sondern auch sein Erlaß als Minister, der seinen Mitarbeitern u.a. untersagte, »sogenannt, angesichts, wohlgemerkt, nunmehr« zu verwenden.
Die Schule mußte Ehrenberg bereits als 16jähriger verlassen; er wurde zur Wehrmacht eingezogen. Für den weiteren Werdegang hatte er eine eigene Maxime: keinen Job länger als fünf Jahre auszuüben. Dies hielt er ein, bis er Minister wurde. In der Zwischenzeit hatte der engagierte Sozialdemokrat und Gewerkschafter (SPD-Mitglied seit 1955) u.a. in Volkswirtschaft promoviert und war zum profunden Wirtschafts- und Sozialexperten geworden. 1972 wurde er in den Bundestag gewählt; 1976, als neuer Minister für Arbeit und Soziales, griff er beherzt heikle aktuelle Probleme wie Vollbeschäftigung, Renten- und Sozialversicherung sowie Kostendämpfung im Gesundheitswesen auf. Dabei stieß er nicht nur bei der Opposition auf Widerstand. Man warf ihm u.a. Preisgabe sozialdemokratischer Wirtschaftsvorstellungen vor. Trotz einiger Erfolge, vor allem beim Erhalt des sozialen Netzes, fiel er wegen zu geringer Fortune der Kabinettsumbildung 1982 zum Opfer. Als Mitglied des Bundestags jedoch blieb er weiterhin aktiv.

Lit.: H. Ehrenberg, *Vermögenspolitik für die siebziger Jahre* (1971); *Zwischen Marx und Markt* (1973); ders./A. Fuchs, *Sozialstaat und Freiheit* (1980)

Horst-Peter Schulz

Willi Eichler
* 7. 1. 1896 Berlin; † 17. 10. 1971 Bonn
Anläßlich des Todes von Willi Eichler würdigte der Jesuit Oswald von Nell-Breuning dessen »stillen, aber sehr tiefgehenden Einfluß« als »politischer Bildner und Erzieher«. »Er besaß die Gabe, politische Zusammenhänge nüchtern zu durchdenken und die sich daraus ergebenden Schlußfolgerungen für die Programmatik und die praktische Politik der deutschen Sozialdemokratie zu ziehen«, wie Bundespräsident Gustav Heinemann hervorhob.
Den Sohn eines Berliner Postbeamten hatten die Frontjahre (1914–1917) zum schärfsten Gegner von Gewalt als Mittel der Politik gemacht. Unter dem Einfluß der Philosophie Leonard Nelsons, der den Sozialismus vorwiegend ethisch begründete und den marxistischen Materialismus ablehnte, wurde er überzeugter Sozialist und trat 1923 der SPD bei. Wie Nelson, dessen Assistent er von 1924 bis 1927 in Göttingen war, geriet er bald in kritische Distanz zur SPD. Nach seinem Ausschluß aus der Partei gehörte er zu den Mitgründern des Internationalen Sozialistischen Kampfbundes (ISK). Dieser begriff sich als politische Eliteorganisation, die den ethischen Sozialismus Nelsons vertrat und links von der SPD stand.
Ende 1933 mußte Eichler, der journalistisch tätig war, aus Deutschland fliehen.

In Paris gab er die *Sozialistische Warte* und die in Deutschland illegal verbreiteten *Reinhart-Briefe* heraus. Weil diese Aktivitäten »die guten Beziehungen zu Deutschland störten«, wurde er 1938 von den französischen Behörden ausgewiesen: Er emigrierte nach England. Dort brachte er, um der antifaschistischen Einheit willen, sich und die dortigen Exil-ISK-Mitglieder in die »Union deutscher sozialistischer Organisationen in England« ein. Deren Programme und Aktivitäten für das zukünftige Deutschland beeinflußte Eichler entscheidend. Nach 1945 löste sich der ISK auf, Eichler trat in die SPD ein. Lange Zeit war er Vorsitzender des SPD-Bezirks Mittelrhein und Chefredakteur der *Rheinischen Zeitung* und gehörte zeitweise dem Landtag von Nordrhein-Westfalen, dem Frankfurter Wirtschaftsrat und dann dem Bundestag (1949–1953) an. Von 1946 bis 1968 war er Mitglied des SPD-Vorstandes, seit 1952 hauptberuflich.
Vor allem drei Grundsatzentscheidungen seiner Partei beeinflußte er entscheidend: die Neugestaltung des Verhältnisses der SPD zu den Kirchen, die bildungspolitischen Leitsätze der SPD und den Entwurf des Godesberger Programms. Als dessen »Architekt« und »geistiger Vater« verhalf er der SPD zur Wandlung von einer Klassenkampf- zur Volkspartei. Der Marxismus wurde in diesem Programm nur als eine von vielen möglichen Begründungen des Sozialismus zugelassen. Für Eichler war der freiheitlich demokratische Sozialismus sittlich-moralisch begründet. Dieser Sozialismus war für ihn nicht länger nur eine Organisationsidee, sondern sein persönlich engagierter Kampf als Humanist um einen menschlicheren Status des Menschen.

Lit.: W. Eichler, *Zwischen Krieg und Frieden* (1964); *Individuum und Gesellschaft im Verständnis demokratischer Sozialisten* (1970); *Hundert Jahre Sozialdemokratie* (1962); K. Lompe/L. F. Neumann (Hrsg.), *Willi Eichlers Beiträge zum demokratischen Sozialismus. Eine Auswahl aus dem Werk* (1979)

Horst-Peter Schulz

Erhard Eppler
* 9. 12. 1926 Ulm
Eppler, der »Pietcong«, der »Ayatollah aus Stuttgart«, ist der Protagonist einer christlich-idealistischen, stark gesinnungsethisch geprägten, pazifistischen, ökologischen, linkssozialistischen Politik. Beeinflußt durch seine liberal-protestantische Erziehung im Geist Friedrich Naumanns war er schon während seiner Tätigkeit als Gymnasiallehrer (1951–1961) in der von Gustav Heinemann gegründeten Gesamtdeutschen Volkspartei, einer patriotisch-protestantischen Sammlungsbewegung gegen Adenauers einseitige Westorientierung, aktiv. SPD-Mitglied wurde er 1956; von 1961 bis 1976 saß er für seine Partei im Bundestag, 1970 wurde er in den Parteivorstand, 1973 ins Parteipräsidium gewählt.
Als Finanzexperte und Vorsitzender der SPD-Steuerreform-Kommission befürwortete er aus egalitärem Impuls und als Finanzierungsgrundlage gesellschaftlicher Reformpolitik drastische Steuererhöhungen. 1968 und wieder nach dem Regierungswechsel 1969 wurde Eppler Bundesminister für wirtschaftliche Zusammenarbeit. Als solcher wandte er sich gegen eine einseitig durch deutsche wirtschaftliche und außenpolitische Interessen bestimmte Entwicklungspolitik. Nachdem bereits ein Gutachten des Bundesrechnungshofes das Vertrauen in seine administrativen Fähigkeiten erschüttert hatte, reichte er seinen Rücktritt ein, als in der Folge der »pragmatischen Wende« unter der Kanzlerschaft Schmidts sein Etat stark gekürzt wurde (1974).
Eppler verstärkte nun sein Engagement in der baden-württembergischen Lan-

despolitik: SPD-Landesvorsitzender schon seit 1973, übernahm er 1976 nach Aufgabe seines Bundestagsmandats auch den Fraktionsvorsitz im Stuttgarter Landtag. Sein Versuch jedoch, der Partei kritische Impulse aus der Ökologie- und Anti-Atomkraft-Bewegung zu vermitteln und sie z. B. auf einen langfristigen Kernenergieverzicht festzulegen, zahlte sich landespolitisch nicht aus: Nach dem schlechten Abschneiden der SPD in den Landtagswahlen 1976 und 1980 trat Eppler 1980 bzw. 1981 als Partei- und Fraktionsvorsitzender zurück und gab 1982 sogar sein Landtagsmandat auf.
Er engagierte sich nun verstärkt in der Ökologie- und der Friedensbewegung und wurde durch seine vielbeachteten kritischen Schriften und seine öffentlichen Auftritte einer der Protagonisten des neuen sozialen Protests – er war Hauptredner auf der großen Friedensdemonstration in Bonn 1981 und bei der Ostermarschbewegung 1982 und solidarisierte sich mit den Gegnern der Startbahn West. Allerdings blieb Eppler weiterhin SPD-Mitglied und als solches »Scharnier« zwischen der Partei und den kritischen Strömungen außerhalb von ihr. Als Vorsitzender der Grundwertekommission der SPD (seit 1977) bemühte er sich auch um eine Versöhnung der Parteiflügel (Konsenspapier von 1982); die »Pragmatiker« um Helmut Schmidt brachten ihm jedoch Mißtrauen entgegen, und so wurde er im April 1982 nur mit deutlichen Stimmeneinbußen als Mitglied des Parteivorstands bestätigt und im Mai 1982 aus dem Parteipräsidium abgewählt. Eppler ist engagierter evangelischer Christ, Vollmitglied der Synode der EKD seit 1968; 1977 wurde er für sechs Jahre zu einem der Präsidenten des Deutschen Evangelischen Kirchentages gewählt.

Lit.: E. Eppler, *Liberale oder Soziale Demokratie. Zum politischen Erbe Wilhelm Naumanns* (1961); *Spannungsfelder. Beiträge zur Politik unserer Zeit* (1968); *Wenig Zeit für die Dritte Welt* (1973); *Maßstäbe für eine humane Gesellschaft. Lebensstandard oder Lebensqualität* (1974); *Ende oder Wende. Von der Machbarkeit des Notwendigen* (1975); *Wege aus der Gefahr* (1981); *Die tödliche Utopie der Sicherheit* (1983)

Christoph Boyer

Ludwig Erhard
* 4. 2. 1897 Fürth; † 5. 5. 1977 Bonn
In die Geschichte ist er als »Vater des Wirtschaftswunders«, der den raschen Aufstieg nach dem verlorenen Krieg ermöglichte, eingegangen. Der aus einfachen Verhältnissen stammende Erhard trat nach dem »Einjährigen« 1913 zunächst eine kaufmännische Lehre an. Im Anschluß an Weltkriegsteilnahme und schwerer Verwundung studierte er dann Betriebswirtschaft, Nationalökonomie und Soziologie – wie sein späterer wirtschaftspolitischer Kontrahent Nölting u. a. als Schüler des liberalen Sozialisten Franz Oppenheimer (1924 Promotion zum Dr. rer. pol.).
Am »Institut für Wirtschaftsbeobachtung der deutschen Fertigware« betätigte Erhard sich in den Jahren von 1928 bis 1942 als Konsumforscher und begründete seinen Ruf als Wirtschaftsfachmann. Von der Privatindustrie unterstützt, konnte er im folgenden Jahr sein eigenes Forschungsinstitut eröffnen, wo er sich schon früh mit den wirtschaftlichen Konsequenzen eines möglicherweise verlorenen Krieges beschäftigte. Eine 1944 an einen der maßgeblichen Männer des Widerstands, an Goerdeler, der einmal Reichskommissar für die Preisüberwachung gewesen war, geschickte wirtschaftspolitische Denkschrift fiel später den Amerikanern in die Hände, die Erhard, nach einjährigem Zwischenspiel als

Ludwig Erhard nimmt am 4. 2. 1964 zu seinem 67. Geburtstag die Gratulation Konrad Adenauers entgegen.

bayerischer Staatsminister für Wirtschaft, in die Zweizonenverwaltung nach Frankfurt holten und ihn mit der »Sonderstelle Geld und Kredit« betrauten, die unter strenger Geheimhaltung die Währungsreform vorbereitete.
Diese Währungsreform sah man allgemein als Voraussetzung für eine Wiederankurbelung der Wirtschaft; die Art und Weise jedoch, wie Erhard sie am 20. 6. 1948 in Szene setzte, wurde vielfach als unsozial angegriffen, da es zunächst, bei eingefrorenen Löhnen, zu inflationären Preissteigerungen kam. Da gleichzeitig mit der Währungsreform die Bewirtschaftungsvorschriften aufgehoben wurden, war der Weg frei zur Marktwirtschaft nach neoliberalem Muster. Am Anfang dieses Weges ins »Wirtschaftswunder«, den Erhard zusammen mit seinem späteren Staatssekretär Alfred Müller-Armack (der den Begriff »Soziale Marktwirtschaft« prägte) ging, standen heftige Angriffe sozialistischer Wirtschaftstheoretiker.
Noch vor der Bundestagswahl 1949 konnte Adenauer Erhard, der sich zunächst eher bei den Liberalen heimisch fühlte, für die CDU gewinnen, für die er in Ulm dann auch erfolgreich kandidierte. Als Bundeswirtschaftsminister gewann er, je deutlicher sich der wirtschaftliche Aufschwung abzeichnete, eine um so unumstrittenere Position im Kabinett und galt neben Adenauer als Zugpferd der Partei im Wahlkampf. Dieser starken Stellung mußte der Kanzler trotz wachsender Vorbehalte gerecht werden und ihn im Oktober 1957 zum Vizekanzler ernennen, womit ein wichtiger Schritt in der Frage der Kanzlernachfolge getan war.
Der Machtkampf zwischen Adenauer und Erhard wurde jedoch immer erbitterter, und Adenauer schaffte es, sich 1961 nochmals als Kanzler durchzusetzen,

Ludwig Erhard mit US-Präsident Lyndon B. Johnson am 12. 6. 1964 im Weißen Haus.

obschon Mendes FDP ihn klar ablehnte und den Wahlkampf für eine Koalition mit der CDU, aber gegen Adenauer geführt hatte. Obwohl durch des Kanzlers Verhalten brüskiert, gab Erhard sich nach außen weiterhin loyal. Wirtschaftlich war diese Zeit durch eine steigende Inflationsrate gekennzeichnet, ein erstes Krisenzeichen, dem der Wirtschaftsminister mit moralischen Appellen an die Bevölkerung begegnete, ihren Wirtschaftsegoismus doch zugunsten der Währungsstabilität einzuschränken. Diesen Aufruf zur Mäßigung und Verständigung machte er auch zum Inhalt seiner Regierungserklärung, nachdem er am 16. 10. 1963 zum Kanzler gewählt worden war.

Doch als »Volkskanzler«, wie er sich zu sehen beliebte, vermochte er kein rechtes Profil zu gewinnen. Und ebensowenig fand seine vage Konzeption von einer Klassen und Gruppen überwindenden »formierten Gesellschaft« großen Anklang. Bald beklagten Gegner wie Parteifreunde das Fehlen eines profilierten Regierungsstils und durchgreifender Entscheidungen. Dabei hatte Erhard gerade in der Außenpolitk von seinem Vorgänger eine schwere Hypothek übernommen, die klares Handeln gefordert hätte. Anstatt jedoch einen diplomatischen Weg zwischen den konträren Interessen Frankreichs und der USA zu finden, kam es vielmehr zu einer weiteren Verschlechterung des Verhältnisses zu Frankreich. Europa- und Außenpolitik führten nicht nur zu Spannungen mit Außenminister Schröder, sondern gaben auch der innerparteilichen Kritik an Erhard neue Nahrung.

Trotz aller Kritik konnte sich der Kanzler indes bei den Wahlen von 1965 behaupten und auf dem CDU-Parteitag 1966 zusätzlich den Parteivorsitz an sich ziehen. Außenpolitisch allerdings blieb er weiter ohne Glück; die Beziehungen zu Frankreich kühlten sich auch nach dessen Rückkehr in die EWG weiter ab;

mit Washington zerwarf man sich vor allem in der Frage des Devisenausgleichs; in der Ostpolitik fehlten neue Perspektiven. Das Ende der Kanzlerschaft des Mannes, den die aufblühende deutsche Wirtschaft nach oben getragen hatte, wurde ironischerweise eingeläutet durch erste ernste Krisenerscheinungen im Kohle-Stahl-Bereich, die zu großen Verlusten bei der nordrhein-westfälischen Landtagswahl 1966 führten. Als dann im Oktober über den Haushaltsentwurf keine Einigung erzielt werden konnte, kündigte die FDP die bereits kriselnde Koalition auf. Die Politik des Wirtschaftsministers der Großen Koalition, Karl Schiller, hat Erhard in der Folgezeit heftig attackiert. Seit 1967 Ehrenvorsitzender der CDU, erfuhr Erhard, nachdem sich die Wirtschaft 1971 wieder erholt hatte, in seiner Partei eine Renaissance, die seinen Ruf als »Vater des deutschen Wirtschaftswunders« endgültig festigte.

Lit.: L. Erhard, *Wohlstand für Alle* (1957, Taschenbuchausgabe 1984); *Deutsche Wirtschaftspolitik. Der Weg der Sozialen Marktwirtschaft* (1962); M. Caro, *Der Volkskanzler* (1965); H. Ehrenberg, *Die Erhard-Saga* (1965); Ch. Heusgen, *Ludwig Erhards Lehre von der Sozialen Marktwirtschaft* (1981); G. Schröder u.a. (Hrsg.), *Ludwig Erhard – Beiträge zu seiner politischen Biographie,* Festschrift zum 75. Geburtstag (1972)

Claudia Nölting

Fritz Erler

* 14. 7. 1913 Berlin; † 22. 2. 1967 Pforzheim

Fritz Erler war der geborene Parlamentarier. Als er nach glanzvollem Abitur vor der Schule die Abschlußansprache hielt, lautete sein Thema: »Bürger und Gemeinschaft«. Als er zum letztenmal vor einem großen Forum auftrat, auf dem Dortmunder SPD-Parteitag im Juni 1966, referierte er über »Parteien, Parlament und Regierung in der pluralistischen Gesellschaft«. Seine überragende Sachintelligenz und ein unbändiger Arbeitseifer ließen ihn – Jahre vor seinem formellen Amtsantritt als SPD-Fraktionsvorsitzender im Bundestag – zum heimlichen Oppositionsführer im Bonner Plenum werden.

Sein Lebensweg ist ein Beispiel bewegter Zeitgeschichte. Aufgewachsen in einem sozialdemokratischen Elternhaus im Berliner Arbeiterviertel Prenzlauer Berg, hatte ihn der Weg über die Sozialistische Arbeiterjugend (SAJ) schon 1931 in die SPD geführt. Als Vorsitzender der Sozialistischen Schülergemeinde von Groß-Berlin erlebte er deren Auflösung durch das NS-Regime mit. Erler entschied sich für die Illegalität, engagierte sich in der linkssozialistischen Widerstandsgruppe »Neu Beginnen«. Anfang 1938 mußte er seine Stellung als Berliner Stadtinspektor aufgeben, wurde Geschäftsführer eines kleinen chemischen Unternehmens, während der sog. Sudetenkrise zum Wehrdienst eingezogen und – noch im November 1938 – verhaftet. Der »Volksgerichtshof« verurteilte ihn 1939 »wegen Vorbereitung zum Hochverrat« zu zehn Jahren Zuchthaus, verbunden mit Zwangsarbeit. Seinen Leidensweg durch Zuchthäuser und Lager hat Erler später »als Hölle des physischen Terrors und der Einsamkeit im eigenen Volk« beschrieben. Nach abenteuerlicher Flucht aus einem Gefangenentransport nach Dachau im April 1945 bot sich nach Ende der NS-Herrschaft im Südschwäbischen die Chance zum Neuanfang in Verwaltung und Politik.

Von der französischen Militärregierung zum Landrat in Biberach/Riß bestellt, bewies er erneut persönlichen Mut, als es galt, geflüchtete Fremdenlegionäre vor der Auslieferung zu bewahren – die Besatzungsmacht sperrte ihn für einige Monate ins Lager. Nach dem Freispruch durch ein Militärgericht holte Carlo

Schmid den Berliner in die Tübinger Staatskanzlei des neuen Landes Württemberg-Hohenzollern (Juni 1946 bis Juni 1947). Als Landrat von Tuttlingen (1947–1949), Mitglied der Verfassunggebenden Landesversammlung und Landtagsabgeordneter rückte Erler in die vorderste Reihe der südwestdeutschen Sozialdemokraten. 1949 zog er in den Bundestag ein. Seit 1951 im Fraktionsvorstand, arbeitete er schon während der 1. Legislaturperiode in zahlreichen Ausschüssen mit, darunter so gewichtigen wie dem Innen-, dem Auswärtigen und dem Haushaltsausschuß.

Als Gründungsmitglied (1949) und späterer Vizepräsident des Deutschen Rates der Europäischen Bewegung und Straßburger Europaparlamentarier zählte Erler von Anfang an zu den konsequenten Streitern für ein Vereinigtes Europa. Sein politisches Wunschbild war das »ganze« Deutschland in einem Europa »zwischen Ost und West«. In den leidenschaftlichen Debatten der frühen fünfziger Jahre über die Frage der Wiederbewaffnung und des künftigen Deutschland ist sein Name ein Begriff geworden. Seine Ausführungen im Bundestag bestachen durch gedankliche Klarheit und rhetorische Brillanz. Wenn Erler sprach, »legte auch Konrad Adenauer die Akten zur Seite«. Von seiner Partei auf das schwierige Gebiet der Wehrpolitik verwiesen, war er – anfangs erklärter Gegner einer Eingliederung Deutschlands in einen der Militärblöcke – von 1952 bis 1957 stellvertretender Vorsitzender des Bundestagsausschusses für Fragen der europäischen Sicherheit bzw. Verteidigung, ab 1955 Mitglied der Versammlung der Westeuropäischen Union (Brüssel). Als die Frage der Remilitarisierung und Westorientierung der Bundesrepublik (Nato-Mitgliedschaft) gegen den Willen der SPD entschieden worden war, arbeitete er in »konstruktiver Opposi-

Fritz Erler bei einem Interview des Süddeutschen Rundfunks am 24. 11. 1964 in Bonn.

tion« an der Bonner Wehrverfassung (1956) mit und knüpfte sozialdemokratische Kontakte zur Bundeswehr. Außenpolitisch trat er in der Diskussion um den sog. Rapacki-Plan (ab Herbst 1957) als Verfechter der Idee eines »Disengagement« hervor. Für die SPD forderte er in der Diskussion um eine Atombewaffnung der Bundeswehr: »Hände weg von taktischen Atomwaffen.«
Nach dem »Abschied« seiner Partei vom Nahziel einer Wiedervereinigung Deutschlands (u.a. durch den Rückzug vom »Deutschlandplan der SPD«) gehörte er etwa ab 1960 mit Willy Brandt und Herbert Wehner zu den Exponenten des neuen SPD-Kurses: Befürwortung einer gemeinsamen Außenpolitik von Bundesregierung und Opposition auf der Grundlage der bestehenden Vertrags- und Bündnisverpflichtungen. Nach der SPD-Niederlage bei der Bundestagswahl 1953 hatte Erler für eine Reform der Partei »an Haupt und Gliedern« plädiert – selbst auf Kosten mancher Traditionen. Auch wenn sein Engagement in der sozialdemokratischen Grundsatzdiskussion später hinter personellen und organisatorischen Überlegungen zurücktrat, kann er doch als ein Wegbereiter der SPD zur Volkspartei auf der Grundlage des Godesberger Programms (1959) gelten.
Der »Verteidigungspolitiker« und »réformiste inflexible« *(Le monde)* hatte in seiner traditionsbewußten, in der Grundhaltung pazifistischen und antimilitaristischen Partei zunächst keinen leichten Stand. Erst in einem zweiten Anlauf gelang ihm 1956 der Sprung in den Parteivorstand. Er setzte die Neuorganisation der Fraktions- und Parteispitze mit durch, wurde 1957 einer von nunmehr drei stellvertretenden Fraktionsvorsitzenden und 1958 Mitglied des neugebildeten Präsidiums der SPD. Nach dem Tode von Erich Ollenhauer wählte ihn der Außerordentliche Parteitag in Bad Godesberg im Februar 1964 neben Herbert Wehner zum stellvertretenden Parteivorsitzenden unter Willy Brandt. Das »Dreigestirn« der SPD wurde damit bestätigt. Am 3. 3. 1964 trat er die Nachfolge Ollenhauers als Vorsitzender der SPD-Bundestagsfraktion an.
Fritz Erler hat seine und der Partei Haltung zu innen-, außen- und sicherheitspolitischen Fragen auch in zahlreichen Veröffentlichungen formuliert. Auf Informationsreisen (u.a. USA, Sowjetunion, Vatikan, Israel) und internationalen Konferenzen war er, der fließend Englisch und Französisch sprach, hochgeachteter Repräsentant seines Landes. Zuletzt, im Januar 1965, regte er eine direkte Diskussion mit Polen über die Oder-Neiße-Linie noch vor Abschluß eines Friedensvertrages an. Erler, bei den Wahlen von 1961 und 1965 Mitglied des SPD-Schattenkabinetts, wurde bisweilen auch als »Kanzler von übermorgen« gehandelt. Der Fraktionschef mit der »Leidenschaft für den politischen Kampf« (Carlo Schmid) war unumstrittene Autorität, doch forderte seine scharf konturierte Persönlichkeit auch Widerspruch heraus. Selbstkritisch sah er seine Grenzen da, wo es um »Popularität« ging. Im November 1965 erfolgte seine Wiederwahl als Vorsitzender der sozialdemokratischen Bundestagsfraktion. Bereits auf dem SPD-Parteitag im Juni 1966 von einer tödlichen Blutkrankheit gezeichnet, konnte er an den Verhandlungen zur Bildung einer Großen Koalition im Herbst 1966 nicht mehr persönlich teilnehmen. Erler, dessen reformerischer Eifer konsequent den Weg der SPD zur Regierungsmacht »verbreitern« helfen wollte, richtete vom Krankenbett aus die Aufforderung an seine Partei, »jetzt die Chance der Änderung« nicht auszuschlagen. Die »Teilhabe an der Regierungsverantwortung war ihm auf den Leib geschnitten« (Willy Brandt); es ist von besonderer Tragik, daß sie ihm durch seine schwere Krankheit versagt blieb.

Lit.: F. Erler, *Sozialismus als Gegenwartsaufgabe* (1947); *Soll Deutschland rüsten?* (1952); *Demokratie in Deutschland* (1965); H. Flügge, *Fritz Erler* (1957); W. Gaebler (Hrsg.), *Fritz Erler. Politik für Deutschland* (1968); H. Soell, *Fritz Erler – Eine politische Biographie.* 2 Bde (1976)

Wolfgang Gröf

Josef Ertl

* 7. 3. 1925 Oberschleißheim

Die Urteile über den langjährigen Bundeslandwirtschaftsminister reichen von der spöttisch-abwertenden Bemerkung »der fidele Bauer« *(Spiegel)* bis zu der hohen Anerkennung: »Er ist der beste Agrarier, den wir in Bonn haben, ein fähiger und farbiger Mann« (Willy Brandt). Fachwissen ist dem Sohn eines Kleinbauern nie bestritten worden.

Nach der Rückkehr aus dem Krieg zunächst landwirtschaftlicher Lehrling und Gehilfe, schloß er sein Studium an der Technischen Hochschule in München als Diplomlandwirt ab. Aufbau und Leitung des Landjugendberatungsdienstes in Bayern und Direktor des Landwirtschaftsamtes in Miesbach waren weitere berufliche Stationen. 1961 wurde Ertl, der 1947 der FDP beigetreten war, in den Bundestag gewählt (bis 1983). Von 1964 bis 1970 war er stellvertretender, dann Landesvorsitzender der FDP in Bayern. 1969 entschied er sich nach einigem Zögern für den Eintritt seiner Partei in die sozialliberale Koalition und für die Annahme des Amtes eines Landwirtschaftsministers. Da dies von dem als nationalliberal geltenden Ertl am wenigsten erwartet worden war, richtete sich die Verbitterung der in die Opposition geratenen Unionsparteien gegen ihn besonders heftig. In der Amtszeit Ertls (1969–1983) wurde – tatkräftig unterstützt vom früheren Arbeitsminister Arendt – für die deutsche Landwirtschaft ein umfassendes System der sozialen Sicherung aufgebaut (vollwertige dynamisierte Rente, Nachversicherung, Krankenversicherung).

Emil Werner

Franz Etzel

* 12. 8. 1902 Wesel; † 9. 5. 1970 Wittlaer

Etzel erlernte den für seine spätere Tätigkeit als Bundesfinanzminister so wichtigen Umgang mit Geld schon während seiner Schulzeit: Nach der Obersekunda mußte er von der Realschule abgehen, um sich in einem Bergwerk den weiteren Schulbesuch zu verdienen. Nach dem Abitur absolvierte er das Studium der Rechtswissenschaften (2. Staatsexamen 1930). Seine berufliche Laufbahn begann er in einem Duisburger Rechtsanwaltsbüro und setzte sie als Rechtsanwalt und Notar in Duisburg nach dem Zweiten Weltkrieg bis 1952 fort.

Etzels parteipolitische Karriere begann als Jugendführer im Landesverband Niedersachsen der DNVP (1931–1933). Nach 1945 schloß er sich in Duisburg der CDU an und wurde u.a. Mitglied des Zonenausschusses der CDU in der britischen Zone. Der Schwerpunkt seiner Parteiarbeit lag schon zu dieser Zeit wie auch während seines Bundestagsmandats (1949–1952 und 1957–1965) auf der Beschäftigung mit wirtschaftspolitischen Fragen und der programmatischen wie pragmatischen Durchsetzung der Sozialen Marktwirtschaft (Verfasser der Düsseldorfer Leitsätze vom August 1949). So war er (ab 1951 auch Vorsitzender des Wirtschaftsausschusses der CDU für das Bundesgebiet) von 1949 bis 1952 Vorsitzender des Bundestagsausschusses für wirtschaftspolitische Fragen. Als Vizepräsident der Hohen Behörde der Montanunion (1952–1957) beeinflußte er auf europäischer Ebene den Aufbau eines gemeinsamen Marktes in Westeuropa. 1957 kehrte er (der 1959 auch als Kanzlernachfolger Adenauers im Gespräch war) als Nachfolger Schäffers im Amt des Finanzministers nach Bonn zurück und versuchte, das ständige Anwachsen des Bundeshaushalts durch eine Haushaltspolitik »hart am Rande des Defizits« zu stoppen. 1961 schied er aus der Regierung aus und wurde Gesellschafter eines Düsseldorfer Bankhauses.

Lit.: F. Etzel, *Gutes Geld durch gute Politik* (1959)

Julia Massenkeil-Kühn

Hans K. Filbinger

* 15. 9. 1913 Mannheim

Das Image des »Landesvaters« von Baden-Württemberg wurde nach rund 11 Jahren währender Regierungszeit böse angeknackst, als im Frühjahr 1977 der Schriftsteller Rolf Hochhuth in der *Zeit* schrieb: »Dr. Filbinger ist ein so ›furchtbarer‹ Jurist gewesen, daß man vermuten muß, er ist auf freiem Fuß nur dank des Schweigens derer, die ihn kannten.« Über das Todesurteil, das der einstige Marinerichter am 16. 1. 1945 über einen Matrosen verhängte sowie über zwei weitere Urteile kam der Jurist schließlich zu Fall. Bis zuletzt sah er sich als Opfer einer »politischen Rufmordkampagne«. Seine Kritiker warfen ihm »unbeirrbare Selbstgerechtigkeit« und »mangelnde innere Distanz zu seinem früheren Tun« vor. Am 7. 8. 1978 trat er schließlich zurück. Sein Nachfolger auf dem Sessel des Ministerpräsidenten wurde Lothar Späth.

Filbinger, CDU-Mitglied seit 1951, kam 1960 in den Landtag, nachdem er zuvor (1958) Baden als Staatsrat in der Regierung von Baden-Württemberg vertreten hatte. Wenige Wochen nach seiner Wahl berief Ministerpräsident Kiesinger den Landtagsabgeordneten zum Innenminister. Dieses Amt hatte er inne, bis er im Herbst 1966 als Nachfolger für Kiesinger, der Bundeskanzler wurde, an die Spitze des Landeskabinetts nachrückte. Eine seiner wichtigsten Aufgaben war die Schulreform in dem südwestdeutschen Land. Obwohl er sich als unbeschriebenes Blatt innerhalb der CDU erst bewähren mußte, brachte er nach einigen Jahren bei den Landtagswahlen 1972 die Christdemokraten auf 53%. An der sozialliberalen Koalition in Bonn betrieb Filbinger neben Franz Josef Strauß besonders scharfe Kritik. In seine Amtszeit fällt auch der Selbstmord der drei in Stuttgart-Stammheim inhaftierten Terroristen Baader, Raspe und Ensslin, der den Rücktritt von Justizminister Bender zur Folge hatte. Widerstände gab es ferner gegen die von Filbingers Regierung vertretene energiepolitische Richtung (Kernkraftwerk Wyhl).

Michael Dörfler

Karl-Hermann Flach

* 17. 10. 1929 Königsberg; † 25. 8. 1973 Frankfurt/M.

Sein Name ist fast schon Programm. Nach der Bonner »Wende« der FDP im Herbst 1982 – dem Austritt aus der 13 Jahre dauernden Koalition mit der SPD und der Bildung einer gemeinsamen Regierung mit der CDU/CSU – erinnerten viele innerparteiliche Kritiker die FDP immer wieder an die Politik von Karl-Hermann Flach. Er gilt als der Vertreter eines modernen sozialen Liberalismus, der sich von der engen Bindung an die Interessen eines bürgerlichen Mittelstandes gelöst hat. Statt der Überbetonung der reinen Marktwirtschaft und einer eher skeptischen Haltung gegenüber tiefgreifenden gesellschaftlichen Reformen

verfocht er die umfassende Emanzipation aller Menschen. Auf dem Bundesparteitag der FDP im Oktober 1971 in Freiburg leitete er die Diskussion der gesellschaftspolitischen »Freiburger Thesen der Liberalen« ein mit der Aufforderung, »die ›Freiheit der Persönlichkeit‹ und die ›Wahrung der Würde des Menschen‹ in unsere Zeit hineinzutragen, nicht für eine Schicht, sondern möglichst für alle, die das wollen, durchzusetzen . . .«
Die Politik faszinierte Flach früh und begleitete ihn sein ganzes Leben. Mit 17 Jahren trat er der LDPD, der liberalen Partei in der damaligen SBZ, bei und arbeitete drei Jahre als Volontär und Redakteur bei der *Norddeutschen Zeitung* in Schwerin. Als er 1949 zum Studium der Politischen Wissenschaften an die Deutsche Hochschule für Politik nach West-Berlin übersiedelte, schloß er sich der FDP an. Das sollte später der Partei wertvolle Impulse verleihen: Flach trat 1956 in die Bundesgeschäftsstelle der FDP ein, wurde Pressereferent, Leiter der politischen Abteilung und 1959 Bundesgeschäftsführer. Nach einem von ihm sehr geschickt organisierten Wahlkampf holte die FDP bei den Bundestagswahlen 1961 mit 12,8% das beste Ergebnis ihrer Parteigeschichte; weil sie diese Stärkung gegenüber Adenauer jedoch weder personell noch programmatisch nutzte, zog sich Flach 1962 von seinem Posten zurück und widmete sich wieder ganz seinem Beruf, dem Journalismus.
Als Leiter des Ressorts Innenpolitik, später als stellvertretender Chefredakteur der *Frankfurter Rundschau* prägte er die fortschrittliche Publizistik der Bundes-

Karl-Hermann Flach

republik deutlich mit. Seine kritischen Leitartikel in den Jahren der Studentenbewegung brachten ebenso wie seine Bücher eine linksliberale radikaldemokratische Grundströmung zum Ausdruck, die in Politik und Presse Aufsehen erregte. 1964 wurde ihm der Theodor-Wolff-Preis und 1969 der Deutsche Journalisten-Preis der IG Druck und Papier verliehen. Nach Bildung der sozialliberalen Koalition in Bonn wurde er auf dem Freiburger Parteitag 1971 zum Generalsekretär der FDP gewählt. Wie in seinem vielfach als Katechismus für fortschrittliche Liberale bezeichneten Buch *Noch eine Chance für die Liberalen* dargelegt, bemühte sich Flach um ein reformatorisches Profil der Partei, das ihm die Wähler mit dem überraschend großen Erfolg bei der Bundestagswahl 1972 honorierten. Durch seinen plötzlichen Tod 1973 verlor die Bundesrepublik einen ihrer seltenen originellen politischen Denker.

Lit.: K.-H. Flach, *Erhards schwerer Weg* (1963); *Macht und Elend der Presse* (1967); *Unter uns Pharisäern* (1968); *Noch eine Chance für die Liberalen* (1971)

Erwin Fellner

Katharina Focke
* 8. 10. 1922 Bonn
Für »Frau Europa« (so der englische *Guardian*) hat das Europa-Engagement Familientradition. Ihr Vater, der Publizist Ernst Friedländer, war Präsident der Europa-Union. Ihre Dissertation handelte vom *Wesen des Übernationalen*; ihr Mann arbeitete für die Europäische Bewegung. Sie selbst war Geschäftsführerin des Bildungswerks Europäische Politik, bevor sie sich der aktiven Politik zuwandte. Erst seit 1964 SPD-Mitglied, kam sie 1966 in den Düsseldorfer Landtag und eroberte 1969 in Köln einen Bundestagswahlkreis, der als CDU-Domäne galt. Als Willy Brandt sie daraufhin zur Parlamentarischen Staatssekretärin im Bundeskanzleramt ernannte, begann, nach eigenem Bekunden, »die glücklichste Zeit« ihres politischen Lebens: als »Westfrau« neben dem »Ostmann« Egon Bahr.

Ihre Berufung in das traditionelle Frauenministerium für Familie, Jugend und Gesundheit 1972 entsprach nicht unbedingt ihren Neigungen. Zwar erreichte sie wegen ihres Engagements für die Rechte der Frau große Popularität, doch machte sich ein mangelnder Rückhalt in der Parteibasis zunehmend erschwerend bemerkbar. 1976 verzichtete sie auf eine Rückkehr ins Kabinett und verblieb als einfache Abgeordnete im Bundestag. Seit 1979 hat sie sich als Europarlamentarierin wieder ihrem eigentlichen Ressort zugewandt, wobei sie gerade im Hinblick auf übergreifende Probleme wie Umweltschutz die Funktion des Europaparlaments dahingehend versteht, der Untätigkeit der einzelnen Regierungen entgegenzuwirken. Für die Europawahlen 1984 nominierten die deutschen Sozialdemokraten Katharina Focke als ihre Spitzenkandidatin.

Ulrike Nikel

Egon Franke
* 11. 4. 1913 Hannover
Sozialdemokrat zu sein, das sei für ihn immer etwas Selbstverständliches gewesen, schon in seiner frühen Jugend, als er in Hannover nach der Volksschule in eine Tischlerlehre ging, Mitglied des Holzarbeiterverbandes und der Sozialistischen Arbeiterjugend war. Daß er bereits als 15jähriger Lehrling in die Partei aufgenommen wurde, erfüllte ihn mit besonderem Stolz. Und: Es sei für ihn

selbstverständlich, »für eine soziale Demokratie und humane Gesellschaft zu arbeiten«.

Franke, 1935 wegen illegaler politischer Tätigkeit zu einer zweieinhalbjährigen Zuchthausstrafe verurteilt, war von 1943 bis 1945 Soldat in der gehaßten Strafeinheit 999, die besonders hohe Verluste aufzuweisen hatte. Nach dem Krieg gehörte er zu den Wiederbegründern der SPD in Hannover, dem damaligen Sitz des Parteivorstandes, dessen hauptamtliches Mitglied er von 1947 bis 1952 war. Weitere Stationen seiner politischen Laufbahn: Bezirksvorsitzender in Hannover und Landesvorsitzender der SPD Niedersachsen bis 1970; Mitglied des Parteipräsidiums (1964–1973), seit 1951 Mitglied des Bundestags, Bundesminister für innerdeutsche Beziehungen (1969–1982). Nicht so sehr als Minister, sondern eher als Chef der »Kanalarbeiterriege« in der sozialdemokratischen Bundestagsfraktion konnte er auf die jeweilige soziallíberale Regierungspolitik großen Einfluß ausüben. Ohne die »Kanalarbeiter« lief nichts. Mit diesem Begriff bezeichnet man jene Gruppierung von SPD-Bundestagsabgeordneten, die im allgemeinen als Pragmatiker und Praktiker dem rechten Parteiflügel zuzuordnen sind. Wenn man von Franke als Chef dieser Gruppe spricht, so leitet sich seine Führungsrolle aus dem ungeteilten Respekt her, den die »Kanalarbeiter« ihm entgegenbrachten. Mit dem Rückgang ihres Einflusses in letzter Zeit verminderten sich auch die Einflußmöglichkeiten Egon Frankes. Eine Affäre – Geldausgaben für Ostflüchtlinge ohne Verwendungsnachweis – warf einige Schatten auf seine Ministertätigkeit.

Werner Krause

Walter Freitag

* 14. 8. 1889 Remscheid; † 7. 6. 1958 Herdecke

Ihn als »Zar« oder »Lotse« der Gewerkschaften zu bezeichnen, darüber herrschte Uneinigkeit. Doch als Walter Freitag starb, stand fest, daß einer der letzten Gewerkschaftspioniere gegangen war. Der Sohn eines Arbeiters, puritanisch und sparsam erzogen, stand bereits mit 13 Jahren als Lehrling an der Drehbank. 1907 organisierte er sich gewerkschaftlich, 1908 trat er der SPD bei, für die er manchen Strauß gegen das preußische Dreiklassenwahlrecht ausfocht. Nach seiner Soldatenzeit im Ersten Weltkrieg war er bis 1933 Gewerkschaftssekretär in Westfalen; für die SPD zog er in den letzten Preußischen Landtag ein. Sein Engagement für die Demokratie bezahlte er als »Moorsoldat« im KZ. Die grausamen Erlebnisse dort und das gemeinsame Schicksal mit Gesinnungsgenossen überzeugten ihn von der Notwendigkeit einer zukünftigen Einheitsgewerkschaft. Nach der Kapitulation handelte Freitag in diesem Sinne.

Am Kampf gegen die Demontage und für die Sicherung von Arbeitsplätzen im Ruhrgebiet beteiligte er sich mit Tatkraft und Energie. Ob als Gewerkschafter, Landrat, Landtagsabgeordneter, Vorsitzender der vereinigten Metallgewerkschaften oder SPD-Abgeordneter im ersten Bundestag: In allen Funktionen war er einer der konsequentesten Verfechter gewerkschaftlicher Ziele. Wiederholt trat er mit scharfen Angriffen gegen die Sozialpolitik der Bundesregierung hervor. Wegen seines unerbittlichen Einsatzes u. a. für die Mitbestimmung wurde er 1952 in einer Kampfabstimmung zum neuen DGB-Vorsitzenden gewählt. Doch die befüchtete Radikalisierung der Gewerkschaften blieb aus. Freitag verstand es, die gewerkschaftlichen Ziele mit den politischen und sozialen Gegebenheiten zu vereinen. Der massige Westfale vermochte zwar in der Öffentlichkeit seine Zuhörer mit leidenschaftlichen Reden zu begeistern und mitzureißen, am

Verhandlungstisch dagegen galt er als Schweiger und kluger Taktiker, ungemein zäh und kompromißlos. Mit diesen Eigenschaften, gepaart mit oft kritisierter Mäßigung, ging er auch die Einführung der 40-Stunden-Woche an, deren Durchsetzung er jedoch nicht mehr erlebte. 1956 stellte er seinen Posten aus gesundheitlichen Gründen zur Verfügung – die Jahre im KZ waren nicht spurlos vorübergegangen.

Horst-Peter Schulz

Hans Friderichs
* 6. 10. 1931 Wittlich
Der ehrgeizige Jurist und Doktor der Staatswissenschaften – seit 1956 Mitglied, von 1964 bis 1969 Bundesgeschäftsführer, von 1965 bis 1969 und 1976 bis 1977 Bundestagsabgeordneter und zwischen 1974 und 1977 stellvertretender Bundesvorsitzender der FDP – hat sich nie anpassen mögen, stellte die eigene Position immer vor die Parteiräson. Hans Friderichs ging 1969 noch vor der Bundestagswahl – sein wiedergewonnenes Mandat legte er dann nieder – als Staatssekretär in die rheinland-pfälzische CDU/FDP-Regierung. Er blieb – sehr zum Ärger der Parteifreunde – auch auf diesem Posten, als die FDP 1971 in die Opposition wechselte.
So gab es Widerstände in der FDP, als Friderichs, ein überzeugter Wirtschaftsliberaler, wenn auch eher Technokrat als politischer Denker, 1972 Bundeswirtschaftsminister wurde. In dieser Funktion legte sich Friderichs nicht nur häufig mit dem Koalitionspartner an (SPD-Organ *Vorwärts*: »Bremsmeister der Regierung«), sondern auch mit dem linken Flügel der FDP, etwa in Fragen der Kernenergie und der Vollbeschäftigung. Gerüchte, sein Wechsel Ende 1977 zum Vorstandssprecher der Dresdner Bank hätte mit der zunehmenden Kritik und seiner Isolation innerhalb der Koalition zu tun, wurden allerdings dementiert. Noch einmal machte Friderichs Schlagzeilen, als im Zusammenhang mit der Flick-Affäre (um illegale Parteispenden und eine Steuerbefreiung in Millionenhöhe) Ende 1983 Anklage wegen Bestechlichkeit gegen ihn erhoben wurde. Er wies die Vorwürfe energisch zurück, das Hauptverfahren gegen ihn vor dem Bonner Landgericht wurde dennoch eröffnet.

Lit.: H. Friderichs, *Mut zum Markt. Wirtschaftspolitik ohne Illusionen* (1975); E. Goyke, *Hans Friderichs. Staranwalt der Marktwirtschaft* (1976)

Bernd Kühnl

Ferdinand Friedensburg
* 17. 11. 1886 Schweidnitz; † 10. 3. 1972 Berlin
Friedensburg, der sich als Verwaltungsjurist, Politiker und Autor zahlreicher Publikationen in seinem Spezialgebiet, der Bergbauwissenschaft, einen Namen machte, begann seine politische Laufbahn als Landrat in Rosenberg (1921–1925). Anschließend war er als Polizeivizepräsident in Berlin und ab 1927 als Regierungspräsident in Kassel tätig, bis ihn 1933 die Nationalsozialisten beurlaubten, später für kurze Zeit in Gestapo-Haft nahmen. 1945 gehörte Friedensburg, Mitglied der Bekennenden Kirche seit 1933, zu den Mitbegründern der CDU. Im gleichen Jahr übernahm er, da als ehemaliges DVP-Mitglied politisch unbelastet, die Leitung des Deutschen Instituts für Wirtschaftsforschung, dessen Präsident er bis 1968 blieb.
Von 1946 bis 1951 stellvertretender, zeitweilig amtierender Oberbürgermeister

von Berlin, wurde für ihn die Nachkriegsentwicklung Berlins zur zentralen Aufgabe; so lange wie irgend möglich bemühte er sich um die Beibehaltung der Einheit der Verwaltung und steuerte in dieser Frage teilweise einen anderen Kurs als Ernst Reuter. Auch als Publizist, als Mitglied des Bundestags (1952–1965) und, unter anderem, Mitbegründer der »Arbeitsgemeinschaft deutscher wirtschaftswissenschaftlicher Forschungsinstitute e. V.« warb er um Unterstützung für die bedrängte Stadt. Dem Europäischen Parlament gehörte Friedensburg von 1958 bis 1965 an.

Lit.: F. Friedensburg, *Lebenserinnerungen* (1969)

Marlene Müller

Anke Fuchs

* 5. 7. 1937 Hamburg

1980 prophezeite Helmut Schmidt, sie werde in 15 Jahren »das Zeug zum Bundeskanzler« haben. Für die Tochter des früheren Hamburger Bürgermeisters Nevermann war die Verbindung zur Politik schon frühzeitig eine Selbstverständlichkeit. Als Zehnjährige trat sie in die SPD-Jugendorganisation »Die Falken« ein, 1956 wurde sie SPD-Mitglied. Nach dem Jurastudium ging sie 1964 zunächst als Referentin zum DGB-Landesbezirk Nordmark, vier Jahre später wurde sie Bezirkssekretärin der IG Metall und 1971 als einzige Frau Vorstandsmitglied dieser Gewerkschaft. Die Hamburger Sozialdemokraten wählten sie 1968 in den Landesvorstand, 1971 wurde sie Mitglied der Hamburger Bürgerschaft. Die Verbindungen zur Gewerkschaftsbewegung und ihre mehrjährige Tätigkeit als geschäftsführendes Vorstandsmitglied der Arbeitsgemeinschaft Sozialdemokratischer Frauen (1972–1977) trugen mit dazu bei, daß Arbeitnehmerfragen und die Probleme berufstätiger Frauen ihre Arbeit seitdem bestimmt haben.

Herbert Ehrenberg holte die als energisch und selbstsicher geltende Hanseatin 1977 als Staatssekretärin in das Bundesarbeitsministerium. Zu ihren Aufgaben gehörten vor allem die Vorarbeiten für die vom Bundesverfassungsgericht geforderte Gleichstellung von Mann und Frau in der Rentenversicherung. 1979 war sie als stellvertretende Parteivorsitzende in der Nachfolge von Hans Koschnick im Gespräch – ein Vorschlag, der insbesondere von der Arbeitsgemeinschaft Sozialdemokratischer Frauen unterstützt wurde. Sie verzichtete schließlich auf eine Kandidatur zugunsten von Hans-Jürgen Wischnewski. Als sie 1982 – offensichtlich ohne besondere Begeisterung – das Bundesfamilienministerium übernahm, war ihr nur noch eine kurze Amtszeit bis zum Regierungswechsel beschieden. Seit 1980 ist sie Mitglied des Bundestages.

Lit.: H. Ehrenberg/A. Fuchs, *Sozialstaat und Freiheit. Von der Zukunft des Sozialstaats* (1980)

Ilse Fischer

Liselotte Funcke

* 20. 7. 1918 Hagen/Westf.

»Besonders klug, charmant und mit unnachahmlicher Hartnäckigkeit« – so lobte sie einmal die *Süddeutsche Zeitung*. Seit 1946 Mitglied der FDP, war Liselotte Funcke von 1950 bis 1961 Mitglied des nordrhein-westfälischen Landtags, seit 1961 Mitglied des Bundestages. Sie gehörte schon früh zu den »Jungtürken«, die 1956 die CDU/FDP-Landesregierung stürzten und eine sozialliberale

Koalition in Düsseldorf installierten. Ansonsten hielt sich die Diplomkauffrau (sie stammt aus einer traditionell liberalen Unternehmerfamilie) aus innerparteilichen Flügelkämpfen meist heraus.
Als Steuerexpertin eher wirtschaftsliberal, galt sie in der FDP dennoch als »links von der Mitte« stehend. Mit Engagement und Standfestigkeit stritt Frau Funcke für die Gleichberechtigung der Frau, ein neues Eherecht und die Liberalisierung des Paragraphen 218. Im Oktober 1969 wurde sie zur Vizepräsidentin des Bundestages, im November 1977 zur stellvertretenden FDP-Vorsitzenden gewählt. Auf Drängen ihrer Partei verließ sie 1979 den Bundestag, um Wirtschaftsminister von Nordhrein-Westfalen zu werden, doch scheiterte sie mit der FDP im Mai 1980 an der 5-%-Hürde. Liberale Konsequenz bewies Liselotte Funcke nach dem Koalitionswechsel der FDP in Bonn: Sie kandidierte nicht mehr als FDP-Vize und gab ihr 1980 übernommenes Amt als Ausländerbeauftragte der Bundesregierung zurück, wurde von der neuen Koalition allerdings wieder bestellt.

Bernd Kühnl

Günter Gaus
* 23. 11. 1929 Braunschweig
Mit der Akkreditierung von Michael Kohl in Bonn und von Günter Gaus in Ost-Berlin am 20. 6. 1974 wurde Artikel 8 des eineinhalb Jahre zuvor, am 21. 12. 1972, unterzeichneten Grundlagenvertrages zwischen der Bundesrepublik und der DDR, der die Einrichtung Ständiger Vertretungen vorsah, mit Leben erfüllt. Gaus, einer breiten Öffentlichkeit bis dahin als renommierter Journalist (*Süddeutsche Zeitung:* 1961–1965; Programmdirektor und stellvertretender Intendant des Südwestfunks: 1965–1969; Chefredakteur des *Spiegel:* 1969–1973) und Autor der prämiierten ZDF-Fernsehreihe »Zur Person – Porträts in Frage und Antwort« bekannt, war bereits im Juni 1973 von der Bundesregierung zum Staatssekretär ernannt worden und im Herbst in die laufenden deutsch-deutschen Gespräche eingestiegen. Der Freund Egon Bahrs, schon als Journalist ein engagierter Verfechter der Ostpolitik Willy Brandts, trat als erster diplomatischer Vertreter der Bundesrepublik in Ost-Berlin ein schweres Amt an. Angesichts der überaus störanfälligen innerdeutschen Beziehungen zog er es vor, ohne Publizitätsrummel zu agieren – »stummer Diener« hieß er bald bei verärgerten Ex-Kollegen.
In den folgenden Jahren war Gaus, inzwischen auch SPD-Mitglied, als Chefunterhändler am Abschluß zahlreicher Abkommen beteiligt, die eine Normalisierung zwischen der Bundesrepublik und der DDR in praktischen Angelegenheiten wie Verkehrs- und Postfragen einleiteten. Auch die Erleichterungen im Reiseverkehr fielen in diese Zeit. Manche Denkanstöße zur Deutschlandpolitik jedoch fanden im eigenen Lager nicht immer ungeteilten Beifall. So eckte der eigenwillige Gaus, der einem ideologiefreieren Umgang mit der DDR das Wort redete, bei der Regierung Schmidt/Genscher 1977 mit seinen Äußerungen zum Problem der Staatsangehörigkeit, im Januar 1981 (seine Ablösung durch Klaus Bölling stand kurz bevor) mit seinen Thesen zum Begriff der Nation an. Vom Januar bis zum Juni 1981 gehörte Gaus, der im Dezember 1980 den Botschafterposten in Kairo ausgeschlagen hatte, als Wissenschaftssenator der Regierungsmannschaft Hans-Jochen Vogels in Berlin an. Im Oktober 1981 berief Willy Brandt ihn zum deutschland- und außenpolitischen Berater der Internationalen Kommission beim SPD-Vorstand.

Lit.: G. Gaus, *Zur Person. Porträts in Frage und Antwort* (1964); *Bonn ohne Regierung? Kanzlerregiment und Opposition* (1965); *Texte zur deutschen Frage* (1981); *Wo Deutschland liegt. Eine Ortsbestimmung* (1983)

Ulrike Nikel

Heiner Geißler
* 3. 3. 1930 Oberndorf/Neckar
Die politische Laufbahn Heiner Geißlers ist untrennbar verbunden mit der Helmut Kohls, in dessen Bundesregierung er seit 1982 als Bundesminister für Jugend, Familie und Gesundheit amtiert.
Nach dem Abitur 1949 studierte er Philosophie und Jura in München und Tübingen, wo er den Ring Christlich-Demokratischer Studenten (RCDS) mitbegründete. Er promovierte 1960 mit einer Arbeit über die Kriegsdienstverweigerung und war nach der Großen Juristischen Staatsprüfung 1962 kurze Zeit als Richter tätig. Sein Einstieg in die Politik erfolgte im gleichen Jahr, als er Leiter des Ministerbüros für Arbeit und Soziales in Baden-Württemberg wurde. 1965 im Wahlkreis Reutlingen-Tübingen in den Deutschen Bundestag gewählt, entwickelte er sich, wie später auch Norbert Blüm, sehr bald zu den engagierten Sozialpolitikern der Unionsfraktion. Zwei Jahre später jedoch stieg er aus der Bundespolitik zunächst wieder aus: Helmut Kohl holte ihn nach Mainz, wo er in der letzten Regierung Altmeier das Sozialministerium übernahm. Er behielt es bis 1977.
Die drei Kabinette unter dem Ministerpräsidenten Kohl, denen Geißler angehörte, sind zu so etwas wie einer politischen Legende geworden: Mit den Namen Kohl, Geißler, Vogel, Laurien verbindet sich der Aufbruch des etwas verschlafenen Landes zwischen Pfälzer Wald und Eifel in eine neue Zeit. Daran hat vor allem Geißler erheblichen Anteil, der in diesen Jahren zahlreiche Gesetzesinitiativen nicht nur einbrachte, sondern zudem durchsetzte. Vieles davon ist, wie etwa die Sozialstationen, zum Modell für andere Bundesländer geworden. Der geradlinige und gewiß oft auch sture Schwabe Geißler war dann auch Helmut Kohls Favorit für seine Nachfolge, als er 1976 als Oppositionsführer in den Bundestag ging. Die rheinland-pfälzische CDU jedoch zog Bernhard Vogel vor. Bereits ein Jahr später folgte Geißler Kohl nach Bonn, um die Nachfolge von Kurt Biedenkopf als Generalsekretär der CDU anzutreten. Damit nahm er gewiß eines der undankbarsten Ämter an, das in der Bundespolitik zu vergeben ist – auch andere Parteien haben ihre Probleme mit diesem Posten. Allerdings konnte Geißler im Bonner Konrad-Adenauer-Haus auf den Fundamenten weiterbauen, die sein Vorgänger gelegt hatte, so daß sich die Schaltstelle der Bundes-CDU in den letzten Jahren zu einem Apparat von hoher Effizienz ausbildete. Die Organisation von Wahlkämpfen, das Ausarbeiten von Grundsatzprogrammen gehört ebenso zu seinen Aufgaben wie die schlichte Organisation einer Partei, die fast 800000 Mitglieder umfaßt. Neben seinem doppelten Aufgabenbereich als Minister und Generalsekretär ist Geißler zusätzlich bestrebt, der Union und der Politik im allgemeinen neue Denkanstöße zu geben – die »Neue soziale Frage« gehört dazu. In jüngster Zeit allerdings mußte sich der Minister – einen »rechthaberischen Provokateur aus Überzeugung« nannte ihn die *Zeit* – seiner oft harten Sprache und drastischen Vergleiche wegen einige Kritik gefallen lassen.

Lit.: H. Geißler, *Die neue soziale Frage. Analysen und Dokumente* (1976); *Verwaltete Bürger – Gesellschaft in Fesseln. Bürokratisierung und ihre Folgen für*

Staat, Wirtschaft und Gesellschaft (1978); *Grundwerte in der Politik* (1979); *Gesellschaftspolitik und -krise in Deutschland* (1968)

Engelbert Hommel

Hans-Dietrich Genscher

* 21. 3. 1927 Reideburg bei Halle/Saale

Der ehemalige Bundesinnenminister Gerhart Baum formulierte es eindeutig: »Genscher ist die Partei.« Das Urteil des Linksliberalen war nicht nur positiv gemeint. Ohne Hans-Dietrich Genscher, seit über einem Jahrzehnt Vizekanzler, Außenminister und Vorsitzender der dritten Partei dieser Republik, ging jahrelang nichts. Er, der privat eher scheue Sachse, entschied im wesentlichen darüber, wann alte Koalitionen zerbrechen, wie neue gebildet werden sollten. Ohne ihn war die FDP jahrelang nicht denkbar. Doch auf der anderen Seite waren die Folgen für die FDP unübersehbar, wenn der Jurist, dem Kritiker Übertaktieren und häufig auch inhaltslose Geschäftigkeit vorwerfen, Fehler beging. Hans-Dietrich Genscher ist zu einer der Zentralfiguren bundesdeutscher Politik geworden – im Positiven wie im Negativen.

Genscher studierte nach dem Krieg Rechtswissenschaften, arbeitete seit 1949 als Referendar in Leipzig, bis er 1952 nach Bremen floh, wo er 1954 nach der 2. Juristischen Staatsprüfung als Rechtsanwalt zugelassen wurde. Bereits 1952 trat er der FDP bei, wurde Mitglied des Landesvorstandes Bremen. Von Thomas Dehler nach Bonn geholt, wurde Genscher 1956 wissenschaftlicher Assistent,

»Koalitions-Tango« vom Deutschen Tanz-Meisterpaar Bernd und Sabine Lips in den Masken von Helmut Schmidt und Hans-Dietrich Genscher am 11. 7. 1981 beim Kanzler-Sommerfest in Bonn.

von 1959 bis 1965 Geschäftsführer der FDP-Fraktion. Seit 1965 sitzt er ununterbrochen für die Liberalen im Bundestag, war von 1965 bis 1969 Parlamentarischer Geschäftsführer der Fraktion, wurde 1968 stellvertretender Parteivorsitzender (im Oktober 1974 Bundesvorsitzender). Während der Großen Koalition war Genscher einer der Hauptredner der Opposition. In der Zeit, in der er sich für die Wahl des SPD-Politikers Gustav Heinemann zum Bundespräsidenten 1969 einsetzte, gehörte er nicht zu den FDP-Spitzen, die intensiv auf die sozialliberale Koalition hinarbeiteten; schon damals hielt er guten Kontakt zum späteren CDU-Bundeskanzler Helmut Kohl.

Obwohl seine stille Liebe dem Finanzministerium galt, wurde er im Oktober 1969 Innenminister, schaffte es, den gewaltigen Apparat, oft für unregierbar erklärt, in den Griff zu bekommen. Lediglich beim Umweltschutz wurde gelegentlich kritisiert, daß er sich eher als »Ankündigungsminister« zeige. Auch als er im 1. Kabinett Schmidt 1974 das Außenministerium übernahm, überraschte er seine Kritiker. In einer Zeit der zähen Bewährung der Ostpolitik, im Schatten eines neuen Kalten Krieges (Afghanistan), bemühte er sich als »ehrlicher Makler« zwischen den Supermächten (»Kein Volk hat größeres Interesse an der Entspannung als das deutsche«, vor der UN am 26. 9. 1978). Allerdings bekam er für seine »realistische Außenpolitik« immer wieder Lob von der Union statt vom Koalitionspartner SPD.

Weniger erfolgreich war Genscher als FDP-Vorsitzender, zumal der Weg der FDP zwischen kalkulierter Anpassung an den Partner und Suche nach einer eigenständigen politischen Identität immer schwieriger wurde. Als die FDP 1978 aus den Landesparlamenten von Hamburg und Niedersachsen ausschied,

Vereidigung Hans-Dietrich Genschers am 4. 10. 1982 als Bundesminister des Auswärtigen vor dem Deutschen Bundestag durch den Bundestagspräsidenten Richard Stücklen.

wurde auch Kritik am Bundesvorsitzenden laut. Nur mit einer Rücktrittsdrohung konnte er 1979 (wie auch 1981 in der Frage der Nachrüstung) den FDP-Parteitag von einem negativen Votum zur Kernenergie abbringen. Zugleich stellte er die SPD als »Gefangene« linker Parteitagsmehrheit und als in vielen Punkten nicht konsensfähig hin. Bei der Bundestagswahl 1980 errang die FDP mit einer klaren Koalitionsaussage für die SPD noch einmal 10,6%, doch die Spannungen in der Koalition, vor allem in der Haushalts- (»Sparoperation 82«, Haushalt 1983) und der Sicherheitspolitik wurden immer größer.

Aufsehen erregte Genscher im August 1981, als er in einem Mitgliederbrief die »Wende« forderte. Nach immer neuem Streit wurde im Herbst 1982 die Wahlaussage der hessischen FDP zugunsten der CDU als Modell auch für Bonn dargestellt: Die Regierung Schmidt zerbrach im September. Vor allem die Angst Genschers, die FDP könnte in den Strudel abnehmender Wählersympathie für die SPD geraten, hatte den Ausschlag gegeben. Daß er beim Koalitionsbruch (Sozialdemokraten warfen vor allem ihm »Verrat« vor) wie auch bei den Verhandlungen mit der Union Parteigremien und Basis nur unzureichend informierte und vor vollendete Tatsachen stellte, wurde innerhalb der FDP heftig kritisiert. Doch die Partei hatte keine andere Wahl, als die »Wende« nachträglich zu sanktionieren. Genscher wurde im November 1982, wenn auch nur mit 55,7%, gegen Uwe Ronneburger als FDP-Chef bestätigt. Den Wechsel zur Union betrieb er konsequent, nahm hin, daß die Partei fast ihr ganzes linksliberales Potential in Führung und Mitgliedschaft verlor, gab der FDP – etwa in Steuerfragen oder bei den von ihm angeregten »Elite-Universitäten« – ein betont rechtsliberales Profil. Doch die FDP blieb personell und inhaltlich geschwächt. Als sie bei Landtagswahlen insgesamt sechsmal scheiterte, selbst im »Stammland« Baden-Württemberg schlechter als die Grünen abschnitt, wurde die Kritik an Genscher stärker. Der FDP-Chef habe keine Konzepte, verwalte nur. Allerdings fehlten personelle Alternativen, vor allem weil Nachfolgekandidat Otto Graf Lambsdorff nach einer Anklage wegen Bestechlichkeit in der Flick-Affäre in erhebliche Schwierigkeiten geraten war.

Im Juni 1984 kündigte Genscher überraschend an, er wolle 1986 als FDP-Vorsitzender abtreten. Nach dem Debakel bei der Europawahl am 17. Juni wurde die Nachfolgefrage verschärft, seitdem galt Martin Bangemann als aussichtsreichster Nachfolgekandidat.

Lit.: H.-D. Genscher, *Deutsche Außenpolitik. Ausgewählte Grundsatzreden 1975–1980* (1981)

Bernd Kühnl

Eugen Gerstenmaier

* 25.8. 1906 Kirchheim/Teck

Als Grundlage von Gerstenmaiers gesamter politischer Arbeit kann man sein christliches Bekenntnis und Engagement werten. Schon mit seinem Studium (Philosophie, Germanistik und Theologie) wies er diese Richtung und promovierte in Rostock zum Dr. theol. Trotz anschließender Habilitation wurde ihm wegen seiner ablehnenden Haltung zum Nationalsozialismus die Lehrbefugnis verweigert. Während des Dritten Reichs unterhielt Gerstenmaier als Mitglied der Bekennenden Kirche und Beauftragter der Württembergischen Ev. Landeskirche Verbindungen mit dem Ausland und bemühte sich, einer Gleichsetzung des gesamten deutschen Volkes mit dem Nationalsozialismus entgegenzuwirken. 1938 stieß er zum Widerstand und fand Zugang zum »Kreisauer Kreis« um

Graf Moltke, was ihm nach dem 20. Juli 1944 die Verurteilung zu einer langjährigen Zuchthausstrafe einbrachte, von der ihn im April 1945 amerikanische Truppen befreiten.
Nach Kriegsende baute er das Hilfswerk der Ev. Kirche mit auf, das er – zuletzt im Rang eines Oberkonsistorialrates – bis 1951 leitete. 1949 wurde er als CDU-Kandidat des Kreises Backnang-Schwäbisch Hall in den Bundestag gewählt, wo er sich als stellvertretender Vorsitzender des Auswärtigen Ausschusses besonders für die Freilassung deutscher Kriegsgefangener und Internierter einsetzte. Nach dem Tod von Hermann Ehlers wurde er am 16. 11. 1954 zum Bundestagspräsidenten gewählt und war, nach Aussagen seines Vizepräsidenten Carlo Schmid, »ein guter Präsident ..., der es auch politisch Andersdenkenden gegenüber nie an Loyalität fehlen ließ, sie vielleicht sogar ... in Zweifelsfällen eher begünstigte«.

Eugen Gerstenmaier im Bundestag.

Besonders am Herzen lag ihm das Berlin-Problem: Gegen teilweise heftigen Widerstand setzte er durch, daß die Bundesversammlung im wiedererbauten Berliner Reichstagsgebäude tagte; auch legte er die Rechte der Berliner Abgeordneten im Bundestag sehr großzügig aus. Seine weitreichenden Vorstellungen von einer Reform des Parlaments allerdings konnte er nur sehr partiell verwirklichen. Zu den von ihm initiierten Neuerungen gehört die 1965 eingeführte »Aktuelle Stunde« im Bundestag. Hinsichtlich seiner politischen Überzeugung war Gerstenmaier innerhalb seiner Partei schwer einzuordnen, da er sich keinem Flügel zurechnen ließ. Tatsache ist, daß er nicht immer konform mit der offiziellen Linie ging. So rückte er 1961, sehr zum Ärger Konrad Adenauers, von der

Prämisse ab, vor der Aufnahme von Friedensverhandlungen müßten in ganz Deutschland freie Wahlen stattfinden. Als Gerstenmaier in der Presse mehrfach wegen zweifelhafter Wiedergutmachungsansprüche angegriffen wurde, verzichtete er im Januar 1969 auf sein Amt als Präsident des Parlaments und im Herbst auf eine erneute Kandidatur für den Bundestag. In der Folgezeit trat er lediglich als Sprecher des Ältestenrates in der CDU und als Mitglied der überparteilichen Schiedskommission im Wahlkampf 1980 hervor.
Neben seiner politischen Arbeit hat sich Gerstenmaier durchgehend wissenschaftlich wie praktisch auf kirchlichem Sektor engagiert. So gehörte er 25 Jahre lang der Synode der Ev. Kirche in Deutschland an und war Mitbegründer der Zeitschrift *Christ und Welt.*

Lit.: E. Gerstenmaier, *Reden und Aufsätze,* Bd. I (1956), Bd. II (1962); *Streit und Friede hat seine Zeit. Ein Lebensbericht* (1981): *Für Freiheit und Recht.* Eugen Gerstenmaier zum 60. Geburtstag, hrsg. von H. Kunst (1966); *Widerstand, Kirche, Staat.* Eugen Gerstenmaier zum 70. Geburtstag, hrsg. von B. Heck (1976)

Claudia Nölting

Hans Globke
* 10. 9. 1898 Düsseldorf; † 13. 2. 1973 Bonn
Der ehemalige Staatssekretär Adenauers gehörte zu der »Gründungsmannschaft« der Bundesrepublik. Aufgewachsen in Aachen, war er von 1916 bis 1918 Soldat, studierte Rechtswissenschaften und legte 1924 das Assessorexamen ab. Nach fünfjähriger Tätigkeit als stellvertretender Polizeipräsident in Aachen wechselte er 1929 ins preußische Innenministerium. 1932 wurde er ins Reichsinnenministerium berufen, wo er bis zum Kriegsende tätig war. In dieser Zeit verfaßte er den Kommentar zu den Nürnberger Rassegesetzen von 1935, weswegen er in den fünfziger Jahren heftig angegriffen wurde und Adenauer den Rücktritt anbot. Scheinbar in Widerspruch dazu hat er jedoch in jenen Tagen nicht wenigen jüdischen Mitbürgern geholfen. Adenauer, der ihn 1949 zum Ministerialdirektor des Bundeskanzleramtes bestellte, hielt an ihm fest. 1953 wurde Globke zum Staatssekretär ernannt - eine Position, in der er gleichzeitig der »Koordinator der Bundesregierung« war.
Als Behördenchef mit politischem Instinkt, doch ohne politische Ambitionen, verstand er sich meisterlich auf die Planung und Durchführung Adenauerscher Außen- und Innenpolitik. Sein politischer Einfluß auf den Kanzler wurde jedoch immer weit überschätzt. In Wirklichkeit war er nie Adenauers »Graue Eminenz«. Seine anerkannte und verdienstvolle Leistung bestand vielmehr im Aufbau und in der Organisation des Regierungsapparates. Er wirkte in der Stille am Schreibtisch, in enger amtlicher, aber keineswegs vertraulicher persönlicher Beziehung zu seinem Chef.

Lit.: K. Gotto (Hrsg.), *Der Staatssekretär Adenauers. Persönlichkeit und politisches Wirken Hans Globkes* (1980)

Hanns Jürgen Küsters

Eugen Glombig
* 23. 1. 1924 Hamburg
Damals, als Eugen Glombig das Licht der Welt erblickte, gab es kein vorbeugendes Mittel gegen Polio. Durch sie sind seine beiden Beine seit dem zweiten Lebensjahr gelähmt - vielleicht ein Grund für seine sozialpolitischen Ambitio-

nen. Nach gewiß nicht einfacher Schul- und Ausbildungszeit wurde er 1945 leitender Angestellter einer Krankenkasse, trat dann in den Dienst der Stadt Hamburg und schloß sich 1949 der SPD an. Fünf Jahre vertrat er die Belange seiner Wähler in der Hamburger Bürgerschaft, dann ging er 1962 als Abgeordneter nach Bonn.

Dort galt er als der gesundheits- und sozialpolitische Experte seiner Fraktion. Diese berief ihn zum Vorsitzenden ihres sozialpolitischen Arbeitskreises und wählte ihn 1974 auch in ihren Vorstand. Sein Anliegen galt dem Gesundheitswesen und dessen Kostendämpfung – damals appellierte er an die Ärzteschaft, zwischen »Ethik und Monetik« abzuwägen – sowie der Rentenpolitik, deren sozialdemokratische Zielsetzung er vehement verteidigte. Seine Wähler bestätigten ihn stets mit deutlicher Mehrheit. Doch seine Wahlkreisdelegierten stellten ihn 1979 nicht mehr als Kandidaten auf, obwohl sich die gesamte SPD-Spitze für ihn eingesetzt hatte. Sogar von der Opposition erhielt er seinerzeit Schützenhilfe. Trotzdem resignierte Glombig nicht und konnte bereits Ende 1980 in den Bundestag nachrücken und seine Anliegen weiterhin verfolgen, jetzt auch als Mitglied des Bundestagsausschusses für Arbeit und Sozialpolitik.

Horst-Peter Schulz

Peter Glotz

* 6. 3. 1939 Eger/Böhmen

Die *Frankfurter Allgemeine Zeitung* bezeichnete ihn als einen klugen Mann, der es sich als Bundesgeschäftsführer der SPD sogar erlaube, seiner Partei »vorsichtige Mahnungen auf den Weg zu geben«. Glotz hat sich stets um kritische Analysen bemüht, ohne jedoch den Versuch zu machen, sich auf Kosten seiner Partei zu profilieren. Selbst in Zeiten schärfster innerparteilicher Auseinandersetzungen schloß er sich keinem Flügel an, sondern blieb stets nach allen Seiten gesprächsbereit. Dies befähigte ihn zu besonderen Aufgaben und schwierigen Ämtern.

Seine berufliche Laufbahn begann Glotz mit dem Studium der Zeitungswissenschaft, Philosophie, Germanistik und Soziologie, war nach dem Magisterexamen wissenschaftlicher Mitarbeiter am Institut für Zeitungswissenschaft der Universität München und schließlich Lehrbeauftragter. Im Jahre 1968 promovierte er zum Dr. phil. Seit Mitte der sechziger Jahre war Glotz stark in der Assistentenbewegung engagiert, wo er zu den besonnenen, aber erfolgreichen Mitarbeitern gehörte. Glotz vertrat die Assistentenschaft im Senat der Universität München und fungierte 1969/70 als Konrektor der Universität. In dieser Funktion war er Mitautor des »Gelben Gutachtens« der Kultusministerkonferenz zum Fernstudium. In Bayern, wo er als enger Mitarbeiter des SPD-Kulturpolitikers Waldemar von Knoeringen bekannt ist, wurde Glotz 1970 auch in den Landtag gewählt und aufgrund seiner bisherigen Tätigkeit zum hochschulpolitischen Sprecher der SPD-Fraktion bestimmt. Im Jahr 1972 zog er in den Bundestag ein (bis 1977 und erneut ab 1983); 1974 avancierte er zum Parlamentarischen Staatssekretär im Bundesministerium für Bildung und Wissenschaft, bis er im Mai 1977 auf den schwierigen Posten des Senators für Wissenschaft in Berlin geholt wurde.

Als 1981 dann das Amt eines Bundesgeschäftsführers der SPD zu besetzen war, galt Glotz als Wunschkandidat des SPD-Vorsitzenden Willy Brandt, und demgemäß übertrug ihm der Parteivorstand der SPD diese heikle Aufgabe. In der Folgezeit kämpfte er für das Weiterbestehen der sozialliberalen Koalition. Der FDP signalisierte er Entgegenkommen, als er von der Notwendigkeit einer Weiterentwicklung der Sozialpolitik sprach; den wirtschafts- und sozialpolitischen Kurs von Lambsdorff lehnte er jedoch ab. Neben seinen politischen Aufgaben hat Glotz eine vielfältige publizistische Tätigkeit für Zeitungen, Zeitschriften und Rundfunk entwickelt.

Lit.: P. Glotz, *Der Weg der Sozialdemokratie* (1975); *Die Innenausstattung der Macht* (1979); *Die Beweglichkeit des Tankers* (1982); *Die Arbeit der Zuspitzung* (1984)

Emil Werner

Alfons Goppel
* 1. 10. 1905 Regensburg
Wie kaum ein anderer Politiker verkörperte der langjährige bayerische Ministerpräsident während seiner Amtszeit (1962–1978) das Bild des »demokratischen Kurfürsten«, wie ihn eine Zeitung nannte. Immerhin verbuchte die CSU unter Goppel als Regierungschef in den Landtagswahlen 1974 mit stattlichen 62,1% den höchsten Wahlsieg seit ihrem Bestehen.
Der Jurist, der von 1930 bis 1933 der Bayerischen Volkspartei angehört hatte, zählte nach dem Krieg zu den Mitbegründern der CSU. 1954 zog er erstmals in den Münchner Landtag ein; vier Jahre später wurde er Innenminister. In der Bundespolitik machte der energische Verfechter eines föderalistischen Systems von sich reden, als er im Namen der bayerischen Landesregierung 1973 ohne Erfolg gegen den Grundlagenvertrag zwischen der Bundesrepublik und der DDR klagte. Doch auch gegen seinen Amtsnachfolger und Bayerns »starken Mann« Franz Josef Strauß setzte sich Goppel zur Wehr. Im Bundesrat gab er 1976 dem übermächtigen CSU-Chef zum Trotz zusammen mit den CDU-regierten Ländern sein Ja-Wort für die Polen-Verträge. Selbst nach seinem Verzicht auf eine neuerliche Kandidatur für das Amt des bayerischen Ministerpräsidenten mochte Goppel nicht auf politisches Engagement verzichten: Seit 1979 ist er Mitglied des Europaparlaments.

Michael Dörfler

Johann Baptist Gradl
* 25. 3. 1904 Berlin
Politisches Engagement und nationales Denken kennzeichnen den Lebensweg des promovierten Volkswirts und ehemaligen Zentrumsmitglieds und führten ihn 1945 in den Gründerkreis der CDU in Berlin. Als Finanz- und Wirtschaftsexperte seiner Partei erregte er durch kritische Äußerungen insbesondere zur Enteignungs- und Reparationspolitik den Unwillen der sowjetischen Besatzungsmacht. Im Verlauf der Krise um Jakob Kaiser im Dezember 1947 wurde er auf sowjetische Weisung von seinem Amt als Mitglied des Hauptvorstandes der CDU abgesetzt. Daraufhin übernahm er die Leitung des Büros der Exil-CDU in West-Berlin und baute zusammen mit seinem politischen Freund Kaiser die Deutschland-Verlagsgesellschaft auf.
Seit 1953 Mitglied des Bundesvorstandes und von 1957 bis 1980 Berliner Bundestagsabgeordneter der CDU, stand von Anfang an die Wiedervereinigung Deutschlands im Zentrum seines politischen Wirkens. Dabei deckten sich seine deutschlandpolitischen Vorstellungen durchaus nicht immer mit denen seiner Partei oder ihrer Führung. Nur kurz leitete er von Oktober 1965 bis Dezember

1966 das Ministerium für Vertriebene und Flüchtlinge und zeitweise zusätzlich das Ministerium für gesamtdeutsche Fragen. Für lange Jahre war Gradl hingegen Vorsitzender des Gesamtdeutschen Ausschusses des Bundestages und der deutschlandpolitische Sprecher seiner Partei und Fraktion. Als Vorsitzender der Exil-CDU und des Präsidiums des Kuratoriums Unteilbares Deutschland bleibt sein Name weiterhin mit der deutschen Frage verknüpft.

Lit.: J. B. Gradl, *Stets auf der Suche* (1979); *Anfang unter dem Sowjetstern* (1981)

Helga Welsh

Wilhelm Georg Grewe
* 16. 10. 1911 Hamburg
Nur wenige deutsche Diplomaten haben die Nachkriegsaußenpolitik der Bundesrepublik so nachhaltig geprägt wie Wilhelm Grewe. Der gebürtige Hamburger, Sohn eines Kaufmanns, lehrte nach seinem Jurastudium 1939 als Dozent an der Hochschule für Politik in Berlin und war 1942 dort Professor, 1945 tätig in Göttingen und ab 1947 Ordinarius für öffentliches Recht und Völkerrecht in Freiburg im Breisgau. 1948 trat er durch wissenschaftliche Studien zu Fragen des Besatzungsrechts hervor und wurde drei Jahre später von Walter Hallstein ins Auswärtige Amt geholt. Adenauer übertrug ihm die Leitung der deutschen Delegation, die von 1951 an mit den Alliierten über die Ablösung des Besatzungsrechts verhandelte.
Nach dreijähriger Leitung der Rechtsabteilung des AA übernahm Grewe 1955 die Politische Abteilung und war seitdem vor allem mit Ost-West-Fragen befaßt. Unter der Ägide seines Staatssekretärs konzipierte Grewe aus Anlaß der Aufnahme diplomatischer Beziehungen der Bundesrepublik zur Sowjetunion die sog. Hallstein-Doktrin. 1958 ging er als Botschafter nach Washington, wo er es in Zeiten der sich wandelnden Ost- und Europapolitik der Kennedy-Regierung schwer hatte, die an ihren Positionen festhaltende Bonner Außenpolitik verständlich zu machen. Der Posten als Nato-Botschafter, den Grewe 1962 für neun Jahre antrat, erlaubte ihm, weiterhin einer der hauptsächlichen Ratgeber der Regierungschefs Adenauer, Erhard und Kiesinger zu bleiben. Als Grewe in offenkundigem Dissens zur Bonner Ostpolitik von der Regierung Brandt 1971 nach Japan versetzt wurde, konnte er, dessen Tätigkeitsfeld seit zwei Jahrzehnten die Ost-West-Beziehungen gewesen waren, in dem neuen Posten keine Herausforderung sehen. 1976 nahm er seinen Abschied.

Lit.: W. G. Grewe, *Deutsche Außenpolitik in der Nachkriegszeit* (1960); *Spiel der Kräfte in der Weltpolitik* (1970); *Rückblenden 1976–1951. Aufzeichnungen eines Augenzeugen deutscher Außenpolitik von Adenauer bis Schmidt* (1979)

Hanns Jürgen Küsters

Herbert Gruhl
* 22. 10. 1921 Gnaschwitz/Oberlausitz
Nach der Kriegsgefangenschaft holte Gruhl, der als Bauernsohn eine landwirtschaftliche Fachschule besucht hatte, das Abitur nach und studierte Germanistik, Geschichte und Philosophie mit dem Abschluß des Dr. phil. CDU-Mitglied seit 1954, Vorsitzender des Kreisverbandes Hannover-Land (1965–1974), zog er 1969 in den Bundestag ein. In der großen Umweltschutzdebatte 1970 zeichnete er sich als sachkundiger Redner für die CDU aus, deren »Arbeitsgruppe für Umweltfürsorge« er leitete. Von 1975 bis 1977 war er Bundesvorsit-

zender des Bundes für Umwelt- und Naturschutz Deutschlands. Aus Protest gegen die unzureichende Umweltpolitik seiner Partei, die er als Außenseiter nicht zu beeinflussen vermochte, verließ Gruhl 1978 die CDU.
Wenige Tage nach seinem Austritt gründete er die »Grüne Aktion Zukunft« als erste bundesweit agierende Umweltpartei. Ihr Programm, das »Grüne Manifest«, war deutlich von den wertkonservativen Vorstellungen ihres Gründers geprägt. Folgerichtig mußte es zu Konflikten führen, als andere, zum Teil alternative Umweltgruppierungen zur GAZ stießen. Bereits 1980 tat sich ein Graben auf, der die Ökologen im engeren Sinn, Gruhl und seine Anhänger, von anderen Parteiflügeln trennte: Was Gruhl vor allem ablehnte, waren einseitige politische Festlegungen und mehr noch jegliche kommunistische Einflüsse. Nach harten Auseinandersetzungen verließ er 1981 die Grünen; im März 1982 kam es dann zur Gründung der Ökologisch-Demokratischen Partei, deren Vorsitz Gruhl übernahm. Mit ihren etwa 2000 Mitgliedern vermochte sie bei der Bundestagswahl 1983 den Grünen jedoch keine Konkurrenz zu machen.

Lit.: H. Gruhl, *Ein Planet wird geplündert* (1975)

Clemens Vollnhals

Kurt Gscheidle
* 16. 12. 1924 Stuttgart
Die Rolle eines »Generalpostmeisters« ohne politische Verantwortung hatte er sich gewünscht, »Universalmanager« eines Bonner Mammutunternehmens ist er geworden. Kurt Gscheidle ist Postler von Jugend an: Fernmeldetechniker, REFA-Ingenieur und Werkführer. Der Deutschen Postgewerkschaft verdankt ihr späterer stellvertretender Vorsitzender (1957) Stipendium und Studienaufenthalte in England und Amerika. 1969 scheiterte seine Kandidatur für den DGB-Chefsessel nicht zuletzt an seinen eigenwilligen Reformplänen für die Gewerkschaftsspitze. Gscheidle, seit 1956 Sozialdemokrat, 1961 im Obertaunuskreis direkt in den Bundestag gewählt, legte Parlamentarier- und Gewerkschaftsamt mit seinem Aufstieg zum »öffentlichen Unternehmer« nieder.
Seit Ende 1969 Staatssekretär im Bundespostministerium Georg Lebers, profilierte sich der profunde Sachkenner mit einem vielbeachteten Gesetzentwurf für eine neue Postverfassung. 1974 übernahm er das Doppelministerium für Verkehr und Post im Kabinett Helmut Schmidt und versuchte zielstrebig, die beiden Ressorts mit betriebswirtschaftlich sinnvollen Rationalisierungsprogrammen in eine kostensparende Bahn zu dirigieren. Seine Pläne, den Dauerpatienten Bundesbahn durch Reduzierung des Streckennetzes und des Personals zu sanieren, scheiterten jedoch an einer »Allparteien-Koalition der Betroffenen« *(Süddeutsche Zeitung)*. Dagegen konnte die Post 1975 erstmals seit langem wieder Gewinne erwirtschaften.
Nach wachsender Kritik aus Reihen seiner Partei auch an der »ausufernden« Anwendung des sog. Radikalenerlasses im Verantwortungsbereich des Ministers galt 1980 seine Karriere schon als beendet. Dem Macher ohne Hausmacht in der SPD, 1976 über die nordrhein-westfälische Landesliste in den Bundestag gewählt, hatte der SPD-Bezirk Niederrhein einen sicheren Listenplatz verwehrt. Nach der Bundestagswahl im Oktober 1980 und der Auflösung des Doppelministeriums blieb Gscheidle dennoch als Postminister »ohne Mandat« im Amt. Die Realisierung des lange umstrittenen »Acht-Minuten-Takts« im Telefon-Nahdienst (1980), die Fixierung des Monopolanspruchs der Post bei Einführung und Nutzung neuer Medientechnologien wie Bildschirmtext und Kabel-

fernsehen (1981) markieren die letzten Amtsjahre des Politikers. Kurt Gscheidles Buch *Damit wir in Verbindung bleiben,* ein Porträt der Deutschen Bundespost mit persönlichen Anmerkungen, erschien als »Vermächtnis« des mit dem Kabinettsrevirement im April 1982 ausscheidenden Postministers.

Wolfgang Gröf

Karl Theodor Freiherr von und zu Guttenberg

* 23. 5. 1921 Weisendorf/Lkr. Höchstadt; † 4. 10. 1972 Schloß Guttenberg

Als einer jener selten gewordenen Politiker, die aufgrund wirtschaftlicher Unabhängigkeit niemandem verpflichtet sind und Politik nicht als Beruf ausüben, nannte er sich - bescheiden - »Land- und Forstwirt«. Seine materielle Existenz war durch großen Grundbesitz gesichert. Seine Jugend war, wie bei fast allen seiner Generation, überschattet von den Ereignissen der Zeit - nach dem Abitur wurde Guttenberg 1938 zur Wehrmacht eingezogen. Nach sechsjähriger Kriegszeit übernahm er von seinen Eltern den Familienbesitz, zu dem Wälder, Weinberge und Kurbetriebe gehören.

Seit 1945 war er jedoch auch politisch tätig, zunächst »ganz unten« als Kreisvorsitzender der CSU in Stadtsteinach, um dann innerhalb der CSU nach oben zu steigen. Von 1952 bis 1957 war er Landrat, bis er in den Bundestag gewählt wurde, wo er sich sehr bald einen Namen als einer der führenden Sprecher zur Außen- und Europapolitik machte. In der Regierung des Bundeskanzlers der Großen Koalition, Kurt Georg Kiesinger, war er Parlamentarischer Staatssekretär im Bundeskanzleramt. Nach der Bundestagswahl von 1969, die die Ära der sozialliberalen Koalition einleitete, kam seine große Zeit als einer der Gegner der Brandtschen Ostpolitik. Doch obwohl er leidenschaftlich dieses Konzept bekämpfte, blieb er in seiner Argumentation fair. Seine letzte Rede - Guttenberg war bereits von seiner schweren Rückenmarkserkrankung gezeichnet - gehört zu den Sternstunden des deutschen Parlamentarismus.

Lit.: K. Th. von Guttenberg, *Fußnoten* (1971); P. Pucher, *Freiherr zu Guttenberg. Ein politisches Porträt* (1971)

Engelbert Hommel

Walter Hallstein

* 27. 11. 1901 Mainz; † 29. 3. 1982 Stuttgart

»Mister Europe«, wie Hallstein in den sechziger Jahren genannt wurde, war von Haus aus kein Politiker. Nach Jurastudium und Promotion übernahm der mit 27 Jahren Habilitierte die erste Professur für Privat- und Gesellschaftsrecht in Rostock (1930–1941). Anschließend lehrte er bis 1948 an der Frankfurter Universität, deren Rektor er die letzten zwei Jahre war. Prof. Wilhelm Röpke, den Adenauer wegen qualifizierter Berater fragte, empfahl Hallstein, der über exzellente wirtschaftsrechtliche wie rechtsvergleichende Kenntnisse verfügte, Sprachen beherrschte und 1948/49 in Georgetown/Texas letzte Auslandserfahrungen gesammelt hatte. Was jedoch noch mehr zählte: Hallstein war politisch völlig unbelastet.

Der präzise arbeitende Jurist mit scharfem analytischen Verstand und glänzendem Gedächtnis begann seine politische Karriere als Vorsitzender des deutschen Verhandlungsausschusses bei den Schuman-Plan-Beratungen 1950. Als Staatssekretär im Bundeskanzleramt, wo ihm die Auswärtigen Angelegenheiten unterstanden, dominierte er schnell die außenpolitische Verwaltung. Sein Ein-

fluß festigte sich in der Funktion des Staatssekretärs im Auswärtigen Amt (1951–1957), denn trotz des Außenministerwechsels von Adenauer zu Brentano durfte Hallstein stets beim Kanzler direkt vorsprechen.
Die deutsche Außenpolitik wurde seit 1955 nachhaltig durch die nach ihm benannte Hallstein-Doktrin geprägt, deren geistiger Vater Wilhelm Grewe war.

Walter Hallstein

Dieser auf dem Alleinvertretungsanspruch der Bundesrepublik basierende außenpolitische Grundsatz, demzufolge die Aufnahme diplomatischer Beziehungen eines Landes zur DDR als ein unfreundlicher Akt gegen die Bundesregierung angesehen wurde, bestimmte die Bonner Außenpolitik bis weit in die sechziger Jahre. Hallsteins Verhandlungserfolge beim EGKS-Vertrag 1950/51 und bei den EWG- und Euratom-Verträgen (1955–1957) führten zu seiner Ernennung zum ersten Präsidenten der EWG-Kommission. Dieses Amt hatte er von 1958 bis 1967 inne.
Menschlich stets kühl wirkend und sich ganz auf die Sache konzentrierend, war Hallstein doch von einer Dynamik, die ihresgleichen suchte. Ihm ist der Aufbau des Gemeinsamen Marktes und das Zusammenwachsen der westeuropäischen Staaten in jener Zeit maßgeblich zu verdanken, auch wenn er die Bereitschaft de Gaulles überschätzte, die supranationale europäische Gemeinschaft zu verwirklichen. Wegen des französischen Widerstandes verzichtete Hallstein 1967 auf eine erneute Präsidentschaft und widmete sich fortan als Vorsitzender der Euro-

päischen Bewegung (1968–1974) den Integrationsfragen. Seine Mitgliedschaft im Bundestag (1969–1972) war nur der Ausklang einer großen politischen Karriere.

Lit.: W. Hallstein, *Wege nach Europa* (1967); *Der unvollendete Bundesstaat* (1969); *Die Europäische Gemeinschaft* ([5]1979)

Hanns Jürgen Küsters

Hildegard Hamm-Brücher
* 11. 5. 1921 Essen
»Mädle, Sie müsset in die Politik«, hatte Theodor Heuss der jungen Journalistin (Dr. rer. nat.) aus München geraten, die den damaligen Kultusminister von Württemberg-Baden durch »gescheite Fragen« beeindruckte. Mit Energie, Esprit, Eleganz und einer gehörigen Portion Unerschrockenheit sollte sie bald eine »ungewöhnliche Frau in der an Frauen ohnehin so armen Politik« (Kurt Sontheimer) werden. Mit ihrem Eintritt in die FDP (1948) avancierte sie zur Münchner Stadträtin (bis 1954), zog 1950 in den Landtag ein (bis 1966 und 1970–1976) und prägte mit ihrem kulturpolitischen Engagement ein Kapitel bayerischer Nachkriegsgeschichte.
Als Vorkämpferin für Landschulreform (gegen Zwergschulidylle, Bildungsgefälle, Benachteiligung der Landkinder), für Bildungsplanung, Chancengleichheit, Hochschulreform und mit Initiativen wie zur Abschaffung der Prügelstrafe (1951) bis zum erfolgreichen Volksbegehren »Rundfunkfreiheit in Bayern« (1972) wurde sie zur Symbolfigur des Widerstands gegen Klerikalisierungs- und Formierungsbemühungen der CSU und gewann ein Maß an persönlicher Popularität, das sie auch etliche innerparteiliche Querelen strahlend meistern ließ; etwa durch ihren spektakulären Erfolg bei den Landtagswahlen 1962, als sie vom scheinbar aussichtslosen 17. Listenplatz (sie hatte die in der FDP vordrängenden nationalen Kräfte hart attackiert) auf den 1. vorgewählt wurde. Die damalige Unterstützung eines u.a. mit den Nobelpreisträgern Butenandt und Heisenberg prominent besetzten überparteilichen Wählerkomitees dokumentierte auch, wie sehr die couragierte Kulturpolitikerin als Hoffnungsträgerin galt, nachdem in den Jahren des wirtschaftlichen Aufstiegs herzlich wenig für Ausbau und Modernisierung des Bildungswesens geschehen war.
Dank zahlreicher Publikationen und mit der Berufung als Staatssekretärin ins hessische Kultusministerium (1967–1969), dann als Staatssekretärin im Bonner Ministerium für Bildung und Wissenschaft ist ihr Name eng verbunden mit der Einführung von Modellversuchen, offeneren Übergängen zwischen den einzelnen Bildungsstufen und all jenen Ansätzen einer umfassenden Bildungs- und Pädagogikreform, die – emphatisch gestartet, theoretisch fundiert (auch überfrachtet), halbherzig durchgeführt bzw. politisch blockiert – heute als weitgehend gescheitert angesehen und innerhalb der FDP neuerdings durch die Projektion neuer »Elite-Hochschulen« konterkariert wird. Im Mai 1972 trat Hildegard Hamm-Brücher von ihrem Bonner Amt zurück und wurde Fraktionsvorsitzende im bayerischen Landtag und stellvertretende Bundesvorsitzende der Partei (bis 1976). Im gleichen Jahr betrat sie die Bonner Bühne erneut und widmete sich als Staatsministerin im Auswärtigen Amt pointiert der auswärtigen Kulturpolitik und der Intensivierung der Beziehungen zur sog. Dritten Welt.
Den Wechsel der FDP zur CDU/CSU konnte sie nicht mitvollziehen und schied aus der Regierung aus. Entschieden mahnte sie die Erfüllung des 1980 der sozialliberalen Koalition erteilten Wählerauftrags an und rechnete schließ-

lich in einem eindrucksvollen Debattenbeitrag im Bundestag am 1. 10. 1982 mit Genschers Kursänderung sehr persönlich ab. Frau Hamm-Brücher, die damit zum Ansehen liberaler Politik auch in diesen Wochen wesentlich beitrug, zog im März 1983 erneut als Abgeordnete in den Bundestag ein.

Lit.: H. Hamm-Brücher, *Aufbruch ins Jahr 2000 oder Erziehung im technischen Zeitalter* (1967); *Gegen Unfreiheit in der demokratischen Gesellschaft* (1967); *Unfähig zur Reform?* (1972); *Auftrag und Engagement der Mitte. Eckwerte der Demokratie in der Bundesrepublik* (1974); *Bildung ist kein Luxus* (1976); *Kulturbeziehungen weltweit. Ein Werkstattbericht zur Auswärtigen Kulturpolitik* (1980); *Der Politiker und sein Gewissen* (1983)

Rüdiger Bolz

Karl-Günther von Hase
* 15. 12. 1917 Wangern/Kreis Breslau
»Mein Name ist Hase, ich weiß von nichts« – ließ der damalige Regierungssprecher Adenauers die Journalisten gelegentlich wissen. Doch hatte der wortgewandte Staatssekretär, der stets gut informiert war über das aktuelle Tagesgeschehen und präzise Antworten gab, solche Ausflüchte gar nicht nötig. Intelligenz, Schlagfertigkeit und Selbstbewußtsein beflügelten seine im Auswärtigen Dienst begonnene Karriere.
Nach dem Besuch der Speyeraner Diplomatenschule 1950/51 wurde er 1953 nach Kanada entsandt, kehrte aber bereits 1956 zurück. Als Vortragender Legationsrat 1. Klasse war er bis 1961 Sprecher des Auswärtigen Amtes und in dieser Funktion bereits unmittelbar dem Außenminister unterstellt. Nach von Hases überraschender Beförderung zum Ministerialdirektor und Leiter der Abteilung West II wurde er 1962 als Nachfolger Felix von Eckardts Chef des Presse- und Informationsamtes. In knapp sechs Jahren diente er drei Bundeskanzlern: Adenauer, Erhard und Kiesinger. 1968 wechselte von Hase als Staatssekretär ins Verteidigungsministerium. Auch die neue SPD/FDP-Regierung wollte auf den in den Auswärtigen Dienst zurückgekehrten CDU-Mann nicht verzichten. Sie bestellte ihn 1970 zum Botschafter in London. Seine Wahl zum Intendanten des ZDF 1977 bedeutete eine neue, aber nicht ungewohnte Aufgabe im Umgang mit den Medien. 1982 schied von Hase aus diesem Amte aus.

Hanns Jürgen Küsters

Kai-Uwe von Hassel
* 21. 4. 1913 Gare/Tanganjika
Als Leiter der Schlichtungsstelle für Wohnsachen im Landkreis Flensburg hatte sich der ausgebildete Pflanzungskaufmann seit 1945 den Ruf eines fähigen Organisators erworben. Die Entschlossenheit, mit der er die Flüchtlingseinquartierung betrieb, machte den späteren Ministerpräsidenten von Schleswig-Holstein, Friedrich-Wilhelm Lübke, auf ihn aufmerksam. 1946 trat Hassel der CDU bei und durchlief in den folgenden Jahren, vom Bürgermeister bis zum Ministerpräsidenten, alle politischen Ämter Schleswig-Holsteins.
In den fünfziger Jahren galt Hassel als der typische, dynamische christdemokratische Repräsentant der jüngeren Generation; nur seine relative Jugend hatte ihn 1959 um die Chance gebracht, Unionskandidat für das Amt des Bundespräsidenten zu werden. Nach der Spiegelaffäre 1962 setzte Adenauer Hassel als Nachfolger von Strauß im Verteidigungsministerium durch. Hassels Maßnah-

men in diesem Amt waren zunächst die Wiederbelebung des Konzepts der inneren Führung und die Verbesserung des Bildes, das die Bundeswehr in der Öffentlichkeit bot. Bald geriet der Minister mit der militärischen Führungsspitze in Konflikt. Im Streit um die Befugnisse des Generalinspekteurs setzte er den Primat der Politik durch, im Starfighter-Skandal konnte er mit Mühe den Rücktritt vermeiden. Am Ende seiner Amtszeit, 1966, hatte Hassel das Aufbautempo der Bundeswehr gedrosselt und den Verteidigungshaushalt gekürzt; nicht gelöst war der Personalmangel im Unteroffizierskorps.
Nach einem Zwischenspiel als »Vertriebenenminister« in der Großen Koalition begann er 1969 eine neue Karriere. Als Präsident des Bundestages erlebte er seine parlamentarischen Sternstunden. Er leitete eine Parlamentsreform ein, die die Arbeitsbedingungen der Abgeordneten verbesserte und durch die sog. »Ehrenordnung« eine gewisse Kontrolle der außerparlamentarischen Bindungen der Abgeordneten ermöglichte. Nach der Bundestagswahl 1972 mußte er den Präsidentenstuhl Annemarie Renger überlassen, blieb aber Vizepräsident; in Schleswig-Holstein fand er keine politische Zukunft mehr. Seit 1979 ist er Abgeordneter des Europaparlaments.

Lit.: K.-U. von Hassel, *Föderalismus in der Bundesrepbulik* (1962); *Verantwortung für die Freiheit* (1965); *Im Dienst für die Freiheit.* Kai-Uwe von Hassel zum 70. Geburtstag, hrsg. von U. Barschel (1983); W. Sager, *Die Minderheitenpolitik der schleswig-holsteinischen Landesregierung während des Kabinetts von Hassel* (1982); A. Schiffner, »Kai-Uwe von Hassel«, in: Bernecker/Dotterweich (Hrsg.), *Persönlichkeit und Politik in der Bundesrepublik Deutschland* (1982)

Alfred Schiffner

Volker Hauff
* 9. 8. 1940 Backnang
»Das gängige Klischee vom ›Benjamin‹« hätte bei Volker Hauff »nur am jugendlichen Alter ansetzen können – nicht am Sachverstand ... und schon gar nicht an der erzielten politischen Wirkung«, schrieb Willy Brandt dem seinerzeit jüngsten Kabinettsmitglied zu dessen 40. Geburtstag. Der Nachfahre des schwäbischen Märchendichters Wilhelm Hauff hatte sich 1959 der SPD angeschlossen, über Datenverarbeitung promoviert und sich »liberal-sozial« engagiert. Seit 1969 MdB, ab 1972 Parlamentarischer Staatssekretär im Ministerium für Forschung und Technologie, übernahm er dessen Leitung 1978 und machte kurz darauf mit einem Energiesparprogramm von sich reden, scheiterte damit jedoch am Einspruch des Koalitionspartners FDP.
Mitte 1980 stellte er zur Überwindung der Arbeitslosigkeit eine aktivere Rolle des Staates in der Wirtschafts- und Investitionspolitik zur Diskussion. Nach der Bundestagswahl leitete er das Verkehrsministerium, wo er sich mit dem – bis heute nicht gelösten – Dauerproblem der hochverschuldeten Bundesbahn auseinandersetzen mußte. Nüchternheit bewies er auch gegenüber dem umstrittenen Rhein-Main-Donau-Kanal, den er – nachträglich – als das »ziemlich dümmste Projekt seit dem Turmbau zu Babel« bezeichnete. Nach dem Ende der SPD/FDP-Regierung verblieb er im Bundestag. Seine Fraktion wählte das Mitglied des SPD-Parteivorstandes zu einem der Stellvertreter ihres neuen Vorsitzenden Hans-Jochen Vogel und betraute ihn mit dem Arbeitsgebiet Umweltschutz.

Lit.: V. Hauff, *Politik als Zukunftsgestaltung. Reden und Aufsätze* (1976); *Damit der Fortschritt nicht zum Risiko wird* (1978); *Sprachlose Politik. Von der Schwierigkeit, nachdenklich zu werden* (1979); ders./F. W. Scharpf, *Modernisierung der Volkswirtschaft* (1977)

Horst-Peter Schulz

Bruno Heck
* 20. 1. 1917 Aalen/Württ.
Sein Vater hätte ihn gern als Geistlichen gesehen, doch den Doktor der Philosophie zog es zur Politik: Sechs Jahre nach seinem Eintritt in die CDU wurde er 1952 auf Empfehlung Kurt Georg Kiesingers zu deren Bundesgeschäftsführer gewählt. In dieser Funktion leitete er 1957 den CDU-Wahlkampf, der seiner Partei die absolute Mehrheit und ihm einen Sitz im Bonner Parlament eintrug. Ein Jahr später legte er dieses Amt nieder und sorgte als Medienpolitiker für Schlagzeilen, indem er Konrad Adenauers Fernsehpläne unterstützte, die schließlich scheiterten, als die »Deutschland-Fernseh-GmbH« im Februar 1961 von den Karlsruher Richtern für verfassungswidrig erklärt wurde.
Auch in seiner Amtszeit als Bundesfamilienminister (1962–1968) blieben ihm spektakuläre Erfolge versagt; als Generalsekretär der CDU (1966–1971) prägte er jedoch das Berliner Programm seiner Partei entscheidend mit. Nach 1969 zählte er auf den Oppositionsbänken zu den schärfsten Kritikern der sozialliberalen Ostpolitik und der Reform des Paragraphen 218. Unbequem blieb er auch für die eigene Partei: Schon 1971 favorisierte er Helmut Kohl anstelle Rainer Barzels als Kanzlerkandidaten der Union. Als er 1976 nicht wieder für den Bundestag kandidierte, verließ für die Hamburger Wochenzeitung *Die Zeit* einer »jener Unangepaßten, fast ›Unzeitgemäßen‹, von denen die Demokratie lebt«, die politische Bühne.

Klaus Lesche

Friedrich Heine
* 6. 12. 1904 Hannover
Von den Angehörigen des Exilvorstands der SPD konnte neben Erich Ollenhauer nur noch Friedrich Heine in die Heimat zurückkehren und die alte Funktion nach der Neugründung der SPD wieder ausüben. Bis 1957 gehörte er dem SPD-Parteivorstand als hauptamtliches Mitglied an. Zu seinem Aufgabengebiet zählten Presse und Propaganda, Auslandsabteilung, Ostbüro und Archiv.
Schon in jungen Jahren (1925) war Heine Sekretär beim SPD-Parteivorstand in Berlin geworden. Nach 1933 war er für den Exilvorstand in Prag als Kurier ins Reich tätig und für Presse und Propaganda zuständig. Nach dem Wechsel in die französische Hauptstadt wurde Heine als zusätzliches Mitglied in den Parteivorstand gewählt. Während des Krieges für zwei Monate interniert, war Heine anschließend in Marseille einer der Hauptorganisatoren für die Rettung deutscher Flüchtlinge nach Großbritannien und in überseeische Länder. Mit Erich Ollenhauer nahm er an der ersten Nachkriegskonferenz der SPD in Wennigsen (5.–7. 10. 1945) teil. Der erste Parteitag (Hannover 1946) wählte Heine erneut in den Parteivorstand. Nach seinem Ausscheiden im Jahre 1957 wurde er Geschäftsführer des SPD-Presseverbunds »Konzentration« (bis 1974). Er war Lizenzträger mehrerer Zeitungen (*Hannoversche Presse, Vorwärts* u. a.) sowie Gesellschafter einiger Verlagsunternehmen.

Emil Werner

Gustav Heinemann
* 23. 7. 1899 Schwelm/Ruhr; † 7. 7. 1976 Essen
1969, im Jahr von Heinemanns Wahl zum dritten Präsidenten der Bundesrepublik, sagte der Schriftsteller Günter Grass: »Ich wüßte niemanden, der geeigneter wäre, die überlieferte Staatsgläubigkeit durch immer noch mangelnden Common sense zu ersetzen.« Republikaner und Demokrat aus Überzeugung – das war Gustav Heinemann.
Schon der Großvater, dessen Brüder auf den Barrikaden von 1848 gekämpft hatten, ließ den kleinen Enkel im obrigkeitsstaatlichen Wilhelminischen Kaiserreich das Heckerlied (benannt nach dem badensischen Revolutionär Friedrich Franz Karl Hecker) von der schwarz-rot-goldenen Republik singen. Später, als Bundespräsident, würde Heinemann dazu aufrufen, der Geschichte der deutschen Befreiungsbewegungen vor allem in den Schulen mehr Beachtung zu schenken. Neben die ausgeprägte republikanisch-demokratische Gesinnung trat als zweites bestimmendes Merkmal sein Christentum, zu dem er Anfang der dreißiger Jahre unter dem Einfluß seiner Frau Hilda gefunden hatte. Während des Dritten Reichs Mitglied der Bekennenden Kirche, unterzeichnete er 1945 das Stuttgarter Schuldbekenntnis des Rates der Ev. Kirche; von 1945 bis 1967 gehörte er dem Rat der EKD an, zeitweilig (1949–1955) als Präses der gesamtdeutschen Synode. Trotz seines kirchlichen Engagements war Heinemann kein klerikaler Politiker. Den Begriff der christlichen Politik lehnte er ab – worum es ihm ging, war Politik aus christlicher Verantwortung! Wichtig vor allem dabei die persönliche Entscheidung, das Befolgen des eigenen Gewissens. Diese Ma-

Bundespräsident Gustav Heinemann und seine Frau Hilda bei einem Staatsbesuch in Großbritannien vom 24. 10. bis 27. 10. 1972.

xime hat Heinemann zeit seines Lebens befolgt. Stets ist er sich selbst treu geblieben – auch oder gerade bei seinen Parteiwechseln, durch die er für viele zur Persona non grata wurde.
1945 hatte Heinemann, nach dem Studium der Rechtswissenschaft, Volkswirtschaft und Geschichte mit abschließender Promotion bald zum Justitiar, dann zum Vorstandsmitglied der Rheinischen Stahlwerke in seiner Heimatstadt Essen aufgestiegen, zu den Mitbegründern der CDU in Essen gehört. Ausschlaggebend für diese Entscheidung war neben der christlichen Komponente die ursprünglich stark soziale Ausrichtung der CDU, wie sie im Ahlener Programm von 1947 ihren Niederschlag finden sollte. Als Oberbürgermeister von Essen wurde Heinemann mit Leib und Seele Kommunalpolitiker. Nur widerwillig stellte er sich, da zugleich Mitglied des Düsseldorfer Landtags, der Regierung Arnold kurzfristig (1947/48) als Justizminister zur Verfügung. Nach den Bundestagswahlen von 1949, obwohl ohne Mandat, ließ er sich dann von Adenauer mit Überlegungen zum konfessionellen Proporz – die katholisch dominierte CDU brauchte profilierte Protestanten – in die Pflicht nehmen und übernahm das Amt des Innenministers. Er behielt es kaum mehr als ein Jahr. Durch die Abkehr der CDU vom Ahlener Programm in eine zunehmend konservative Richtung, und durch den autokratischen Regierungsstil des Kanzlers war es bereits zu einer gewissen Entfremdung gekommen. Auslösendes Moment waren dann Adenauers Vorschläge für eine Wiederaufrüstung der Bundesrepublik, die er unter Umgehung von Regierung und Parlament im August 1950 den West-

Gustav Heinemann mit dem Regierenden Bürgermeister von Berlin, Klaus Schütz, während der Gedenkfeier zum 20. 7. 1944 am Ehrenmal Berlin-Plötzensee am 19. 7. 1969.

mächten zuleitete. Eine solche Politik, die in seinen Augen den Frieden aufs höchste gefährdete und den Weg zu einer Wiedervereinigung verbaute, mochte Heinemann nicht mittragen. Ein Jahr später sagte er: »Wenn ich nach Dresden oder Rostock oder Berlin will, steige ich nicht in einen Zug nach Paris oder Rom ein.« In der Folgezeit mahnte Heinemann, der »hauptberuflich« in Essen jetzt eine Anwaltssozietät betrieb, immer wieder vor vorschneller Westintegration, vor einer Politik, die die Sicherheitsinteressen der Sowjets verletze, vor einem primitiven Antikommunismus. 1951 führte dies zur Gründung der überparteilichen »Notgemeinschaft für den Frieden Europas«, 1952 - nach seinem Austritt aus der CDU - zur Gründung der Gesamtdeutschen Volkspartei. Die GVP jedoch, die ansonsten kaum über ein Programm verfügte, fand im restaurativen Klima der Bundesrepublik keinen Anklang. Nach Adenauers großem Wahlsieg von 1953, der eine ungehinderte Durchsetzung seiner Politik erlaubte, hatte sie sich überlebt.

1957 trat Heinemann der SPD bei, die jetzt - nach ihrer Abkehr von einer zentralistischen Organisationsform und von den ursprünglich planwirtschaftlichen Vorstellungen - für den Individualisten und liberalen Wirtschaftsmann erstmals akzeptabel war. Heinemanns SPD-Karriere war die eines Senkrechtstarters. Nach einer vielbeachteten Antrittsrede im Bundestag (23. 1. 1958), in der er mit Adenauers Deutschlandpolitik abrechnete - zur Diskussion stand inzwischen auch die atomare Ausrüstung der Bundeswehr -, wurde er noch im gleichen Jahr in den Parteivorstand gewählt. Als 1966 die SPD erstmals an einer Regierung beteiligt war, schickte Gustav Heinemann sich an, einer der erfolgreichsten Justizminister zu werden. Als neunter Ressortchef (»Darf ich mich vorstellen: Ich bin Gustav der Neunte«) betrieb er energisch die längst überfällige Strafrechtsreform. Die Liberalisierung des politischen und des Sexualstrafrechts sowie die Gleichstellung nichtehelicher Kinder zählen zu seinen Verdiensten. Ehebruch war nicht länger strafbar, Gotteslästerung ebensowenig.

Heinemanns Amtszeit auf der Rosenburg endete vorzeitig, als seine Partei ihn, mit Unterstützung der FDP, für das höchste Staatsamt vorschlug. Seine Wahl am 5. 3. 1969 wertete die *Zürcher Zeitung* als ein »Symptom für den Wandel des politischen Klimas in der Bundesrepublik«. In den fünf Jahren seiner Präsidentschaft (er verzichtete aus Gesundheitsgründen auf eine erneute Kandidatur) war er nach außen um die endgültige Aussöhnung mit jenen westlichen Nachbarn bemüht, die - wie die Niederlande - besonders unter der NS-Herrschaft gelitten hatten. Im Innern lag ihm neben der Vertiefung demokratisch-republikanischen Bewußtseins und dem Abbau von Untertanengeist der Dialog mit der unruhigen Jugend jener Jahre am Herzen wie auch die Integration und Tolerierung gesellschaftlicher Randgruppen. In diesem Sinne verstand er sich als Bürgerpräsident. »Das Leben braucht Versöhnung«, sagte er 1972 in seiner Weihnachtsansprache. »Versöhnung kostet die Überwindung der eigenen Feindseligkeit.«

Lit.: G. Heinemann, *Reden und Schriften,* Bd. I: *Allen Bürgern verpflichtet. Reden des Bundespräsidenten 1969–1974* (1975), Bd. II: *Glaubensfreiheit – Bürgerfreiheit. Reden und Aufsätze zu Kirche – Staat – Gesellschaft 1945–1975* (1976), Bd. III: *Es gibt schwierige Vaterländer. Reden und Aufsätze 1919–1969* (1977); D. Koch, *Heinemann und die Deutschlandfrage* (1972); W. Koch, *Heinemann im Dritten Reich* (1972); H. Lindemann, *Gustav Heinemann. Ein Leben für die Demokratie* (1978)

Ulrike Nikel

Heinrich Hellwege
* 18. 8. 1908 Neuenkirchen/Kreis Stade
Der »Benjamin« des 1. Kabinetts Adenauer (zugleich dessen einziges 1984 noch lebendes Mitglied) trug, so erinnern sich seine Freunde, bereits als Gymnasiast den Spitznamen »Minister«. Entsprechend steil verlief seine Karriere als niedersächsischer Landes- und Bundespolitiker. Hellwege (gelernter Exportkaufmann und nach dem Krieg vorübergehend Landrat im Kreis Stade) war 1945 maßgeblich an der Gründung der Niedersächsischen Landespartei beteiligt, aus der 1947 die föderalistisch und mittelständisch orientierte, im norddeutschen Protestantismus verwurzelte Deutsche Partei hervorging, deren Vorsitz er bis 1961 übernahm: bürgerlicher Bündnispartner Konrad Adenauers und der CDU wie auch der FDP schon im Zonenbeirat der britisch besetzten Zone (1946–1948), dies erst recht als erster Bundesminister für Angelegenheiten des Bundesrats (1949–1955).

Heinrich Hellwege

Unter ihm, seinem Kabinettskollegen Seebohm und dem Amtsnachfolger von Merkatz erwies sich die DP als »eine der verläßlichsten Stützen Adenauerscher Politik des Maßes und der Mitte« (Hans-Peter Schwarz). In diesem Sinne ist auch seine anschließende Tätigkeit als Ministerpräsident und erster (vor Ernst Albrecht letzter) nichtsozialdemokratischer Regierungschef von Niedersachsen zu verstehen. Nach der 1961 von ihm nicht gebilligten Selbstauflösung der Deutschen Partei trat er 1961 in die CDU ein, in der er keine Ämter ausübte. Seit 1979 ist er parteilos. Von großem Engagement ohne hohes Amt zeugen schließlich seine langjährigen Aktivitäten in der Europabewegung und in der Evangelisch-Lutherischen Landeskirche Hannover.

Lit.: E. Ehrich, *Heinrich Hellwege. Ein konservativer Demokrat* (1977)

Hans Peter Mensing

Andreas Hermes

* 16. 7. 1878 Köln; † 4. 1. 1964 Krälingen/Eifel

Der den Henkern Hitlers entkommene ehemalige Reichsminister für Ernährung und Landwirtschaft (1920–1922) und Finanzen (1921–1923) hat sich 1945 vor allem um Organisation und Programmatik der CDU über Berlin und die sowjetische Besatzungszone hinaus bleibende Dienste erworben. Im Januar 1945 als Mitglied der Widerstandsgruppe um Carl Goerdeler zum Tode verurteilt, war er nach dem Einmarsch der sowjetischen Truppen in Berlin kurze Zeit als Ernährungskommissar und stellvertretender Oberbürgermeister tätig. Prägend war seine Rolle bei der Gründung der CDU in Berlin, zu deren erstem Vorsitzenden er gewählt wurde. Hermes' Widerstand gegen die Durchführung der Bodenreform in der SBZ brachte ihn schon bald in Konflikt mit der Besatzungsmacht. Als er auf deren Befehl im Dezember 1945 sein Amt niederlegen mußte, siedelte er nach Westdeutschland über. Seine noch von den Sowjets untersagte Teilnahme am Reichstreffen der CDU in Bad Godesberg im Dezember 1945, die Verhinderung seiner Kandidatur zum CDU-Vorsitzenden der britischen Zone und Krankheit beendeten frühzeitig seine parteipolitische Karriere.

Nicht ohne Enttäuschung wandte er sich erneut seinem ursprünglichen Metier, der Landwirtschaft, zu. Als Gründungsmitglied und Präsident bzw. Vorsitzender des Deutschen Bauernverbandes, des Raiffeisenverbandes sowie des Zentralausschusses der deutschen Landwirtschaft wirkte er bis Anfang der sechziger Jahre entscheidend an Aufbau und Politik der westdeutschen landwirtschaftlichen Interessenvertretungen mit.

Lit.: Anna Hermes, *Und setzet ihr das Leben nicht ein. Andreas Hermes – Leben und Wirken nach Briefen, Tagebuchaufzeichnungen und Erinnerungen* (1971)

Helga Welsh

Theodor Heuss

* 31. 1. 1884 Brockenheim; † 12. 12. 1963 Stuttgart

»Mit sich selber im reinen bleiben« – das war die Maxime des Mannes, der von 1949 bis 1959 erster Bundespräsident der jungen Republik war und dessen Popularität und Ansehen damals wie heute geradezu sprichwörtlich waren. Als er am 12. 9. 1949 seinen Amtseid ablegte, hatte er bereits eine lange politische Karriere hinter sich, die in den Glanzzeiten des Kaiserreichs ihren Anfang genommen hatte. Damals, 1903, war er der liberalen »Freisinnigen Vereinigung« (ab 1910: Fortschrittliche Volkspartei) beigetreten und arbeitete ab 1905 als Chefredakteur einer Zeitschrift, die der Philosoph und Soziologe Friedrich Naumann leitete. In dieser Zeit lernte er auch eine Schülerin Naumanns kennen, die schließlich seine Frau wurde: Elly Knapp. Als Gattin des späteren Bundespräsidenten spielte diese außerordentlich aktive und intelligente Frau, die Warmher-

zigkeit mit Organisationstalent vereinigte, bis zu ihrem Tod im Juli 1952 eine bemerkenswert engagierte Rolle im sozialen Bereich.
Nachdem Heuss von 1912 bis 1918 Chefredakteur bei der Heilbronner *Neckarzeitung* gewesen war, nahm er nach dem Ersten Weltkrieg einen Lehrauftrag an der Deutschen Hochschule für Politik in Berlin an. Von 1924 an war er Reichstagsabgeordneter für die Deutsche Demokratische Partei (DDP) und bekämpfte Hitler mit einem Buch, dessen Formulierungen allerdings heute noch umstritten sind (*Hitlers Weg*, 1932, Neuauflage 1968). Trotz seiner erklärten Gegnerschaft zum Nationalsozialismus stimmte er 1933 für das Ermächtigungsgesetz und wurde damit gerade in jenem entscheidenden Augenblick der deutschen Geschichte seiner Lebensmaxime untreu. Begründet hat er sein »Ja« für Hitlers totale Usurpation der Macht später – wie die meisten seiner Abgeordnetenkollegen – mit dem Hinweis auf den damals geforderten Fraktionszwang, aus dem niemand auszuscheren wagte.

Theodor Heuss empfängt Kaiser Haile Selassie von Äthiopien zum Staatsbesuch am 8. 11. 1954 auf dem Bahnhof in Bonn.

Vorerst arbeitete er noch bei der *Frankfurter Zeitung*, der letzten Bastion einer vorsichtigen Opposition gegen Hitler innerhalb der deutschen Presselandschaft, erhielt 1936 jedoch Schreibverbot und mußte sich die folgenden Jahre mühsam durchlavieren. Nach Kriegsende berief ihn Ministerpräsident Reinhold Maier zum Kultusminister in Württemberg-Baden, aber schon nach wenigen Monaten trat er zurück und nahm eine Professur für Zeitgeschichte und Politische Wis-

senschaften an der Technischen Hochschule Stuttgart an. Von da an wurde nur noch von »Professor Heuss« gesprochen. 1946 wirkte er bei der Gründung der liberalen Demokratischen Volkspartei mit, wurde in der amerikanischen Zone ihr Vorsitzender und 1948 erster Mann der FDP in den drei Westzonen. Als Vertreter des Stuttgarter Landtags in den Parlamentarischen Rat entsandt, spielte er bei der Ausarbeitung des Grundgesetzes eine bedeutende Rolle.
Nach den ersten Bundestagswahlen vom 14. 8. 1949 wurde Heuss vor allem auf Betreiben Konrad Adenauers, der mit der FDP eine Koalitionsregierung bilden wollte, zum Kandidaten für das Amt des Bundespräsidenten nominiert. Entsprechend seinem patriarchalischen Führungsstil hatte Adenauer bei einer Zusammenkunft führender CDU-Politiker in seinem Haus in Rhöndorf dem Bericht eines Teilnehmers zufolge en passant ins Gespräch einfließen lassen, Heuss könne ja dann (falls die Koalition zustande käme) Bundespräsident werden. Die SPD stellte in letzter Minute vor dem Zusammentreten der Bundesversammlung ihren Vorsitzenden Kurt Schumacher als Gegenkandidaten auf. Bei der Wahl am 7. 9. 1949 erzielte Heuss im zweiten Wahlgang 416 Stimmen (von CDU und FDP); sein Rivale brachte es immerhin auf 312 Stimmen. Bei seiner Wiederwahl im Juli 1954 erhielt Heuss von den insgesamt 987 anwesenden Delegierten der Bundesversammlung 871 Stimmen: Die SPD hatte diesmal auf die Nominierung eines eigenen Kandidaten verzichtet. Wohl aus gutem Grund, denn »Papa Heuss« war zu diesem Zeitpunkt bereits zu einer mit dem Amt verwachsenen, von jeder Partei unabhängigen Figur geworden. Aber wenngleich ihn das Grundgesetz auf eher repräsentative Funktionen beschränkte und ihm nur wenige reale politische Machtmittel in die Hand gab, verstand er es doch,

Theodor Heuss mit seiner Schwägerin Hedwig Heuss bei seiner Verabschiedung von Bonn am 16. 9. 1959 auf dem Bahnhof.

von der Villa Hammerschmidt aus einen ständigen und spürbaren Einfluß auf den politischen Stil der Bundesrepublik auszuüben.
Als Präsident war er ein schlichter Mann, der dadurch populär wurde, daß er oftmals das Protokoll umstieß, in den Rauch seiner ewigen Zigarre hineinblies und sich seinen schwäbischen Humor bewahrte. Nach seinen ersten Besuchen in den Bundesländern und in Berlin wurde er relativ rasch zur Identifikationsgestalt der Bürger des neuen Staates, und, nach der Wiedererlangung der Souveränität der Bundesrepublik im Mai 1955, zum würdigen und überzeugenden Botschafter des neuen Deutschlands im Ausland: zunächst, 1956, mit dem Staatsbesuch in Griechenland, dann, ein Jahr später, in der Türkei und in Italien, schließlich, 1958, in Kanada, den Vereinigten Staaten und Großbritannien.
In seinen vielen Reden war er bestrebt, ein geläutertes Deutschland entstehen zu lassen, das sich von der nationalsozialistischen Vergangenheit abwendet, nicht in kollektiver Schuld, sondern in einer Art kollektiver Scham, wobei das Beste aus dem kulturellen Erbe früherer Epochen bewahrt werden sollte. Als sich am Ende seiner Amtszeit die Frage der Nachfolge stellte, drängte ihn zunächst auch der Kanzler, ein drittes Mal zu kandidieren – um dies zu ermöglichen, wurde damals ernsthaft eine Grundgesetzänderung erwogen. In einem Schreiben an den Bundeskanzler lehnte Heuss jedoch ab: Es sei »bedenklich«, die »Verfassung zu ändern, weil gerade ein netter Mann am Markte sei«.

Lit.: Th. Heuss, *Erinnerungen. 1905–1933* (1963); *Die großen Reden,* 2 Bde (1965 ff.); *Aufzeichnungen 1945–1947,* hrsg. von E. Pikart (1966); K. D. Bracher, *Theodor Heuss und die Wiederbegründung der Demokratie in Deutschland* (1965); H. Hamm-Brücher, *Gerechtigkeit erhöht ein Volk. Theodor Heuss und die deutsche Demokratie* (1984); E. Pikart, *Theodor Heuss und Konrad Adenauer. Die Rolle des Bundespräsidenten in der Kanzlerdemokratie* (1976)

Reinhold Bodensteiner

Hermann Höcherl
* 31. 3. 1912 Brennberg
Für die von ihm begründete liberale Filmförderung wurde Hermann Höcherl noch 20 Jahre nach seiner Tätigkeit als Bundesinnenminister (1961–1965) mit dem Paul-Klinger-Preis 1983 der Deutschen Angestellten-Gewerkschaft geehrt. Der wendige Rechtsanwalt aus der Oberpfalz, bei Parteifreunden aus der CSU wie bei politischen Gegnern wegen Fairneß und humorvoller Schlitzohrigkeit beliebt und geachtet, machte allerdings während der Spiegelaffäre im Herbst 1962 und der »Telefon-Abhör-Affäre« ein Jahr später keine glückliche Figur. Nicht nur die SPD-Opposition, sondern die gesamte kritische Öffentlichkeit des Landes äußerte damals gegenüber seiner Amtsführung tiefes Mißtrauen; seit dieser Zeit wird ihm der Ausspruch nachgesagt, seine Beamten könnten nicht den ganzen Tag mit dem Grundgesetz unter dem Arm herumlaufen. In seine Zeit als Innenminister fiel ferner die Vorlage eines Entwurfes zur Notstandsgesetzgebung.
Als Bundesminister für Ernährung, Landwirtschaft und Forsten (1965–1969) verschaffte er sich dagegen mit seiner konsequenten und sehr realistischen Agrarpolitik allgemeine Anerkennung. 1976 verzichtete er auf eine erneute Kandidatur im Wahlkreis Regensburg, den er seit 1953 im Bundestag vertreten hatte. Offen und verbindlich wie gewohnt meldete er sich in den folgenden Jahren bei brisanten Fragen wie der Affäre um den baden-württembergischen Ministerpräsidenten Filbinger, dem er schon frühzeitig den Rücktritt empfahl, immer wie-

der zu Wort. Im Juni 1978 führte sein Bericht über Fahndungspannen beim Entführungsfall Schleyer zum Rücktritt von Innenminister Maihofer.

Erwin Fellner

Wilhelm Hoegner
* 23. 9. 1887 München; † 5. 3. 1980 München
Im Tätigkeitsbericht über seine erste Ministerpräsidentenschaft hob Wilhelm Hoegner am 16. 12. 1946 vor dem bayerischen Landtag zwei Taten seiner Regierung hervor: »Die demokratische Verfassung und die Sicherung des föderalistischen Aufbaus des deutschen Reiches« – Hoegner hatte sich in seinem Schweizer Exil von einem Anhänger des Einheitsstaates zu einem überzeugten Föderalisten gewandelt.
1924 war der promovierte Jurist (SPD-Mitglied seit 1918) erstmals in den bayerischen Landtag gewählt worden, wo er einen Untersuchungsausschuß initiierte, der sich mit dem Hitlerputsch des Jahres 1923 beschäftigte. Als Reichstagsmitglied (seit 1930) stimmte Hoegner 1933 mit seinen Parteifreunden gegen Hitlers Ermächtigungsgesetz; im Sommer entzog er sich seiner Verhaftung durch die Flucht nach Österreich und später in die Schweiz. Von dort kehrte er im Juni 1945 nach München zurück. Am 28. 9. wurde er von der US-Militärregierung zum bayerischen Ministerpräsidenten ernannt (1946, nach den ersten Wahlen, abgelöst von Hans Ehard).
Sein Entwurf für die bayerische Verfassung stellte die Grundlage für die Beratungen der Verfassunggebenden Landesversammlung dar. Hoegner trat nunmehr für die weitgehende Föderalisierung eines neuen deutschen Staates ein. Seine Vorstellungen über die Staatsform führten zu Auseinandersetzungen innerhalb der SPD, vor allem mit Kurt Schumacher. Während bei diesem die Sorge um den Zusammenhalt Deutschlands im Vordergrund stand, befürchtete Hoegner die neuerliche Errichtung eines zentralen Einheitsstaates mit der »Tyrannei einer übermächtigen Zentralgewalt«. Hoegner gehörte von 1946 bis 1954 Koalitionsregierungen mit der CSU als Justiz- und Innenminister an. Von 1954 bis 1957 war er erneut bayerischer Ministerpräsident (Viererkoalition von SPD, FDP, BHE und Bayernpartei). Mitglied des Landtags in München war er von 1946 bis 1970, seit 1957 als Vizepräsident.

Lit.: W. Hoegner, *Die verratene Republik* (1958); *Der schwierige Außenseiter* (1959); P. Kritzer, *Wilhelm Hoegner* (1979)

Emil Werner

Johannes Hoffmann
* 23. 12. 1890 Landsweiler-Reden; † 21. 9. 1967 Völklingen
Als sich am 23. 10. 1955 zwei Drittel der Saarbevölkerung gegen das Saarstatut und damit für eine Angliederung an die Bundesrepublik aussprachen, bedeutete dies für den damals ersten Mann an der Saar eine bittere politische Niederlage. Wohl hatte Johannes Hoffmann vor 1933 als Chefredakteur der *Saarbrücker Landeszeitung* einen Wiederanschluß des nach dem Ersten Weltkrieg schon einmal abgetrennten Saargebiets ans Reich gefordert, doch unter dem Eindruck der nationalsozialistischen Machtergreifung hatte sich seine Einstellung gewandelt. Das änderte sich auch nicht, als er nach Flucht und Exil 1945 nach Saarbrücken zurückkehrte. 1946 gliederten die Franzosen die Gebiete an der Saar aus ihrer Besatzungszone aus und schlossen sie ein Jahr später dem französi-

schen Zoll- und Währungssystem an. Hoffmann, Vorsitzender der von ihm gegründeten Christlichen Volkspartei, wurde im Dezember Ministerpräsident einer autonomen Regierung. Erklärtes Anliegen war der wirtschaftliche Anschluß an Frankreich (in der Folgezeit durch zwölf Konventionen bekräftigt) und die politische Trennung von Deutschland. 1951 regte Hoffmann an, die Saar zum ersten europäischen Land zu deklarieren – ein Gedanke, der in der Folgezeit mehrfach aufgegriffen wurde und den selbst Adenauer im Interesse der deutsch-französischen Aussöhnung schließlich zu akzeptieren bereit war.
Indes regte sich, nicht nur in der Bundesrepublik, sondern im Saarland selbst, heftiger Widerstand. Auch das am 23. 10. 1954 zwischen Frankreich und der Bundesrepublik vereinbarte Saarstatut vermochte die Europäisierungspläne nicht populär zu machen, wie die ein Jahr später durchgeführte Volksabstimmung zeigte. Noch am gleichen Tag trat Hoffmann als Ministerpräsident zurück; die Neuwahlen im Dezember 1955 brachten eine eindeutige Mehrheit für die jetzt zugelassenen prodeutschen Parteien. Hoffmanns CVP ging später in der CDU auf; er selbst zog sich für einige Jahre verbittert nach Südfrankreich zurück.

Lit.: J. Hoffmann, *Das Ziel war Europa* (1964)

Ulrike Nikel

Friedrich Holzapfel
* 20. 7. 1900 Bielefeld; † 15. 11. 1969 Pottersville/USA
Mit dem Namen des ersten Gesandten (1953–1956) und Botschafters (1957/58) der Bundesrepublik in der Schweiz sind unauflöslich verbunden die Gründung der CDU in Ostwestfalen und die Einbindung protestantischer Bevölkerungskreise deutsch-nationaler Herkunft, zugleich die Koordinierung mit den Parteifreunden im Rheinland und in Norddeutschland sowie die Ausdehnung und organisatorische Straffung der neuen Partei innerhalb der britisch besetzten Zone und über die Zonengrenzen hinaus. Streckenweise ging Holzapfel (promovierter Volkswirt, vor 1933 Mitglied der DNVP, nach 1933 in Verbindung zum Widerstand, langjähriger Handwerkskammersyndikus in Bielefeld und Teilhaber einer Bürstenfabrik in Herford, dort 1945/46 Oberbürgermeister) diesen Weg gemeinsam mit Adenauer. Er war dessen Stellvertreter (1946–1950 im Vorsitz des CDU-Zonenausschusses) und Statthalter (1947–1949 als CDU/CSU-Fraktionsführer im Frankfurter Wirtschaftsrat), schließlich aber dessen Kontrahent. So zeigte er sich 1949 selbst an der Kanzlerschaft interessiert, um jedoch rasch an dem Verhandlungsgeschick und der Zielstrebigkeit des großen Gegenüber zu scheitern. (Gerd Bucerius: »Holzapfel, ein exzellenter Fraktionschef im Wirtschaftsrat, war gegen die Koalition mit der FDP, weil dies bedeutete, daß Blücher Vizekanzler werden würde und Heuss Bundespräsident, was dann bedeutete, daß Adenauer Bundeskanzler werden würde. Adenauer war es dann ein leichtes, diesen Gegner aus dem engeren Lager zu entfernen.«) Stellvertreter, wie so oft (lange Jahre auch in der Leitung seiner westfälischen Landespartei), wurde Holzapfel gegen Ende seiner politischen Karriere noch einmal in der Fraktionsführung der CDU/CSU im Bundestag (1949/50, 1949–1953 MdB) sowie im Vorsitz der Bundespartei (1950–1952).

Hans Peter Mensing

Richard Jaeger

* 16. 2. 1913 Berlin

Als Justizminister im Kabinett Erhard ist Jaeger 1965/66 mit seinem Einsatz für eine Reform des Strafrechts hervorgetreten; er kämpfte für eine rigidere Gesetzgebung bei Sexualdelikten und setzte sich gleichzeitig für eine Umwandlung kleinerer Strafvergehen in Ordnungswidrigkeiten ein. Die politische Karriere des zum rechten Flügel der CSU zählenden Politikers hatte 1947 im bayerischen Kultusministerium begonnen, wo er als persönlicher Referent von Alois Hundhammer arbeitete. Von 1948 bis 1950 war Jaeger 1. Bürgermeister, dann Oberbürgermeister in Eichstätt/Mittelfranken.

Mit der Erringung eines Mandats begann 1949 seine bundespolitische Laufbahn. Dem Bundestag gehörte der Jurist bis 1980 ohne Unterbrechungen an. Während seiner Funktion als Vizepräsident des Parlaments in den Jahren von 1953 bis 1965 und von 1967 bis 1976 engagierte sich der CSU-Politiker besonders stark für die Wiedereinführung der Todesstrafe (»Kopf-ab-Jaeger«), für Reformen im Familien- und Strafrecht, für die Atombewaffnung der Bundeswehr und für eine Verschärfung des Pornographieverbotes. Als Vorsitzender des Verteidigungsausschusses von 1953 bis 1965 setzte er sich zudem für eine grundsätzliche Vorrangstellung der politischen gegenüber der militärischen Führung in der Bundesrepublik ein. Im außerparlamentarischen Bereich war Jaeger als Vizepräsident des Bundes Deutscher Föderalisten und als Präsident der Deutschen Atlantischen Gesellschaft tätig.

Angelika Baumann

Gerhard Jahn

* 10. 9. 1927 Kassel

Der Marburger Rechtsanwalt und Notar engagierte sich bereits als Student für die SPD. Nach dem juristischen Staatsexamen war er SPD-Unterbezirkssekretär und von 1956 bis 1962 Vorsitzender der SPD-Stadtratsfraktion in Marburg. Nach seiner Wahl in den Bundestag (1957) gehörte er bald zu den Rechtsexperten seiner Fraktion. 1960/61 amtierte er als Vorsitzender des Wiedergutmachungsausschusses; er vertrat seine Partei auch im Fibag-Untersuchungsausschuß. 1963 wurde bekannt, daß er ein Jahr zuvor ein vertrauliches Protokoll aus dem Verteidigungsausschuß an den *Spiegel* weitergegeben hatte, um dem damaligen Verteidigungsminister Strauß falsche Aussagen nachzuweisen. Er trat daraufhin als Parlamentarischer Geschäftsführer der SPD-Bundestagsfraktion zurück, wurde aber nach der Einstellung eines Ermittlungsverfahrens 1965 erneut in sein Amt gewählt.

Während der Großen Koalition als Parlamentarischer Staatssekretär ins Auswärtige Amt berufen, übernahm er nach der Bildung der Regierung Brandt-Scheel im Oktober 1969 das Ressort des Justizministers. In seine Amtszeit fiel die Ausarbeitung bzw. Vorbereitung wichtiger Gesetzesänderungen, darunter Reformen im Ehescheidungsrecht, im Strafvollzug und beim Paragraph 218, wobei der Minister aber im Gegensatz zu einer Mehrheit in seiner Partei nicht für die Fristenregelung, sondern für die Indikationslösung eintrat. Seine rechtspolitischen Initiativen waren häufig Angriffen von links wie von rechts ausgesetzt. Bei der Übernahme der Regierung durch Helmut Schmidt wurde er durch Hans-Jochen Vogel abgelöst. Die SPD-Bundestagsfraktion wählte ihn daraufhin wieder zu ihrem Parlamentarischen Geschäftsführer. 1979 trat er die Nachfolge Paul Nevermanns als Präsident des Deutschen Mieterbundes an. Im gleichen

Jahr wurde er als Vertreter der Bundesrepublik in die UN-Menschenrechtskommission berufen. Dieses Amt legte er nach dem Regierungswechsel im Herbst 1982 nieder.

Lit.: G. Jahn, *Rechtspolitik mit Augenmaß. Rechtspolitische Reden und Aufsätze* (1972)

Ilse Fischer

Wenzel Jaksch

* 25. 9. 1896 Langstrobnitz/Böhmen; † 27. 11. 1966 Wiesbaden

Für die Kommunisten war er ein »Nazidiener« und »Revanchist«, für seine Freunde ein »Sozialist ohne Marx«, ein »großer Sozialdemokrat« und ein »beispielloser Patriot«. Der in ärmlichen Verhältnissen aufgewachsene Jaksch wurde mit 17 Jahren Sozialdemokrat. Die Deutsche Sozialdemokratische Arbeiterpartei, für die er als Funktionär, Journalist und Abgeordneter im ČSSR-Parlament tätig war, bejahte im Prinzip den nach 1918 entstandenen tschechoslowakischen Staat, auch wenn sie sich besonders für die Rechte der deutschsprachigen Minderheit einsetzte. Bis zuletzt (1938) wehrte Jaksch sich gegen die »Heim-ins-Reich«-Bewegung des Konrad Henlein. Im britischen Exil fühlte er sich als Antifaschist moralisch berechtigt, gegen die von den Siegermächten und von tschechischen Exilpolitikern geplante Vertreibung der Sudetendeutschen aus ihrer Heimat zu protestieren – sein Briefwechsel mit Edvard Beneš gibt darüber Auskunft.

Im Februar 1949 ging Jaksch nach Westdeutschland, wurde Mitglied des SPD-Parteivorstandes und befaßte sich besonders mit der Flüchtlingsbetreuung innerhalb der Partei. 1950 übertrug ihm die hessische Regierung das Landesamt für Vertriebene, Flüchtlinge und Evakuierte. Seit 1957 gehörte er dem Bundestag an; 1961 wurde er Vizepräsident, 1964 Präsident des Bundes der Vertriebenen (BdV). Zudem war er Vorsitzender der Seliger-Gemeinde, in der frühere sudetendeutsche Sozialdemokraten organisiert sind, und übernahm Funktionen in der nicht gerade SPD-freundlichen Sudetendeutschen Landsmannschaft. Für Jaksch gewann die Selbstbestimmung der Völker und das Unrecht der Vertreibung einen solchen Vorrang, daß seine ursprünglich reicher angelegte politische Persönlichkeit eine gewisse Einengung erfuhr. Obwohl er die durch die Potsdamer Konferenz (1945) geschaffenen Tatsachen nie anerkennen wollte und sich gegen eine »Aufweichung der deutschen Rechtsposition« wandte, gab er in den sechziger Jahren Anstöße für eine Ostpolitik der »kleinen Schritte«, die eine wirtschaftliche Zusammenarbeit mit den östlichen Nachbarn vorsah. Daß er jedoch die 1969 einsetzende grundlegende Neuorientierung der SPD und die Ostverträge mitgetragen hätte, ist unwahrscheinlich.

Lit.: *Wenzel Jaksch, Edvard Beneš. Briefe und Dokumente aus dem Londoner Exil 1939–1943,* hrsg. von F. Prinz; M. K. Bachstein, *Wenzel Jaksch und die sudetendeutsche Sozialdemokratie* (1974)

Werner Krause

Wilhelm Kaisen

* 22. 5. 1887 Hamburg; † 19. 12. 1979 Bremen

Der langjährige Bremer Bürgermeister und Senatspräsident war ein typischer Vertreter der Nachkriegs-Länderchefs, die die gemeinsame Arbeit am Wiederaufbau über parteipolitische Auseinandersetzungen stellten. Der Sohn eines

Bauarbeiters, von Beruf Stukkateur, SPD-Mitglied seit 1905, war nach dem Besuch der SPD-Parteischule (zu seinen Lehrern gehörte Rosa Luxemburg) von 1919 bis 1926 Redakteur der *Bremer Volkszeitung*, seit 1921 Mitglied der Bremer Bürgerschaft und von 1927 bis 1933 Senator für Wohlfahrt. Von den Nazis wegen »Hochverrats« einige Monate lang inhaftiert, zog er sich bis Kriegsende als Kleinsiedler an den Stadtrand zurück.

Am 6. 6. 1945 setzten die Amerikaner Kaisen erneut als Senator für Volkswohlfahrt ein; am 2. 8. ernannten sie ihn zum Bürgermeister. Im November 1946 von der Bürgerschaft in diesem Amt bestätigt, wurde er auch zum Senatspräsidenten gewählt. »Ein Bremen, das leben will, wird leben«, hatte Kaisen im Dezember 1945 der verzweifelten Bevölkerung zugerufen, und getreu diesem Motto packte er den Wiederaufbau der Stadt und der total zerstörten Hafenanlagen an. Indem er die Aufhebung der Verbote für Schiffbau und Schiffahrt bei den Alliierten durchsetzte, legte er den Grundstein dafür, daß Bremen sich zu einer Industrie- und Handelsmetropole entwickeln konnte. Wegen seiner Haltung in der Deutschland- und Europapolitik – wie Reuter und Brauer lehnte er den eingeschlagenen Kurs der Westintegration nicht ab und pflegte gute Beziehungen zu Adenauer – geriet er in Konflikt mit dem Parteivorsitzenden Kurt Schumacher und wurde 1950 nicht mehr in den SPD-Vorstand gewählt.

20 Jahre lang stand Kaisen an der Spitze des kleinsten Bundeslandes, dessen Eigenständigkeit der überzeugte Föderalist gegen »Machtgelüste« größerer Nachbarn verteidigte (z. B. wollte Hinrich Wilhelm Kopf die Hafenstadt seinem Niedersachsen einverleiben). Bis zum Gewinn der absoluten Mehrheit (1959) bildete Kaisen Koalitionen mit CDU und FDP. 1965 zog er sich auf seinen ländlichen Besitz zurück.

Lit.: W. Kaisen, *Meine Arbeit, mein Leben* (1967); *Zuversicht und Beständigkeit – Wilhelm Kaisen*. Eine Dokumentation, hrsg. von H. Koschnick (1977)

Christoph Weisz

Jakob Kaiser

* 8. 2. 1888 Hammelburg; † 7. 5. 1961 Berlin

Als gelernter Buchbinder entstammte Jakob Kaiser einem jener Handwerke, die auf eine besondere gewerkschaftliche Tradition zurückblicken können. Er selbst trat mit 24 Jahren der Christlichen Gewerkschaftsbewegung bei und arbeitete bereits in der Frühzeit der Weimarer Republik mit bekannten Zentrumspolitikern wie Stegerwald und Brüning zusammen. Als Abgeordneter gehörte er dem letzten Weimarer Reichstag an und konnte einer wegen seines mutigen gewerkschaftlichen Engagements drohenden Inhaftnahme durch die Nazis im letzten Augenblick entgehen. Er blieb jedoch in Deutschland und kämpfte in der Illegalität der Widerstandsgruppe des 20. Juli, deren Arbeiterflügel er angehörte, gegen das Regime; nach dem Attentat Stauffenbergs auf Hitler mußte er sich viele Monate in einem Keller versteckt halten.

Kaum hatten nach der deutschen Kapitulation die sowjetischen Besatzer den Weg zu einer Neubildung von Parteien und Gewerkschaften freigegeben, widmete sich Kaiser dem Aufbau der Christlich-Demokratischen Union in der Ostzone, zu deren 1. Vorsitzenden er gewählt wurde. Nachdem er in dieser Stellung mehr und mehr in Widerspruch zur sowjetischen Besatzungsmacht geraten war, kam es, als er die Teilnahme der Ost-CDU am Volkskongreß verweigerte, Ende 1947 zu unüberwindlichen Schwierigkeiten. Ihm und seinem Stellvertreter Lemmer, der sich solidarisch mit ihm erklärt hatte, wurde die Amtsführung unter-

Jakob Kaiser

sagt. Trotzdem blieb Kaiser als Vertreter Berlins im Parlamentarischen Rat und wurde in den 1. Deutschen Bundestag gewählt. Innerhalb seiner Partei galt er als Exponent des linken, gewerkschaftlich orientierten Arbeitnehmerflügels, der durchaus auch die Sozialisierung auf sein Banner schrieb.
Adenauer, der solche Forderungen des Ahlener Programms (1947) nie unterstützte, sah somit in Kaiser eine persönliche wie ideologische Konkurrenz. Um ihn zu neutralisieren, gab er ihm – der einer Koalition mit der SPD nicht abgeneigt war – das Ministerium für gesamtdeutsche Fragen und überließ ihm den stellvertretenden Parteivorsitz. Den Ministerposten hatte er noch im 2. Kabinett Adenauer inne, sein Konzept einer Brückenfunktion Deutschlands scheiterte jedoch notwendigerweise an den sich zunehmend verhärtenden Fronten in Ost und West. Außenseiter war er auch mit seinen Warnungen vor einer einseitigen Westoption und seiner Bereitschaft, die Stalin-Note von 1952, die ein wiedervereinigtes, neutrales Deutschland vorschlug, einer sorgfältigen Prüfung zu unterziehen. So stand er – ständig um Entspannung und Klärung bemüht – mit seinem Ministerium letztlich auf verlorenem Posten; einzig die Eingliederung des Saarlandes konnte er als Erfolg verbuchen. 1957 mußte er aus gesundheitlichen Gründen auf eine erneute Übernahme des Ministeriums verzichten, 1958 ebenfalls auf den stellvertretenden Parteivorsitz.

Lit.: W. Conze, *Jakob Kaiser. Politiker zwischen Ost und West 1945–1949* (1969); E. Kosthorst, *Jakob Kaiser. Der Arbeiterführer* ([2]1970); ders., *Jakob Kaiser. Minister für gesamtdeutsche Fragen 1949–1957* (1972)

Claudia Nölting

Margot Kalinke

* 23. 4. 1908 Bartschin/Westpr.; † 25. 11. 1981 München

Da sie viele Jahre als leitende Angestellte im Krankenversicherungswesen tätig war, galt sie mit Recht als Expertin auf dem Gebiet der Sozialpolitik. Seit 1946 als Mitglied der Deutschen Partei (DP) politisch aktiv und zunächst Abgeordnete im niedersächsischen Landtag, gehörte sie auch dem Zonenbeirat der britischen Zone und dem Deutschen Rat der Europäischen Bewegung an. Als Mitglied des Direktoriums der DP und Bundestagsabgeordnete (1949–1953, dann wieder ab 1955) setzte sich die temperamentvolle und schlagfertige Politikerin für eine auf konservativen Grundwerten basierende Reform der sozialen Leistungen ein. Zu ihren Zielen zählten eine familienfreundliche Steuerpolitik, die Schaffung von Eigentum für Arbeiter, eine gerechte Verteilung der Sozialausgaben und die Bildung von kleinen, überschaubaren Versicherungsgemeinschaften der gegenseitigen Hilfe.

An der Spaltung der DP im Sommer 1960, die durch den Parteiaustritt von neun Abgeordneten – darunter Frau Kalinke und die Bundesminister Merkatz und Seebohm – eingeleitet wurde, und an dem Anschluß dieser Gruppe an die CDU war sie maßgeblich beteiligt. Für ihre neue Partei wurde sie über die niedersächsische Landesliste auch für die folgenden Legislaturperioden in den Bundestag gewählt, in dem sie bis 1972 als sachkundige sozialpolitische Sprecherin der Unionsfraktion wirkte.

Georg Braun

Linus Kather

* 21. 9. 1893 Prossitten; † 10. 3. 1983 Stühlingen

Der Sohn eines ostpreußischen Volksschullehrers meldete sich 1914 als Kriegsfreiwilliger, ließ sich 1920 in Königsberg als Rechtsanwalt nieder und vertrat von 1930 bis 1933 das Zentrum im Stadtrat. Unter dem NS-Regime verteidigte der promovierte Jurist auch politische Angeklagte. Ende 1945 floh er nach Hamburg. Als Mitbegründer der dortigen CDU wurde er 1946 in die Bürgerschaft gewählt. Zwischen 1947 und 1950 war er zugleich Stellvertreter Adenauers im »Vorsitz der CDU der britischen Zone«. Als CDU-Abgeordneter (1949–1954) profilierte sich Kather bei der Vertriebenengesetzgebung, die er als Vorsitzender des Zentralverbandes der Vertriebenen Deutschlands maßgeblich beeinflußte.

1951 geriet er zunehmend in Gegensatz zu Adenauer, dem er mangelnde Wahrheitsliebe vorwarf. 1952 legte Kather alle Parteiämter nieder und trat 1954 zum BHE über, mit der Begründung, daß die CDU zuwenig für die Wiedervereinigung unternehme. Nach jahrelangen Auseinandersetzungen trat er 1961, als der GB/BHE mit der DP zur GDP fusionierte, aus Protest gegen die »unnatürliche Verbindung zwischen Vertriebenen und Welfen« (Vorläufer der DP war die Niedersächsische Landespartei gewesen, die sich stark als Erbe welfischer Tradition verstand) aus. Zur gleichen Zeit stellte er nach vielen Querelen die Mitarbeit in den Vertriebenenorganisationen ein. 1969 kandidierte Kather – allerdings erfolglos – bei den Bundestagswahlen für die NPD, da nur sie, seiner Meinung nach, den Anspruch der Vertriebenen noch glaubwürdig vertrete.

Clemens Vollnhals

Hans Katzer
* 31. 1. 1919 Köln
Arbeitnehmerfragen haben den Rheinländer schon früh interessiert: Als Zehnjähriger trat er dem katholischen Jugendbund Neudeutschland bei. Geprägt durch seinen Vater, der Direktor des Kolping-Werkes war, wuchs er in der Tradition der katholischen Gesellenbewegung auf. Seit 1945 CDU-Mitglied, arbeitete er nach dem Krieg zunächst als Dienststellenleiter beim Arbeitsamt Köln, ehe er sich ganz der Politik verschrieb: 1950 wurde er zum Hauptgeschäftsführer der Christlich-Demokratischen Arbeitnehmerschaft (CDA) gewählt, einer CDU-Gruppierung, die sein Schwiegervater Jakob Kaiser mitgegründet hatte. Den Vorsitz dieser Organisation, die fortan seine Hausmacht innerhalb der CDU bildete, übernahm er 1963.
Nach seinem Einzug in den Bundestag 1957 profilierte sich Katzer als konsequenter Vertreter von Arbeitnehmerinteressen. Als ihn Bundeskanzler Ludwig Erhard 1965 als Arbeitsminister in sein Kabinett holte, galt er längst als »linker

Hans Katzer beim Wahlparteitag der CDU vom 24. bis 26. 5. 1976 in Hannover.

Flügelmann« seiner Partei. Während seiner Amtszeit gelang es ihm, wesentliche Forderungen der CDA durchzusetzen: Reformen der Eigentumspolitik und der Krankenversicherung gehen ebenso auf sein Konto wie eine verbesserte Kriegsopferversorgung und die Lohnfortzahlung für erkrankte Arbeitnehmer. Gegen Erhards Nachfolger Kurt Georg Kiesinger verteidigte der Befürworter der Großen Koalition von CDU und SPD erfolgreich die Dynamisierung der Altersrenten und wandte sich gegen eine Aushöhlung der paritätischen Mitbestimmung. 1969 als Arbeitsminister durch Walter Arendt (SPD) abgelöst, blieb er als Abgeordneter weiterhin das »soziale Gewissen« seiner Partei und vertrat nicht selten von der Mehrheit abweichende Meinungen: So stimmte er 1971 für das von der sozialliberalen Koalition vorgelegte Betriebsverfassungsgesetz. Dennoch zählte er in den folgenden Jahren zur »politischen Führungsreserve« *(Frankfurter Allgemeine Zeitung)* der CDU und gehörte 1976 dem Schattenkabinett Helmut Kohls an. Als jedoch 1977 sein Konzept zur Sanierung der Rentenfinanzierung von der CDU abgelehnt wurde, meldete sein Kontrahent Norbert Blüm Ansprüche auf den Vorsitz der CDA an – eine Auseinandersetzung, die »schließlich mit dem resignierenden Verzicht des Älteren endete«, wie die *Süddeutsche Zeitung* formulierte.

Nach seiner Ablösung als CDA-Vorsitzender wechselte Katzer zur europäischen Politik, blieb aber auch dort seiner Domäne treu: Als Präsident der Europäischen Union Christlich-Demokratischer Arbeitnehmer (EUCDA) widmet er sich nach wie vor der Sozialpolitik. Zum Spitzenkandidaten der nordrhein-westfälischen CDU nominiert, gelang ihm 1979 der Einzug ins Europäische Parlament, das ihn bald darauf zu seinem Vizepräsidenten wählte.

Klaus Lesche

Petra Kelly

* 29. 11. 1947 Günzburg

Als lange Zeit wohl bekannteste und profilierteste Vertreterin der Grünen gilt die Politologin Petra Kelly, die seit dem 6. 3. 1983 als eine von 17 Abgeordneten den parlamentarischen Neuling im Deutschen Bundestag repräsentiert. Zunächst Mitglied der SPD, der sie sich aufgrund ihrer Verehrung für Willy Brandt angeschlossen hatte, engagierte sie sich ab 1972 zunehmend für den Umweltschutz und arbeitet seit dieser Zeit aktiv beim Bundesverband Bürgerinitiativen Umweltschutz mit. Im In- und Ausland beteiligte sie sich an zahlreichen gewaltfreien Aktionen und Demonstrationen gegen Atomkraft und Rüstung. Ihren Austritt aus der SPD (1979) begründete sie damit, daß die Sozialdemokraten besonders in der Frauen-, Energie- und Umweltpolitik »unaufrichtig« seien. Im Oktober 1981 wurde sie erstmals in den Bundesvorstand der Grünen gewählt; bei den bayerischen Landtagswahlen 1982 kandidierte sie als Spitzenkandidatin, scheiterte jedoch an der 5-%-Klausel.

Petra Kelly ist bei den Grünen den sog. Fundamentalisten zuzurechnen, die eher auf Distanz zu den etablierten Parteien bedacht sind, da ihrer Ansicht nach eine zu enge Zusammenarbeit, etwa mit der SPD, ihre »grüne« Politik verwässern würde. So kritisierte Petra Kelly etwa im Februar 1984 ihren Fraktionskollegen Otto Schily, der vorgeschlagen hatte, die Grünen sollten mit der SPD eine »Juniorpartnerschaft« eingehen. Als zur gleichen Zeit der ehemalige Bundeswehrgeneral Gert Bastian aus der Bundestagsfraktion der Grünen austrat und dieser eine »Diktatur der Inkompetenz« vorwarf, geriet auch Petra Kelly in die

Die Abgeordneten (v. l.) Gert Bastian (fraktionslos) und Petra Kelly am 28. 3. 1984 bei einer Sitzung des Bundestages.

Schußlinie ihrer Parteifreunde, da sie als einzige grüne Abgeordnete Bastians Entscheidung verteidigte und dessen Vorwürfe zum Teil bestätigte.

Lit.: P. Kelly, *Um Hoffnung kämpfen. Gewaltfrei in eine grüne Zukunft* ([3]1983); M. Sperr, *Petra Karin Kelly. Politikerin aus Betroffenheit* (1983)

Reinhold Bodensteiner

Walther Leisler Kiep
* 5. 1. 1926 Hamburg
Wenn ein gebürtiger Hamburger, CDU-Politiker, von seiner Partei als Spitzenkandidat für Bürgerschaftswahlen in seiner Heimatstadt aufgestellt wird, scheint daran nichts Außergewöhnliches zu sein. Betrachtet man jedoch Kieps beruflichen und politischen Werdegang, so mutet diese Rückkehr nicht mehr als unbedingt selbstverständlich an.
Nach seiner Schulzeit in Hamburg, Istanbul und Frankfurt (Abitur 1943) begann Kiep, Sohn aus wohlhabender Familie mit eher liberalem politischen Hintergrund, 1945 ein Studium der Geschichte und Volkswirtschaft, brach dieses jedoch ab, absolvierte eine kaufmännische Lehre und betätigte sich zunächst als Autoverkäufer, um 1948 zur Versicherungsbranche überzuwechseln, zu der er noch heute Beziehungen hat. 1961 trat Kiep der CDU bei; 1965 zog er als Abgeordneter für den Obertaunuskreis in den Bundestag ein und übernahm den Vorsitz des Entwicklungshilfeausschusses (bis 1969). 1971 wurde er als Nachfolger Kurt Schmückers Schatzmeister der CDU und damit auch Präsidiumsmitglied – ein Amt, das er bis heute innehat. Nicht nur während der Ausübung seines Bun-

destagsmandats (1965–1976, 1980/81) galt Kieps Interesse vor allem außenpolitischen Fragen, wobei er jedoch keineswegs immer den Leitlinien der CDU-Politik folgte. Bei den Abstimmungen über den Grundvertrag mit der DDR (1973) und die Polen-Verträge (1976) zählte er zu den wenigen Abgeordneten der CDU-Bundestagsfraktion, die für die Verträge stimmten. So wußte auch Kanzler Helmut Schmidt 1979 Kieps Fähigkeiten erfolgreich für die Organisation der westlichen Finanzhilfe für die Türkei einzusetzen.
Im Februar 1976 war Kiep von Hessen nach Niedersachsen gewechselt, hatte sein Bundestagsmandat aufgegeben und war als Finanzminister in die Regierung Ernst Albrechts eingetreten. Einer der Gründe für diesen Wechsel des zum liberalen Flügel seiner Partei zählenden Politikers war der Wunsch nach einer Wiederannäherung zwischen CDU und FDP, die er in Niedersachsen zu erreichen hoffte. Dementsprechend forderte er nach seiner Aufstellung zum CDU-Spitzenkandidaten in Niedersachsen vor den Bundestagswahlen 1980 die FDP zu einer Koalition mit der CDU auf. Nach der Wahl, bei der die CDU in Niedersachsen mehr Stimmen als im Bundesdurchschnitt verloren hatte, kehrte Kiep für kurze Zeit in den Bundestag zurück, bis er im August 1981 in Hamburg als CDU-Spitzenkandidat für die Bürgerschaftswahlen 1982 nominiert wurde. Auch hier sprach er sich wieder für eine Koalition mit der FDP aus, die jedoch unterhalb der 5-%-Grenze blieb. Der CDU ihrerseits gelang es, trotz starker Gewinne, nicht, eine koalitionsfähige Mehrheit zusammenzubringen, und so blieb der bisherige Senat unter Klaus von Dohnanyi im Amt, bis die SPD nach nochmaligen Wahlen Ende 1982 die absolute Mehrheit wiedererlangte. Sein Hamburger Bürgerschaftsmandat gab Kiep nach einigen Monaten auf und kehrte zur hessischen CDU zurück.

Julia Massenkeil-Kühn

Kurt Georg Kiesinger
* 6. 4. 1904 Ebingen/Württ.
Diesen von Grund auf politischen Mann, wie Konrad Adenauer ihn einmal charakterisierte, zeichnet nicht nur rhetorische Brillanz und Schreibtalent (*Wallfahrt zu Gott* heißt ein von ihm verfaßter Gedichtband) aus, sondern auch politisches Geschick. Dabei hing der gebürtige Schwabe, der eng mit seiner Heimat verwurzelt ist, in seiner Jugend mehr der Literatur an als der Politik. Nach Geschichts-, Philosophie- und Jurastudium in Tübingen und Berlin (1925–1931) arbeitete Kiesinger als Rechtsanwalt beim Kammergericht Berlin. Sein Eintritt in die NSDAP machte ihm in seiner Kanzlerzeit viel zu schaffen, zumal er ab 1940 dienstverpflichtet in der rundfunkpolitischen Abteilung des Auswärtigen Amtes tätig war und 1942 Leiter des Referats Allgemeine Propaganda wurde. Erst die Aufdeckung einer Denunziation aus jener Zeit und die Bezeugung der tatsächlich demokratischen und rechtsstaatlichen Positionen des zwischen 1937 und 1945 auch erfolgreich als Repetitor tätigen durch ehemalige Schüler entlasteten ihn.
Nach zeitweiser Internierung arbeitete Kiesinger 1948 als Rechtsanwalt in Tübingen, trat im gleichen Jahr der CDU bei und wurde ihr ehrenamtlicher Geschäftsführer in Südwürttemberg-Hohenzollern. Als Mitglied des Bundestages (1949–1958) und erster Vorsitzender des Vermittlungsausschusses sowie Vorsitzender des Auswärtigen Ausschusses (1954–1958) sammelte Kiesinger in der Phase außenpolitischer Orientierung der Bundesrepublik viel Erfahrung. Er wurde bekannt durch seine Reden zur Außenpolitik. Trotz der Mitgliedschaft in

Kurt Georg Kiesinger während des Kanzler-Sommerfestes am 25. 6. 1969 in Bonn mit dem Schlagersänger Udo Jürgens (stehend v. l. Frau Marie Luise Kiesinger und Frau Panja Jürgens) im Kanzlerbungalow.

der Beratenden Versammlung des Europarates, dessen Vizepräsident er von 1955 bis 1958 war, blieb seine Hoffnung auf den Außenministerposten Wunschtraum. Auch aus persönlicher Enttäuschung wechselte er 1958 ins Amt des baden-württembergischen Ministerpräsidenten als Nachfolger von Gebhard Müller.

Bis 1966 half Kiesinger den Dualismus der beiden Landesteile abzubauen und das Hochschulwesen weiterzuentwickeln. Daß er in dieser Zeit unbelastet von allen Bonner Ränkespielen blieb, gereichte ihm zum Vorteil, als er sich 1966 gegen seine Mitbewerber Schröder, Barzel und Gerstenmaier in der Bundestagsfraktion als Kanzlerkandidat durchsetzte und zusammen mit der SPD die Große Koalition bildete. Seine Kanzlerschaft fiel außen- wie innenpolitisch in eine Umbruchphase der Bundesrepublik. Die Apo-Bewegung machte ihm ebenso zu schaffen wie sein Versuch, für die Bundesrepublik nach der erfolgreichen Verständigung mit dem Westen auch im Osten behutsam einen Ausgleich zu erzielen. Die Friktionen mit dem auf Veränderung drängenden Außenminister und Chef der Koalitionspartei, Willy Brandt, blieben nicht aus. Der Regierungswechsel 1969 beendete Kiesingers Kanzlerschaft. Er blieb noch bis 1971 CDU-Vorsitzender. Bis 1976 gehörte er dem Bundestag an.

Lit.: D. Oberndörfer (Hrsg.), *Die Große Koalition 1966–1969. Reden und Erklärungen des Bundeskanzlers* (1979); ders., *Begegnungen mit Kurt Georg Kiesinger* (1984)

Hanns Jürgen Küsters

Hans-Ulrich Klose
* 14. 6. 1937 Breslau
Erst im Anschluß an sein Jurastudium stieg Hamburgs späterer Bürgermeister in die aktive Politik ein und trat 1964 der SPD bei. Mit seiner politischen Karriere ging es rasch aufwärts: Nachdem er es bereits vier Jahre später zum stellvertretenden Landesvorsitzenden der Hamburger SPD gebracht hatte, wurde er 1972 zu deren Fraktionsvorsitzendem in der Bürgerschaft gewählt. 1973 folgte seine Ernennung zum Innensenator; wieder ein Jahr später folgte er dem zurückgetretenen 1. Bürgermeister Peter Schulz in dessen Amt nach. Bei den Bürgerschaftswahlen 1978 errang Klose nach einem eher konservativ geführten Wahlkampf mit 51,5% der Stimmen die absolute Mehrheit, wohingegen der bisherige Koalitionspartner FDP knapp an der 5-%-Hürde scheiterte.
War Kloses Stellung innerhalb seiner Partei bis dahin unangefochten, so sorgten in der Folgezeit kritische Äußerungen zum sog. Radikalenerlaß sowie ein Interview mit dem Magazin *Konkret,* in dem er die Theorie des staatsmonopolistischen Kapitalismus als »nicht ganz und gar falsch« bezeichnete, für erheblichen Wirbel. Vor allem setzte er sich damit in scharfen Gegensatz zum damaligen Bundeskanzler Helmut Schmidt. Nach einer Krise um den Fortbestand des NDR sorgte der von Klose propagierte Ausstieg Hamburgs aus der Kernenergie (Brokdorf) für neuen Zündstoff. Nachdem er auch in seiner eigenen Fraktion keine Mehrheit mehr für seinen Kurs fand, trat er am 25. 5. 1981 zurück. Bei den Bundestagswahlen im März 1983 bewarb Klose sich erfolgreich um ein Mandat und engagiert sich seitdem verstärkt für Probleme auf Bundesebene (Energiepolitik).

Reinhold Bodensteiner

Waldemar von Knoeringen
* 6. 10. 1906 Rechetsberg; † 2. 7. 71 Bernried
Obwohl Waldemar von Knoeringen wiederholt Regierungsämter ausschlug, ist er zu den einflußreichsten Kultur- und Bildungspolitikern der Bundesrepublik zu zählen. Auf seine Initiative gehen u.a. die Gründung des Deutschen Wissenschaftsrates, die Errichtung der Politischen Akademie Tutzing und der Georg-von-Vollmar-Akademie in Kochel zurück. Seine politische Laufbahn begann in der Weimarer Zeit (1926 Eintritt in die SPD). 1933 mußte er emigrieren. Bis 1938 leitete er aus dem Exil die illegalen SPD-Organisationen in Südbayern. Nach seiner Rückkehr nach München wurde er bald SPD-Landesvorsitzender (1947–1963). Er machte frühzeitig auf die Auswirkungen der neuen wissenschaftlichen und technischen Entwicklung aufmerksam. Für den SPD-Parteitag des Jahres 1956 entwarf er die »Entschließung 100«, in der die »Anpassung unserer Sozial- und Wirtschaftsordnung an die Bedingungen der zweiten industriellen Revolution« gefordert wurde (Arbeitszeitverkürzung, Reform des Schulsystems und des Lehrstoffes, politische Bildung für das ganze Volk usw.). 1958 erfolgte seine Wahl zum stellvertretenden Vorsitzenden der SPD (bis 1962). In dieser Funktion war er maßgeblich an der Ausarbeitung und Durchsetzung des Godesberger Programms beteiligt. Knoeringen gehörte dem bayerischen Landtag von 1946 bis 1970 und dem Bundestag von 1949 bis 1951 an.

Lit.: W. von Knoeringen, *Mobilisierung der Demokratie* (1966); E. Werner, *Waldemar von Knoeringen* (1980)

Emil Werner

Erich Köhler
* 27. 6. 1892 Erfurt; † 23. 10. 1958 Wiesbaden
Nach dem Studium der Volkswirtschaft, des Staats- und Handelsrechts promovierte Köhler 1919 zum Dr. sc. pol. Anschließend bis 1933 Geschäftsführer des Bundes der Arbeitgeber in Kiel und anderer Wirtschaftsvereinigungen, gehörte er zugleich dem schleswig-holsteinischen Landesvorstand und Berliner Zentralvorstand der DVP an. 1933 verlor er, da seine Frau Jüdin war, alle Ämter und Stellungen.
Als Gründungsmitglied der hessischen CDU wurde Köhler, der seit Kriegsende als Hauptgeschäftsführer der Industrie- und Handelskammer Wiesbaden tätig war, stellvertretender Landesvorsitzender und 1946 in die Beratende Landesversammlung Hessen und anschließend in den Landtag gewählt, wo er der CDU-Fraktion vorsaß. Seine wichtigste Rolle spielte Köhler jedoch als Präsident des Wirtschaftsrates, der sich am 25. 6. 1947 in Frankfurt als oberstes Organ des Bizonen-Wirtschaftsgebietes konstituierte und in die fünf Verwaltungsbereiche Ernährung und Landwirtschaft, Finanzen, Verkehr, Post- und Fernmeldewesen sowie Wirtschaft untergliedert war. Dem Wirtschaftsrat gehörten 52 (später 104) von den Landtagen delegierte Abgeordnete an; an der Spitze jeder Verwaltung stand ein Direktor. 1949 wurde Köhler in den Bundestag und zum ersten Bundestagspräsidenten gewählt. Wegen seiner Amtsführung – ihm wurde Einseitigkeit und Parteilichkeit vorgeworfen – forderte die Opposition wiederholt seinen Rücktritt, den er nach längerer Krankheit im Oktober 1950 erklärte. Im Bundestag gehörte er u. a. dem Ausschuß für Wirtschaftspolitik und Geld und Kredit an. 1957 verzichtete er aus gesundheitlichen Gründen auf eine neue Kandidatur.

Clemens Vollnhals

Heinrich Köhler
* 29. 9. 1878 Karlsruhe; † 6. 2. 1949 Karlsruhe
Obwohl einer der Männer der ersten Stunde, hat Heinrich Köhler die Gründung der Bundesrepublik nicht mehr erlebt. Der Sohn eines Werkschreibers, nach dem Besuch der Oberrealschule zunächst im badischen Finanzdienst, später in der Zoll- und Steuerdirektion tätig, hatte sich schon früh dem katholischen Zentrum angeschlossen und wurde noch vor dem Krieg in den badischen Landtag gewählt. 1918 arbeitete er zunächst als Leiter der Presseabteilung der provisorischen Regierung in Baden, wurde im folgenden Jahr zum Staatsrat gewählt und trat im April 1920 die Nachfolge Wirths als badischer Finanzminister an. Reichskanzler Marx holte ihn als Finanzminister in sein 3. Kabinett; von November 1923 bis 1924 war Köhler turnusmäßig badischer Staatspräsident.
Während des Dritten Reichs hielt er sich im Hintergrund. 1945 holten ihn die Amerikaner wieder an die Spitze der badischen Regierung, und schließlich wurde er stellvertretender Ministerpräsident des neuen Landes Württemberg-Baden; im Mai 1946 übernahm er das Wirtschaftsministerium. Von Juni bis August 1947 amtierte er kurzfristig als Präsident des Exekutivrats der Zweizonenverwaltung in Frankfurt. 1948 stand er im Mittelpunkt der Debatte um den »Kulturpfennig« und trat als eifriger Verfechter eines einheitlichen Südweststaates auf, bei dessen Realisierung er jedoch aufgrund seiner schweren Krankheit und des baldigen Todes keine Rolle mehr spielen konnte.

Claudia Nölting

Heinrich Köppler

* 26. 11. 1925 Hattenheim/Rheingau; † 20. 4. 1980 Düsseldorf

Die Wahlkampfmaterialien waren gedruckt, die Plakate in Nordrhein-Westfalen schon ausgehängt, da mußte die CDU sie mit schwarzen Trauerstreifen überkleben. Mitten im Landtagswahlkampf von 1980 starb der Spitzenkandidat der Union an Rhein und Ruhr, Heinrich Köppler. Erinnerungen wurden wach an 1958, als auch Karl Arnold mitten im Wahlkampf gestorben war.

Der gebürtige Rheingauer Köppler hatte zum drittenmal für das Amt des Ministerpräsidenten des größten Bundeslandes kandidiert, obwohl die Aussichten nicht sehr günstig waren. Doch Köppler, CDU-Mitglied seit 1946, hatte sich in die Pflicht nehmen lassen. Sein Lebenslauf, einer wie viele andere des Jahrgangs 1925: Abitur, Wehrmacht, dann Studium. Nach den juristischen Staatsexamen Einstieg in die Politik: als Assistent im Bizonen-Verwaltungsrat in Frankfurt und als persönlicher Referent des ersten Bundestagspräsidenten Erich Köhler. Ab 1952 folgten dann lange Jahre Arbeit in dem Bereich, der seine geistige Heimat war: Führer des Bundes der Deutschen Katholischen Jugend (1952–1956), Vorsitzender des Bundesjugendringes (1954/55), Präsident des Weltbundes der Katholischen Jugend (1954–1956). 1956 wurde er Generalsekretär des Zentralkomitees der Deutschen Katholiken (bis 1965), 1968 dessen Vizepräsident. Dazwischen lag die Rückkehr in die Politik: 1965 in den Bundestag gewählt, wurde er 1968 Parlamentarischer Staatssekretär im Bundesinnenministerium (bis 1969). 1970 zog er dann in den Düsseldorfer Landtag, wo er Fraktionsvorsitzender der CDU und bis zu seinem Tod Oppositionsführer war. Seine große Leistung war es, die beiden größten und stark zerstrittenen Landesverbände der CDU, Rheinland und Westfalen, wieder zu einer geschlossenen Einheit zu machen.

Engelbert Hommel

Helmut Kohl

* 3. 4. 1930 Ludwigshafen

Der bisher jüngste Kanzler der Bundesrepublik Deutschland und – wie er sich selbst gern nennt – der »Enkel Konrad Adenauers« entstammt der Riege junger Nachwuchspolitiker der fünfziger und sechziger Jahre. Mit 17 Jahren gründete der Sohn eines Finanzbeamten 1947 in seiner Heimatstadt die Junge Union mit und trat 1948 der CDU bei. Sein Studium der Geschichte sowie der Rechts- und Staatswissenschaften legte er ganz auf seine politische Karriere hin an. Die 1958 angenommene Dissertation über *Die politische Entwicklung in der Pfalz und das Wiedererstehen der Parteien nach 1945* gab ihm das Rüstzeug für seinen Aufstieg als Berufspolitiker. 1959 zog Kohl, damals CDU-Vorsitzender des Kreisverbandes Ludwigshafen, als jüngster Abgeordneter in den rheinland-pfälzischen Landtag ein. Daß JU-Kandidaten ein Dutzend der 52 CDU-Mandate erhielten, nutzte Kohl als Wortführer der jungen Parlamentarier schnell aus. 1961 konnte er sich, wenn auch knapp, als stellvertretender Fraktionsvorsitzender durchsetzen.

Die ständige Kritik der JU an der Parteispitze unter Ministerpräsident Altmeier führte unweigerlich zu Spannungen, die 1966 schließlich mit dem Wechsel des Parteivorsitzes an Kohl endeten. Der neue Mann, vor allem unterstützt vom damaligen Bundesvorsitzenden der JU, Egon Klepsch, und dem ehemaligen Studienkollegen Bernhard Vogel, sorgte 1969 zur Mitte der Legislaturperiode in Rheinland-Pfalz für den verabredeten Wechsel auch im Amte des Ministerpräsidenten. Daß Kohl schon in jener Zeit gute Kontakte zur FDP pflegte, zeigte sich darin, daß er, obwohl die FDP 1971 seiner zweiten Regierung nicht mehr angehörte, Hans Friderichs zum Staatssekretär im Landwirtschaftsministerium bestellte. Eine Strategie, die sich über die guten Beziehungen zum FDP-Vorsitzenden Genscher beim Regierungswechsel 1982 wiederum auszahlte.

Die dominierende Rolle Kohls in der rheinland-pfälzischen Politik bildete schließlich auch die Basis für seine bundespolitischen Ambitionen. Die Oppositionsrolle der CDU ab 1969 vergrößerte das Gewicht der regierenden Landespolitiker innerhalb der Partei und damit auch das Helmut Kohls. Obschon er Rainer Barzel die Führung der CDU zunächst nicht streitig machen konnte, brachte doch dessen mißglücktes Mißtrauensvotum gegen Willy Brandt von 1972 den Pfälzer ein Jahr später in die Spitzenposition der Partei, als Barzel den Fraktionsvorsitz niederlegte und auch auf die Parteiführung verzichtete. Die Wahl Kohls zum Bundesvorsitzenden 1974 dokumentierte ein Stück Erneuerungswillen der CDU, deren einziges Ziel nunmehr die Regierungsübernahme war. Seine Kanzlerkandidatur 1976, die Kohl standfest und zäh gegenüber den Ansprüchen von Franz Josef Strauß durchsetzte, brachte zwar nicht den Wechsel, jedoch das zweitbeste Wahlergebnis für die CDU/CSU nach 1957.

Die Zermürbungstaktik der CSU sowie die Kritik wegen des verfehlten Ziels zwangen Kohl, da er den CDU-Vorsitz behalten wollte, zur Aufgabe des Mini-

Helmut Kohl hält eine Rede beim 32. Bundesparteitag der CDU am 8. 5. 1984 in Stuttgart.

Helmut Kohl und Zhao Ziyang, Ministerpräsident der Volksrepublik China, schreiten am 8. 10. 1984 die Ehrenformation während des Begrüßungszeremoniells vor der Großen Halle des Volkes in Peking ab.

sterpräsidentenamts. Tiefpunkt der Karriere des erfolgverwöhnten Politikers war sicherlich die Ernennung von Strauß 1980 zum Kanzlerkandidaten. Sie war nicht zuletzt auf die von Kohl unterschätzten Schwierigkeiten bei der Führung des Fraktionsvorsitzes im Bundestag zurückzuführen. Die Wahlniederlage des Kontrahenten stärkte jedoch Kohls Position in Partei und Fraktion ganz erheblich. Sein Selbstbewußtsein, das zuvor arg gelitten hatte, stieg. Obwohl seine alte Schwäche überzeugender öffentlicher Darstellungsfähigkeit immer noch vorhanden war und teils heute noch ist, bewies er außer Zähigkeit und Beharrlichkeit auch Gefühl für politisches Taktieren. Mit Unterstützung Genschers bereitete er der über die Staatsfinanzen zerstrittenen SPD/FDP-Koalition im Oktober 1982 das Ende und wurde mit dem Versprechen, Neuwahlen vorzubereiten, zum Bundeskanzler gewählt. Seine mit Pathos angekündigte »Wende in der deutschen Politik« trug ihm im März 1983 eine deutliche Bestätigung der neuen christdemokratisch-liberalen Regierungskoalition ein.

Lit.: H. Kohl, *Zwischen Ideologie und Pragmatismus. Aspekte und Ansichten zu Grundfragen der Politik* (1973); ders. (Hrsg.), *Der Neue Realismus. Außenpolitik nach Iran und Afghanistan* (1980)

Hanns Jürgen Küsters

Hinrich Wilhelm Kopf

* 6. 5. 1893 Neuenkirchen/Land Hadeln; † 21. 12. 1961 Göttingen

13jährig nach Amerika ausgerissen, wegen Krankheit ein Jahr später zurückgekehrt, machte der Bauernsohn bis 1923 Karriere: Abitur als Externer, Studium, juristischer Vorbereitungsdienst, Soldatenrat in Cuxhaven, Eintritt in die SPD, Aufbau des städtischen Presseamts Bielefeld, persönlicher Referent des Innenministers David, Organisator der thüringischen Polizei. Nach zwischenzeitlicher Tätigkeit im Bank-, Versicherungs- und Maklergeschäft wurde er 1928 Landrat im Land Hadeln, 1932 in der Folge des »Preußenschlages« jedoch amtsenthoben. Daß er während des Krieges Mitglied der »Haupttreuhandstelle Ost« war, wurde ihm später oftmals angelastet. Polen stellte deshalb 1948 einen Auslieferungsantrag, dem die Briten jedoch nicht stattgaben. Sie hatten Kopf vielmehr gleich nach der Kapitulation zum Oberpräsidenten von Hannover ernannt. In der Folgezeit setzte er sich energisch für einen Zusammenschluß der Länder Braunschweig, Oldenburg, Hannover und Schaumburg-Lippe ein. Von ihm ausgearbeitete Pläne bildeten die Grundlage für die Schaffung des Landes Niedersachsen durch die britische Militärregierung im November 1946. Kopf wurde der erste Ministerpräsident und hatte dieses Amt von 1946 (mit Ausnahme der Jahre 1955–1959) bis zu seinem Tod inne. Doch auch in der Interimszeit mochte

Hinrich Wilhelm Kopf

man auf ihn nicht verzichten; ab 1957 gehörte er dem Kabinett Hellwege als Innenminister an. Überhaupt erwarb Kopf, der immer mit Koalitionen regiert hat, sich durch sein überparteiliches Auftreten und durch sein diplomatisches Verhandlungsgeschick Anerkennung über Partei- und Landesgrenzen hinaus.

Lit.: T. Vogelsang, *Hinrich Wilhelm Kopf und Niedersachsen* (1963)

Christoph Weisz

Hans Koschnick
* 2. 4. 1929 Bremen
Seit über 16 Jahren lenkt der »SPD-Vormann« Hans Koschnick als Bürgermeister und Senatspräsident das »Staatsschiff Bremen«. Fast drei Jahrzehnte gehört der gelernte Verwaltungsbeamte und frühere ÖTV-Sekretär dem Landesparlament an – und war dabei häufig der Jüngste: mit 26 Jahren Bürgerschaftsabgeordneter, mit 34 Innensenator, 1965 2. Bürgermeister. Im November 1967 wurde der »Politiker der B-Mannschaft« (so damals *Christ und Welt*) als Nachfolger von Wilhelm Kaisen und Willy Dehnkamp »Benjamin« der deutschen Länderchefs. Eklatanter Streitpunkt der ersten Regierung Koschnick war die Bremer Reformuniversität. Seit dem Bruch der SPD/FDP-Koalition im Juni 1971 stellt die SPD allein den Senat. Auf Bundesebene gewann Koschnick Profil als zweimaliger Präsident des Bundesrates (zuletzt 1981/82, inzwischen auch dienstältester Regierungschef), Präsident des Deutschen Städtetages (1971–1977) und des Internationalen Gemeindeverbandes. Koschnick erfüllte heikle Sonderaufgaben für Regierung und Partei im Ausland.
Der Sozialdemokrat »aus Tradition und Überzeugung«, Sohn eines von den Nazis wiederholt inhaftierten Drehers und Gewerkschaftssekretärs, war 1950 in die SPD eingetreten. Das Vertrauen seiner Partei (»Der Hans, der macht's«) brachte ihm, seit 1970 im Bundesvorstand der SPD, 1975 den stellvertretenden Vorsitz ein. 1978 hatte er entscheidenden Anteil daran, daß die SPD in der sog. Extremistenfrage die Weichen neu stellen konnte. Ein Jahr später verzichtete Koschnick auf seine bundespolitischen Aktivitäten – nicht zuletzt angesichts der wachsenden wirtschaftlichen Probleme in Bremen. Werftenkrise und hohe Arbeitslosigkeit im Zwei-Städte-Bundesland stellten einen erneuten Wahlsieg der SPD bei der Bürgerschaftswahl am 25. 9. 1983 in Frage. Noch zwei Tage vor der Wahl von Werftarbeitern als »Arbeiterverräter« und »Werftkiller« beschimpft, erzielte Koschnick für die SPD einen unerwartet klaren Erfolg.

Lit.: H. Koschnick (Hrsg.), *Der Abschied vom Extremistenbeschluß* (1979)

Wolfgang Gröf

Waldemar Kraft
* 19. 2. 1898 Brustow/Posen; † 12. 7. 1977 Bonn
Sein politischer Aufstieg war fast schon ein Symbol für die erfolgreiche Eingliederung von über 12 Millionen Flüchtlingen und Vertriebenen. Der ehemalige Bauernfunktionär der deutschen Minderheit in Polen hatte gerade eine zweieinhalbjährige Internierungshaft der Briten hinter sich und war arbeitslos, als im Juli 1950 die schleswig-holsteinische Landtagswahl den von ihm gegründeten »Block der Heimatvertriebenen und Entrechteten« (BHE) zur zweitstärksten Fraktion machte. Kraft selbst wurde Finanzminister und stellvertretender Ministerpräsident, später zusätzlich Justizminister.
Sein enormes Organisationstalent half ihm in der folgenden Zeit, den BHE auch

bundesweit zu einem Faktor der Innenpolitik zu machen. Der BHE drängte in mehrere Landesregierungen; Kraft war ihr unangefochtener Führer. Die Bundestagswahl 1953 allerdings brachte dem BHE (seit 1952 »Gesamtdeutscher Block/BHE«) nur enttäuschende 27 Sitze, Kraft wurde Bundesminister für Sonderaufgaben. Schon vorher hatte er sich gegen weite Teile des BHE hinter Adenauers Außenpolitik gestellt. Diese »Kanzler-Linie« – also die Zustimmung zu einer Politik, die mit der Westintegration eine Wiedervereinigung immer unwahrscheinlicher erscheinen ließ – des autoritär herrschenden Kraft führte im Juli 1955 zum Bruch. Er trat aus dem BHE aus, wurde 1956 CDU-Mitglied. Dennoch schied er im Oktober aus dem Kabinett, 1961 auch aus dem Bundestag aus.

Bernd Kühnl

Heinrich Krone
* 1. 12. 1895 Hessisch-Oldendorf
Der enge Vertraute Konrad Adenauers und langjährige Kanzlerberater begann seine parteipolitische Arbeit als Geschäftsführer des Reichsverbandes der deutschen Windthorstbunde (1922–1929, ab 1929 Vorsitzender) und stellvertretender Generalsekretär der Zentrumspartei (1922–1933). Krone, promovierter Philologe, gehörte zum republikanischen Zentrumsflügel und unterstützte daher auch das »Reichsbanner Schwarz-Rot-Gold«. Von 1925 bis 1933 Abgeordneter im Reichstag, wurde er anschließend vom politischen Leben ausgeschlossen und beteiligte sich nunmehr aufopferungsvoll am Aufbau katholischer Hilfsorganisationen (Mitbegründer und Geschäftsführer des Caritas-Notwerkes). Wegen seiner politischen Vergangenheit und seinen Beziehungen zu Jakob Kaiser wurde er nach dem 20. Juli 1944 verhaftet, kam jedoch bald wieder frei.
Erneut neben Kaiser war er 1945 an der Berliner CDU-Gründung beteiligt; die dortige Parteiorganisation war zugleich die Plattform seines späteren Bundestagsmandats (1949–1969). Von 1955 bis 1961 Fraktionsvorsitzender, war er als »Mann des Ausgleichs und der Koordination« stets bemüht, die Willensbildung in der CDU/CSU-Fraktion mit der Regierungspolitik zu vereinbaren (»Im Falle eines Falles leimt Krone wirklich alles«). Als Bundesminister für Sonderaufgaben (besondere Zuständigkeit: Berlin) fungierte er von 1961 bis 1964 in den Kabinetten Adenauer und Erhard und blieb auch nach seiner Ablösung durch Westrick für Berlinfragen zuständig. Da er aufgrund seiner Erfahrung in der Weimarer Republik nie die Kontakte zur Opposition, vor allem zu Ollenhauer und Wehner, abgebrochen hatte, zählte er 1966 zu den Wegbereitern der Großen Koalition.

Julia Massenkeil-Kühn

Alfred Kubel
* 25. 5. 1909 Braunschweig
Der Name Alfred Kubel steht in der niedersächsischen Geschichte für sich. 30 Jahre, von 1946 bis 1976, hat er als Minister und Ministerpräsident politische Verantwortung getragen. »Ich war praktischer Wirtschaftler«, so Kubel, »bis mich die Politik hinderte, es zu bleiben.« 1945, nach Kriegsende, war er Leiter der Braunschweig GmbH, darauf Generaldirektor der Deutschen Asphalt AG. Gerade auch als Wirtschaftspolitiker hat er dem »armen« Land Niedersachsen wesentliche Impulse gegeben.

Der gelernte Drogist und Industriekaufmann, 1937 als engagiertes Mitglied des Internationalen Sozialistischen Kampfbundes (ISK) vom sog. Volksgerichtshof zu einem Jahr Gefängnis verurteilt, war nach dem Krieg Mitbegründer der Braunschweiger SPD – und, als 37jähriger, letzter Ministerpräsident von Braunschweig. Ehe er im Juli 1970 Chef der ersten SPD-Alleinregierung Niedersachsens wurde (mit einer Stimme Vorsprung vor der CDU), hatte es Kubel an der Seite der sozialdemokratischen Landesväter Hinrich Wilhelm Kopf und Georg Diederichs zum dienstältesten Minister in der Bundesrepublik gebracht. Als »politische Mehrzweckwaffe der SPD in Norddeutschland« (Fritz Erler) war er zweimal Minister für Wirtschaft und Verkehr (zuerst 1946), verantwortlich für das Ressort Arbeit-Aufbau-Gesundheit, Landwirtschaftsminister und zweimal (zuletzt 1965–1970) Finanzminister in Niedersachsen. Lediglich zwischen 1955 und 1957 war er ohne Amt.

Der »Ziehvater« der größten Industrieschau der Welt, der Hannover-Messe, kämpfte gegen die Demontage von Industriebetrieben, für überbetriebliche Strukturverbesserungen in der Landwirtschaft und gab den Anstoß für das »Landesentwicklungsprogramm Niedersachsen 1985«. Als Politiker der ersten Stunde fast ununterbrochen Mitglied des Bundesrats, trat Kubel entschieden für den Föderalismus ein. Als Bundesratspräsident (1975) warnte er vor einer parteipolitischen Polarisierung dieses föderalen Organs. Seit 1974 stand Kubel einer nur mit hauchdünner Mehrheit regierenden SPD/FDP-Koalition vor. Sein vorzeitiger Rücktritt Mitte der Legislaturperiode – er wollte einem Jüngeren Platz machen – führte sensationell, nach drei dramatischen Wahlgängen, zum Sieg des CDU-Politikers Ernst Albrecht. Mit der Ära Kubel endete Anfang 1976 die (nur kurzzeitig unterbrochene) Regierungszeit der Sozialdemokraten in Niedersachsen.

Wolfgang Gröf

Knut Freiherr von Kühlmann-Stumm

* 17. 10. 1916 München; † 19. 1. 1977 Bad Soden

Von seiner Mutter Margarete, die aus dem Schwerindustriellen-Clan von Stumm stammte, erbte er industriellen Einfluß, von seinem Vater das Interesse an der Politik (dieser hatte 1918 den Friedensvertrag von Brest-Litowsk unterschrieben). Gescheitert ist Knut von Kühlmann-Stumm letztlich in beidem. Dabei versuchte er stets, dies streng zu trennen. Eine Kandidatur als Finanzminister schlug er 1961 aus: Er könne wegen seiner Verbindungen zur Großindustrie nicht unvoreingenommen sein.

1960 über die hessische FDP-Landesliste nachgerückt, war der gelernte Bankkaufmann von 1963 bis 1968 FDP-Fraktionschef im Bundestag. Die Wende zum Sozialliberalismus entfremdete den Nationalliberalen von der FDP. Obwohl noch Fraktionsvize, lehnte Kühlmann etwa die Ostpolitik »wegen der an den Tag gelegten Hektik« ab. In der FDP isoliert, gab er im November 1971 seine Parteiämter ab, stimmte 1972 beim Mißtrauensvotum gegen Willy Brandt und gegen beide Ostverträge. Anders als andere Rechtsliberale legte er am 5. Juni sein Mandat nieder, bevor er aus der FDP austrat (»ein Mindestmaß an Fairneß«). Für die CDU zog er bei den vorgezogenen Neuwahlen von 1972 noch einmal in den Bundestag ein, 1976 scheiterte aber eine erneute Kandidatur. Zusätzlich geriet die Stumm-Unternehmensgruppe 1974 in erhebliche Finanzschwierigkeiten. 1977 kam er bei einem Unfall ums Leben.

Bernd Kühnl

Heinz Kühn
* 18. 2. 1912 Köln
Wie viele Sozialdemokraten mußte Heinz Kühn 1933 seinen beruflichen und politischen Weg, an dessen Anfang er stand, verlassen: Studium der Volks- und Staatswissenschaft, Führungspositionen in SAJ, Sozialistischer Studentenschaft und Reichsbanner. Nach der NS-Machtübernahme war er zunächst in der Illegalität tätig, mußte aber noch 1933 emigrieren, erst nach Prag, 1936 nach Belgien, wo er Redakteur der Exilzeitschrift *Freies Deutschland* wurde; auch während der deutschen Besetzung arbeitete er illegal politisch weiter.
1946 begann sein beruflicher und politischer Aufstieg; er wurde Redakteur, 1949 Chefredakteur der sozialdemokratischen *Rheinischen Zeitung* in Köln. 1948 ging er für seine Partei in den nordrhein-westfälischen Landtag, 1953 in den Bundestag; über zahlreiche Partei- und Fraktionsämter gelangte er 1973 in die Position des stellvertretenden Parteivorsitzenden. Schon 1966 hatte er mit einer SPD/FDP-Koalition, die als »Düsseldorfer Modell« der sozialliberalen Regierung in Bonn Pate stand, die CDU-Regierung in NRW gestürzt.
In den zwölf Jahren seiner Ministerpräsidentenschaft konnte er beachtliche Projekte, so etwa eine grundlegende Bildungsreform und die Sanierung des Ruhrbergbaus, durchsetzen. Kühn paßte als politischer Realist und Gegner ideologischer Verhärtung in die Nachkriegslandschaft der Bundesrepublik. Gleichwohl geriet er mit seiner dem Konsens aller Demokraten und der Schumacherschen Definition einer Volkspartei verpflichteten Toleranz in der SPD ins politische Abseits, als Ideologie immer bestimmender und Loyalität gegenüber der Partei

Auf dem Bundesparteitag der SPD in Hannover vom 10. bis 14. 4. 1973 wird über Anträge der Partei abgestimmt (v. l. Herbert Wehner, Willy Brandt, Helmut Schmidt, Heinz Kühn).

oft als unpolitisch verfemt wurden. Kühn resignierte, trat 1978 als Ministerpräsident zurück und verzichtete 1979 auf eine weitere Kandidatur für den Parteivorstand. Derzeit ist er nur noch Mitglied des Europäischen Parlaments.

Lit.: H. Kühn, *Bekenntnisse und Standpunkte* (1977); *Widerstand und Emigration,* 2 Bde (1980/81)

Günter Plum-Grossmann

Oskar Lafontaine
* 16. 9. 1943 Saarlouis
Tatkraft und Umsicht werden dem Saarbrücker Oberbürgermeister und Mitglied des SPD-Vorstands selbst von seinen Kritikern bescheinigt, wenngleich andererseits sein leidenschaftliches Engagement gegen die Nachrüstung zumindest bis zum Bonner Regierungswechsel 1982 auch von Teilen der SPD eher argwöhnisch beobachtet wurde.
Den studierten Physiker zog es schon bald nach seinem Studium in die aktive Politik. 1966 trat er der SPD bei und wurde noch im gleichen Jahr Juso-Vorsitzender des Unterbezirks Saarbrücken. Drei Jahre später gewann er ein Stadtratsmandat, wechselte dann aber 1970 in den Saarbrücker Landtag, wo er bis 1975 Mitglied der SPD-Landtagsfraktion war. Nachdem er bereits 1974 als Oberbürgermeisterkandidat der SPD angetreten, gegen Fritz Schuster (CDU) allerdings unterlegen war, stellte er sich nach dem vorzeitigen Rücktritt Schusters erneut zur Wahl und wurde mit den Rathausstimmen von SPD und FDP für zehn Jahre gewählt. Seit 1977 Landesvorsitzender der Saar-SPD, kandidierte Lafontaine bei den Landtagswahlen im April 1980 für das Amt des Ministerpräsidenten. Er erzielte zwar deutliche Gewinne, erreichte jedoch mit 45,4% nicht die absolute Mehrheit. Neben Erhard Eppler gilt Lafontaine als einer der profiliertesten Vertreter des linken, zugleich betont ökologischen Flügels. Bundesweit hat er sich vor allem als Nachrüstungs- und Kernkraftgegner einen Namen gemacht und ist bei mehreren Großdemonstrationen als Hauptredner aufgetreten. Für Wirbel sorgte er, als er, entgegen der offiziellen Parteilinie, einen möglichen Austritt der Bundesrepublik aus der Nato nicht generell ausschloß.

Lit.: O. Lafontaine, *Der andere Fortschritt* (1985)

Reinhold Bodensteiner

Otto Graf Lambsdorff
* 20. 12. 1926 Aachen
Seit Mitte der siebziger Jahre gilt Otto Friedrich Wilhelm von der Wenge Graf Lambsdorff, so sein voller Name, als einer der profiliertesten Vertreter des rechtsliberalen Flügels der FDP, dessen konsequente Verfechtung rein marktwirtschaftlich orientierter Wirtschaftspolitik nicht unwesentlich zum Bruch der Regierungskoalition von FDP und SPD im Herbst 1982 beigetragen hat.
Sein beruflicher Werdegang begann nach dem Zweiten Weltkrieg, aus dem er schwerkriegsbeschädigt zurückkehrte. Er studierte in Köln und Bonn Rechts- und Staatswissenschaften, promovierte zum Dr. jur. und war von 1955 bis 1971 im Kreditgewerbe tätig. Seine politische Laufbahn nahm 1951 mit dem Eintritt in die FDP ihren Anfang, scheiterte jedoch zunächst bei seiner ersten Bundestagskandidatur 1953. Von 1968 bis 1978 war er Landesschatzmeister der FDP in Nordrhein-Westfalen und wurde 1972, als er erstmals in den Bundestag einzog, zum Mitglied des FDP-Bundesvorstands gewählt. Von da an war er wirtschafts-

politischer Sprecher seiner Fraktion und machte vor allem durch seine harte Haltung in der Mitbestimmungsdiskussion von sich reden. Auch ging er immer wieder auf Konfrontationskurs mit den Gewerkschaften, wenngleich er sich nach seiner Ernennung zum Bundeswirtschaftsminister (1977, nach dem überraschenden Rücktritt von Hans Friderichs) etwas kompromißbereiter zeigte.
Gegen Ende der Legislaturperiode ging er jedoch erneut in die Offensive und warf der SPD vor, keine Rücksichten mehr auf den kleinen Koalitionspartner zu nehmen. Die Bundestagswahlen im Oktober 1980 brachten der FDP mit 10,6% erhebliche Stimmgewinne (1976: 7,9%) und vergrößerten damit die Koalitionsmehrheit. Trotzdem nahmen die Spannungen angesichts der immer schwieriger werdenden Finanz- und Wirtschaftslage merklich zu. Nur mühsam kam im Herbst 1981 ein Kompromiß über das Sparprogramm 1982 zustande. Lambsdorff distanzierte sich immer deutlicher von den wirtschaftspolitischen Konzeptionen der SPD und bezeichnete deren beschäftigungspolitische Parteitagsbeschlüsse als »Gruselkatalog sozialistischer Marterwerkzeuge«.
Gleich zweimal geriet der Wirtschaftsminister 1982 in den Sog der sog. Parteispendenaffäre, als die Bonner Staatsanwaltschaft gegen ihn und weitere prominente Politiker wegen angeblicher Zuwendungen des Flick-Konzerns ermittelte. Ein weiteres Verfahren betraf seine frühere Funktion als FDP-Schatzmeister. Im Sommer 1982 ließ Lambsdorff seine Neigung zu einem Koalitionswechsel immer offener erkennen. Damals kam auch das Schlagwort von der »Wende« auf. Im September legte er sein Konzept für eine langfristige Wirtschaftspolitik vor (Lambsdorff-Papier), in dem er sich für eine unternehmerfreundliche Strategie und für drastische Beschneidung der Sozialleistungen aussprach. Der Bruch der Koalition wurde damit unvermeidbar. Alle vier FDP-Minister kamen ihrer Entlassung durch Rücktritt zuvor. Nach der Ablösung Helmut Schmidts durch den CDU-Kanzler Helmut Kohl behielt Lambsdorff sein Ressort, doch geriet seine Stellung bereits Ende November 1983 ins Wanken, als sich die Verdachtsmomente in der Parteispendenaffäre verstärkten, die Bonner Staatsanwaltschaft Anklage gegen ihn erhob und die Aufhebung seiner Immunität forderte. Lambsdorff zögerte noch ein halbes Jahr, bis er am 27. 6. 1984 seinen Rücktritt erklärte. Das Verfahren gegen ihn steht aus.

Lit.: O. Graf Lambsdorff, *Zielsetzung. Aufgaben und Chancen der Marktwirtschaft.* (1979); *Bewährung. Wirtschaftspolitik in Krisenzeiten* (1980)

Reinhold Bodensteiner

Lauritz Lauritzen

* 20. 1. 1910 Plön; † 5. 6. 1980 Bad Honnef

Als erster sozialdemokratischer Bundeswohnungsbauminister zog er Anfang Dezember 1966 in das Kabinett der Großen Koalition ein. Bis 1972 blieb der von Kritikern bisweilen als blaß gescholtene »Lau-Lau« in diesem Amt. Anläßlich der Regierungsumbildung vom Juli 1972 übernahm er zusätzlich das Ministerium für Verkehr, Post- und Fernmeldewesen. Im 2. Kabinett Brandt (1972–1974) war er Verkehrsminister. Mit dem »Städtebauförderungsgesetz« gelang Lauritzen 1971 eine Reform, die den Gemeinden eine bessere Planung ermöglichten und die Spekulation an Grund und Boden einschränken sollte. Die Verabschiedung des »Mieterschutzgesetzes«, in dem mehr Rechte und Schutz für die Mieter festgeschrieben wurden, ermöglichte dem gelernten Juristen eine gewisse Popularität. Etwas unglücklich dagegen ging er mit dem Fluglotsen-

streik um. Wenig beliebt machte ihn außerdem sein Votum für die Höchstgeschwindigkeit 130 auf den Autobahnen, und tatsächlich blieb es nur bei einer Empfehlung für die Richtgeschwindigkeit.
Nach dem Sturz von Willy Brandt blieb auch Lauritzen nicht länger im Kabinett. Sein Bundestagsmandat gab er 1980 auf. Vor seinem Eintritt in die Bundespolitik war Lauritzen, SPD-Mitglied seit 1929, Oberbürgermeister von Kassel (1954–1963), wo er die Kunstausstellung »documenta« schuf, und anschließend (1963–1966) hessischer Minister für Justiz und Bundesangelegenheiten.

Michael Dörfler

Georg Leber
* 7. 10. 1920 Obertiefenbach bei Limburg/Lahn
Er sei ein Gewerkschaftsführer, aber kein Klassenkämpfer, ein katholischer Sozialdemokrat, »der mit Unternehmern vernünftig reden kann und über Parteigrenzen hinaus angesehen ist« – so würdigte man unlängst Georg Lebers politische Verdienste. Das langjährige Mitglied des Zentralkomitees der deutschen Katholiken war sowohl von der katholischen Soziallehre als auch von sozialistischen Idealen geprägt. Gern sprach der hessische Maurersohn von der Bedeutung, Fundamente ordentlich zu gründen, Maße einzuhalten und Stein auf Stein akkurat aufeinanderzusetzen. Er mußte es wissen, denn nach dem Krieg hatte der gelernte Kaufmann zunächst als Maurer gearbeitet. 1947 trat er der SPD und der Gewerkschaft Bau-Steine-Erden bei, zu deren 1. Vorsitzenden er nach zehnjähriger Funktionärstätigkeit gewählt wurde.

Beim Parteitag der SPD in Berlin vom 3. bis 7. 12. 1979 diskutieren Berlins Regierender Bürgermeister Dietrich Stobbe und der Vizepräsident des Deutschen Bundestages Georg Leber.

Während seines mehrfach bestätigten Vorsitzes bemühte er sich erfolgreich, seine Gewerkschaft aus dem »Käfig des Klassenkampfes« herauszuführen. Sein Feldzug gegen die Kommunisten in seiner Gewerkschaft war ebenso rigoros wie sein Konfrontationskurs gegen die Arbeitgeber. Doch unter steter Berücksichtigung auch der volkswirtschaftlichen Entwicklung gelang es ihm, eine Reihe sozialer und tariflicher Verbesserungen durchzusetzen – so die erstmalige Absicherung vermögensbildender Leistung für Arbeiter.
1966 nannte ihn die *Daily Mail* den »bedeutendsten Gewerkschaftsführer Europas«. Seine parteipolitische Laufbahn: 1957 Wahl in den Bundestag, 1961 in den SPD-Partei- und Fraktionsvorstand. 1966 trat er in das Kabinett Kiesinger/Brandt ein, an dessen Entstehung er nicht unwesentlich beteiligt war. Als Verkehrsminister wollte er das deutsche Verkehrswesen sanieren. Der sog. Leber-Plan sah eine umfassende Rationalisierung der Bundesbahn in Verbindung mit einer Einschränkung des Straßengüterfernverkehrs vor. Zahlreiche Widerstände verhinderten indes die Ausführung. Bei Bildung der sozialliberalen Regierung 1969 schlug man seinem Ressort das des Post- und Fernmeldewesens hinzu.
Anläßlich der Kabinettsumbildung 1972 wurde Leber das in der SPD wenig populäre Verteidigungsministerium übertragen. Kaum verwunderlich, daß ihm seitens der SPD-Linken vorgeworfen wurde, er verleugne die Parteiinteressen. Kritisiert wurde nicht nur sein anfänglicher Widerstand gegen Erleichterungen für Wehrdienstverweigerer, sondern vor allem sein oft betontes Bekenntnis zur engen Anbindung an die USA sowie seine deutliche Skepsis gegenüber Entspannungsbemühungen. Von der Bundeswehr selbst – zumindest von den Mannschaften – wurde Leber schnell als »Vater der Soldaten« akzeptiert. Er setzte die Integration der Bundeswehr in die Gesellschaft fort und führte wichtige strukturelle Veränderungen sowie die Modernisierung des Waffensystems durch. 1978 übernahm er die politische Verantwortung für einige Zwischenfälle in seinem Ministerium und beim MAD (Abhöraffäre), die er selbst nicht zu vertreten hatte. Getreu seiner Maxime »Verantwortung trägt man ganz« trat er als Verteidigungsminister zurück. 1983 zog er sich von der parlamentarischen und politischen Bühne zurück. Die Haltung seiner Partei zur Nachrüstungsfrage hatte ihn in mancher Hinsicht enttäuscht. Im Juni 1984 gelang ihm als »Retter in der Not« die Schlichtung der festgefahrenen Tarifverhandlungen in der Metallindustrie mit einem klassischen Kompromiß, der von allen Seiten gelobt wurde.

Lit. G. Leber, *Vom Frieden* (1979)

Horst-Peter Schulz

Robert Lehr

* 20. 8. 1883 Celle; † 13. 10. 1956 Düsseldorf

Lehrs Vater war preußischer General; er selber wählte das Studium der Rechte und beendete es 1912 mit der Promotion. Nach langer kommunalpolitischer Tätigkeit wurde er 1924 Oberbürgermeister der Stadt Düsseldorf. Lehr war Mitglied der Deutschnationalen Volkspartei und während der Weimarer Republik in mehreren Städtetagen tätig; 1933 wurde er aus seinen Ämtern entlassen und trat der Widerstandsgruppe um Goerdeler bei. 1945 setzten ihn die Amerikaner zunächst wieder für kommunale Aufgaben ein; schon bald aber übernahm er die innere Verwaltung der Nordrhein-Provinz, zu deren Oberpräsident er Ende 1945 berufen wurde.

Der Landtag von Nordrhein-Westfalen, wo er im Haupt- und Wirtschaftsausschuß tätig war, wählte ihn im Dezember 1946 zu seinem Präsidenten. Auch war Lehr Vorsitzender des Beirats der britischen Zone und Mitbegründer der CDU, deren stellvertretenden Vorsitz in NRW er innehatte. Von 1949 bis 1953 saß er im Bundestag. 1950 berief Adenauer ihn nach dem Ausscheiden von Gustav Heinemann auf den Posten des Innenministers, den er bis zur nächsten Legislaturperiode innehatte. In dieser Zeit baute er nicht nur den Bundesgrenzschutz auf, sondern ging auch gegen rechts- und linksradikale Parteien vor. So erhob er 1951 Verfassungsklage gegen KPD und SRP. Während die Kommunistische Partei erst fünf Jahre später verboten wurde, erklärten die Verfassungsrichter die unverhüllt NS-Gedankengut vertretende Sozialistische Reichspartei, die 1951 in Bremen und Niedersachsen beträchtliche Stimmenanteile erzielt hatte, bereits 1952 für verfassungswidrig.

Claudia Nölting

Ernst Lemmer

* 28. 4. 1898 Remscheid; † 18. 8. 1970 Berlin

Den Architektensohn als politischen Frühstarter zu bezeichnen ist nicht übertrieben: Mit 16 Jahren meldete er sich als Kriegsfreiwilliger; mit 20 vertrat er die Remscheider Arbeiter auf dem Essener Rätekongreß, mit 24 wurde er – unmittelbar nach seinem Volkswirtschaftsstudium – zum Generalsekretär der Hirsch-Dunckerschen Gewerkschaften gewählt, mit 26 zog er als jüngster Abgeordneter und Mitglied der liberalen Deutschen Demokratischen Partei in den Berliner Reichstag ein. Erst die Nazis setzten seiner politischen Karriere ein vorübergehendes Ende: Obwohl 1933 wiedergewählt, entzog ihm Göring sein Reichstagsmandat. In der Folgezeit mußte er sich in Berlin als Korrespondent mehrerer ausländischer Zeitungen durchschlagen. Als er nach dem Zweiten Weltkrieg seine politischen Aktivitäten wiederaufnehmen konnte, machte der »Berliner aus tiefster Passion«, wie er sich selbst nannte, die ehemalige Reichshauptstadt zum Zentrum seines Engagements.

In der sowjetischen Zone beteiligte er sich an der Gründung der CDU und wurde deren 2. Vorsitzender. Nachdem seine Partei dort aber unter immer stärkeren Einfluß der SED geraten und er, gemeinsam mit Jakob Kaiser, seines Amtes enthoben worden war, ging er nach West-Berlin, wo er 1950 ins Abgeordnetenhaus und gleich darauf zum Fraktionsvorsitzenden der CDU gewählt wurde. Seit 1952 vertrat er seine Wahlheimat auch im Bonner Bundestag. Trotz persönlicher Differenzen holte ihn Konrad Adenauer 1956 als Bundespostminister in sein Kabinett und ließ ihn ein Jahr später ins Ministerium für gesamtdeutsche Fragen wechseln. Dort bewies Lemmer eigenes politisches Denk- und Handlungsvermögen und verstand sich, anders als seine Amtsvorgänger, nicht als Vertreter von Interessengruppen – mit ein Grund allerdings, warum der nach Meinung Adenauers »rabiateste Berliner« seinem Kanzler zusehends unbequemer wurde. Immer öfter wich er vom Regierungskurs ab: Schon 1959 forderte er die Aufnahme diplomatischer Beziehungen zu Polen.

Als Adenauer wegen der Spiegelaffäre Ende 1962 sein Kabinett umbildete, ersetzte er den »unbequemen Mahner« – so *Die Welt* – durch Rainer Barzel. Auch unter Ludwig Erhard geriet der Wahlberliner bald ins Abseits: Zunächst für wenige Monate Vertriebenenminister, mußte er sich schließlich mit dem Amt eines »Sonderbeauftragten des Bundeskanzlers für Berlin« begnügen – ein »Trostpflaster«, wie die *Süddeutsche Zeitung* fand. Als er 1970 nach langer Krankheit

Ernst Lemmer unterhält sich mit Bewohnern von West-Berlin anläßlich des Mauerbaus der Sowjets am 13. 8. 1961.

starb, war es still um ihn geworden: Die junge Generation in Berlin konnte sich nicht mit dem patriotischen Politiker anfreunden. Seine Memoiren, die 1968 veröffentlicht wurden, machen schon durch ihren Titel deutlich, daß er sich nicht nur von der Jugend oft mißverstanden fühlte: *Manches war doch anders.*

Klaus Lesche

Hans Lenz
* 12. 7. 1907 Trossingen; † 28. 8. 1968 Trossingen
Der schwäbische Neuphilologe und Verlagsbuchhändler, der unter einer schweren Kriegsbeschädigung litt, begann seine politische Laufbahn im Gemeinderat seiner Geburtsstadt. Seit 1951 stellvertretender Landesvorsitzender der FDP in Württemberg-Hohenzollern, wurde er 1953 erstmals in den Bundestag gewählt. Als Sprecher für Haushaltsfragen beeindruckte er auch politische Gegner durch seine sachliche Argumentationsweise, den geschliffenen Sprachstil und den bisweilen besinnlich-philosophischen Ton seiner Reden. Innerhalb seiner Fraktion galt er als Vermittler zwischen den heterogenen Flügeln. 1961 wurde er als Schatzminister ins Kabinett berufen.
Nur ein Jahr später vertraute ihm Adenauer das neuformierte Ministerium für Wissenschaft und Forschung an. In diesem Amt gelang es ihm, Aufgaben aus vielen Referaten anderer Ministerien zusammenzufassen und die Regierung dazu zu bringen, die notwendigen Mittel für eine umfassende Forschungsförderung bereitzustellen. Wegen seiner schweren Körperbehinderung verzichtete er, der von 1962 bis 1964 auch stellvertretender Bundesvorsitzender der FDP war,

1965 auf einen Ministerposten im 2. Kabinett Erhard. Als Abgeordneter setzte er sich aber weiter für die Förderung der Wissenschaft ein, ehe er 1967 gesundheitsbedingt sein Bundestagsmandat ebenfalls aufgeben mußte.

Lit.: H. Lenz, *Beiträge zur deutschen Wissenschaftspolitik 1962–1965* (1969)

Georg Braun

Otto Lenz

* 6. 7. 1903 Wetzlar; † 2. 5. 1957 Neapel

Das Wort »Propaganda« war zu Beginn der fünfziger Jahre noch in unguter Erinnerung - dies wohl der Grund, warum sich Lenz mit seinem Plan, mittels eines Informationsministeriums die parlamentarische Demokratie zu festigen, nicht durchsetzen konnte. Der Jurist hatte persönlich ebenfalls ungute Erinnerungen an das Dritte Reich. 1938 war er aus dem Justizdienst entlassen worden, und seine Kontakte zur Widerstandsbewegung hatten ihm 1944 eine Verurteilung zu vier Jahren Zuchthaus eingebracht. Nach dem Kriege gehörte er, nun als Rechtsanwalt tätig, zu den Gründern der Berliner CDU.

1951 wurde er von Adenauer als Staatssekretär ins Bundeskanzleramt berufen, wo er sich besonders mit Rundfunk- und Pressefragen befaßte. Seine propagandistischen Fähigkeiten trugen wesentlich zum Wahlsieg der Union im Jahre 1953 bei. Er selbst zog nach dieser Wahl für die CDU in den Bundestag ein. Etwas überraschend stellte er im gleichen Jahr seinen Staatssekretärsposten zur Verfügung, nachdem die Errichtung eines Informationsministeriums am Widerstand der Opposition, der Presse und der alliierten Hochkommissare gescheitert war. Fortan widmete er sich insbesondere außenpolitischen Fragen und den Problemen der europäischen Einigung. Auf der Rückreise von einem seiner zahlreichen Auslandsbesuche, die der Erkundung der Möglichkeiten eines »Gemeinsamen Markts« dienten, verstarb der Politiker unerwartet an einer tropischen Viruskrankheit.

Georg Braun

Paul Löbe

* 14. 12. 1975 Liegnitz/Schlesien; † 3. 8. 1967 Bonn

Am 7. 9. 1949 eröffnete Alterspräsident Löbe die erste Sitzung des Deutschen Bundestages und hielt die Eröffnungsrede. Bereits einmal war der Sohn eines Tischlers für die SPD in einem deutschen Parlament vertreten gewesen (1920–1933) und hatte als Vizepräsident des Reichstags im März 1925 dem Reichspräsidenten von Hindenburg den Eid auf die Verfassung abgenommen. In der Nazizeit blieb der sozialdemokratische Parteijournalist bis auf eine halbjährige Gefängnishaft unbehelligt, von einer weiteren, kurzen Festnahme nach dem 20. Juli 1944 abgesehen. Als Korrektor bei einem Berliner Verlag schlug er sich durch die braunen dreißiger Jahre.

Nach Kriegsende stieg Löbe wieder in die Politik ein und schrieb für die sozialistische Zeitung *Das Volk*. Entschieden stellte er sich gegen eine Verschmelzung von SPD und KPD und ging ab April 1946 in die westlichen Sektoren von Berlin. Dort war er Lizenzträger der Tageszeitung *Der Telegraf*, die in der britischen Zone erschien. Zu Differenzen mit Kurt Schumacher kam es, als Löbe gemeinsam mit dem CDU-Politiker Friedensburg Ende 1947 einen Aufruf ausarbeitete, der um der Einheit der Stadt willen noch einmal nach einer Verständigung mit den Kommunisten suchte. Löbe gehörte dem Parlamentarischen Rat an und

Paul Löbe (l.) und Theodor Heuss während der Feier zum zehnjährigen Bestehen der Freien Universität Berlin am 4. 11. 1958.

übernahm mit 79 Jahren das Präsidium des »Kuratoriums Unteilbares Deutschland«. Theodor Heuss lobte ihn als »eine Wohltat«: Männer wie ihn könne man »beim Schicksal leider nicht bestellen«.

Lit.: P. Löbe, *Erinnerungen eines Reichstagspräsidenten* (1949); *Der Weg war lang* ([2]1954); W. W. Schütz, *Der gerade Weg* (1966)

Michael Dörfler

Ulrich Lohmar
* 30. 4. 1928 Engelskirchen
Folgende von Lohmar selbst gemachten Eintragungen finden sich in einem »Fragebogen über die Personalien der zur Bundestagswahl 1957 vorgeschlagenen Kandidaten« – Erlernter Beruf: Soziologe. Jetzt ausgeübter Beruf: Chefredakteur. Schulbildung: Studium Sozialwissenschaften und Rechtswissenschaften. SPD-Mitgliedschaft: seit 30. 4. 1948, Ortsverein Dieringhausen/Rhld. Gewerkschaftsmitglied: seit 1950, erst ÖTV, jetzt Druck und Papier. Lohmar schaffte es 1957 ein Mandat im Bundestag zu erlangen, er behielt es bis 1976 und war einige Jahre lang Vorsitzender des Bundestagsausschusses für Bildung und Wissenschaft bzw. Forschung und Technologie. Von 1952 bis 1955 war Lohmar Bundesvorsitzender des Sozialistischen Deutschen Studentenbundes (SDS) gewesen, der damals noch recht parteifromm war. Indes: Während seiner Vorstandszeit entstand jene politische »Unruhe« im SDS, die 1960 letztlich zur Trennung der SPD von dieser Studentenorganisation führte.

Von 1954 bis 1968 war er Chefredakteur der theoretischen SPD-Zeitschrift *Die Neue Gesellschaft,* von 1967 bis 1969 leitete er die Redaktion des Bielefelder Tageblatts *Neue Westfälische.* Parallel dazu verlief seine wissenschaftliche Karriere: 1963 Promotion, danach Lehrbeauftragter in Münster (1964–1968), seit 1971 Ordinarius für Politische Wissenschaft an der Gesamthochschule Paderborn. Er verließ die Tagespolitik, um sich mehr seiner wissenschaftlichen Arbeit widmen zu können. Der Vorstand der Anstalt für Kabelkommunikation wählte Lohmar 1983 in Ludwigshafen zu seinem Vorsitzenden. Er hofft, daß aus der Entscheidung für die Durchführung von Kabelpilotprojekten ein medienpolitischer Grundkonsens zwischen den demokratischen Parteien hervorgeht.

Lit.: U. Lohmar, *Das Hohe Haus. Der Bundestag und die Verfassungswirklichkeit* (1975); *Staatsbürokratie. Das hoheitliche Gewerbe. Deutsche Aspekte eines neuen Klassenkampfes* (1978); *Die Ratlosen. Vom Dilemma der Jungen, der Erwachsenen und der Alten* (1980)

Werner Krause

Peter Lorenz
* 22. 12. 1922 Berlin
Durch eine der spektakulärsten Entführungsaktionen der siebziger Jahre wurde der damalige Berliner CDU-Vorsitzende weit über die Bundesrepublik hinaus bekannt: Wenige Tage vor der Wahl zum Abgeordnetenhaus 1975 wurde er von der »Bewegung 2. Juni« überfallen und fünf Tage lang gefangengehalten. Um sein Leben zu retten, gab die Bundesregierung dem Ultimatum der Entführer nach und ließ fünf verurteilte Terroristen frei. Bei den Wahlen, die ganz im Zeichen der dramatischen Aktion standen, wurde die CDU stärkste Partei. »Für Peter Lorenz«, schrieb *Die Welt,* »war dies der größte persönliche Triumph während der bittersten Stunden seines Lebens.« Lorenz, der nach dem Studium als Rechtsanwalt und Notar, von 1967 bis 1977 auch als Justitiar beim Sender RIAS Berlin arbeitete, gehört seit 1946 dem Berliner CDU-Vorstand an. Das Abgeordnetenhaus wählte ihn 1975 zu seinem Präsidenten. 1976 unternahm er seinen ersten Versuch mit der Bundespolitik: Für den Fall eines CDU-Wahlsiegs war er für ein Ministeramt vorgesehen. Da seine Partei jedoch weiterhin in der Opposition blieb, kehrte er 1977 nach Berlin zurück. Ein Jahr später allerdings machte er den Weg für Richard von Weizsäcker als Spitzenkandidat frei, da er es nicht vermocht hatte, die Berliner CDU aus der Opposition herauszuführen. 1981 trat er auch den Landesvorsitz ab. Von Helmut Kohl wurde er 1982 als Parlamentarischer Staatssekretär ins Bundeskanzleramt berufen. Ein Bundestagsmandat nahm er bereits seit 1980 wahr.

Bernd Löffler

Heinrich Lübke
* 14. 10. 1894 Enkhausen; † 6. 4. 1972 Bonn
Lübkes Andenken wurde lange von der Endphase seiner Bundespräsidentschaft geprägt, in der die Zerrüttung seiner Kräfte zu häufigen Ungeschicklichkeiten im politischen Stil geführt und rhetorische Schwächen offenbart hatte. Billiger Spott schlug damals Lübke aus vielen Kreisen einer Bevölkerung entgegen, die von ihrem ersten Bürger alle Tugenden erwartete, und die von den politischen Lebensleistungen ihres Präsidenten wenig wußte.
Aus einfachen ländlichen Verhältnissen hervorgegangen, hatte Lübke das Stu-

dium der Geodäsie und Kulturbautechnik, des Verwaltungs- und Siedlungsrechts absolviert und fand im ländlichen Verbandswesen der Weimarer Republik seit 1922 wichtige Aufgaben. Er wurde ein führender Organisator der norddeutschen mittelständischen Bauernschaft, wodurch er automatisch in Gegensatz zum preußischen Großgrundbesitz geriet. Als der »rote Lübke« wurde der Fachmann für Binnenkolonisation 1931 als Zentrumsabgeordneter in den Preußischen Landtag gewählt. Als die Nazis 1933 alle landwirtschaftlichen Organisationen zerschlugen, wurde er wiederholt monatelang wegen angeblicher Unterschlagungen eingesperrt, mußte 1935 aber mangels Beweisen freigelassen werden. Das Erlebnis der Haft veranlaßte Lübke, eine unauffällige Tätigkeit anzustreben; seit 1939 war er in Berlin im Baubüro des Ingenieurs Schlempp tätig, das später dem Generalbauinspekteur Speer dienstverpflichtet wurde.
1945 trat Lübke der CDU bei. Die britische Militärverwaltung betraute ihn mit dem Ressort »Erfassung und Verteilung« des Provinzialrates von Nordrhein-Westfalen. Von 1947 bis 1952 war er »Ernährungsminister« dieses Landes und versuchte in diesem Amt erfolgreich der katastrophalen Versorgungslage Herr zu werden. Sein sozialpolitisches Ziel war »die Schaffung eines unabhängigen Menschen als Grundvoraussetzung einer demokratischen Ordnung«, sein Programm »Hilfe zur Selbsthilfe«. Der »Güterschlächter« Lübke setzte 1948 ein Bodenreformgesetz durch, das aber von der Militärregierung aufgehoben wurde.

Die Zeitungen in Guinea kündigen den Besuch Heinrich Lübkes im Januar 1962 an.

1953 in den Bundestag gewählt, empfahl ihn seine Fachkompetenz als Minister für Ernährung, Landwirtschaft und Forsten. Lübke machte es zur vordringlichen Aufgabe seines Amtes, die Disparität zwischen industriellen und landwirtschaftlichen Einkommen zu beheben. Nach dem Landwirtschaftsgesetz von 1955 wurde die Bundesregierung zu einem alljährlichen »Grünen Plan« verpflichtet, der die Verbesserung struktureller Mängel der Landwirtschaft mit enormem Kostenaufwand ermöglichte. Gleichwohl wandte sich Lübke scharf gegen Erhaltungssubventionen und Preisgarantien, was ihm die erbitterte Gegnerschaft des Deutschen Bauernverbandes eintrug. Gegen dessen Protest wurde er 1957 erneut Landwirtschaftsminister.
1959 wurde der »Mann ohne Feinde« von seiner Partei zur Kandidatur für das Amt des Bundespräsidenten gedrängt und im zweiten Wahlgang gegen Carlo Schmid von der Bundesversammlung mit 525 von 1033 Stimmen am 1. 7. 1959 gewählt. Lübkes Amtsführung zeigte eine überraschende politische Akzentuierung. Seine Staatsbesuche galten vornehmlich der Dritten Welt, und kein Geringerer als Erhard Eppler bescheinigte ihm, die Entwicklungshilfe als erster deutscher Staatsmann in ihrer politisch-ethischen Bedeutung erkannt zu haben.
Im Hinblick auf Gesetze und Personalentscheidungen setzte Lübke zunehmend ein materielles Prüfungsrecht gegenüber Bundestag und -regierung durch. Seit 1961 und, in seiner zweiten Amtsperiode, erst recht nach Erhards Wahlsieg 1965 bemühte er sich verstärkt um eine große Koalition von CDU und SPD. Dieses Eingreifen in Tagesfragen beraubte ihn aber des Schutzanspruchs seines Amtes. Lübke zog vermehrt Kritik auf sich, zumal er auch die Rolle eines Wächters der politischen Moral nicht immer zu meistern schien. Am schädlichsten für sein Ansehen waren die Vorwürfe über seine angebliche Mitwirkung am Bau von Konzentrationslagern im Dritten Reich. Angeregt von einer Kampagne der DDR, stempelte man ihn zum »KZ-Baumeister«, obwohl ihm nichts anderes nachgewiesen werden konnte, als daß er im Rahmen der Dienstverpflichtung seines Arbeitgebers mittelbar militärische Versuchsanlagen mitgestaltet hatte, in denen später auch politische Häftlinge zwangsbeschäftigt waren. Um den Anschein einer Schuld zu vermeiden, trat der alternde Präsident nicht zurück, setzte sich aber auch nicht gerichtlich zur Wehr. Immer mehr bröckelte »aus begründeten und unbegründeten Anlässen« (Eschenburg) seine Autorität ab. Schließlich stimmte er einer Vorverlegung des Wahltermins für seinen Nachfolger auf den 5. 3. 1969 zu. Bis zu seinem Tode im Jahre 1972 lebte Heinrich Lübke in Bonn in berechtigter Verbitterung.

Lit.: H. Lübke, *Grundlagen einer neuen Siedlungspolitik* (1946); *Aufgabe und Verpflichtung* (1965); H. G. Quarta, *Heinrich Lübke – Zeugnisse eines Lebens* (1978); A. Schiffner, »Heinrich Lübke«, in: Bernecker/Dotterweich (Hrsg.), *Persönlichkeit und Politik in der Bundesrepublik Deutschland* (1982)

Alfred Schiffner

Paul Lücke
* 13. 11. 1914 Schöneborn; † 10. 8. 1976 Erlangen
Schon der junge Lücke gehörte der katholischen Jugendbewegung an und blieb auch später kirchlich tätig. Nach einer Schlosserlehre konnte er sich zum Maschinenbauingenieur weiterbilden und lernte während dieser Zeit eindringlich das Elend des städtischen Arbeitermilieus kennen. Nach 1945 war Lücke, der in seinem oberbergischen Heimatkreis die CDU mitbegründete, als Kommunalbeamter tätig, von 1949 bis 1972 war er Mitglied des Bundestages. Zunächst Vor-

sitzender des Wohnungsbauausschusses, übertrug ihm Konrad Adenauer im Oktober 1957 das Wohnungsbauministerium, das er bis ins 1. Kabinett Erhard behielt.
Der Wohnungsnot versuchte er nicht durch Mietskasernenbau beizukommen, sondern durch die Förderung individuellen Bauens möglichst auf Grundlage privater Eigentumsbildung. Der lang umkämpfte »Lücke-Plan« jedoch, der 1960 per Gesetz die Zwangsbewirtschaftung beendete und Mieterhöhungen in den sog. Weißen Kreisen erlaubte, was dazu führte, daß Altbaumieten teilweise bis an die Grenze des Mietwuchers hochschnellen konnten, provozierte den Zorn der Mietervereine. Im 2. Kabinett Erhard übernahm Lücke ab 1965 das Innenministerium. Diesen Posten behielt er auch in der Großen Koalition – für die er sich schon lange eingesetzt hatte – bei. Die schwierigsten Probleme dieser Amtszeit bildeten Notstandsgesetzgebung (erst 1968 unter Benda verabschiedet) und Wahlrechtsreform (wo er kein Einverständnis mit der SPD erlangte und im April 1968 zurücktrat). Im November 1972 verlor er seinen Wahlkreis an die SPD und schied aus dem Bundestag aus. Bis zu seinem Tode war Lücke noch bei mehreren Baugesellschaften tätig.

Claudia Nölting

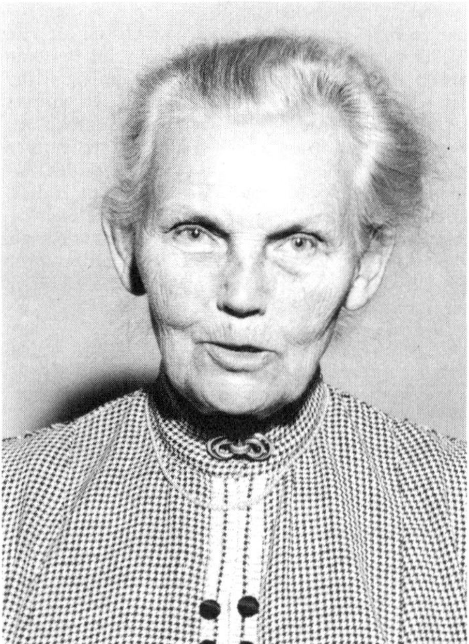

Marie-Elisabeth Lüders

Marie-Elisabeth Lüders
* 25. 6. 1878 Berlin; † 23. 3. 1966 Berlin
Mit 32 Jahren bestand die wohlbehütete Tochter eines höheren preußischen Beamten das Abitur. Vorher, in Hauswirtschaft ausgebildet und in der Sozialarbeit engagiert, hatte sie ihre ersten Kontakte zur deutschen Frauenbewegung. Für die damalige Zeit ungewöhnlich war auch ihr Studienfach: Volkswirtschaft. Sie schloß ihr Studium 1912 in Berlin mit einer Dissertation über die *Fortbildung der im Gewerbe tätigen weiblichen Personen und deren rechtliche Grundlagen* ab. Als Wohnungspflegerin und während des Krieges als Kriegsfürsorgerin in Berlin, als Frauen- und Mütterfürsorgerin in Brüssel, Düsseldorf und zuletzt wieder in Berlin kam sie immer wieder mit den besonderen Problemen der Frauen in Berührung. Das brachte sie konsequent in die Politik.
Nach der Einführung des Frauenwahlrechts wurde sie 1919 in die Weimarer Nationalversammlung gewählt und war von 1920 bis 1932 Mitglied des Reichstags. Ihr Einsatz in der Sozialpolitik und in der Frauenbewegung hatte die Anhängerin des Sozialliberalen Friedrich Naumann zur DDP geführt. Sie wurde im Dritten Reich mit Rede- und Publikationsverbot belegt und zeitweise inhaftiert. Von 1948 bis 1951 war sie für die FDP Stadtverordnete und Mitglied des Magistrats von Berlin. Sie vertrat ihre Heimatstadt von 1953 bis 1961 im Bundestag. Die 2. Legislaturperiode 1953 eröffnete sie als Alterspräsidentin des Parlaments. Nach ihren Initiativen zur gesetzlichen Regelung der Stellung von deutschen Frauen, die mit Ausländern verheiratet sind, wurde die »Lex Lüders« geschaffen. Die Sozialpolitik, das Familienrecht und die Frauenfragen blieben ein Leben lang ihr von großem persönlichen Einsatz geprägtes Anliegen.

Erwin Fellner

Hans Lukaschek
* 22. 5. 1885 Breslau; † 26. 1. 1960 Freiburg im Breisgau
Das 1949 neugeschaffene Bundesministerium für Angelegenheiten der Vertriebenen – »ein Sonderministerium ohne Vorbild in der deutschen Geschichte« (Udo Wengst) bis zur Auflösung 1969 – war auf dem Problemfeld der Eingliederung der Flüchtlinge und Vertriebenen in die Wirtschafts- und Sozialordnung der Bundesrepublik angesiedelt: Es lag im Fadenkreuz vielfältiger Mißverständnisse und Anfeindungen, zumal der osteuropäischen Nachbarstaaten, nicht zuletzt auch der eigenen »Klientel«, deren Verbänden die erwartete Unterstützung selten genügte. Dies mußte auch der erste Amtsinhaber (1949–1953) Hans Lukaschek erfahren, dem seine großen Verdienste um Etablierung und erste Erfolge des schwierigen Ressorts (Lastenausgleichsgesetz vom 14. 8. 1952) auch in den eigenen Reihen der CDU und der Vertriebenenorganisationen nicht nur gedankt wurden.
Fernab nationalistischer und gruppenegoistischer Tendenzen, war der promovierte Jurist um maßvolle, sachlich fundierte und sozial ausgeglichene Lösungen bemüht, darin geschult durch große Aufgaben, denen er sich bereits in der Weimarer Republik gestellt hatte: Mitglied der Gemischten Kommission für Oberschlesien und beiderseits anerkannter Vermittler zwischen deutschen und polnischen Interessen (1922–1927), Oberbürgermeister von Hindenburg (1927–1929), Oberpräsident von Oberschlesien (1929–1933). Von diesem Amt trat er 1933 zurück; nationalsozialistische Verfolgung erfaßte auch ihn: 1944 wurde er als Angehöriger des Kreisauer Kreises in das Konzentrationslager Ravensbrück verbracht. Am Neuaufbau beteiligte er sich 1945/46 zunächst in Thü-

ringen (Mitbegründer der CDU; Minister für Land- und Forstwirtschaft), bevor er – nach sowjetischer Amtsenthebung – im Herbst 1946 über Berlin in den Westen flüchtete.

Hans Peter Mensing

Reinhold Maier

* 16. 10. 1889 Schorndorf; † 19. 8. 1971 Stuttgart

Seinem Leitspruch »Sich vor nichts drücken, sich zu nichts drängen« ist der letzte große Vertreter des deutschen Liberalismus alten Stils stets treu geblieben. Schon 1924 saß der listenreiche und kämpferische Schwabe für die Demokratische Partei im Stuttgarter Landtag, wurde Landesvorsitzender, 1929 Wirtschaftsminister und Bevollmächtigter im Reichsrat. Zusammen mit seinem Freund Theodor Heuss gehörte Maier von 1932 bis 1933 dem Reichstag an. Die Amerikaner machten den konsequenten Antifaschisten 1945 zum Ministerpräsidenten des neugeschaffenen Württemberg-Baden. Obwohl als FDP-Politiker lediglich Mitglied der drittstärksten Fraktion, wurde er bei den Wahlen von 1946 und 1951 als Regierungschef bestätigt.

Er nutzte seine herausragende Stellung für seine zwei Hauptanliegen: als eifriger Verfechter und »Vater« des Südweststaates Baden-Württemberg (dessen erster Ministerpräsident er von April 1952 bis Oktober 1953 war) und als ernst zu

Reinhold Maier

nehmender Gegenspieler von Konrad Adenauer. Dessen Westorientierung widerstrebte dem »reichstreuen«, antiklerikalen Schwaben. Als »ewiger Rufer nach Deutschland« stritt er gegen eine »Wiedervereinigung im Bonner Kühlschrank«. Daß er als Bundesratspräsident 1953 die Verträge zur Europäischen Verteidigungsgemeinschaft erst verhindern wollte und sie dann passieren ließ, brachte ihm den Ruf des überzogenen Taktikers ein. Doch Taktik war für »den Fuchs aus dem Remstal« stets nur ein Mittel, seine Überzeugungen durchzusetzen: als FDP-Bundesvorsitzender von 1957 bis 1960, als Landtagsabgeordneter bis 1964 und im Bundestag von 1953 bis 1956 und 1957 bis 1959. In »intimer Gegnerschaft« zu Adenauer war er dort ein scharfzüngiger Debattenredner (in der ersten Atomdebatte schleuderte er Minister Strauß entgegen: »Wer so redet, der schießt auch!«). Doch im »Bundeszentraltheater« der Berufspolitiker fühlte sich der volksverbundene Maier nie wohl. Er brauchte den direkten Kontakt zu seinen schwäbischen Landsleuten, für ihn hatte Politik nur einen Sinn, wenn sie von der Basis her gemacht wurde.

Lit.: R. Maier, *Erinnerungen 1948 bis 1953* (1966)

Bernd Kühnl

Werner Maihofer
* 20. 10. 1918 Konstanz
Der »Chefideologe der Liberalen«, wie er seit dem Freiburger Bundesparteitag der FDP 1971 oft genannt wurde, mußte sich von seinen Parteifreunden Verrat an den eigenen Ideen vorwerfen lassen. Wie sehr die politische Theorie unter dem Druck der Praxis ihre eigenen Widersprüche erzeugen kann, erfuhr der als feinsinnig geltende Rechtswissenschaftler in seinem Amt als Bundesinnenminister. Durch sein Engagement in der Rechtspolitik fand Maihofer zur FDP und über sie in seine Regierungsämter.

Schon früh an Grundsatzfragen interessiert, habilitierte er sich – nach Jurastudium und Promotion in Freiburg und den Dolmetscherprüfungen in Englisch und Französisch – mit der philosophischen Untersuchung über *Recht und Sein* (1953). In Saarbrücken lehrte er an der Universität des Saarlandes von 1955 bis 1970 Rechts- und Sozialphilosophie, Strafrecht und Strafprozeßrecht; als ihr Rektor (1967–1969) war er auch Vizepräsident der Westdeutschen Rektorenkonferenz (1968–1971). Die Fächer Rechtssoziologie und Rechtstheorie vertritt er seit seinem Wechsel an die Universität Bielefeld zusätzlich, nachdem er auch auf diesem Gebiet zu den führenden Denkern zählt. In den Zeiten der Großen Koalition in Bonn, als die Strafrechtsreform eingehend diskutiert wurde, unterstützte er die Gründung eines Arbeitskreises der Strafrechtslehrer, die später als die sog. Alternativprofessoren ihre Entwürfe eines liberalen Strafgesetzbuchs den konservativen Bestrebungen entgegensetzten. Wie seine Kollegen Ulrich Klug und Jürgen Baumann brachten ihn Gedankengut und Resonanz auf die Entwürfe zur FDP (1969).

Unter seinem Vorsitz erarbeitete die Programmkommission die »Freiburger Thesen der Liberalen«, die mit ihren Forderungen nach Kampf gegen die Bodenspekulation, Umverteilung des Produktivvermögens der Wirtschaft und Demokratisierung aller gesellschaftlichen Bereiche einen eindeutig linksliberalen Kurs aufnahmen. Die Koalition zwischen FDP und SPD sah er damals als »historisches Bündnis zwischen Bürgertum und Arbeiterschaft«. 1972 übernahm er, erstmals Bundestagsabgeordneter, einen Posten als Bundesminister für besondere Aufgaben, auf dem er sich vor allem mit der ungelösten Problematik der

Werner Maihofer bei seiner Ansprache anläßlich der Überreichung von Verdienstorden an die GSG 9 und die Besatzungsmitglieder des von Terroristen nach Mogadischu entführten Lufthansa-Flugzeugs am 20. 10. 1977 im Bundeskanzleramt.

Mitbestimmung zu befassen hatte. Nach dem Rücktritt von Willy Brandt wurde Maihofer nicht, wie von vielen erwartet, zum Justiz-, sondern zum Innenminister berufen. Nach der Bundestagswahl 1976 im Amt bestätigt, geriet er im Februar 1977 durch die Abhöraffäre Traube ins öffentliche Kreuzfeuer, nachdem offenbar wurde, daß er als linksliberaler Verfassungsminister die Lauschoperationen des Verfassungsschutzes gebilligt hatte. Die Stärkung des Polizeiapparates, die verschärften Maßnahmen im Sicherheitsbereich, zum anderen die Pannen bei der Fahndung im Zusammenhang mit den Ermordungen von Generalbundesanwalt Buback, Bankier Ponto und Arbeitgeberpräsident Schleyer durch Terroristen schwächten seine politische Position entscheidend. Als der von Hermann Höcherl vorgelegte Bericht gravierende Führungsfehler im Bundesinnenministerium feststellte, trat Maihofer im Juni 1978 zurück. Er arbeitet seither wieder als Wissenschaftler. 1982 wurde er Leiter des Europäischen Hochschulinstituts in Florenz.

Lit.: W. Maihofer, *Recht und Sein* (1954); *Vom Sinn menschlicher Ordnung* (1956); *Rechtsstaat und menschliche Würde* (1968)

Erwin Fellner

Ernst Majonica
* 29. 10. 1920 Soest
Als außenpolitischer Sprecher der CDU/CSU-Fraktion war er lange Jahre einer der entschiedensten Verfechter eines strikt antikommunistischen Kurses. In der

Entspannungspolitik sah er die Gefahr der Festigung des Status quo in Deutschland. Vom ehemaligen sowjetischen Botschafter in Bonn, Smirnow, wurde der Freund harter Formulierungen deshalb auch als »Kalter Krieger« bezeichnet.
Seit 1946 Mitglied der CDU, kam der Rechtsanwalt 1950 im Zuge einer Nachwahl erstmals in den Bundestag. Innerhalb seiner Partei profilierte er sich als Vorsitzender der Jungen Union (1950–1955) und des außenpolitischen Arbeitskreises der Fraktion (1959–1969). Der Kenner chinesischer Geschichte und Kultur und Experte auf dem Gebiet fernöstlicher Fragen promovierte 1971 mit einer Untersuchung über die politischen Beziehungen zwischen Bonn und Peking zum Dr. rer. pol. In der Debatte um die Ostverträge entwickelte er sich vom Gegner zum Befürworter der Ratifikation.
Nachdem er für die Bundestagswahl 1972 in seinem Wahlkreis nicht mehr aufgestellt worden war, übernahm er ein Jahr später einen Lehrauftrag für internationale Politik an der Universität Bonn. Für die erste Direktwahl des Europaparlaments war er für die CDU aufgrund seiner Erfahrung und seines Sachwissens der richtige Kandidat. Er wurde 1979 gewählt. Für das neue Europaparlament 1984 kandidierte er jedoch nicht mehr.

Lit.: E. Majonica, *Deutsche Außenpolitik* (1965); *Bonn-Peking* (1971)

Georg Braun

Ingrid Matthäus-Maier
* 9. 9. 1945 Werlte/Kreis Aschendorf
Das CSU-Parteiorgan *Bayernkurier* bestätigte ihr »aufsässigen Ehrgeiz«. Und tatsächlich: Ingrid Matthäus-Maier, die Richterin, die sich schon früh in Apo und Humanistischer Union engagierte, hat in ihrer politischen Laufbahn stets konsequent links und karrierebewußt gehandelt. In die FDP trat sie einen Tag nach Bildung der sozialliberalen Koalition ein, die Partei verließ die »wackere FDP-Frau« (Ex-Bundeskanzler Helmut Schmidt) im November 1982, als der Wechsel zur CDU feststand.
Im Juni 1972 zur Bundesvorsitzenden der Jungdemokraten gewählt (von ihr stammte auch das radikale »Manifest zur Frauenemanzipation«), bemühte sie sich im selben Jahr vergeblich um ein Bundestagsmandat. Im Januar 1973 als Jungdemokraten-Vorsitzende abgewählt, schaffte sie 1976 den Sprung in den Bundestag, wurde 1977 stellvertretende und 1979 Vorsitzende des Finanzausschusses, wo sie Respekt und Anerkennung sogar von Konservativen erwarb. Ingrid Matthäus-Maier, die dem FDP-Bundesvorstand von 1972 bis 1976 und von 1978 bis 1982 angehörte, kritisierte immer wieder die Praxis des Radikalenerlasses und die Terroristengesetze, geriet zunehmend in scharfen Gegensatz zu Parteichef Hans-Dietrich Genscher. Nach ihrem Austritt trat sie im Dezember 1982 in die SPD ein und kam bei den Märzwahlen über die nordrhein-westfälische Landesliste der SPD erneut in den Bundestag.

Bernd Kühnl

Hans Matthöfer
* 25. 9. 1925 Bochum
In der Regierung Helmut Schmidt galt Hans Matthöfer zwar als »linker Flügelmann«, doch eher als »preußischer« Linker und Vertreter einer Richtung, die sich durch Seriosität auszeichnete. Der Sohn eines Hüttenarbeiters aus dem

Ruhrgebiet mußte noch 1943 Soldat werden. Nach 1945 studierte er Volkswirtschaft (u.a. in den USA), schloß sich 1951 der SPD an und wurde SDS-Vorsitzender in Frankfurt. Damals gab er die Zeitschrift *links* heraus, die keineswegs immer der SPD-»Parteilinie« entsprach. Mit dieser *links*-Orientierung trat er als Angestellter beim Vorstand der IG Metall ein. Seine dort und auf der internationalen Gewerkschaftsebene erworbenen Kenntnisse verstand er im Bundestag (seit 1961) und als Parlamentarischer Staatssekretär (ab 1972) im Ministerium für wirtschaftliche Zusammenarbeit hervorragend zu nutzen.

Seit 1974 leitete er das Ministerium für Forschung und Technologie, nicht ganz unangefochten allerdings, insbesondere was die Diskussion um die Kernenergie betraf. Vier Jahre später berief Schmidt seinen Freund und passionierten Mit-Schachspieler an die Spitze des Finanzministeriums. Mit bemerkenswerter Nüchternheit und unter allmählicher Aufgabe seiner früheren Positionen nahm er sich der Problematik an, einerseits das wirtschaftliche Wachstum, andererseits die Staatsverschuldung abbauen zu müssen. Vehement warnte er vor beschäftigungspolitischen Illusionen und vor der Politik des »leichten Geldes«. Auch er konnte jedoch das Ansteigen der Staatsverschuldung und der Arbeitslosenzahlen nicht verhindern. 1982 schied Matthöfer aus seinem Amt aus, ließ sich aber trotz gesundheitlicher Bedenken überreden, das Postministerium zu übernehmen. Das Ende der SPD-Regierung bedeutete keineswegs das Ende seiner politischen Laufbahn. Neben jahrelang wahrgenommenen Parteifunktionen verblieb er auch weiterhin in den Vorständen der SPD und seiner Fraktion im Bundestag.

Lit.: H. H. Matthöfer, *Für eine menschliche Zukunft. Sozialdemokratische Forschungs- und Technologiepolitik* (1978); *Humanisierung der Arbeit und Produktivität in der Industriegesellschaft* (1980)

Horst-Peter Schulz

Wilhelm Mellies

* 5. 9. 1899 Privitsheide/Lippe; † 19. 5. 1958 Bonn

Der Kleinbauernsohn Mellies, der bis 1933 Volksschullehrer und SPD-Abgeordneter im lippischen Landtag gewesen war, gehörte nach dem Zusammenbruch des NS-Reichs zu den ersten, die sich für den Aufbau der Demokratie und seiner Partei zur Verfügung stellten. 1945 Landrat des Kreises Detmold, 1947 Abgeordneter im Frankfurter Wirtschaftsrat und 1948 Bezirksvorsitzender der SPD von Ostwestfalen, wurde er 1949 in Lemgo in direkter Wahl zum Bundestagsabgeordneten gewählt. Nach dem Tod des SPD-Vorsitzenden Kurt Schumacher und als Ollenhauer dessen Nachfolge antrat, ernannten ihn die Delegierten des Dortmunder SPD-Parteitages 1952 zum stellvertretenden Parteivorsitzenden.

Der aus der Sozialistischen Arbeiterjugend hervorgegangene Berufspolitiker »war einer von den Stillen im Lande« (so ein Nachruf Ollenhauers), der bei der Parteibasis nicht sonderlich bekannt wurde. Im SPD-Vorstand dagegen galt er als »Innenminister« der Parteibürokratie. Seit September 1953 zugleich stellvertretender Vorsitzender der SPD-Bundestagsfraktion, verwahrte er sich jedoch mit Nachdruck und puritanischer Strenge dagegen, die politische Willensbildung von der Partei in die Fraktion zu verlagern – möglicherweise mit ein Grund, daß er 1957 als stellvertretender Fraktionsvorsitzender nicht wiedergewählt wurde. Aus Verärgerung darüber kündigte er an, sein Name werde bei der Neuwahl des stellvertretenden Parteivorsitzenden auf dem nächsten Parteitag nicht mehr zur Debatte stehen. Ein Jahr später, während dieses Parteitages in Stuttgart, starb Mellies an Leberkrebs.

Werner Krause

Erich Mende
* 28. 10. 1916 Groß-Strehlitz
Jüngeren kaum mehr dem Namen nach bekannt, prägte der frühere FDP-Politiker vor allem Mitte der sechziger Jahre die deutsche Innenpolitik entscheidend mit, wenngleich ihm dort besonders herausragende Erfolge versagt blieben. Der gebürtige Schlesier, der als Major am Zweiten Weltkrieg teilgenommen hatte, gehörte 1945 zu den Mitbegründern der FDP und zog 1949 als deren Abgeordneter in den 1. Deutschen Bundestag ein. Mitte der fünfziger Jahre zählte er zum Kreis der sog. »Jungtürken« um Wolfgang Döring und Walter Scheel, denen die ihrer Ansicht nach zu große Verbundenheit der damaligen FDP-Minister in Bonn zu Kanzler Adenauer ein Dorn im Auge war. Als die CDU bei den Bundestagswahlen 1957 die absolute Mehrheit errang und der FDP die Koalition aufkündigte, wurde im Anschluß an das schlechte Wahlergebnis der FDP eine Verjüngung der Parteiführung gefordert. Es dauerte jedoch noch drei Jahre, bis Mende zum Vorsitzenden der FDP gewählt wurde. Nach einem beachtlichen Wahlerfolg 1961, den Mende zwar gegen Adenauer, nicht aber gegen die CDU geführt hatte, trat die FDP wieder in eine Koalition mit der CDU ein, in der Mende allerdings kein Ministeramt übernahm.
Nach der durch die Spiegelaffäre (Herbst 1962) ausgelösten Kabinettskrise verlangte die FDP immer nachdrücklicher den Rücktritt Adenauers, der dann auch am 17. 10. 1963 für Ludwig Erhard sein Amt zur Verfügung stellte. Mende wurde unter Erhard Vizekanzler und Minister für gesamtdeutsche Fragen. Während der Großen Koalition (1966–1969), als die FDP alleinige Oppositionspartei im Bundestag war, wuchs der innerparteiliche Widerstand gegen Mende, dem man Führungsschwäche vorwarf, gefährlich an. Zudem vermißten seine Kritiker eine klare politische Linie. Der Einfluß linksliberaler Kräfte wurde damals immer bestimmender für die weitere Entwicklung der FDP. Mende wollte diese Wendung nach »links« nicht mittragen und gab – mehr oder weniger dazu gedrängt – 1968 den Parteivorsitz an Walter Scheel ab. Bereits 1967 hatte er einen Managerposten bei der amerikanischen Investmentgesellschaft IOS angenommen, deren Bankrott 1970 Mendes politischen Niedergang weiter beschleunigte. Seinen Wechsel zur CDU (1970) bezeichnete er zwar als »logische Folgerung, liberale Grundsätze weiterhin vertreten zu können«, eine zweite Karriere konnte er bei der Union dennoch nicht mehr starten.

Lit.: E. Mende, *Das verdammte Gewissen. Zeuge der Zeit 1921–1945* (^{3}1983); *Die neue Freiheit, 1945–1961* (1984)

Reinhold Bodensteiner

Walter Menzel
* 13. 9. 1901 Berlin; † 24. 9. 1963 Bad Harzburg
Erfahrungen und Lehren aus der Geschichte der preußischen Sozialdemokratie waren es, die seine politische Haltung prägten. Der promovierte Jurist, Schwiegersohn Carl Severings, der bereits mit 19 Jahren der SPD beigetreten war und 1931 jüngster Landrat in Preußen wurde, mußte nach der Machtübernahme durch die Nationalsozialisten den Staatsdienst verlassen. Er ließ sich als Rechtsanwalt nieder und half als Verteidiger u. a. politisch Verfolgten. Nach dem Krieg

war er zunächst als Berater der Amerikaner in Berlin tätig; 1946 wurde er in die erste nordrhein-westfälische Landesregierung berufen, der er als Innenminister und stellvertretender Ministerpräsident bis 1950 angehörte.
Das Scheitern der Weimarer Republik hatte ihn zum überzeugten Unitaristen gemacht. Rückblickend schrieb er: »Die politische Ohnmacht Berlins ... und nicht ein ungesunder Zentralismus haben das Vordringen des Nationalsozialismus begünstigt.« Auf dieser Überzeugung waren auch seine Verfassungsentwürfe aufgebaut, die er als Mitglied des Parlamentarischen Rates vorlegte. Im Bundestag, dem er seit 1949 bis zu seinem Tod angehörte, wandte er sich vor allem gegen die Wiederbewaffnung und später gegen die Notstandsgesetzentwürfe des Bundesinnenministers Schröder. 1958 trat der Parlamentarische Geschäftsführer der SPD-Bundestagsfraktion als Vorsitzender des »Arbeitsausschusses ›Kampf dem Atomtod‹« an die Spitze der Antiatombewegung. Das Abrücken seiner Partei von dieser Bewegung konnte der überzeugte Antimilitarist nicht so rasch nachvollziehen.

Lit.: W. Bierbach, »Walter Menzel«, in: W. Först (Hrsg.), *Aus dreißig Jahren. Rheinisch-Westfälische Politiker-Porträts* (1979)

Ilse Fischer

Hans-Joachim von Merkatz
* 7. 7. 1905 Stargard/Pommern; † 25. 2. 1982 Bonn
Von Spöttern wegen seiner vielseitigen Verwendbarkeit als »Mehrzweckminister« tituliert, war der aus preußischem Offiziersadel stammende Monarchist und Föderalist, der auch zum Gründerkreis der nationalistischen Deutschland-Stiftung gehörte, einer der Theoretiker der Deutschen Partei. In seinen Schriften versuchte er Leitideen einer konservativen Politik zu formulieren, die ein geeintes und starkes Europa zum Ziel hatte. Der Jurist saß als Abgeordneter der DP ab 1947 im niedersächsischen Landtag und seit 1949 im Bundestag. Als Mitglied des Direktoriums der DP (ab 1952), Fraktionsvorsitzender (1953–1955) und stellvertretender Parteivorsitzender (ab 1955) hatte er großen Einfluß auf die Politik seiner Partei.
Ein Schwerpunkt seiner Arbeit war der Aufbau der europäischen Gemeinschaften, an dem er in verschiedenen Gremien mitwirkte. 1955 wurde er mit der Leitung des Bundesratsministeriums betraut. Dieses Amt behielt er bis 1962 bei, verwaltete darüber hinaus zeitweilig auch die Ressorts für Justiz (1956/57) und Vertriebene (1960–1962). Seinen Austritt aus der DP im Sommer 1960 (zusammen mit acht weiteren Abgeordneten), der das parlamentarische Ende dieser politischen Gruppierung einleitete, begründete er mit der mangelnden Praxisorientiertheit der Partei. Er schloß sich dann der CDU an, die er bis 1969 im Bonner Parlament vertrat. Als Parlamentarier gehörte Merkatz 1967 dem Untersuchungsausschuß an, der eventuelle Unregelmäßigkeiten bei der Beschaffung des Schützenpanzers HS 30 klären sollte.

Lit.: H.-J. von Merkatz, *In der Mitte des Jahrhunderts. Politische Lebensfragen unserer Zeit* (1963)

Georg Braun

Alois Mertes
* 29. 10. 1921 Gerolstein/Eifel
Als »Nothelfer« bei komplexen außenpolitischen Vorgängen bezeichnete die FAZ den seit 1952 im diplomatischen Dienst erfahrenen Mertes, der in Bonn

und Paris studiert hatte. Einschlägige Erfahrungen hatte Mertes seit Mitte der fünfziger Jahre als Vizekonsul am Deutschen Generalkonsulat in Marseille gesammelt, war anschließend an die Botschaft in Paris und 1963 an die Moskauer Botschaft gewechselt. Drei Jahre später wurde er, nachdem ein Agent der sowjetischen Botschaft in Bonn entlarvt worden war, im Gegenzug aus der Sowjetunion ausgewiesen. Am Center for International Affairs der Harvard University beschäftigte sich Mertes mit amerikanischen und sowjetischen Entspannungskonzepten.
Gipfelpunkt seiner Karriere war für den Bundestagsabgeordneten, der von 1972 an für die CDU im Parlament sitzt, 1982 der Aufstieg zum Staatsminister im Auswärtigen Amt. Vor allem in verteidigungspolitischen Fragen hat sich Mertes als Verfechter der US-Position zu Wort gemeldet: Nur landgestützte Mittelstreckenraketen seien »ernsthaft abschreckend und politisch bindend«. Eine Verlagerung dieser Waffen auf die See sei eine »politische Pseudolösung«, stellte er in einem Beitrag zur Diskussion um die Nachrüstung fest. Schon kurz nach seinem Einzug in den Bundestag war Mertes Sprecher für Sicherheit und Abrüstung in der CDU/CSU-Fraktion geworden und leitete zudem die Arbeitsgruppe Außenpolitik.

Michael Dörfler

Franz Meyers
* 31. 7. 1908 Mönchengladbach
Bürokraten hatten nur wenig Freude an dem promovierten Juristen und Oberbürgermeister von Mönchengladbach, den der nordrhein-westfälische Ministerpräsident Karl Arnold 1952 als Innenminister in sein Kabinett holte: Erst lichtete er den Paragraphendschungel im Verwaltungsrecht, dann entzog er den kommunalen Behörden die Polizeihoheit. Als er einen Schießbefehl erließ, um Autobahngangster abzuschrecken, hieß er im Volksmund bald »Pistolen-Franz«. Nachdem die CDU, der er seit 1948 angehört, bei den Landtagswahlen 1958 die absolute Mehrheit errungen hatte und erneut die Regierung bildete, wurde er als Nachfolger von Karl Arnold, der eine Woche vor den Wahlen gestorben war, zum Spitzenkandidaten gewählt.
Während seiner Amtszeit als Ministerpräsident forderte er immer wieder eine Neuregelung der Beamtenbesoldung und des Finanzausgleichs zwischen Bund und Ländern, aber auch die Aufhebung des KPD-Verbots. Als Folge der Bonner Regierungskrise entzog ihm die FDP, mit der er seit 1962 regierte, im Dezember 1966 ihr Vertrauen und machte seinen SPD-Gegenkandidaten Heinz Kühn zum neuen Ministerpräsidenten. Nicht wieder als Spitzenkandidat seiner Partei nominiert, schied der »lebenslustige Rheinländer« – so die *Neue Ruhr-Zeitung* – 1970 aus dem Landtag aus. 1982 erschienen seine Memoiren, in denen er sich für ein Zwei-Parteien-System in der Bundesrepublik ausspricht.

Lit.: F. Meyers, *gez. Dr. Meyers. Summe eines Lebens* (1982)

Klaus Lesche

Paul Mikat
* 10. 12. 1924 Scherfede/Westf.
Größtes Aufsehen erregte er als Kultusminister von Nordrhein-Westfalen in den sechziger Jahren. *Die Zeit* nannte ihn damals »eine Hoffnung der kulturpolitischen Progressisten« und bezog sich dabei auf seine ungewöhnliche und dyna-

mische Bildungspolitik, die von seiner Partei, der CDU, nicht immer verstanden wurde. Obwohl er schon 1945 in die CDU eingetreten war, hatte er keine typische Politikerkarriere hinter sich, als ihn Ministerpräsident Franz Meyers 1962 als Chef des Kulturressorts in sein Kabinett holte.
Nach einem abgeschlossenen Studium der katholischen Theologie war er zunächst ab 1950 im höheren Schuldienst tätig gewesen und hatte nebenbei Jura studiert. Er promovierte zum Dr. jur. (1954), habilitierte sich (1956) und wurde bereits 1957 als Ordinarius für deutsche Rechtsgeschichte, Kirchen-, bürgerliches und Handelsrecht an die Universität Würzburg berufen. Als Kultusminister von Nordrhein-Westfalen versuchte er mit Tatkraft und Mut die Bildungspolitik grundlegend zu reformieren. Er begann mit der Konzentration der ländlichen Zwergschulen zu Mittelpunktschulen, bekämpfte den damaligen Lehrermangel in den Volksschulen durch in Sonderkursen ausgebildete Hilfskräfte (scherzhaft »Mikätzchen« genannt), gründete zahlreiche neue Gymnasien und war maßgeblich am Aufbau neuer Universitäten beteiligt. In der Kultusministerkonferenz setzte er sich u.a. für eine verstärkte Durchlässigkeit der Schultypen und die Einrichtung von Förder- und Beobachtungsstufen ein.
Auch nach dem Ende seiner Amtszeit (1966) griff er, nun als einfacher Landtagsabgeordneter, immer wieder in die Bildungsdiskussion ein. Mikat, der 1965 das Angebot Erhards, das Amt des Bundesinnenministers zu übernehmen, abgelehnt hatte, wurde 1969 in den Bundestag gewählt, dem er seither angehört. Er übernahm in seiner Fraktion den zwar einflußreichen, aber wenig öffentlichkeitswirksamen Posten des Justitiars, den er bis heute innehat. Neben seiner Tätigkeit als Parlamentarier und seinem Hauptberuf als Professor der Rechte in Bochum (seit 1965) ist der vielseitige und vielbeschäftigte Politiker und Wissenschaftler auch Mitglied des Zentralkomitees der deutschen Katholiken und Präsident der Görres-Gesellschaft zur Pflege der Wissenschaft.

Lit.: P. Mikat, *Aufgaben moderner Kulturpolitik* (1964)

Georg Braun

Wolfgang Mischnick
* 29. 9. 1921 Dresden
Wolfgang Mischnick gehört zu jenen Politikern, die ganz ohne persönliche Feinde, aber auch ohne glanzvolle politische Auftritte auskommen. Der geborene Sachse ist kein glänzender Redner oder Denker, eher Sachwalter des Bestehenden. Behutsam taktierend, liebt er das lautlose Funktionieren, hat er sich in den letzten 30 Jahren zu einer der wichtigsten Stützen der FDP entwickelt. Seine Funktion: die FDP-Fraktion in allen Wirren funktionsfähig zu halten.
Mischnick gehörte nach dem Krieg zu den Mitbegründern der Liberal-Demokratischen Partei in Dresden. Nach 1947, er war bereits LDP-Vize in Sachsen, widersetzte er sich Bestrebungen der sowjetischen Besatzungsmacht, die Parteien gleichzuschalten, floh 1948 in den Westen. Zunächst als Jugendsekretär der FDP in Frankfurt tätig, arbeitete er dann als Angestellter und Journalist. 1954 bis 1957 war er Mitglied des hessischen Landtags und Parlamentarischer Geschäftsführer der FDP (zugleich von 1956 bis 1961 und 1964 bis 1968 Fraktionschef im Frankfurter Stadtparlament). 1957 zog Mischnick in den Bundestag ein, war von 1959 bis 1961 Parlamentarischer Geschäftsführer der Fraktion. In Bonn beschäftigte Mischnick sich vor allem mit Sozial- und Deutschlandpolitik. So unterbreitete er 1961 mit dem »Mischnick-Plan« einen Vorschlag zur

Einführung einer dreistufigen Rente für alle und forderte bereits im Januar 1962 in Kiel eine flexiblere Ostpolitik der Bundesregierung, der er als Vertriebenenminister vom November 1961 bis zum Oktober 1963 angehörte. 1963 stellvertretender, seit 1968 Fraktionsvorsitzender der FDP (daneben im Juni 1964 Parteivize und zwischen 1967 und 1977 Landesvorsitzender in Hessen), gehörte der passionierte Skatspieler und Eintracht-Frankfurt-Anhänger zu denjenigen, die die sozialliberale Koalition vorbereiteten.
Zusammen mit seinem SPD-Kollegen Herbert Wehner wurde der Freidemokrat schon bald die personifizierte Klammer der Koalition (mit Wehner traf Mischnick 1973 auch den SED-Chef Erich Honecker in Ost-Berlin, um über menschliche Erleichterungen zu verhandeln). Er konnte immer wieder einen Bruch der Koalition vermeiden, besonders als seit Ende der siebziger Jahre die Gegensätze in der Haushalts- und Wirtschaftspolitik zwischen FDP und SPD zunehmend größer wurden. Doch die Auseinandersetzungen um den Koalitionswechsel der FDP im Herbst 1982 machten auch die Grenzen des zurückhaltenden »Dieners seiner Partei« deutlich, von dem die FAZ einmal sagte, einer der Leitsätze seiner Karriere sei »unauffälliges Dahingleiten in der Mitte des Partei-Geleitzuges«. Mischnick (»Ich habe diese Koalition vor 13 Jahren bewußt mit herbeigeführt, ich habe zu ihr gestanden bis zur letzten Minute«) mußte akzeptieren, was andere – hier vor allem Parteichef Hans-Dietrich Genscher – an veränderten Rahmenbedingungen geschaffen hatten, um sie dann um des Zusammenhalts von Partei und Fraktion willen zu vertreten. So lehnte Mischnick das Ersuchen der Genscher-Gegner ab, im November 1982 auf dem Berliner Parteitag als Kandidat aller Flügel gegen den heftig kritisierten Parteichef anzutreten. Daß Mischnick bei der Wahl der Stellvertreter Genschers das weitaus beste Ergebnis des Parteitags erzielte, bewies dann allerdings, daß der ruhige und humorvolle Liberale in der durch die »Wende« völlig zerstrittenen FDP noch als eine der wenigen Integrationsfiguren von allen akzeptiert wurde.

Lit.: W. Mischnick, *Bundestagsreden* (1973)

Bernd Kühnl

Jürgen Möllemann
* 15. 7. 1945 Augsburg
Seinem Parteivorsitzenden Hans-Dietrich Genscher hielt der Bundestagsabgeordnete Möllemann auch nach dem Wechsel der FDP zur CDU im Herbst 1982 die Treue. Im neugebildeten Kabinett unter Helmut Kohl wurde der Lehrer für Deutsch, Geschichte und Sport zum engsten Mitarbeiter des Außenministers. Seit Möllemann, der zugleich Landesvorsitzender der nordrhein-westfälischen FDP ist, angesichts gegen ihn erhobener Vorwürfe (Verquickung politischer und finanzieller Interessen) auf die Spitzenkandidatur für den Düsseldorfer Landtag verzichtete, mehren sich die Stimmen, die auch seinen Rücktritt als Staatsminister fordern.
Möllemann, der 17jährig CDU-Mitglied wurde, trat sieben Jahre später wieder aus und schloß sich nach einjähriger Bedenkzeit der FDP an, für die er 1972 erstmals in den Deutschen Bundestag einzog. Schwerpunkte seiner Interessen sind Außen- und Verteidigungspolitik. Aufsehen erregte er, als er im August 1979 anläßlich einer Nahostreise mit PLO-Chef Arafat zusammentraf und in Beirut einen »Acht-Punkte-Plan« zur Lösung der Krise im Nahen Osten vorlegte. Wegen seiner Forderung nach »Selbstbestimmung der Palästinenser« ge-

riet er in das Kreuzfeuer der Kritik. Ebenfalls quer zur offiziellen Haltung der Bundesregierung stellte sich der Staatsminister, als er in der Nachrüstungsdiskussion vor einer weiteren Verfeinerung der Waffensysteme, die schließlich einen begrenzten Atomkrieg erlaubten, warnte.

Michael Dörfler

Alex Möller
* 26. 4. 1903 Dortmund
Als »Freund, Genossen, Ratgeber und großen Sozialdemokraten« würdigte Helmut Schmidt 1982 den »Genossen Generaldirektor« Alex(ander) Möller anläßlich dessen 60jähriger Parteizugehörigkeit. Diese eigenartige »Mischung aus sozial engagiertem Spitzenpolitiker und erfolgreichem Manager in der Privatwirtschaft« wuchs im Ruhrgebiet auf. Sein Vater war 1919 Mitbegründer der Reichsgewerkschaft Deutscher Eisenbahnbeamter gewesen und gemeinsam mit dem Sohn 1922 der SPD beigetreten. Nach kurzer Tätigkeit bei der Eisenbahn und als Journalist zog es den Sohn nach Berlin zur Bundesleitung dieser Eisenbahnervertretung. Nach Gründung des Einheitsverbandes der Eisenbahner Deutschlands arbeitete er als dessen Bezirkssekretär in Halle. 1928 wurde er als jüngster Abgeordneter in den Preußischen Landtag gewählt, gehörte dem linken Flügel seiner Fraktion an und plädierte öffentlich, aber erfolglos für einen Generalstreik gegen Hitlers Machtergreifung. Die neuen Machthaber nahmen ihn zunächst in Schutzhaft. Nach seiner Entlassung arbeitete er sich im Ruhrgebiet in der Versicherungsbranche hoch. 1945 übernahm er als Generaldirektor (bis 1969) die Leitung eines expandierenden Versicherungsunternehmens und saß in verschiedenen Gremien der Wirtschaft.
Parallel zu seiner Karriere in der Privatwirtschaft verlief seine politische Laufbahn. Er gehörte als Sozialdemokrat der verfassunggebenden Landesversammlung, dem Landtag und schließlich dem Stuttgarter Parlament im neugegründeten Bundesland Baden-Württemberg in verschiedenen Funktionen ununterbrochen an. 1961 zog er in den Bundestag ein, in dem er sofort den Fraktionsarbeitskreis »Öffentliche Finanzwirtschaft« leitete. Von 1962 bis 1966 war er SPD-Landesvorsitzender von Baden-Württemberg. Der SPD-Parteivorstand hatte ihn ebenfalls 1962 in seine Reihen gewählt und stellte ihn als Finanzminister seines »Schattenkabinetts« auf. Dieses Amt übernahm er dann 1969. Die Voraussetzungen waren schlecht: Es war nicht möglich, die gewünschte Preisstabilität mit den von allen Seiten gestellten Forderungen nach höheren Staatsausgaben in Einklang zu bringen sowie die seit Jahren überfällige Steuerreform angesichts der Konjunkturlage zu realisieren. Möller wollte seinen Ruf als »Anwalt finanzieller Solidität« bewahren und trat 1971 zurück, um nicht als »Inflationsminister« in die Geschichte einzugehen.
1972 wurde er erneut zum stellvertretenden Vorsitzenden seiner Fraktion und zum Leiter des Arbeitskreises »Öffentliche Finanzwirtschaft« gewählt. Er blieb bis 1973 im Vorstand seiner Partei, verzichtete aber, wie auch 1976 als Bundestagsabgeordneter, auf seine Wiederwahl. Ehrungen und Würdigungen seiner Person hatten stets ein zentrales Thema: sein »preußisch zu nennendes Pflichtbewußtsein« (Willy Brandt), und Helmut Schmidt rühmte die bemerkenswerte »monetäre Disziplin« seines »väterlichen Mentors«.

Lit.: A. Möller, *Unruhige Zeiten. Reden und Aufsätze* (1963); *Genosse Generaldirektor* (1978); *Tatort Politik* (1982); *Jahre der Wende*. Festgabe für Alex Möller zum 65. Geburtstag, hrsg. von R. Schwebler/W. Föhrenbach (1968); *Das preußische Erbe. Die Alex-Möller-Geburtstagsrede,* hrsg. von E. W. Mommsen (1973)

Horst-Peter Schulz

Karl Moersch
* 11. 3. 1926 Calw
Sein Tatendrang und seine scharfe Zunge machten den FDP-Politiker Karl Moersch schnell in Bonn bekannt. Erste Anerkennung erwarb sich der Journalist, der 1964 in den Bundestag nachgerückt war, 1968 durch eigene Recherchen in der Affäre um den Schützenpanzer HS 30. Bereits in der 5. Legislaturperiode stellte der Schwabe einen Bundestagsrekord auf: Er brachte es auf 99 schriftliche Anfragen und 180 Zusatzfragen.
Die schnelle Auffassungsgabe und den Bienenfleiß des Kulturpolitikers machte sich im Juni 1970 Bundesaußenminister Walter Scheel zunutze: Er holte ihn als Parlamentarischen Staatssekretär ins Auswärtige Amt. Weniger erfolgreich war Moersch im Amt des baden-württembergischen Landesvorsitzenden, das er 1971 als »Mitte-Links-Kandidat« übernahm und 1974 an Martin Bangemann wieder abgab. Sein Bonner Amt ließ ihm nicht genügend Zeit dafür; seine unkonventionelle Art mit einem Hang zu Alleingängen verärgerte die Parteifreunde im Land. Nach Spannungen mit Scheel-Nachfolger Hans-Dietrich Genscher schied Moersch (seit 1974 Staatsminister) aus dem Auswärtigen Amt aus, kam auch nicht wieder in den Bundestag. Er widmete sich wieder ganz dem Journalismus. Als die FDP 1982 die Wende zur Union vollzug, trat der »Radikalliberale« aus, mit der Begründung, die FDP sei eine »Vereinigung des politischen Opportunismus« geworden.

Bernd Kühnl

Gebhard Müller
* 17. 4. 1900 Füramoos/Württ.
Zwölf Jahre lang (1959–1971) führte Gebhard Müller den Vorsitz im Bundesverfassungsgericht in Karlsruhe. Dem Richteramt war eine 13jährige Laufbahn in der württembergischen Landespolitik vorausgegangen. Nachdem der Jurist von 1934 bis 1945 als Amtsrichter in mehreren württembergischen Gerichten gearbeitet hatte, wurde er von der französischen Besatzungsmacht in die Justizverwaltung von Württemberg-Hohenzollern übernommen. Hier war er ab 1946 als Vertreter des Justizministers Carlo Schmid tätig.
Gleichzeitig CDU-Landesvorsitzender, wurde Müller 1948 zum Staatspräsidenten von Württemberg-Hohenzollern gewählt. In diesem Amt, das u.a. durch Auseinandersetzungen mit der französischen Militärregierung in der Demontierungsfrage bestimmt wurde, setzte sich der Landespolitiker besonders für die Bildung eines einheitlichen Südweststaates ein. Nach der Gründung von Baden-Württemberg (1952) wirkte Müller maßgeblich an der Vorbereitung der Landesverfassung mit.
Als Chef eines Allparteienkabinetts wurde der Jurist 1953 Ministerpräsident von Baden-Württemberg. In diesem Amt wirkte er bis zu seiner Wahl zum Bundesverfassungsrichter. In seiner Funktion als höchster Richter der Bundesrepublik machte er durch Entscheidungen zur Reform des Paragraphen 218 und der Ehescheidungsgesetzgebung auf sich aufmerksam. In diesen Bereichen wurden

u.a. Grundsatzurteile über den Schutz des ungeborenen Lebens und über die Verfassungsmäßigkeit der Ehescheidungsreform gefällt.

Angelika Baumann

Josef Müller
* 27. 3. 1898 Steinwiesen; † 2. 9. 1979 München
Der Mitbegründer und erste Vorsitzende der bayerischen CSU wollte an die christlich-soziale Tradition Stegerwalds anknüpfen, stieß jedoch auf den starken Widerstand einer konservativen Gruppe (Alois Hundhammer, Fritz Schäffer), die in der Tradition der früheren Bayerischen Volkspartei verwurzelt war. Im Dezember 1946 konnte der »Ochsensepp« (so Müllers Spitzname), der im Dritten Reich als Repräsentant des katholischen Widerstandes 1943 als »Hochverräter« verhaftet worden war und die Jahre bis zum Kriegsende in Gefängnissen und Konzentrationslagern verbracht hatte, noch über seine Gegenspieler triumphieren.
Der promovierte Volkswirt und Jurist wurde mit großer Mehrheit wiedergewählt und vermochte auch das von ihm verfaßte Programm (»Die dreißig Punkte der CSU«) durchsetzen. Darin sprach sich die CSU u.a. für eine »sinnvolle Lenkung der Wirtschaft« und für die Überführung lebenswichtiger Produktionsmittel in Gemeineigentum aus. Den Beschluß der CSU-Landesversammlung, wonach Müller »maßgebend an der Regierungsbildung beteiligt« werden sollte, mißachtete die Landtagsfraktion jedoch: Bei der Wahl des Ministerpräsidenten erhielt er nicht die erforderlichen Stimmen, obwohl die CSU über die absolute Mehrheit verfügte. Erst im Herbst 1947 wurde Müller bayerischer Justizminister, mußte jedoch 1952 im Zusammenhang mit der Affäre Auerbach zurücktreten, als der jüdische Leiter des Landesamtes für Wiedergutmachung nach einer Anklageerhebung gegen ihn Selbstmord beging. Bereits drei Jahre zuvor hatte Müller den Parteivorsitz niederlegen müssen. 1960 versuchte er als Gegenkandidat zu Hans-Jochen Vogel ein politisches »Comeback« als Münchner Oberbürgermeister, womit er jedoch kläglich scheiterte.

Emil Werner

Alfred Müller-Armack
* 26. 6. 1901 Essen; † 16. 3. 1978 Köln
Der studierte Volkswirt und Staatswissenschaftler wurde nach Habilitation (1926), Privatdozentur und außerordentlicher Professur in Köln 1940 als Professor für Nationalökonomie und Kultur-, insbesondere Religionssoziologie nach Münster berufen; ab 1950 hatte er einen Lehrstuhl für wirtschaftliche Staatswissenschaften in Köln und war zugleich Leiter des Instituts für Wirtschaftspolitik. In seiner außerordentlich fruchtbaren Forschungsarbeit hat sich Müller-Armack über die Volkswirtschaftslehre im engeren Sinn hinaus mit kultur- und religionssoziologischen Fragen sowie allgemeinen Zeitproblemen befaßt.
Er war einer der Hauptvertreter des Ordoliberalismus (Freiburger Schule), der – unter Ablehnung von zentraler Wirtschaftsplanung und ungehemmtem Laissez-faire-Kapitalismus – eine Wirtschaftsordnung befürwortete, in der die Wettbewerbsfreiheit durch einen vom Staat gesetzten Ordnungsrahmen gewährleistet werden sollte, unerwünschte Folgen des Wettbewerbs aber durch aktive staatliche Sozialpolitik aufgefangen werden sollten. Unter dem von ihm geprägten Schlagwort »Soziale Marktwirtschaft« wurde diese Konzeption für die Bundesrepublik bestimmend; Müller-Armack hat sie, als enger Berater von Wirtschafts-

minister Ludwig Erhard und – ab Herbst 1952 – als Leiter der wirtschaftspolitischen Grundsatzabteilung im Bundeswirtschaftsministerium, auch praktisch maßgeblich mit durchgesetzt. Als Staatssekretär ab 1958 hat er sich vor allem große Verdienste um die europäische Integration erworben. Nach seinem Rücktritt 1963 gehörte er weiter zu den wichtigen Beratern Erhards.

Lit.: A. Müller-Armack, *Wirtschaftslenkung und Marktwirtschaft* (1947); *Das Jahrhundert ohne Gott* (1948); *Zur Diagnose unserer Gegenwart* (1949); *Religion und Wirtschaft* (1958); *Studien zur Sozialen Marktwirtschaft* (1960); *Auf dem Weg nach Europa. Erinnerungen und Ausblicke* (1971); *Genealogie der Sozialen Marktwirtschaft* (1974)

Christoph Boyer

Ernst Müller-Hermann

* 30. 9. 1915 Königsberg

Wegen seines Eintretens für die Interessen der Autoindustrie genoß der CDU-Verkehrsexperte im Bundestag, dem er 28 Jahre angehörte, den Ruf eines Lobbyisten. In Ostpreußen beheimatet, kam er nach dem Zweiten Weltkrieg nach Bremen, wo seine politische Karriere in der CDU begann. Vor seinem Einzug in den Bundestag (1952) war er sechs Jahre lang Mitglied der Bremer Bürgerschaft. In Bonn vertiefte er sich vor allem in die Verkehrspolitik und initiierte in den fünfziger Jahren mehrere Gesetzesvorlagen zur Verkehrsneuordnung auf marktwirtschaftlicher Basis, die vor allem dem damaligen Ressortchef Seebohm zu schaffen machten. Seine Dissertation, mit der er 1963 zum Dr. rer. pol. promovierte, behandelte Fragen der europäischen Verkehrspolitik.

In der Zeit der Großen Koalition lehnte er im »Müller-Hermann-Plan« von 1968, der von seiner Fraktion unterstützt wurde, abermals Einschränkungen im Straßenverkehr zugunsten der Bahn ab. Seine Hoffnung, selbst einmal Verkehrsminister zu werden, erfüllte sich jedoch nie. In den siebziger Jahren, in denen er auch als Europaparlamentarier in Straßburg wirkte, kritisierte er wiederholt die sozialliberale Verkehrspolitik als konzeptionslos. Bei der ersten Direktwahl zum Europäischen Parlament wurde er als Abgeordneter bestätigt (1979) und schied deshalb, mit Ablauf der Legislaturperiode, 1980 aus dem Bundestag aus. Er kandidierte jedoch 1984 nicht mehr für das Europaparlament.

Georg Braun

Alfred Nau

* 21. 11. 1906 Barmen; † 18. 5. 1983 Bonn

Nau war in eine aktive sozialdemokratische Familie »hineingeboren« worden: Sein Vater spielte in der örtlichen Konsumgenossenschaftsbewegung eine bedeutende Rolle. Bereits während seiner Lehrzeit als Versicherungskaufmann – er war 16 Jahre alt – trat Nau in die Sozialistische Arbeiterjugend und in die SPD ein. 1928 wurde er beim SPD-Parteivorstand in Berlin angestellt. 1933 bereitete sich Nau mit anderen auf die Illegalität der Partei vor und half bei der Emigration einiger ihrer führenden Persönlichkeiten. Er selbst kam kurz nach Prag, erklärte aber dort, er werde auf jeden Fall nach Deutschland zurückkehren, um als Bindeglied zwischen den Illegalen und dem Exil-Parteivorstand zu dienen. Seine nachprüfbare Tätigkeit im Versicherungsgewerbe und sein Geschäftswagen verschafften ihm die notwendige Bewegungsfreiheit. Trotz dieser

Tarnung wurde er 14 Monate inhaftiert – »wegen Vorbereitung zum Hochverrat«; 1942 zog man ihn zum Wehrdienst ein.
Unmittelbar nach Kriegsende stellte sich Nau – als Mitarbeiter Kurt Schumachers – für den Wiederaufbau der SPD zur Verfügung. Im Mai 1946 wurde er zum Parteivorstandsmitglied gewählt und war seit dieser Zeit (bis 1975) Schatzmeister der SPD. Dieser Titel (»Schatzmeister«) war ihm im Grunde zuwider; die bescheidene Bezeichnung als »Parteikassierer« erschien ihm die angemessenere. In Stellungnahmen zu aktuellen politischen Fragen erlegte er sich Zurückhaltung auf. Als Schatzmeister konnte er den in der Geschichte der Bundesrepublik ersten Vertrag über die Begrenzung von Wahlkampfkosten abschließen. Die Parteienfinanzierung durch den Staat, wie sie vom Gesetzgeber vorgesehen wurde, lehnte Nau anfangs ab. »Zähigkeit, Sachkompetenz, Umsicht, Fleiß, auch eine gewisse Schläue und taktisches Geschick« bescheinigte ihm der Parteivorsitzende Brandt anläßlich seines 75. Geburtstages.
Nau, der ein solides Beitrags- und Finanzierungssystem für die SPD einführte, hatte im Bereich der Presse eine weniger glückliche Hand. Die Schrumpfung des einstmals ansehnlichen sozialdemokratischen Presseimperiums wurde ihm angelastet, doch dürften auch andere – von ihm nicht zu vertretende – Faktoren bei dessen Niedergang eine Rolle gespielt haben. Seit 1975 war Nau Vorstandsvorsitzender der Friedrich-Ebert-Stiftung – eine Tätigkeit, die er nicht als »Nebenbeschäftigung« oder »Sinekure« verstanden wissen wollte. Die Neugründung der Stiftung nach dem Kriege und die Schaffung des Archivs der sozialen Demokratie war im wesentlichen sein Werk.

Lit.: A. Nau u.a. *Parteiorganisation* (1969); *Solidarität.* Alfred Nau zum 65. Geburtstag (1971)

Werner Krause

Franz Neumann
* 14. 8. 1904 Berlin; † 9. 10. 1974 Berlin
Seinen Feinden hatte er es immer schwer und sich und seinen Freunden nie leicht gemacht. Er war kein Mann der Parteidisziplin, und er war kein Taktiker, aber ein großer, wenn auch eigenwilliger Kämpfer für die Sache Berlins und für die Demokratie. Schon als Schlosserlehrling trat Franz Neumann der Gewerkschaft und der Arbeiterjugend und mit 18 Jahren der SPD bei. Neben seinem politischen Engagement, vor allem für die Jugend, arbeitete er von 1926 bis 1933 als Fürsorger in Berlin. Seine demokratische Überzeugung trug ihm unter dem Naziregime, gegen das er in der Illegalität weiterkämpfte, Verfolgung, KZ-Haft, Gefängnis und Polizeiaufsicht ein.
1945 baute er, zunächst in seinem Wohnbezirk, dann in Berlin, die SPD wieder auf und widersetzte sich kompromißlos der von den Kommunisten angestrebten Verschmelzung von SPD und KPD in Berlin. Unter anderem wegen dieser Verdienste wählte ihn die Berliner SPD 1946 zu ihrem Landes- und Fraktionsvorsitzenden sowie später zum Vertreter der Interessen Berlins im Bundestag. In den fünfziger Jahren geriet er in immer stärkerem Gegensatz zu Ernst Reuter und Otto Suhr sowie zur Parteimehrheit. Vor allem legten er und seine ebenfalls nicht zimperliche »Keulenriege« sich mit der Gruppe um Willy Brandt an und versuchten 1957, dessen Wahl zum Regierenden Bürgermeister zu hintertreiben. Doch vergeblich, und kurz darauf löste ihn Willy Brandt auch als Vorsitzender der Berliner SPD ab. Nachdem Neumann 1969 auch nicht mehr in den Bundes-

tag gewählt worden war, widmete er sich bis zu seinem Tode ganz der Arbeiterwohlfahrt.

Horst-Peter Schulz

Erik Nölting
* 20. 11. 1892 Plettenberg; † 15. 7. 1953 Haan
Seinen eigenen Worten zufolge wurde Nölting »weder (durch) ein tyrannisches Elternhaus noch materielle Not der sozialistischen Bewegung zugeführt«. In einem bürgerlichen Elternhaus aufgewachsen, absolvierte er Gymnasium, Studium und promovierte nach dem Kriegsdienst zum Dr. rer. pol. Doch schon als Pennäler sympathisierte er mit der SPD, trat ihr 1923 bei und übernahm im selben Jahr eine Professur an der Gewerkschaftsakademie. Man wählte ihn 1928 in den preußischen Landtag und bestellte ihn zum Generalreferenten für Wirtschaft der Provinzialregierung Westfalen. Bekannter wurde er durch Rundfunkdispute 1930/31, in denen er als sozialdemokratischer Experte souverän und entschieden gegen die nationalsozialistische Wirtschaftstheorie sowie gegen Goebbels auftrat.
Nach 1945 vertrat er erneut engagiert sozialdemokratische Wirtschaftspolitik und griff, auch in öffentlichen Streitgesprächen, Ludwig Erhard und dessen Konzept der Sozialen Marktwirtschaft an. Dabei konnte er bereits auf vier Jahre Aufbauarbeit als Wirtschaftsminister von Nordrhein-Westfalen und auf Erfolge im Kampf gegen die Demontage zurückblicken. Als SPD-Abgeordneter in Bonn lehnte er den Schumanplan ab und forderte statt dessen eine weitergehende gesamteuropäische Wirtschaftsunion. Den »Meister des Wortes« und der unprofessoralen bildhaften Formulierungen riß ein Schlaganfall frühzeitig aus dem politischen Leben.

Lit.: E. Nölting, *Einführung in die Wirtschaftspolitik* (1930)

Horst-Peter Schulz

Theodor Oberländer
* 1. 5. 1905 Meiningen
Nach ausgedehnten Forschungsreisen wurde Oberländer 1934 Professor für Landwirtschaftspolitik in Danzig und Direktor des Instituts für osteuropäische Fragen in Königsberg. 1933 trat er der NSDAP bei und leitete von 1934 bis 1937 den »Bund deutscher Osten«. Nach eigenen Angaben politisch strafversetzt, wurde er 1939 zur Wehrmacht eingezogen, erhielt aber 1940 eine Professur in Prag. Als Ostexperte nahm er am Einsatz deutscher Spezialtruppen in Rußland teil, 1943 wurde er aus der Wehrmacht entlassen, später jedoch im Stab der »Russischen Befreiungsbewegung« des Generals Wlassow eingesetzt.
Nach 1945 gehörte Oberländer zuerst der FDP an, gründete dann 1950 den bayerischen BHE mit. Als dessen Vorsitzender wurde er 1951 in Bayern zum Staatssekretär für Flüchtlingswesen ernannt. 1953 übernahm er das Bundesvertriebenenministerium. Als die Fraktionsmehrheit von GB/BHE den Austritt aus der Koalition forderte, gab er den Vorsitz ab und trat 1956 der CDU bei. 1959 wurde ihm vorgeworfen, anläßlich seines Einsatzes an der Ostfront 1941 in Lemberg an der Ermordung von Juden und polnischer Intelligenz beteiligt gewesen zu sein. Oberländer bestritt dies energisch und lehnte seinen Rücktritt als Minister ab. Während er 1960 in Ost-Berlin in Abwesenheit zu einer lebenslangen Zuchthausstrafe verurteilt wurde, stellte die Bonner Staatsanwaltschaft das

Verfahren ein, da es keine direkten Tatzeugen gab. Im Mai 1960 trat Oberländer, von dem Adenauer sagte, daß er »braun, sogar tiefbraun« gewesen sei, zurück. Dem Bundestag gehörte er noch bis 1965 an.

Clemens Vollnhals

Peter von Oertzen

* 2. 9. 1924 Frankfurt/M.

Der Politikwissenschaftler stammt aus einem betont konservativ orientierten Elternhaus. Er trat 1946 in die SPD ein. Im gleichen Jahr begann er in Göttingen mit dem Studium der Geschichte, Philosophie und Soziologie und engagierte sich im SDS. Auf dem SPD-Parteitag 1959 in Bad Godesberg stimmte er als einer von 16 Delegierten gegen das neue Grundsatzprogramm seiner Partei. Sein eigener Entwurf propagierte die Verstaatlichung der Großindustrie und eine klassenlose Gesellschaft. Auf Forschungsstipendium, Promotion und Habilitation folgte 1963 die Berufung als Ordinarius für Politische Wissenschaften an die Technische Universität Hannover. 1967 zog er für die SPD in den niedersächsischen Landtag ein, dem er schon einmal, von 1955 bis 1959, angehört hatte.

1970 wurde er als Kultusminister ins Kabinett Kubel berufen, dem er bis 1974 angehörte. Seine Amtsführung war teilweise von heftigen politischen Auseinandersetzungen begleitet. Mit dem Vorschaltgesetz zum Hochschulrahmengesetz versuchte er, die Professoren in den Hochschulgremien auf eine Minorität zu beschränken (das Gesetz wurde später für verfassungswidrig erklärt). Kritik entzündete sich auch an der Berufung politisch linksstehender Professoren an die neugegründeten Hochschulen des Landes. 1973 wurde der »Praktiker mit sozialistischen Zielen«, wie er sich selbst einmal nannte, in den Parteivorstand der SPD gewählt und zum Vorsitzenden der Kommission »Orientierungsrahmen '85« berufen. Aus der Landespolitik zog Oertzen sich später ganz zurück.

Lit.: P. von Oertzen, *Betriebsräte in der Novemberrevolution* (1963); *Die Aufgabe der Partei. Reden und Aufsätze aus den letzten vier Jahren zur Arbeit der SPD und zur Entwicklung ihrer programmatischen Grundlagen* (1974)

Ilse Fischer

Erich Ollenhauer

* 27. 3. 1901 Magdeburg; † 14. 12. 1963 Bonn

Weimar 1920: Reichsjugendtag der deutschen Arbeiterjugend. Die Massen scharten sich um das Goethe-Schiller-Denkmal. Ein unbekannter junger Mann löste sich aus der Menge und hielt eine improvisierte, aber mitreißende Rede. Es war der sonst so zurückhaltende Erich Ollenhauer, den seine Freunde gern als »Herrn Geheimrat« titulierten und der damals bei der *Magdeburger Volksstimme* volontierte. Er war in einem »in der Wolle gefärbten« sozialistischen Elternhaus als Sohn eines Maurers und einer Arbeiterin aufgewachsen. Nach seiner Weimarer Rede berief man ihn in den Vorstand der Sozialistischen Arbeiterjugend (SAJ). Ein Jahr später übertrug man ihm das Sekretariat der Sozialistischen Jugendinternationale (SJI), 1923 wurde er hauptamtlicher SAJ-Sekretär und Redakteur der Zeitschrift *Arbeiterjugend,* 1928 Vorsitzender der SAJ. Bereits die Jugendlichen verpflichtete Ollenhauer auf ein Bekenntnis zur Demokratie.

Noch im April 1933 wurde er – als jüngstes Mitglied – in den Parteivorstand der

SPD berufen. Bereits einen Monat später emigrierte er nach Prag, dem Sitz des Exil-Parteivorstandes (SOPADE). Mit der SOPADE flüchtete er 1938 aus Prag nach Paris und 1940 nach England. Dort gelang es u.a. dem vermittelnden Geschick Ollenhauers, die Exil-Sozialdemokraten und die abgespaltenen Gruppen in der »Union deutscher sozialistischer Organisationen in Großbritannien« zu vereinen. Das politische Leben Englands und das dort praktizierte Demokratie- und Toleranzverständnis prägten ihn stark. Als der Emigrant Ollenhauer 1946 endgültig nach Deutschland zurückkehrte, wurde er neben Kurt Schumacher stellvertretender Parteivorsitzender der wiedergegründeten SPD. Damit begann eine äußerst fruchtbare Zusammenarbeit zwischen zwei Männern, deren Charaktere zwar absolut unterschiedlich waren, die sich jedoch nahezu ideal ergänzten. Vor allem milderten Ollenhauers Ruhe und Ausgeglichenheit die oft unduldsame Schärfe Schumachers. Aufgrund seiner früheren internationalen Kontakte konnte er in der Zeit, als es keine deutsche Außenpolitik gab, quasi als Außenminister den Boden für die Verständigung zwischen den Sozialisten der Siegernationen und der SPD bereiten.
Er gehörte dem Parlamentarischen Rat seit 1949 und danach dem Bundestag an. Die Art, wie er sein Mandat wahrnahm, erwies ihn als »geborenen Parlamentarier«. Gelobt wurde, daß er fast nie ausfallend war und sich in seiner Sachlichkeit und analytischen Klarheit stets darum bemühte festzustellen, »wo es eine Gesamtheit gibt und wo das nicht der Fall ist«. Schon vor dem Tod Kurt Schumachers stand fest, daß Ollenhauer dessen Nachfolger werden würde. Im Gegensatz zu seinem Vorgänger war er weder eine Führernatur noch ein ausge-

Erich Ollenhauer

prägt machtbewußter Politiker. Er übernahm den Parteivorsitz 1952 in einer Zeit, als die SPD für die Generation des »Wirtschaftswunders« immer weniger attraktiv wurde. Um seine Partei aus der drohenden Erstarrung herauszuführen, förderte Ollenhauer besonders die Initiativen zu einem neuen Grundsatzprogramm, das dann 1959 in Bad Godesberg verabschiedet wurde. In zwei Bundestagswahlen führte er die SPD. Als die CDU bei der letzten (1957) die absolute Mehrheit errang, bekam Ollenhauer die innerparteiliche Kritik zu spüren und verzichtete 1960 zugunsten Willy Brandts auf eine erneute Kanzlerkandidatur. Partei- und Fraktionsvorsitz dagegen behielt er bis zu seinem Tod.
Brandt präsentierte – im Gegensatz zu Ollenhauer – die SPD im Bundestagswahlkampf 1961 als »Volkspartei« mit »neuem Stil«. Ollenhauer verhielt sich loyal und seinem Wesen entsprechend: keine eigene Macht ausüben zu wollen, sondern stets nur Vollstrecker des Willens der Mehrheit zu sein. Als idealer Stellvertreter des redegewaltigen Kurt Schumacher und als duldsamer Wegbereiter des jungen Kanzlerkandidaten Willy Brandt hatte Ollenhauer die wichtigste Phase im Wandlungsprozeß seiner Partei zu überbrücken verstanden. Seine Wahl zum Vorsitzenden der Sozialistischen Internationale 1963 galt weniger der deutschen Sozialdemokratie, sondern mehr der Person Erich Ollenhauers.

Lit.: E. Ollenhauer, *Reden und Aufsätze* (1964); B. Brandt-Seebacher, *Erich Ollenhauer. Biedermann und Patriot* (1984); W. Brandt u.a., *Erich Ollenhauer. Ein großer Sozialist* (1964); D. Schröder, *Erich Ollenhauer* (1957)

Horst-Peter Schulz

Albert Osswald
* 6. 5. 1919 Gießen-Wieseck
Sein Auftritt im Fernsehen als Sänger »Osswaldo Osswaldini« zeugte von seinem unkomplizierten Wesen. Seine persönlich-politische Crux offenbarte sich eher darin, daß er als – »bürgerlich gemäßigter« – Vorsitzender des linken SPD-Bezirks Hessen-Süd die ungestümen und oft praxisfernen Kräfte bei der Stange hatte halten müssen.
Als Sohn eines Maurers durchlief er eine kaufmännische Lehre. Nach sechsjähriger Soldatenzeit trat er 1945 der SPD bei und engagierte sich in der Kommunalpolitik. 1957 war er Oberbürgermeister von Gießen; dem Landtag gehörte er seit 1954 an. 1962 trat er als Wirtschaftsminister in das Kabinett Zinn ein, in dem er 1964 das Finanzressort übernahm. 1967 wählte ihn sein Bezirk zum Vorsitzenden und schlug ihn als »Kronprinzen« für die spätere Nachfolge Zinns vor, die er 1969 antrat; zugleich übernahm er den Vorsitz des SPD-Landesverbandes Hessen.
Als Ministerpräsident mußte er sich nicht nur an der Persönlichkeit seines Vorgängers messen lassen; auch kam Kritik auf an seiner Schulpolitik, an der Überschuldung des Landes, an den gescheiterten Reformen und an Osswalds Lebensstil. Daß die traditionsreichen Städte Gießen und Wetzlar zur Großkommune Lahn zusammengeschlossen wurden, war zwar mehr die Schuld des Koalitionspartners FDP, wurde ihm aber ebenfalls angelastet. Bei der Landtagswahl 1974 verlor die SPD erstmals ihre Mehrheit an die CDU. Die Position Osswalds wurde sehr geschwächt. 1975 mußte er den Vorsitz des SPD-Bezirks Hessen-Süd abgeben. Im Bundestagswahlkampf 1976 mehrten sich die Vorwürfe gegen ihn, daß er Politik und Geschäft nicht trennen könne und seine Aufsichtspflicht über die Hessische Landesbank vernachlässigt habe. Unmittelbar nach

dieser Wahl, um 18.03 Uhr, verkündete er seinen Rücktritt als Ministerpräsident. Etappenweise zog er sich danach ins Privatleben zurück.

Lit.: A. Osswald, *Der soziale Rechtsstaat als Herausforderung. Aufgaben der Struktur und Gesellschaftspolitik* (1974); W. Fechner, *Gefragt: Albert Osswald* (1976)

Horst-Peter Schulz

Anton Pfeiffer

* 7. 4. 1888 Rheinzabern; † 20. 7. 1957 München

Aus einer katholischen Lehrerfamilie in der bayerischen Pfalz stammend, studierte Pfeiffer Philologie und Nationalökonomie und war zunächst, wie auch während des Zweiten Weltkriegs, Studienrat. Geprägt durch den bayerischen Katholizismus schloß er sich 1918 der BVP an, wurde 1923 deren Generalsekretär und vertrat seine Partei von 1928 bis 1933 im bayerischen Landtag. Als 1945 die CSU gegründet wurde, gehörte er zu den Männern der ersten Stunde und zugleich zu jenen Kräften, die an die organisatorisch-politische Tradition der BVP anknüpften, um jedoch am Widerstand der Gruppe um Josef Müller zu scheitern. Von Schäffer 1945 in die bayerische Staatskanzlei geholt, wurde Pfeiffer dort im Juli 1946 (bis Dezember) als Staatsminister für Sonderaufgaben mit der Entnazifizierung betraut (für ihn zu jener Zeit das »Herzstück« aller politischen Fragen).

Obwohl als »Mann im Hintergrund« bekannt, nahm er großen Einfluß auf die Gründung der Bundesrepublik und die Diskussion des Grundgesetzes. Er war einer der Initiatoren des sog. Ellwanger Kreises föderalistischer Unionspolitiker, Leiter des Verfassungskonvents von Herrenchiemsee 1948 sowie Fraktionsführer der CDU/CSU im Parlamentarischen Rat. Von der Notwendigkeit bayerischer Eigenständigkeit und Staatshoheit überzeugt, wollte er den »gouvernementalen Föderalismus« stärken. 1949/50 vertrat er Bayern im Bundesrat; 1949 wurde er zum deutschen Generalkonsul, 1951 zum ersten deutschen Nachkriegsbotschafter in Belgien ernannt (bis 1954).

Julia Massenkeil-Kühn

Robert Pferdmenges

* 27. 3. 1880 Mönchengladbach; † 28. 9. 1962 Köln

Einer bekannten rheinischen Textilindustriellenfamilie, zu der auch Friedrich Engels gehört hatte, entstammend, eignete Pferdmenges sich als Bankfachmann schon früh im In- und Ausland solche Fähigkeiten und Kenntnisse an, daß ihn 1931 Reichskanzler Brüning als Wirtschaftsberater holte. 1933 konnte er die eigene Bank über die nationalsozialistische Machtübernahme hinwegretten und unterhielt als Mitglied des Zentralbeirats der Reichsbank Kontakte mit Hjalmar Schacht. Nach dem Krieg gehörte Pferdmenges, der in der evangelischen Kirche engagiert war, zu den Mitbegründern der rheinischen CDU und wurde schon bald in den Zweizonenrat gewählt.

Als Präsident der Industrie- und Handelskammer wurde er von der Militärregierung zunächst bestätigt, dann jedoch ohne Angabe von Gründen wieder entlassen. Dem Bundestag gehörte er von November 1949 bis zu seinem Tode an und galt in seiner Fraktion als gesuchter Fachmann in Wirtschafts- und Finanzfragen. Besonders aber zog ihn sein intimer Freund, Bundeskanzler Adenauer, dem er auch Wähler aus evangelischen Bevölkerungskreisen zuführte, als Berater heran. Persönlich war Pferdmenges stets um Ausgleich in der Politik sowie zwischen Politik und Wirtschaft bemüht und konnte dabei sogar Sympathien bei den Gewerkschaften erwerben. Insgesamt jedoch war er ein Politiker, der gern im Hintergrund agierte.

Claudia Nölting

Karl Georg Pfleiderer
*10. 5. 1899 Stuttgart; † 8. 10. 1957 Bonn
»Es gibt keinen vergleichbaren Fall, in dem ein Parlamentarier für das Schicksal seines Vaterlandes entscheidende Leitsätze verkündet, sie konsequent vertreten hat, dafür getadelt, verunglimpft wurde, in kürzester Frist durch den Gang der Ereignisse total und sinnfällig gerechtfertigt worden ist, wie Karl Georg Pfleiderer« (Reinhold Maier). Mit seinem Modell einer gleichzeitigen West-Ost-Vertragsbindung Deutschlands (in Anknüpfung an Stresemann) sah sich der promovierte Jurist und Diplomat (1926–1945), FDP-Bundestagsabgeordnete (1949–1955) und ideenreiche Vordenker einer aktiven Ostpolitik allzeit konfrontiert mit dem intransigenten Bonner Kurs einseitiger Westintegration und Kalten Kriegs, der eine Verwirklichung des 1952 vorgelegten »Pfleiderer-Plans« (Rückzug der Truppen des Westens und Ostens aus Mitteleuropa, Wiedervereinigung Deutschlands in solchermaßen entspannter Zone) undenkbar machte, sosehr er im Ausland Beachtung fand.
1953 votierte der eigenwillige wie sensible und noble Liberale als einziger FDP-Abgeordneter gegen EVG- und Deutschlandvertrag, propagierte die Aufnahme diplomatischer Beziehungen zu den Ostblockstaaten, fand den Mut, in Karlshorst mit dem sowjetischen Deutschlandexperten Semjonow zu einer Unterredung zusammenzutreffen und engagierte sich folgerichtig gegen die Hallstein-Doktrin, nachdem er seit August 1955 als Botschafter in Belgrad für eine Normalisierung der zwischenstaatlichen Beziehungen gewirkt hatte.

Lit.: K. G. Pfleiderer, *Politik für Deutschland. Reden und Aufsätze 1948–1956* (1961)

Rüdiger Bolz

Ludwig Oskar Preller
* 16. 2. 1897 Burgstädt bei Chemnitz; † 29. 11. 1974 Rossert/Taunus
Als »Mahner des sozialen Gewissens«, als »Vorkämpfer sozialer Sicherung« ist Preller in die Geschichte der Bundesrepublik eingegangen. Sein Vater, ein Rechtsanwalt, starb früh und hinterließ ihn mittellos. Eine schwere Jugendzeit, der Kriegsdienst an der Westfront, die Existenz als Werkstudent und Bergmann prägten Prellers soziale Einstellung und wiesen ihm den Weg zur Sozialdemokratie. Er war nach seiner Promotion zunächst im Gewerbeaufsichtsdienst tätig, doch Kontakte zur Berliner Gewerkschaftsführung legten ihn endgültig auf das Gebiet der Sozialpolitik fest. Während der Nazizeit betrieb er u.a. insgeheim Studien zur Geschichte der Sozialpolitik. Seine Erkenntnis, daß sich die Sozialpolitik im Sinne einer Vorsorge dem arbeitenden Menschen zuwenden müsse, war die Richtschnur für sein erfolgreiches Wirken nach 1945.
Er engagierte sich, zunächst im Süddeutschen Länderrat, dann zwei Jahre als Minister für Arbeit, Wirtschaft und Verkehr in Schleswig-Holstein, vor allem für die Probleme der Flüchtlinge, Arbeitslosen und Jugendlichen. 1950 wurde er zum Vorsitzenden des Sozialpolitischen Ausschusses beim SPD-Parteivorstand

berufen. Die Grundlagen für einen sozialen Gesamtplan waren sein Verdienst. Als Bundestagsabgeordneter (1951–1957) setzte er sich intensiv für eine vorbeugende Gesundheitsfürsorge ein. 1961 erhielt er, nach mehreren anderen Lehraufträgen, den Ruf an die Akademie der Arbeit. Er gehörte zu den Gründern der »Gesellschaft für sozialen Fortschritt«.

Lit.: L. O. Preller, *Sozialpolitik. Kernfrage des Aufbaus* (1947); *Praxis und Probleme der Sozialpolitik* (1970)

Horst-Peter Schulz

Hermann Pünder
* 1. 4. 1888 Trier; † 3. 10. 1976 Fulda
Der Spiegel bezeichnete den Zentrumspolitiker als »Karrierebeamten der Weimarer Zeit« und bezog sich dabei auf seinen Aufstieg vom Hilfsrichter (1919) zum Staatssekretär und Chef der Reichskanzlei (1926). Wegen des Gegensatzes zum politischen Kurs Papens trat er 1932 von diesem Amt zurück und ging als Regierungspräsident nach Münster. 1933 wurde er von den Nationalsozialisten entlassen und später in den Ruhestand versetzt. Der 20. Juli 1944 brachte ihm ein Hochverratsverfahren und eine bis zum Kriegsende währende KZ-Haft ein. 1945 zählte Pünder zu den Gründern der CDU und übernahm als Nachfolger Adenauers den Posten des Kölner Oberbürgermeisters (bis 1948). Als Vorsitzender des Verwaltungsrats der Bizone entschied er 1948/49 zusammen mit Ludwig Erhard maßgeblich über Währungsreform, die Verteilung der Marshallplan-Hilfe und die Anfänge der Sozialen Marktwirtschaft. Sein Verhältnis zu Adenauer bezeichnete er als »ambivalent«. Als MdB (1949–1957) blieb der zeitlebens überzeugte Preuße zurückhaltend, denn vieles in Bonn, so das Proporzdenken und die Aufblähung der Verwaltung, entsprach nicht seiner politischen Vorstellung. Als vehementer Vertreter des Europa-Gedankens war er dagegen in verantwortlicher Position seit 1952 wesentlich beim Aufbau der Montanunion beteiligt.

Lit.: H. Pünder, *Von Preußen nach Europa* (1968)

Georg Braun

Will Rasner
* 14. 6. 1920 Spellen/Niederrh.; † 15. 10. 1971 Bonn
Der Bundestag war für den Politiker aus Leidenschaft das Metier, in dem er sich zu Hause fühlte. Nach dem Scheitern einer Schauspielerkarriere wurde er 1945 Journalist und bemühte sich als Redakteur des *Flensburger Tageblatts* um den Abbau der deutsch-dänischen Spannungen. 1952 trat er in die CDU ein und wurde bereits ein Jahr später als Gemeinschaftskandidat von CDU, FDP, DP und BHE direkt in den Bundestag gewählt, dem er bis zu seinem Tod angehörte. Schon in jungen Jahren gelang es dem »fleißigen und beflissenen, intelligenten und intoleranten Politiker« – so charakterisierte ihn *Der Spiegel* –, sich ins vorderste Glied der CDU zu schieben. Als Parlamentarischer Geschäftsführer der Unionsfraktion (seit 1955) kämpfte er bei kontroversen Debatten im Bundestag stets an vorderster Front. Er galt als intimer Kenner der Geschäftsordnung des Parlaments und eiserner Wächter der Fraktionsdisziplin. Ihm angebotene Kabinettsposten schlug er aus. Dagegen bewarb er sich 1969 um die Nachfolge Eugen Gerstenmaiers als Bundestagspräsident, unterlag jedoch in der Fraktion gegen Kai-Uwe von Hassel. Bei der Bundestagswahl desselben Jahres verlor er

sein Direktmandat an die SPD, kam aber über die Landesliste wieder ins Bonner Parlament.

Georg Braun

Johannes Rau
* 16. 1. 1931 Wuppertal
In der heißesten Phase der Studentenunruhen hatte sich Johannes Rau bei dem Disput mit Rudi Dutschke vor einem tausendköpfigen Forum als glänzender Debattierer und engagierter politischer Streiter erwiesen.
Der Sohn eines Evangelisten und Predigers in Wuppertal-Barmen hatte schon als Schüler während der Nazizeit zur Bekennenden Kirche gefunden. Nach einer Buchhändlerlehre arbeitete er journalistisch und interessierte sich zunehmend für Politik. Die Bekanntschaft mit Gustav Heinemann bestärkte sein kirchliches Engagement. Die konsequente Haltung Heinemanns gegen die Wiederbewaffnung bewog Rau, sich dessen Gesamtdeutscher Volkspartei anzuschließen. Nach deren Auflösung trat er 1957 der SPD bei. Seit 1958 im Düsseldorfer Landtag, gehörte er dort seit 1962 dem Vorstand seiner Fraktion an, seit 1967 als Vorsitzender. Ein Jahr später kam er auch in den Vorstand der Gesamtpartei. Nach kurzer Amtsperiode als Oberbürgermeister von Wuppertal trat er 1970 in das Kabinett von Heinz Kühn als Minister für Wissenschaft und Forschung ein; u.a. regte er die Gründung mehrerer Gesamthochschulen in Nordrhein-Westfalen an.
Nach seiner Wahl zum SPD-Landesvorsitzenden (1977) konnte er dann 1978 die Nachfolge Kühns als Ministerpräsident antreten. Mit ihm als zugkräftigem Spitzenkandidaten errang die SPD bei der Landtagswahl 1980 die absolute Mehrheit. Dieser Erfolg im bevölkerungsreichsten, zur Zeit jedoch problemintensivsten Bundesland stärkte nicht nur die Position der Gesamt-SPD, sondern auch seine eigene Person. Resultat: Bei seiner Wahl zum stellvertretenden Parteivorsitzenden 1982 konnte Rau, dem man weiterreichenden politischen Ehrgeiz nachsagt, über 80% aller Stimmen auf sich vereinigen. Den nächsten Wahlkampf – egal, welchen – will er, so Rau in einer launigen Dankesrede anläßlich seiner Auszeichnung mit dem »Mäuseorden« für kulturelles Engagement, wie eine Maus »spitzschnäuzig und mit großen Ohren« führen – notwendig besonders nach dem problemträchtigen Ausgang der Kommunalwahlen 1984.

Horst-Peter Schulz

Karl Ravens
* 29. 6. 1927 Achim bei Bremen
Mancher Politiker bezeichnet sich gerne als braven Parteisoldaten. In gespielter Bescheidenheit und zu Unrecht. Karl Ravens dagegen, ohne sich so zu nennen, ist wirklich einer. Pflichtbewußt und ohne viel Murren geht er, wohin ihn seine Partei schickt – »Ein Sozialdemokrat, wie ich ihn mag«, sagte Helmut Schmidt einmal über ihn.
Ravens, von Beruf Metallflugzeugbauer und Kraftfahrzeugschlosser, hatte sich 1950 der SPD angeschlossen. 1961 war er Mitglied des Bundestages geworden, 1968/69 gehörte er dem SPD-Fraktionsvorstand an, von 1969 bis 1974 war er Parlamentarischer Staatssekretär, zuerst im Ministerium für Städtebau und Wohnungswesen, schließlich im Bundeskanzleramt. 1974 übernahm er das erweiterte Ministerium für Raumordnung, Bauwesen und Städtebau. Als im Januar 1976 der niedersächsische Ministerpräsident Kubel aus Altersgründen zu-

rücktrat und sein designierter Nachfolger Kasimier völlig überraschend nicht gewählt wurde, mußte Ravens an die Front – auf Wunsch der SPD-Fraktion in Niedersachsen. Doch auch er unterlag dem Kandidaten der CDU-Opposition, Ernst Albrecht. 1978 schied Ravens endgültig aus der Bundesregierung und dem Bundestag aus, um als SPD-Spitzenkandidat gegen Albrecht bei den niedersächsischen Landtagswahlen anzutreten. »Einer von uns« (so die sozialdemokratische Wahlkampfaussage über Ravens) konnte jedoch den hohen CDU-Wahlsieg nicht verhindern. Die Landtagswahlen von 1982 endeten noch katastrophaler für die SPD (36,5% und damit Verlust von neun Mandaten). Ravens, seit 1979 Landesvorsitzender der SPD, kündigte an, sich bei den nächsten Wahlen (1986) nicht mehr als Oppositionsführer zur Verfügung zu stellen – die Fortune, die zu einem Politiker gehören muß, hatte ihn gegen Albrecht offensichtlich verlassen.

Werner Krause

Max Reimann
* 31. 10. 1898 Elbing; † 18. 1. 1977 Düsseldorf
»Max Reimann war ein kranker, von der KZ-Haft geschundener Mann, der mir recht hölzern und ungelenk erschien«, schilderte Carlo Schmid in seinen *Erinnerungen* die Begegnung mit Reimann 1949 im Parlamentarischen Rat. Der gebürtige Ostpreuße und Werftarbeiter, vor dem Krieg Mitglied der Sozialistischen Arbeiterjugend, hatte sich 1919 der KPD angeschlossen und von 1928 bis 1932 als Parteisekretär im Ruhrgebiet gearbeitet. In der Weimarer Republik wurde Reimann mehrmals wegen »revolutionärer Tätigkeit« verhaftet. Nach Machtergreifung und Emigration war er Mitglied des Auslandsbüros der KPD. 1939 verhaftete ihn die Gestapo. Bis 1945 saß er zunächst im Zuchthaus Dortmund und von 1942 an im KZ Sachsenhausen fest.

Nach Kriegsende und Befreiung widmete sich Reimann dem Aufbau verschiedener KPD-Landesverbände und wurde 1948 Vorsitzender bzw. 1. Sekretär der Partei in den Westzonen. Für die Gründung der Bundesrepublik fand er wenig freundliche Worte (»Schaffung eines separaten westdeutschen Staates, der in seinem Staatsaufbau reaktionär und undemokratisch ist«). Zusammen mit seinem »Genossen« Heinz Renner stimmte der KPD-Funktionär im Parlamentarischen Rat gegen die Unterzeichnung des Grundgesetzes am 23. 5. 1949. »Wir unterschreiben nicht. Es wird jedoch der Tag kommen, da wir Kommunisten dieses Grundgesetz gegen die verteidigen werden, die es angenommen haben!« wütete Reimann vor den »Vätern der Verfassung«. Dennoch gehörte er von 1949 bis 1953 dem Bundestag an.

1954 entzog er sich einem Haftbefehl durch Flucht in die DDR. Er erhielt wegen des Verbotsverfahrens gegen die KPD vom Bundesgerichtshof freies Geleit, um an den Anhörungen teilnehmen zu können. Im selben Jahr bestätigte der Hamburger Parteitag Reimann als 1. Sekretär. Das Bundesverfassungsgericht verbot jedoch am 17. 8. 1956 die KPD in der Bundesrepublik. Gegen diese Entscheidung hat Reimann immer wieder über den Ostberliner Rundfunk protestiert. »Kirchhofsruhe im Innern sollte die Vorbereitung des Krieges nach außen begleiten«, kommentierte er in seinem autobiographischen Bändchen *Entscheidungen 1945–1956* das Verbotsurteil, das zu dem Zeitpunkt gefällt worden sei, »da der restaurierte westdeutsche Imperialismus entschlossen war, seine Aufrüstung noch über die Pariser Verträge hinaus bis zum Griff nach eigenen Atomwaffen zu forcieren«. Rund 70000 Mitglieder hatte die KPD bei ihrem Verbot. Zu einer »Neugründung auf dem Boden des Grundgesetzes« kam es 1968 mit der »Deutschen Kommunistischen Partei«. Mitte November 1968 kehrte Reimann - das Verfahren gegen ihn war verjährt - in die Bundesrepublik zurück. Von 1971 bis zu seinem Tod war er Ehrenvorsitzender der DKP, der er in diesem Jahr beigetreten war, ohne jedoch von seiner Forderung nach Wiederzulassung der alten KPD abzurücken.

Lit.: *KPD-Prozeß*. Dokumentarwerk (1955/56)

Michael Dörfler

Annemarie Renger
* 7. 10. 1919 Leipzig
Unter den weiblichen Politikerpersönlichkeiten der Bundesrepublik zählt Annemarie Renger zweifellos zu den populärsten. Zwei Phasen vor allem waren es, die ihr Bild in der Öffentlichkeit prägten. Die erste ist die Zeit als Sekretärin und engste Vertraute Kurt Schumachers: kaum jemand, der nicht das Foto kennt, das den vom Tode gezeichneten SPD-Vorsitzenden gestützt auf die junge Annemarie Renger zeigt. Die zweite Phase bezieht sich auf jene vier Jahre, da sie als erste Frau dem Bundestag präsidierte.
Die Bindung an die Sozialdemokratie wurde Annemarie Renger praktisch in die Wiege gelegt. Ihr Vater, Fritz Wildung, war Geschäftsführer der Zentralkommission für Arbeitersport in Berlin. Dennoch begann die politische Karriere seiner Tochter eher zufällig. Nach Lyzeumsbesuch und dreijähriger Lehre im Verlagswesen hatte Annemarie Renger bis Kriegsende als Stenotypistin gearbeitet. 1945 - ihr Mann war gefallen, der Sohn sieben Jahre alt - geriet sie in Hannover an das Büro Schumachers, der in der Folgezeit ihr politischer Mentor wurde. 1953 zog sie erstmals in den Bundestag ein, war u.a. Mitglied der Beratenden Versammlung des Europarats und Vorsitzende des Bundesfrauenausschusses der SPD. 1969 wurde Annemarie Renger Parlamentarische Geschäftsführerin der SPD-Fraktion; 1972 (die SPD war erstmals stärkste Fraktion geworden) wählte sie der Bundestag zu seiner Präsidentin.
Zu den Verdiensten ihrer vierjährigen Amtszeit zählt vor allem ihr Bemühen, das Parlament insgesamt an der neu eingeleiteten Ostpolitik zu beteiligen: So initiierte sie aus allen Fraktionen zusammengesetzte Delegationen in die Sowjetunion, nach Polen und Rumänien. Die Würdigung ihrer Aktivitäten zeigte sich nicht zuletzt darin, daß sie nach Änderung der Mehrheitsverhältnisse (zuletzt im März 1983) immer zur Vizepräsidentin gewählt wurde. Dagegen erfuhr ihre Stellung in der eigenen Partei einen deutlichen Bruch. Zunächst in den Parteivorstand (1961-1973) und ins Präsidium (1970-1973) aufgestiegen, geriet die dem mehr traditionellen Parteiflügel, den »Godesbergern«, zuzurechnende Annemarie Renger in Konflikt mit den auf Flexibilität und Öffnung auch nach links bedachten SPD-Kreisen. 1981 beteiligte sie sich an der umstrittenen Unterschriftenaktion des Berliner Politologen Richard Löwenthal, der eine Abgrenzung gegen »Randgruppen« forderte. »Einheit der Organisation«, »Disziplin statt eines chaotischen Individualismus« - so formulierte Frau Renger 1982 ihre Überzeugung vom richtigen Weg der SPD. Wie sehr sie solche Maßstäbe für sich selbst zu akzeptieren bereit ist, demonstrierte sie 1979, als sie, nachdem die Koalitionsparteien sich nicht auf einen gemeinsamen Kandidaten für die Bundespräsidentenwahl einigen konnten, für ihre Partei in die Bresche sprang und sich, von vornherein aussichtslos, gegen Karl Carstens nominieren ließ.

Lit.: A. Renger, *Fasziniert von Politik. Beiträge zur Zeit* (1981)

Ulrike Nikel

Ernst Reuter

* 29. 7. 1889 Apenrade/Nordschleswig; † 29. 9. 1953 Berlin

Wie kein zweiter deutscher Politiker der ersten Stunde errang Ernst Reuter weltweite Popularität, als er während der Berliner Blockade mit kämpferischen Reden Aufmerksamkeit und Anteilnahme auf die von ihren Versorgungswegen abgeschnittenen Westsektoren lenkte: »Ihr Völker der Welt! ... Schaut auf diese Stadt und erkennt, daß Ihr diese Stadt und dieses Volk nicht preisgeben dürft, nicht preisgeben könnt.« Als der Mann, dessen Name zum Symbol für den Überlebenswillen einer Stadt wurde, im September 1948 diese Sätze sprach, hatte er einen bewegten politischen Weg hinter sich.

Da dem jungen Reuter als SPD-Mitglied (Beitritt 1912) der Staatsdienst versperrt war, versuchte er sich nach dem Philologiestudium zunächst als Privatlehrer, um dann, ab 1913, im sozialdemokratischen Bildungswesen in Berlin tätig zu werden. 1916 in russische Kriegsgefangenschaft geraten, begeisterte er sich für die Ideen der Oktoberrevolution und wurde zum Volkskommissar für die Wolgadeutschen ernannt. Daß Reuter jedoch wohl etwas »zu unabhängig« (Lenin) sei, bewahrheitete sich nach seiner Heimkehr 1918. Der selbständige Kurs, den er als KPD-Generalsekretär zu steuern suchte, führte zum Bruch: 1922 fand Reuter zur SPD zurück. 1926 übernahm er im Berliner Magistrat das Verkehrsdezernat und errang mit seiner beispielhaften Organisation der »Berliner Verkehrsgesellschaft« internationales Ansehen als Verwaltungsfachmann. Von 1931 bis 1933 war er Oberbürgermeister von Magdeburg. Nach zweimaliger Inhaftierung durch die Nazis emigrierte er 1935 in die Türkei, wo sich eine Beraterstellung im Wirtschaftsministerium, später eine Professur für Kommunalwissenschaft bot.

Im Dezember 1946 kehrte Reuter auf seinen alten Berliner Posten zurück, der jetzt vor allem einen zähen Kampf mit der Alliierten Kommandantur um die wichtigsten Versorgungsgüter bedeutete. Die Sowjets blockierten von vornherein eine einvernehmliche Zusammenarbeit mit Reuter – angeblich wegen seiner Tätigkeit für die »profaschistische« Türkei. Als Reuter im Juni 1947 mit 89 gegen 17 Stimmen zum Oberbürgermeister gewählt wurde, verhinderte das sowjetische Veto seinen Amtsantritt. Auch wenn bis zur endgültigen Spaltung der Stadt, bis Ende 1948, Louise Schroeder amtierendes Stadtoberhaupt blieb, profilierte sich Reuter als eigentlicher Sachwalter der Belange Berlins. Dessen Schicksal sah er als unabdingbaren Bestandteil der deutschen Frage, wobei er – angesichts wachsender Spannungen zwischen den Siegermächten – zunehmend auf einen starken Weststaat als Voraussetzung einer gesamtdeutschen Neuordnung baute. An die westlichen Alliierten appellierte er, sich nicht auf Kosten Berlins mit den Sowjets zu arrangieren. Beispielsweise optierte er für einen Einbezug der Westsektoren in die Währungsreform, selbst wenn dadurch die Einheit der Stadt gefährdet würde – eine im Magistrat keineswegs unumstrittene Marschroute.

Auch die SPD betrachtete Reuters Aktivitäten nicht nur mit Wohlgefallen. So argwöhnte Kurt Schumacher, daß der »Präfekt von Berlin« Außenpolitik auf eigene Faust treibe und im ausschließlichen Berliner Interesse zu voreiligen Konzessionen an die Westmächte bereit sei. Die im Gefolge des Währungsstreits am 24. 6. 1948 verhängte Blockade spornte Reuter zu immer kämpferischen Durchhaltereden an. Das Beharren der Westmächte und die Organisation der Luftbrücke war mit sein Verdienst, das Nachgeben der Sowjets am 12. 5. 1949 sein Triumph. Bereits im Dezember 1948 war seine Wahl zum Oberbürgermeister einstimmig bestätigt worden. Doch der Höhepunkt markierte zugleich einen

Ernst Reuter während der Berlin-Blockade im Jahre 1948.

Wendepunkt. In den restlichen Jahren seines Lebens mußte Reuter, seit der Wahl von 1950 Regierender Bürgermeister, resigniert erkennen, daß die von ihm favorisierte Bildung eines Weststaates die Teilung zementieren half und andererseits die von ihm heftig verfochtene vollgültige Integration Berlins in diesen Staat scheiterte. Er sprach von einer »zaudernden, defaitistischen, phantasielosen Politik westdeutscher Genügsamkeit« und warf der Bonner Regierung mangelndes Interesse an der Wiedervereinigung wie auch an Berlin vor. Adenauers glänzender Wahlsieg vom September 1953 nahm ihm, wenige Wochen vor seinem Tod, endgültig die Hoffnung auf einen deutschlandpolitischen Kurswechsel in Bonn.

Lit.: E. Reuter, *Schriften, Reden,* hrsg. von H. E. Hirschfeld/H. J. Reichardt, 4 Bde (1972–1975); W. Brandt/R. Löwenthal, *Ernst Reuter. Ein Leben für die Freiheit* (1957); H. J. Reichardt, *Ernst Reuter* (1965)

Ulrike Nikel

Franz-Josef Röder

* 22. 7. 1909 Merzig/Saar; † 26. 6. 1979 Saarbrücken

Der Name des Gymnasiallehrers und Doktors der Philosophie kann als Symbol für die Nachkriegsgeschichte des Saarlands stehen: Zwei Jahrzehnte regierte er dort als Ministerpräsident »in souveräner Hofhaltung«, wie die *Süddeutsche Zeitung* es charakterisierte. Seit 1946 CDU-Mitglied, sprach er sich – anders als die Anhänger einer »französischen« Lösung um Ministerpräsident Hoffmann –

schon früh für den 1957 erfolgten Wiederanschluß des Saargebiets an die Bundesrepublik aus und zog 1955 in den Landtag ein. Nach einem kurzen Zwischenspiel im Bundestag kehrte er 1957 als Kultusminister an die Saar zurück und wurde zwei Jahre später zum Nachfolger des verstorbenen Ministerpräsidenten Reinert gewählt.
In den ersten Jahren seiner Regierungszeit trieb er die Integration des Saargebiets ins Wirtschaftsgefüge der Bundesrepublik voran, konnte die Strukturschwächen seines Landes aber kaum mildern. Als die Landtagswahlen von 1975 zu einem Patt an der Saar führten, gelang es ihm nach zähen Verhandlungen im März 1977, eine CDU/FDP-Regierung zu bilden. Im Gegenzug half er den Polenverträgen der sozialliberalen Bundesregierung über die Bundesratshürden. Zwar trug sich der populäre Landesvater wegen seiner angeschlagenen Gesundheit schon seit 1969 mit Rücktrittsgedanken, kündigte jedoch erst 1979 – wenige Stunden vor seinem plötzlichen Tod – die Absicht an, sein Amt niederzulegen.

Klaus Lesche

Helmut Rohde
* 9. 11. 1925 Hannover
Er stand in dem Ruf eines Fachmannes mit dem entscheidenden Gespür für das politisch Realisierbare – doch manches dauert eben, wie z. B. der Himmel über der Ruhr, der dem von ihm eigentlich geprägten Slogan entsprechend wieder blau werden sollte. Helmut Rohde, Sohn eines Schweißers und in der Arbeitersiedlung Hannover-Linden aufgewachsen, trat sofort 1945 der SPD bei. Neben seinem journalistischen Interesse wurde er in seinem Parteibezirk Hannover politisch aktiv. Nach vierjähriger Tätigkeit als Pressereferent im niedersächsischen Sozialministerium kam er 1957 in den Bundestag und engagierte sich mehr und mehr sozialpolitisch.
Als Parlamentarischer Staatssekretär von 1969 bis 1974 im Bundesministerium für Arbeit und Sozialordnung trug er maßgeblich die Reformpolitik seines Ministers Walter Arendt mit; nicht von ganz ungefähr, war er doch zuvor jahrelang auch die rechte Hand des SPD-»Sozialpapstes« Schellenberg gewesen. Mit seiner Redlichkeit und handfesten Art gewann Rohde nicht nur die Freundschaft Herbert Wehners, sondern auch die Wertschätzung der Basis. Helmut Schmidt berief ihn 1974 zum Bundesminister für Bildung und Wissenschaft. Auch in diesem Amt fühlte er sich sozialpolitisch verpflichtet und setzte sich vor allem für neue Wege bei der Berufsausbildung ein. Sein Ausbildungsplatzförderungsgesetz hätte beispielhaft werden können, aber seine Absichten scheiterten am Widerstand von Liberalen und Wirtschaft. Nach seinem freiwilligen Rücktritt 1978 widmete er sich mit allem Eifer der SPD-Arbeitsgemeinschaft für Arbeitnehmerfragen, deren Vorsitzender er bereits 1973 geworden war. Dieses Amt gab er 1984 auf, ebenso seine Funktionen im Vorstand der SPD und in seiner Fraktion.

Lit.: H. Rohde, *Für eine soziale Zukunft* (1975)

Horst-Peter Schulz

Uwe Ronneburger
* 23. 11. 1923 Kiel
Der nordfriesische Landwirt aus Tetenbüll an Schleswig-Holsteins Westküste hat stets versucht, den Ausgleich innerhalb der FDP zu suchen. Uwe Ronneburger ist diesem Grundsatz treu geblieben, auch wenn Erfolge eher ausblieben: im

Spannungsfeld zwischen seiner eigenen bedächtig-konservativen Art und dem sozialliberalen Kurs seines Landesverbandes; zwischen der Bundespolitik in Bonn und der Landespolitik in Kiel; im Streit um die »Wende« der FDP im Herbst 1982.
Im Krieg Marineoffizier, engagierte er sich zunächst in der Kommunalpolitik, kam über die Deutsche Partei 1957 zur FDP. Im Januar 1970 wurde er Vorsitzender eines völlig zerstrittenen Landesverbandes, der gerade den Wechsel vom national- zum sozialliberalen Kurs vollzog. Im November 1972 zog Ronneburger in den Bundestag ein, wurde im September 1973 stellvertretender Fraktionsvorsitzender. Nach der Landtagswahl 1975 legte er das Bonner Mandat nieder und ging als Fraktionsvorsitzender nach Kiel. 1976 ins FDP-Bundespräsidium gewählt, wurde der Protestant, seit 1972 Synodaler der EKD, 1978 Leiter der FDP-Grundsatzkommission, übernahm nach der Rückkehr in den Bundestag 1980 den Innerdeutschen Ausschuß (bis 1983).
Ronneburger, kein Befürworter einer »Dauerehe« mit der SPD, war dennoch ein überzeugter Gegner vor allem des »Wie« des Koalitionswechsels im Herbst 1982 zur Union. So kritisierte er, daß »offenbar Überlegungen außerhalb der gewählten Gremien« ausschlaggebend gewesen seien. In dieser Frage »in deutlichem Gegensatz« zu Parteichef Hans-Dietrich Genscher kandidierte er im November 1982 auf dem Berliner Parteitag gegen diesen, unterlag jedoch mit 169 zu 222 Stimmen. Ronneburger, am 6. 3. 1983 wieder in den Bundestag gewählt, mußte eine Woche später eine schwere Niederlage hinnehmen: Die FDP – bei der Landtagswahl mit einer Koalitionsaussage zugunsten der SPD – kam nicht mehr in das Kieler Parlament. Ronneburger, inzwischen stellvertretender Fraktionschef in Bonn, trat mit dem gesamten Landesvorstand zurück.

Bernd Kühnl

Philip Rosenthal
* 23. 10. 1916 Berlin
Man sieht es ihm nicht an: Er ist Millionär, Schloßherr und Industrieller, Polyglott und Sportler, Ex-Fremdenlegionär und Sozialdemokrat. Eine exotische Mischung, die in der SPD einzigartig sein dürfte. Als ihm eine Zeitung 1969 nach seinem Eintritt in die SPD die Frage stellte, wie ein Unternehmer dazu käme, sich für die Sozialdemokratie einzusetzen, antwortete er sinngemäß: Wenn man wie ich das Glück hatte, zuerst der Sohn eines reichen Mannes zu sein, wenn man dann die Welt wirklich von unten gesehen hat, mit spanischen Landarbeitern, Arabern und schwarzen Analphabeten die Zementbank im Gefängnis und die Arbeit im Steinbruch geteilt hat, dann kann man, außer man hat alles vergessen und nichts dazugelernt, nur ein Reformer sein.
Rosenthal, in München zur Schule gegangen, emigrierte in den dreißiger Jahren nach England und studierte in Oxford – vor allem Volkswirtschaft, Politik und Philosophie. Zu Beginn des Zweiten Weltkrieges schloß er sich der Fremdenlegion an. Nach drei vergeblichen Ausbruchsversuchen und Inhaftierungen erreichte er 1942 über Gibraltar England. 1947 kehrte Rosenthal nach Deutschland zurück und trat einige Jahre später in die von seinem Vater 1879 gegründete Firma ein, der er – obwohl die Familie Rosenthal nur einen geringen Teil des Aktienkapitals der AG hält – bald ein internationales Renommee verschaffte.
MdB seit 1969, war er 1970/71 Parlamentarischer Staatssekretär im Bundeswirtschaftsministerium. 1974 wurde er in den SPD-Fraktionsvorstand gewählt und

leitete als Obmann die Fraktionsarbeitsgruppe Vermögensbildung. Zusammen mit Herbert Ehrenberg trat er für eine Vermögensbeteiligung der Arbeitnehmer durch Bildung sog. Branchenfonds ein. Ähnliches und Mitbestimmungsformen hatte er schon 1963 im Rosenthal-Unternehmen durchgeführt. Aufgrund eines Beteiligungssystems halten die Mitarbeiter heute etwa 11% des Grundkapitals. (»Ganz ohne Marx geht die Chose nicht!«) 1981 zog sich Rosenthal aus dem Vorstand des Unternehmens zurück, blieb jedoch Vorsitzender des Aufsichtsrates und Designberater. 1983 verzichtete er – zugunsten von Günter Verheugen – auf eine erneute Bundestagskandidatur. Der SPD blieb er verbunden, u.a. als Beauftragter des Parteivorstandes für Kommunikation.

Lit.: Ph. Rosenthal, *Einmal Legionär.* Mit einem Nachwort: *Was ich in der Legion gelernt habe* (1980)

Werner Krause

Wolfgang Roth
* 26. 1. 1941 Schwäbisch Hall
Er gehört zu jenen Sozialdemokraten, die aus der Studentenbewegung zur SPD kamen. Der spätere Diplomvolkswirt erlebte die entscheidenden Jahre der Politisierung der Studentenschaft an der FU Berlin, wo er nacheinander stellvertretender SHB-Vorsitzender, Asta-Chef (1964/65) und VDS-Landesvorsitzender (1965–1967) war. Nach dem Examen (1968) arbeitete er im kommunalwissenschaftlichen Bereich und war u.a. Mitarbeiter im Planungsstab der »Neuen Heimat« (1970–1973). Auf dem Bundeskongreß der Jungsozialisten 1969 in München, auf dem die SPD-Jugendorganisation zu einem entschiedenen Linkskurs überwechselte, wurde er in den Juso-Bundesvorstand gewählt, 1972 übernahm er als Nachfolger von Norbert Gansel den Vorsitz.
Während seiner Tätigkeit als Bundesvorsitzender (1972–1974) bemühte er sich um einen Ausgleich zwischen den verschiedenen Juso-Flügeln und steuerte auch gegenüber der Mutterpartei einen eher bedächtigen Kurs. 1973 wurde er Mitglied des Parteivorstandes der SPD, dem er (nach seiner Abwahl 1979) inzwischen wieder angehört. Als Bundestagsabgeordneter (seit 1976) entwickelte er sich zu einem Wirtschaftsexperten seiner Fraktion, die ihn 1981 zum stellvertretenden Vorsitzenden wählte. Er tritt für eine aktive Beschäftigungspolitik in Form von Konjunkturprogrammen, für Verstärkung der öffentlichen Investitionen und strukturpolitische Maßnahmen ein. Seine Stellung innerhalb seiner Partei ist heute eher zwischen den verschiedenen Flügeln angesiedelt, wobei seine Position wohl nicht unzutreffend einmal als die eines »linken Pragmatikers« umschrieben wurde.

Lit.: W. Roth, *Humane Wirtschaftspolitik* (1982); ders. (Hrsg.), *Kommunalpolitik für wen?* (1971); *Wirtschaft von morgen – Ängste von heute?* (1980)

Ilse Fischer

Hans-Wolfgang Rubin
* 12. 12. 1912 Essen
Politiker war er erst in zweiter Linie. Sein Hauptberuf war der eines Wirtschaftsmanagers bei der Eisen und Metall AG Gelsenkirchen. Es spricht für Rubins Beständigkeit und Beharrungsvermögen, daß er diesem Unternehmen seit dem Beginn einer kaufmännischen Lehre (1931) ununterbrochen angehörte, zuletzt von 1952 bis 1979 als Vorstandsmitglied. In dieser und in anderen Funktionen

der Firmengruppe bemühte er sich seit den ersten Nachkriegsjahren besonders um die Entwicklung des Handels mit der DDR und den übrigen osteuropäischen Ländern.
Er gehörte 1945 zu den Gründern der FDP in Essen und war von 1950 bis 1956 deren Landesschatzmeister in Nordrhein-Westfalen, später lange Jahre auch stellvertretender Vorsitzender des Landesverbands. Als Bundesschatzmeister (1952–1974) und Mitglied des Präsidiums der FDP setzte er sich schon früh für politische Verhandlungen mit der DDR ein. 1967 erregte er großes Aufsehen, als er als erster Politiker seiner Partei öffentlich für die Anerkennung der Oder-Neiße-Linie eintrat. Nach 1974 zog sich der vielbeschäftigte Manager parteipolitisch etwas zurück. Als Mitglied des Bundesvorstands der FDP, als Mitherausgeber der Zeitschrift *liberal* und als Vorstandsvorsitzender der seiner Partei nahestehenden Friedrich-Naumann-Stiftung (1970–1982) blieb er jedoch weiterhin für den deutschen Liberalismus tätig.

Georg Braun

Fritz Schäffer
* 12. 5. 1888 München; † 29. 3. 1967 Berchtesgaden
Als Fritz Schäffer (CSU) 1949 zum Bundesfinanzminister berufen wurde, war dies der Beginn seiner dritten Karriere. Die erste hatte 1920 im bayerischen

Fritz Schäffer

Landtag begonnen, ihn, den Juristen und Regierungsrat, an die Spitze der Bayerischen Volkspartei geführt und war 1933 von den Nationalsozialisten beendet worden. Die zweite hatte die amerikanische Militärregierung eingeleitet, die den katholisch-konservativen Partikularisten 1945 zum bayerischen Ministerpräsidenten ernannte, ihn aber wegen seiner Weigerung, ihre Entnazifizierungspolitik mitzutragen, schon nach wenigen Monaten entließ und ein politisches Betätigungsverbot gegen ihn verhängte, das erst zwei Jahre später aufgehoben wurde. 1948 kehrte Schäffer, der in heftige Auseinandersetzungen um den Kurs der Partei verwickelt war, der CSU den Rücken und liebäugelte mit der Bayernpartei. Schließlich nahm der zwischen den Parteien vagabundierende Schäffer ein Angebot der Passauer CSU an, für den Bundestag zu kandidieren.
Im Kabinett Adenauer galt der unbequeme Bayer als eine der tragenden Säulen der Regierung. Seine sparsame Steuer- und Finanzpolitik bescherte ihm zwar den Ruf, Hüter der Währung zu sein, aber auch viele Anfeindungen. Besonders kreidete man ihm die Bildung des sog. Juliusturms an. Das waren Rücklagen in Höhe von rund sieben Milliarden DM, die den Verfechtern von Steuersenkungen und den Rufern nach kostspieligen sozialpolitischen Reformmaßnahmen gleichermaßen ein Dorn im Auge waren. 1955 noch als Nachfolger Adenauers im Gespräch, wurde der knausrige Kassenwart zwei Jahre später in das Justizministerium abgeschoben, das Schäffer ohne Fortune leitete. 1961 zog er sich aus der großen Politik zurück.

Hans Woller

Marta Schanzenbach
* 7. 2. 1907 Gengenbach
»Marta hilf!« – dies galt keiner Heiligen, sondern oft einer warmherzigen und tatkräftigen Frau, die für alle Hilfe wußte. Marta Schanzenbach war das älteste von sieben Kindern einer Arbeiterfamilie; der Vater war Sozialist. Daß er, der Gengenbacher, sich zu den »Roten« bekannte, das verziehen ihm seine katholisch-konservativen Mitbürger nicht. Dennoch oder deswegen engagierte sich die Tochter bei der Arbeiterjugend, später bei der SPD. Sie war wissensdurstig, doch zum Abitur reichte das Geld nicht. Ein Stipendium verhalf ihr zur Ausbildung als Kinderschwester in Berlin. Um an Veränderungen praktisch mitzuhelfen, arbeitete sie als Fürsorgerin. Als Hitler kam, mußte sie gehen. Erst zu Kriegsbeginn war sie wieder gefragt. Ihr Mann blieb im Krieg, sie kehrte mit den Kindern in die badische Heimat zurück. Ihre Verpflichtung galt weiterhin als Fürsorgerin dem sozialen, als Sozialdemokratin dem politischen Bereich.
1949 wurde sie Abgeordnete in Bonn. Die Belange der Frauen, Sozialfragen, Jugend- und Familienpolitik waren ihre Hauptanliegen. Bei ihr harmonierten Gefühl und Verstand; sie versuchte, Theorie und Praxis in Einklang zu bringen. 1958 wurde sie ins SPD-Präsidium gewählt. Etwas abrupt schied sie 1972 aus der Parlamentsarbeit – an ihre Stelle trat ein Jüngerer. Doch nun konnte sie sich ganz der Arbeiterwohlfahrt widmen, um, wie sie sagte, »das in der Praxis durchzuführen, für was ich politisch eintrete«.

Horst-Peter Schulz

Walter Scheel
* 8. 7. 1919 Höhscheid bei Solingen
Er bekleidete viele politische Ämter in wechselnden Koalitionen, war höchster Repräsentant des Staates und nach dem Ablauf seiner Amtszeit mit 60 Jahren der jüngste Altbundespräsident, den die Republik bisher hatte. Seinen Weg nach oben bahnte sich der aus beengten Verhältnissen stammende Stellmacherssohn mit einer Mischung aus entwaffnender Liebenswürdigkeit und Härte – wie später politische Freunde und Gegner gleichermaßen konstatieren sollten –, doch immer zielstrebig und auf eigene Faust, ohne jemals Protegé eines politischen Ziehvaters gewesen zu sein.
Nach dem Abitur absolvierte Scheel zunächst eine Banklehre, bevor er 1939 zur Wehrmacht eingezogen wurde. 1946 trat er der FDP bei und arbeitete u.a. zunächst in der kleinen Stahlwarenfabrik seines Schwiegervaters, dann als Geschäftsführer von Verbänden und als selbständiger Wirtschaftsberater. In Solingen begann seine politische Karriere als Stadtverordneter, dem nordrhein-westfälischen Landtag gehörte er seit 1950 an, dem Bundestag seit 1953. Außenpolitische Erfahrungen sammelte er ab 1955 im Europaparlament: Zwischen 1958 und 1969 bekleidete er dort das Amt eines Präsidenten des Ausschusses für die Zusammenarbeit mit den Entwicklungsländern. Als 1961 das Ministerium für wirtschaftliche Zusammenarbeit eingerichtet wurde, wechselte er als Minister nach Bonn.
Nach dem Wechsel der FDP auf die Oppositionsbank und der Bildung der Großen Koalition 1966 setzte in der Partei ein Bewußtseinswandel ein, der den sich ändernden gesellschaftlichen Verhältnissen Rechnung tragen sollte. Scheel galt

Walter Scheel bei einer Kreuzfahrt auf dem Kallavesi-See am 17. 6. 1976 während eines Staatsbesuchs in Finnland.

als Kandidat des Reformflügels und wurde nach dem Rücktritt Erich Mendes 1968 mit überwältigender Mehrheit (216 von 251 Stimmen) zum Parteivorsitzenden gewählt. Eine erste Bewährungsprobe für den neuen Kurs war die Wahl des Bundespräsidenten 1969: Zusammen mit der SPD stimmte der Großteil der FDP-Abgeordneten für Gustav Heinemann. Bei der Bundestagswahl 1969 mußte die FDP zwar Stimmenverluste hinnehmen und fiel auf 5,8% zurück, doch konnten sich Walter Scheel und Willy Brandt noch in der Wahlnacht auf die Bildung einer sozialliberalen Koalition einigen, in der Scheel Außenminister und Vizekanzler wurde.

Die außenpolitischen Ziele der Regierung galten vornehmlich der Entkrampfung der Beziehungen zu den Staaten des Ostblocks, doch gelang es Scheel erst nach einer Anlaufzeit, sich im Außenressort zu profilieren und aus dem Schatten des Ostpolitikers Brandt zu treten. Während der Verhandlungen in Moskau 1970 erwies er sich als geschickter Diplomat, der seine sowjetischen Partner zu nicht unwesentlichen Zugeständnissen im Vergleich zum ursprünglichen Vertragstext bewegen konnte. Der Normalisierung der Beziehungen zur Sowjetunion entsprachen die Verhandlungen mit der polnischen Regierung in Warschau, die ebenfalls 1970 zur Unterzeichnung eines Vertrages führten. Das Netz der Ostverträge wurde in der Folgezeit durch den 1972 unterzeichneten Grundvertrag mit der DDR und den Normalisierungsvertrag mit der ČSSR ergänzt. In Scheels Amtszeit fiel ferner der Kernwaffensperrvertrag, der 1969 unterzeichnet wurde, und die Aufnahme in die UNO 1973, womit der wachsenden politischen Bedeutung sowie dem vorausgegangenen Aufstieg der Bundesrepublik zu einer wirtschaftlichen Großmacht Rechnung getragen wurde.

Innerparteilich bewies Scheel zunächst eine weniger glückliche Hand: In der Auseinandersetzung zwischen den nach links tendierenden Jungdemokraten um Ingrid Matthäus und dem konservativen Flügel spaltete sich seit 1969 der »nationalliberale« Flügel ab; 1970 wechselte die Gruppe um Erich Mende in die CDU. Der Parteitag 1971, auf dem sich Scheel für eine Fortsetzung der Koalition mit der SPD aussprach, formulierte die »Freiburger Thesen« mit einer starken Betonung der linksliberalen Programmpunkte. Die Wähler honorierten den Reformkurs im Innern sowie die Entspannungs- und Ostpolitik: Bei der vorgezogenen Bundestagswahl von 1972, die nach dem gescheiterten Mißtrauensvotum der CDU/CSU gegen Bundeskanzler Brandt und der sich anschließenden Vertrauensfrage notwendig geworden war, entfielen auf die FDP 8,4% der Stimmen.

1974 trat Scheel die Nachfolge Heinemanns als Bundespräsident an; mit diesem Wechsel endete auch symbolisch die Phase der großen Reformen, da Willy Brandt zur gleichen Zeit das Kanzleramt im Gefolge der Spionageaffäre Guillaume räumte. Nachfolger Scheels als Außenminister und Parteivorsitzender wurde Hans-Dietrich Genscher. Als Bundespräsident war Scheel das Bemühen seines Vorgängers um Volksnähe fremd; er fühlte sich wieder mehr der Würde des Präsidentenamtes verpflichtet. Zeitweise zeigte er Neigung, über die Repräsentationsfunktion des Amtes hinauszugehen und stärker in die Tagespolitik einzugreifen: So weigerte er sich 1976, das Gesetz zur Abschaffung der Gewissensprüfung bei Wehrdienstverweigerern zu unterzeichnen, und beteiligte sich an der Debatte um die Fortsetzung der sozialliberalen Koalition. In Reden und Büchern versuchte er, Perspektiven für die Zukunft der Bundesrepublik zu entwickeln. Als die CDU/CSU mit Karl Carstens einen eigenen Bewerber für das Amt des Bundespräsidenten nominierte, verzichtete er seinerseits auf eine erneute Kandidatur und schied zum 30. 6. 1979 aus dem Amt. Kurz zuvor hatte ihn die FDP zu ihrem Ehrenvorsitzenden gewählt. Obwohl vielfach über seine Rückkehr in die aktive Politik oder eine erneute Kandidatur als Bundespräsident spekuliert wurde, entzog er sich der Diskussion mit dem Hinweis, auch als Altbundespräsident habe er Überparteilichkeit zu wahren.

Lit.: W. Scheel, *Formeln deutscher Politik* (1968); *Bundestagsreden* (1972); *Die Zukunft der Freiheit* (1979); A. Baring, *Machtwechsel. Die Ära Brandt–Scheel* (1982)

Bernd Löffler

Ernst Schellenberg

* 20. 2. 1907 Berlin

19 Jahre lang verließ keine Gesetzesvorlage den Ausschuß für Sozialpolitik des Deutschen Bundestages, die nicht die Handschrift ihres Vorsitzenden Ernst Schellenberg erkennen ließ. Unter seiner Verantwortung wurden alle wichtigen Sozialgesetze von 1957 bis 1976 beraten. Keiner trieb so energisch die Rentenreform voran und setzte sich so nachdrücklich für die Beseitigung von Härten im Sozialwesen ein.

Der »Sozialpapst der SPD« und »Pionier der Sozialpolitik« kannte die Sorgen und Nöte der kleinen Leute aus eigener Erfahrung. Seine geschiedene Mutter hatte ihm nur mit Mühe die Realschule ermöglichen können. Obwohl von Beruf Versicherungskaufmann, war er als Fürsorger in Berlin tätig. Dort, in den Hinterhöfen, lernte er auch die Not anderer kennen. Die »Hochbegabtenprüfung« ermöglichte ihm dann neben seiner Arbeit das Studium der Volkswirtschaft, das er 1933 mit der Promotion abschloß. Während der Nazizeit war er in der Versicherungsbranche tätig und lehrte Wirtschaftswissenschaften. Nach dem Krieg baute er in Berlin das gesamte Sozialwesen wieder auf. 1948 schloß er sich der SPD an, vertrat ab 1952 Berlin im Bundestag und nahm seit 1957 verschiedene Funktionen im SPD-Fraktionsvorstand und im Parlament wahr.

Sein persönliches Engagement galt dabei vornehmlich der Sozialpolitik. Er betrieb seit 1956 die Einführung der dynamischen Rente, der Volksrentenplan der SPD stammte von ihm, und im Parlament war er der maßgebliche Sprecher der SPD in sozialpolitischen Fragen. Sein Ansehen verdankte er seiner immensen Sachkenntnis, seinem überzeugenden Einsatz für das Recht auf soziale Sicherheit und seinem politischen Durchsetzungsvermögen. Der massige Mann war im Plenum als Debattenredner gefürchtet. Er sparte selten mit Polemik, doch verlor er nie das Augenmaß für die wirtschaftliche Lage und die sozialpolitischen Möglichkeiten. Aus Alters- und Gesundheitsgründen schied er 1976 aus dem Bundestag. Gemessen an seiner von Vorstellungen schwedischer Sozialdemokraten beeinflußten Idee einer Volksversicherung, die alle Bürger umfassen und damit auch einen Beitrag zum sozialen Ausgleich leisten sollte, aber keineswegs die sog. Einheitsrente beabsichtigte, mußte ihm die Sozialgesetzgebung der letzten Jahre als kurzsichtig und Stückwerk erscheinen und die Frage nach dem weiteren Weg der Sozialpolitik Sorge bereiten.

Lit.: *Sozialpolitik nach 1945. Geschichte und Analysen.* Ernst Schellenberg zum 70. Geburtstag, hrsg. von R. Bartholomäi/W. Bodenbender/H. Henkel/R. Hüttel (1977)

Horst-Peter Schulz

Karl Schiller
* 24. 4. 1911 Breslau
Als er 1966 in die große Politik einstieg, hatte der Mann, der der SPD »das fehlende ökonomische Versatzstück zum Godesberger Programm« lieferte (*Der Spiegel* vom 10. 7. 1972), bereits eine glänzende wissenschaftliche Laufbahn vorzuweisen. Nach dem Studium der Volkswirtschaft promovierte Karl Schiller summa cum laude zum Dr. rer. pol. und war nach der Assistentenzeit 1934/35 Forschungsgruppenleiter am Institut für Weltwirtschaft in Kiel (1935–1941). 1939 habilitiert, wurde er 1947 als ordentlicher Professor der Volkswirtschaftslehre und Direktor des Instituts für Außenhandel und Überseewirtschaft an die Universität Hamburg berufen.
Schwerpunkte der außerordentlich fruchtbaren wissenschaftlichen Tätigkeit Schillers waren Probleme der Arbeitsbeschaffung, der Marktregulierung und Konjunkturstabilisierung und des wirtschaftlichen Wachstums. Er befürwortete eine Synthese von marktwirtschaftlicher Selbststeuerung und Globalsteuerung durch Staatseingriffe; er verschmolz den ordoliberalen Imperativ der Freiburger Schule mit dem Keynesianismus, dessen Rezeption in Deutschland durch ihn maßgeblich gefördert wurde. Die von ihm formulierte »Bochumer Leitregel« (»Wettbewerb soweit wie möglich, Planung soweit wie nötig«) impliziert eine wohlfahrtsstaatlich orientierte gemischte Wirtschaftsordnung, zu deren Durchsetzung Schiller auch wichtige Instrumente entwickelte.
1946 trat der brillante, aber zuweilen arrogant wirkende akademische Intellektuelle der SPD bei, in der er jedoch nie den richtigen »Stallgeruch« entwickeln konnte. Als Leiter einer Gutachterkommission war er an der Ausarbeitung eines Programms zum Wiederaufbau Hamburgs beteiligt, gehörte von 1949 bis 1957

Karl Schiller

der Hamburger Bürgerschaft an und amtierte eine Zeitlang (1948–1953) als Senator für Wirtschaft und Verkehr. Als 1961 durch den Mauerbau die Lebensfähigkeit Berlins bedroht war, wurde Schiller von Willy Brandt – mit dem er von da an in engem Kontakt stand – als Wirtschaftssenator in die »Frontstadt« geholt, wo er sich durch intensive Investitionsförderungsmaßnahmen Verdienste erwarb (bis 1965). Zudem war er Leiter des wirtschaftspolitischen Ausschusses beim Bundesvorstand der SPD (1964–1972), wurde im gleichen Jahr in den Bundesvorstand der Partei gewählt und wirkte entscheidend bei der Formulierung der wirtschaftspolitischen Plattform für die Bundestagswahl 1965 mit. Bundestagsabgeordneter seit 1965, stellvertretender Fraktionsvorsitzender und wirtschaftspolitischer Sprecher seiner Partei waren die Stationen vor der Übernahme des Bundeswirtschaftsministeriums in der Regierung der Großen Koalition (1966).

In der Folgezeit wurde Schiller in weiten Kreisen populär durch seine Maßnahmen zur Überwindung der ersten großen Nachkriegsrezession der deutschen Wirtschaft. Das maßgeblich nach seiner wirtschaftstheoretischen Konzeption ausgerichtete Stabilitätsgesetz (1967) verpflichtete den Staat auf die Verfolgung der wirtschaftspolitischen Ziele Gleichgewicht, Wachstum, Geldwertstabilität und hoher Beschäftigungsstand. Mit keynesianischen Instrumenten wie beispielsweise einer antizyklischen Ausgabenpolitik der öffentlichen Hände, mit Elementen der »indikativen Planung« und mit dem Versuch, in der »Konzertierten Aktion« die Sozialpartner im informellen Interessenausgleich auf die von der Regierung als wünschenswert angesehenen ökonomischen Eckwerte zu verpflichten, gelang zunächst tatsächlich eine Überwindung der drängendsten wirtschaftlichen Probleme: Die Bundestagswahl 1969 wurde zur »Schiller-Wahl«.

In der Folgezeit machten dem Minister aber verstärkt die Probleme der Inflation und des außenwirtschaftlichen Ungleichgewichts zu schaffen. Die vor 1969 gegen den Finanzminister Strauß und weite Kreise der deutschen Exportindustrie nicht durchsetzbare Aufwertung der DM wurde 1969 vollzogen; in der Währungskrise von 1971 setzte Schiller die Freigabe der Wechselkurse durch. Immense Schwierigkeiten bereitete die durch die sozialdemokratische Reformpolitik mit ihrer starken Steigerung der staatlichen Ausgaben angeheizte Inflation. Schiller, der nach dem Rücktritt Alex Möllers 1971 zusätzlich das Finanzministerium übernommen hatte (»Superminister«), versuchte im Kabinett Einsparungen durchzusetzen, konnte damit aber nicht durchdringen und trat deshalb 1972 zurück. Im selben Jahr verließ er auch die Partei und engagierte sich im Bundestagswahlkampf 1972 für die CDU.

In der Folgezeit war Schiller als Leiter der volkswirtschaftlichen Abteilung des Springer-Verlags und als Wirtschaftsberater von Ford bzw. der saudiarabischen und der pakistanischen Regierung tätig. Nach einer Phase der Wiederannäherung trat er 1980 wieder in die SPD ein.

Lit.: K. Schiller, *Die Wachstumsproblematik der Entwicklungsländer* (1960); *Der Ökonom und die Gesellschaft* (1964); *Aufgeklärte Marktwirtschaft* (1969); H. Körner u. a., *Wirtschaftspolitik – Wissenschaft und politische Aufgabe.* Festschrift Karl Schiller zum 65. Geburtstag (1976)

Christoph Boyer

Hans Schlange-Schöningen
* 17. 11. 1886 Schöningen/Bezirk Stettin; † 20. 7. 1960 Bad Godesberg
Am 12. 9. 1949 kandidierte der pommersche Rittergutsbesitzer, Agrarpolitiker und ehemalige Reichsminister im Kabinett Brüning (1931/32) neben Theodor Heuss und Kurt Schumacher vergeblich für das Amt des Bundespräsidenten. Ebenso erfolglos blieben seine zeitgleichen Bestrebungen, in einer von ihm favorisierten Großen Koalition das Landwirtschaftsministerium zu übernehmen. (Schlange, von den Karikaturisten gerne beim Namen genommen, war zuvor, 1947–1949, Direktor der Verwaltung für Ernährung, Landwirtschaft und Forsten des Vereinigten Wirtschaftsgebietes gewesen.) So standen am Ende seiner abwechslungsreichen politischen Karriere (vielversprechender und schnell gescheiterter Anläufe im Dienst weitreichender Bodenreform- und Siedlungspläne) nur mehr ein kurzfristig wahrgenommenes Bundestagsmandat für die CDU (1949/50) und anschließende diplomatische Aufbautätigkeit in Großbritannien (ab 1950 Generalkonsul, 1953–1955 Botschafter).
Nachhaltiger war die Wirkung, die er als früheres Mitglied der DNVP (1924–1930 MdR) auf Gründung und Konsolidierung der CDU in Norddeutschland ausübte: In Ostholstein führte er ab 1945 der neuen Partei protestantisch-bürgerliche Kreise zu, die sich, wie er selbst, vornehmlich aus pommerschen und mecklenburgischen Flüchtlingen und Vertriebenen rekrutierten. Sein Konzept einer Sammlungspartei (»aller Kräfte rechts von der Sozialdemokratie«) schloß zugleich Hoffnungen auf ein demokratisches Zusammenspiel mit der Nachkriegs-SPD ein (der »es gelingen möge, die große, bejahende Arbeiterpartei zu werden, etwa wie England sie in der Labourpartei besitzt«).

Lit.: H. Schlange-Schöningen, *Am Tage danach* (1946); ders. (Hrsg.), *Im Schatten des Hungers. Dokumentarisches zur Ernährungspolitik und Ernährungswirtschaft in den Jahren 1945–1949* (1955)

Hans Peter Mensing

Marie Schlei
* 26. 11. 1919 Reetz/Pommern; † 21. 5. 1983 Berlin
Sie stammte aus einer Arbeiterfamilie, war zunächst als Verkäuferin und Verwaltungsangestellte tätig und absolvierte erst nach dem Krieg in Berlin in Abendkursen eine Ausbildung zur Lehrerin. 1949 trat sie in die SPD ein. 1969 wurde sie als Berliner Abgeordnete Mitglied des Deutschen Bundestages; zuvor hatte sie sich vor allem in der Arbeiterwohlfahrt und in der sozialdemokratischen Frauenbewegung engagiert. Nach der Bildung der Regierung Schmidt im Mai 1974 wurde sie als Parlamentarische Staatssekretärin ins Bundeskanzleramt berufen. 1976 übernahm sie das Ministerium für wirtschaftliche Zusammenarbeit, nachdem sie zuvor das traditionelle »Frauenressort«, das Familienministerium, ausgeschlagen hatte.
Während ihrer Amtszeit erreichte sie eine bedeutende Aufstockung des Entwicklungshilfeetats. Im Gegensatz zu Außenminister Genscher trat die Ministerin für eine direkte humanitäre Unterstützung der Befreiungsbewegungen in Südafrika ein. Ihr unkonventionelles Auftreten während einer Afrikareise (1977) trug ihr in der Öffentlichkeit heftige Angriffe ein. Anläßlich der Kabinettsumbildung im Februar 1978 durch Rainer Offergeld abgelöst, übernahm sie anschließend den Vorsitz im außenpolitischen Arbeitskreis der SPD-Bundestagsfraktion und wurde nach den Bundestagswahlen 1980 Mitglied des Frak-

tionsvorstandes ihrer Partei. Ein Jahr später zog sie sich aus gesundheitlichen Gründen aus der Politik zurück.

Lit.: M. Schlei/J. Wagner, *Freiheit, Gerechtigkeit, Solidarität – Grundwerte und praktische Politik* (1976)

Ilse Fischer

Carlo Schmid

* 3. 12. 1896 Perpignan/Frankreich; † 11. 12. 1979 Bonn

Ein einflußreiches Regierungsamt hat der Sohn eines schwäbischen Vaters und einer französischen Mutter nie innegehabt. »Ich bin kein Mann der Macht, ich bin ein Machtkenner, und ich wollte in bestimmte Stellungen kommen, nicht um sie zu haben, sondern um durch sie bestimmte Dinge verwirklichen zu können«, sagte Carlo Schmid kurz vor seinem Tode. Der Sozialdemokratie hat er mit seiner Beteiligung an der Konzeption des Godesberger Programms 1959 eine neue Grundlage gegeben. »An die Stelle des marxistischen Monismus sollte ein Pluralismus aller Weltanschauungen treten, bei denen der Mensch und seine Bestimmung zur Freiheit im Mittelpunkt steht«, ist in seinen *Erinnerungen* nachzulesen.

Der weltmännisch gebildete Professor für Jura und Politik liebte die Kunst der Rede nach klassischem Vorbild der Antike. »Diese Schemasprache – beklagen wir das Verlorengehen des Genitivs und die Aussonderung von Adjektiven. Man gebraucht Worte, die erst etwas bereden sollen, es aber schon als bewiesen hinstellen«, rügte er die Politikersprache der fünfziger Jahre.

Schmid – sein eigentlicher Vorname war Karl; Carlo nannten ihn erst die Stuttgarter Schulfreunde – entschied sich bei Ausbruch des Ersten Weltkriegs für die deutsche und damit gegen die französische Staatsbürgerschaft und meldete sich freiwillig zum Kriegsdienst. In den anschließenden Revolutionswirren wurde der junge Pionierleutnant in den Soldatenrat gewählt, besuchte politische Versammlungen von SPD und USPD, ohne sich jedoch einer Partei anzuschließen. 1919 nahm er in Tübingen sein Studium der Rechts- und Staatswissenschaften auf. Nach der Promotion ließ er sich 1924 als Rechtsanwalt in Tübingen nieder, um ein Jahr später in den Justizdienst einzutreten, zunächst als Hilfs-, dann als Amtsrichter, schließlich als Landgerichtsrat. Zwischendurch hatte er sich beurlauben lassen, um als Referent ans Kaiser-Wilhelm-Institut für ausländisches Öffentliches Recht und Völkerrecht in Berlin zu gehen (1927/28). In dieser Zeit nahm er mehrfach an den Sitzungen des Ständigen Internationalen Gerichtshofes in Den Haag und in Paris an denen des Deutsch-Polnischen Gemischten Schiedsgerichtes teil. Während der Hitler-Zeit war Schmid von Berufungen und Beförderungen ausgeschlossen – hatte er doch die Rassenlehre als eine »Veterinär-Philosophie« bezeichnet. Allerdings wurde er 1940 als Kriegsverwaltungsrat eingezogen und mußte die Oberfeldkommandantur in Lille juristisch beraten.

Unmittelbar nach dem Zweiten Weltkrieg nahm Schmid, der 1929 seine Habilitationsschrift verfaßt hatte, eine Professur in Tübingen, 1953 eine in Frankfurt an, die er auch als Politiker beibehielt. Etwa gleichzeitig begann sein politisches Engagement. Für die SPD, der er sich 1945 angeschlossen hatte, übernahm er 1946 den Parteivorsitz in Südwürttemberg-Hohenzollern. Seine Grundsatzrede auf dem Gründungsparteitag enthielt bereits jene Forderungen nach Öffnung der Partei, wie sie dann in Godesberg programmatisch festgeschrieben wurden. Als wesentlichste Verdienste jener Jahre sind jedoch seine Bemühungen um eine demokratische Grundlegung Westdeutschlands zu werten. Hatte er bereits die

Carlo Schmid während des Bundesparteitags der SPD im Hamburger Congresszentrum vom 15. bis 19. 11. 1977.

Verfassung der Südweststaaten mitgeprägt, so zählte er in dem sich am 1. 9. 1948 konstituierenden Parlamentarischen Rat als Vorsitzender nicht nur der SPD-Fraktion, sondern vor allem des Hauptausschusses zu den herausragenden Persönlichkeiten. Ja, es ist unbestritten, daß das Grundgesetz eindeutig die Handschrift Carlo Schmids trägt; und er selber hat später seinen Beitrag daran als seine bedeutsamste politische Leistung gesehen. Entscheidendes Anliegen dabei war auch, die Vorläufigkeit des neu zu gründenden Staatsgebildes festzuhalten und den Gedanken der deutschen Einheit nicht preiszugeben. In den vorangegangenen Konsultationen mit den Alliierten (als stellvertretender Staatspräsident von Württemberg-Hohenzollern nahm Schmid an den Ministerpräsidentenkonferenzen des Sommers 1948 teil) hatte er sich, in Übereinstimmung mit Kurt Schumacher, für eine noch ausdrücklichere Provisoriumslösung eingesetzt, war jedoch den Fürsprechern eines starken Weststaates, allen voran Ernst Reuter, unterlegen.

Aus der Landespolitik (1947–1950 Justizminister) wechselte Carlo Schmid 1949 auf die Bonner Bühne. Im Bundestag, dem er bis 1972 angehörte, glänzte er durch wortgewaltige, brillante Reden. Überhaupt war das Parlament, dem er von 1949 bis 1966 und von 1969 bis 1972 als 1. Vizepräsident vorsaß, seine eigentliche Heimat. In seiner Eigenschaft als Parlamentarier begleitete er 1955 auch Bundeskanzler Adenauer auf seiner Moskaureise, wo er durch seine Persönlichkeit dazu beitragen konnte, daß das Abkommen über die Rückführung der deutschen Kriegsgefangenen zustande kam. Ein Jahr später brach er ein Tabu, als er sich als einer der ersten für die Anerkennung der Oder-Neiße-Linie als deutsch-polnische Grenze einsetzte. Herausragende öffentliche Ämter dage-

gen hat Schmid nie bekleidet. 1959 scheiterte er bei den Bundespräsidentenwahlen als Gegenkandidat zu Heinrich Lübke an der CDU-Mehrheit. Im Kabinett der Großen Koalition (1966–1969) übernahm er dann das wenig glanzvolle Amt des Bundesratsministers.
Der Grandseigneur der SPD, Vorstandsmitglied von 1949 bis 1973, Mitglied des Präsidiums von 1958 bis 1970, blieb immer ein wenig in der Rolle eines Einzelgängers in der »intellektuellenfeindlichen« Bundesrepublik. Dennoch ergab eine Meinungsumfrage 1965, daß ihn die Mehrzahl der Bundesbürger für den »idealsten aller deutschen Politiker« hielt.

Lit.: C. Schmid, *Gesammelte Werke*, Bd. I: *Politik als geistige Aufgabe*, Bd. II: *Europa und die Macht des Geistes*, Bd. III: *Erinnerungen* (1973–1979); H.-P. Schwarz, »Europäischer Bundesstaat und westdeutsches Provisorium (Carlo Schmid)«, in: ders., *Vom Reich zur Bundesrepublik* (^{2}1980)

Michael Dörfler

Hansheinrich Schmidt
* 6. 9. 1922 Leipzig
Wohlbekannt mit der Wohnsitz-Apposition »-Kempten«, gehörte er zu jenen markanten Persönlichkeiten im Bundestag, deren Ablösung durch die wachsende Schar ebenso profihafter wie profilloser Politfunktionäre häufig beklagt wird. Über sechs Legislaturperioden hinweg (1961–1983) – bis zum Kandidaturverzicht nach dem als ungerechtfertigt empfundenen »Koalitionsbruch« der FDP – galt der ehemalige Oberlehrer als *der* kompetente Sozialpolitiker der Liberalen, der an so wichtigen Reformkomplexen wie Lohnfortzahlung im Krankheitsfall, Mutterschaftsurlaub, Neugestaltung der Betriebsverfassung und Mitbestimmung, aber auch der Kostendämpfung im Gesundheitswesen entscheidend mitwirkte. Als Redner sympathisch unbegabt, den feurigen Rhetor zu mimen, wußte er durch akribische Sachlichkeit und unkonventionelle Ideen weit über Fraktions- und Parteigrenzen hinaus zu überzeugen und manch brisante Kontroverse in den Jahren der sozialliberalen Koalition zu entschärfen.
1976 warnte er eindringlich vor einem drohenden Fiasko in der Rentenversicherung – sehr zum Ärger von Bundesregierung und Parteispitze angesichts bevorstehender Wahlen – und erarbeitete seither verschiedene Sanierungsvorschläge. Großes Aufsehen erregte seine Verfassungsorganklage 1983 gegen das Bundestagsauflösungs- und Neuwahlspektakel Kohls und Genschers »am Rand der Verfassung entlang . . ., als ob dieses Parlament eigentlich nur die Aufgabe hätte, bestimmten Vorstellungen der Parteispitzen zu folgen«.

Rüdiger Bolz

Helmut Schmidt
* 23. 12. 1918 Hamburg
Den Weg zur Sozialdemokratie habe er in der Gefangenschaft gefunden, erklärte Helmut Schmidt 1966. Nach Abitur, Reichsarbeitsdienst und Wehrpflicht, bei Kriegsbeginn sofort eingezogen, war der Sohn eines Studienrats kurz vor Kriegsende, im Range eines Oberleutnants Batteriechef, in britische Gefangenschaft geraten. 1945 entlassen, schrieb Schmidt sich an der Universität Hamburg für das Studium der Volkswirtschaft ein, das er 1949 abschloß. Er trat als Referent in die wirtschaftspolitische Abteilung des Wirtschafts- und Verkehrsamtes

Helmut Schmidt gibt dem amerikanischen Fernsehen CBS im Mai 1978 ein Interview anläßlich seiner US-Reise zur UNO-Sondergeneralversammlung über Abrüstungsfragen.

der Stadt Hamburg ein, avancierte zu deren Leiter und übernahm 1952 zusätzlich das Verkehrsdezernat der Stadt.

Die politische Biographie Schmidts beginnt mit seinem Eintritt in die SPD 1946, dem ein Engagement im Sozialistischen Deutschen Studentenbund auf dem Fuß folgte. Für die Amtsperiode 1947/48 wurde er zum Vorsitzenden des SDS gewählt. Führungsqualitäten – er selbst hält sie für unabdingbar im politischen Geschäft – muß er schon damals gezeigt haben. Daß er kein Pflänzchen war, das im Verborgenen blüht, zeigte die Reaktion seiner Partei: Zur Bundestagswahl 1953 stellte sie ihn im Wahlkreis 18 auf – später im Wahlkreis 22 (Hamburg-Bergedorf), den er noch heute im Bundestag vertritt – und sicherte ihn zugleich auf der Landesliste ab, über die er dann als einer jener jungen dynamischen Männer in den Bundestag einzog, die allmählich die Generation der Väter abzulösen begann.

Bis Januar 1962 dauerte Schmidts erste Bonner Periode. Schnell, spritzig, zugleich analytisch begabt, entpuppte er sich bald als einer der besten Redner unter den jüngeren Abgeordneten. Er scheute den verbalen Kampf nicht, konnte sachlich argumentieren, seine Gegner aber auch mit ätzender Polemik überhäufen. Es dauerte nicht lange, und die Nation kannte ihn als »Schmidt-Schnauze«, wie ihn seine Gegner nannten. Zuerst Verkehrs-, dann, als Fritz Erler sich mehr der Außenpolitik zuwandte, als Wehrexperte, ging er die Regierung an, insbesondere deren Verteidigungsminister Franz Josef Strauß.

Im Herbst 1961 übernahm er in Hamburg das Amt des Innensenators. Um sich darauf voll konzentrieren zu können, gab er sein Bonner Mandat auf. Schlagzeilen machte er 1962, als Hamburg von einer verheerenden Hochwasserkatastro-

phe heimgesucht wurde, deren Auswirkungen er schnell und unorthodox – wie er später selbst zugab, fast diktatorisch – erfolgreich begegnete. Schmidts endgültiger Schritt in die Bundespolitik erfolgte 1965, als seine Partei ihn auf dem Karlsruher Parteitag in die zehnköpfige Regierungsmannschaft für den Bundestagswahlkampf berief. Er war jetzt kein Newcomer mehr, sondern ein ausgewiesener Politiker, einer der kommenden Männer in der SPD. Innerhalb der Partei stieg er als Funktionsträger unaufhaltsam auf: stellvertretender Fraktionsvorsitzender (1965), amtierender (1966), nach dem Tode Erlers Fraktionsvorsitzender, Mitglied im SPD-Präsidium und stellvertretender Parteivorsitzender (1967) – er gab das Amt erst auf dem Essener Parteitag (1984) ab. Welch politische Potenz Schmidt darstellte, wurde daran deutlich, daß er dem nach Bildung der Großen Koalition ins Leben gerufenen »Kreßborner Kreis« angehörte, in dem Spitzenpolitiker aus SPD und CDU anstehende Probleme erörtern.
Während seiner Zeit als Fraktionsvorsitzender trat in der produktiven Zusammenarbeit mit seinem Kollegen Rainer Barzel von der CDU immer deutlicher sein Hang zutage, Ideologisches zugunsten von Sachzwängen in den Hintergrund zu schieben. Als im Oktober 1969 SPD und FDP die Regierung übernahmen, wurde Schmidt im 1. Kabinett Brandt Verteidigungsminister, 1972 wechselte er in das bisher von Karl Schiller geführte »Superministerium« für Wirtschaft und Finanzen über, nach der Bundestagswahl wurde er Chef des in seinen Kompetenzen erweiterten Finanzressorts. Schließlich wählte ihn der Bundestag auf Vorschlag des wegen der Guillaumeaffäre zurückgetretenen Willy Brandt am 16. 5. 1974 zum Bundeskanzler.
Der neue Kanzler galt zu jenem Zeitpunkt als der Politiker, *der* für dieses Amt am besten vorbereitet war, da ihm in Fragen der Verkehrs-, Verteidigungs-, Wirtschafts-, Finanz- und Außenpolitik selbst Gegner fundierte Sachkompetenz attestieren mußten. Er schreckte niemals davor zurück, »heiße Eisen« anzupakken – so führte er als Verteidigungsminister die längst überfällige Reform der Bundeswehr gegen den Widerstand von Teilen des Offizierskorps durch. Auch unpopuläre Maßnahmen setzte er durch, selbst gegen Widerstände aus der eigenen Partei, wenn sie die Umstände nach seiner Ansicht erfordern. Gegner und mit seiner Politik Unzufriedene nannten ihn daher abwertend »Macher«, definierten die Basis seiner Politik geringschätzig als »Pragmatismus«. Dagegen wehrte er sich: »Ich habe nichts dagegen, als ein Pragmatiker bezeichnet zu werden. Nur bitte ich dann, dies im Sinne von Immanuel Kant zu tun, der pragmatisches Handeln jenes Handeln nennt, das sittlichen Zwecken dient . . . Aber letztlich denke ich . . ., daß Politik Handeln zu sittlichen Zwecken bedeutet, zu Zwecken, die aus dem Verantwortungsbewußtsein oder . . . aus dem Gewissen heraus für notwendig gehalten werden.«
Während seiner Amtszeit (Wiederwahlen 1976 und 1980) mauserte sich Schmidt vom begabten Politiker zum international anerkannten Staatsmann, fast einem »elder statesman« des Westens, dessen Ratschläge – insbesondere seine wirtschaftspolitischen – von seinen Kollegen ernst genommen wurden. Denn es gelang ihm, die Bundesrepublik bis gegen Ende der siebziger Jahre wenigstens zum Teil aus dem Sog der weltweit sich verschärfenden Wirtschaftskrise herauszuhalten. Innenpolitisch meisterte er wohl den Höhepunkt des Terrorismus (Ermordung Buback, Schleyer, Ponto, Geiselbefreiung in Mogadischu 1977), nicht aber die stetig zunehmende Arbeitslosigkeit. Kernenergiepolitik und Nachrüstung – auf dem Parteitag in Berlin (Dezember 1979) konnte er die Partei mit Mühe auf den Nato-Doppelbeschluß einschwören – ließen Differenzen zwischen dem linken Parteiflügel und dem Kanzler hervortreten, die sich – angerei-

Bei der Amtsübergabe am 4. 10. 1982 zeigt Helmut Schmidt (l.) Helmut Kohl seinen neuen Arbeitsplatz im Bundeskanzleramt.

chert durch die schwierige Wirtschafts- und Finanzlage – verstärkten. Das ohnehin diffizile Verhältnis wurde durch Schmidts Erklärung auf dem Münchner Parteitag 1982 zusätzlich belastet, als er sich der Partei gegenüber seine Richtlinienkompetenz als Kanzler vorbehielt. 1981 unterschwellig vorhandene Absetzungsversuche der FDP konnten 1982 mühsam noch einmal kompensiert werden, führten aber im September schließlich zur Aufkündigung der von Schmidt immer wieder beschworenen Koalition durch die FDP, die gemeinsam mit der CDU am 1. 10. in einem konstruktiven Mißtrauensvotum den Kanzler stürzte.
Seinen vorläufig letzten großen Auftritt im Parlament hatte der Abgeordnete der SPD Schmidt-Bergedorf zur Nachrüstungsdebatte im November 1983. Mochte er als Befürworter einer Stationierung amerikanischer Mittelstreckenraketen nicht wie seine Partei mit Nein stimmen, so aus seinem tiefsitzenden Gefühl für die parteiliche Solidargemeinschaft auch nicht mit Ja. Helmut Schmidt enthielt sich der Stimme.

Lit.: H. Schmidt, *Verteidigung oder Vergeltung* (1961); *Strategie des Gleichgewichts. Deutsche Friedenspolitik und die Weltmächte* (1969); *Als Christ in der politischen Entscheidung* (1976); *Freiheit verantworten. Reden* (1983); H. W. Kahn, *Helmut Schmidt. Eine Fallstudie über einen Populären* (1973); S. Krause-Burger, *Helmut Schmidt. Aus der Nähe gesehen* (1980)

Ulrich Cartarius

Hermann Schmitt-Vockenhausen
* 31. 1. 1923 Vockenhausen; † 2. 8. 1979 Koblenz
Für die SPD war »HSV«, wie ihn seine Freunde nannten, manchmal ein unbequemer Mitstreiter, der auch innerhalb seiner eigenen Partei Auseinandersetzungen nicht aus dem Wege ging. Daneben zeichnete er sich als Parlamentarier durch gewissenhafte Kleinarbeit in Bundestag und Wahlkreis aus, was sicher viel zu seinem politischen Erfolg beitrug.
Der Sohn eines Lehrers hatte nach dem Krieg ein Jurastudium absolviert und war einige Jahre im hessischen Innenministerium tätig gewesen, ehe er sich dem Verlagsgeschäft zuwandte. Der SPD gehörte er seit 1946 an. Rund 20 Jahre lang war er Vorsitzender des Unterbezirks Main-Taunus-Kreis. Im Bundestag, in den er zum erstenmal 1953 gewählt wurde, amtierte er von 1961 bis 1969 als Vorsitzender des Innenausschusses, von 1969 bis zu seinem Tod als Vizepräsident.
Innerhalb des SPD-Bezirks Hessen-Süd, in dem der linke Parteiflügel über bedeutenden Einfluß verfügte, war der eher konservativ geprägte Sozialdemokrat, Mitbegründer des »Bundes Freiheit der Wissenschaft« und Mitglied im Zentralkomitee der deutschen Katholiken (seit 1971), ein Außenseiter. 1969 wurde er aus dem Bezirksvorstand abgewählt, nachdem vor allem aus den Reihen der Jungsozialisten heftige Kritik an seinem Eintreten für die Notstandsgesetzgebung geübt worden war. Versuche, ihn auch in seinem Wahlkreis Groß-Gerau durch einen Gegenkandidaten abzulösen, blieben jedoch erfolglos. Neben der Innenpolitik galt sein besonderes Interesse kommunal- und regionalpolitischen Fragen, die er auch in der Bundespolitik immer wieder zur Sprache brachte. 1973 wurde er zum Präsidenten des neugegründeten »Deutschen Städte- und Gemeindebundes« gewählt; 1978 übernahm er den Vorsitz der »Sozialdemokratischen Gemeinschaft für Kommunalpolitik«.

Ilse Fischer

Jürgen Schmude
* 9. 6. 1936 Insterburg
»Teufelszwillinge der Koalition« nannte Franz Josef Strauß die beiden Minister Baum und Schmude, die die einstige Eintracht von SPD und FDP bis zuletzt praktizierten. Einer der »Zwillinge«, der – im Gegensatz zu dem spontanen Sachsen Baum – eher bedächtige Ostpreuße Jürgen Schmude, hatte nach Flucht und Vertreibung am Niederrhein eine neue Heimat gefunden. Nach Jurastudium und Promotion trat er der Anwaltssozietät des späteren Bundespräsidenten Gustav Heinemann bei. Ebenso wie dieser fühlte Schmude sich der evangelischen Kirche verbunden, sympathisierte mit Heinemanns zerfallender Gesamtdeutschen Volkspartei und trat wie dieser 1957 der SPD bei.
Über den Weg verschiedener örtlicher Parteifunktionen gelangte er 1969 in den Bundestag. Zusammen mit Gerhart Baum berief Helmut Schmidt ihn 1974 für zwei Jahre zum Parlamentarischen Staatssekretär ins Innenministerium. Dann stand er zunächst auf der »Warteliste«, nutzte aber diese Zeit als Vorsitzender des SPD-Arbeitskreises für Außen- und Sicherheitspolitik, Europa, Entwicklungshilfe und innerdeutsche Beziehungen. Bei dem »Blitz-Revirement« des Kabinetts 1978 erhielt er das Ministerium für Bildung und Wissenschaft. Die Arbeit des skeptisch beobachteten Neulings wurde beträchtlich behindert durch die Kulturhoheit der Länder. Doch die von ihm bewiesene Tatkraft und Nüchternheit bewogen Helmut Schmidt, ihm bei der Regierungsumbildung 1981 ein »klassisches« Ressort zu übertragen: Er wurde Justizminister. Und Hans-Jo-

chen Vogel präsentierte ihn in seiner Wahlkampfmannschaft 1983 als zuständig für die Innen-, Rechts-, Kommunalpolitik sowie für das Wohnungswesen.

Horst-Peter Schulz

Kurt Schmücker
* 10. 11. 1919 Löningen/Oldenb.
Seine ersten Sporen als Politiker verdiente sich der »Apostel des deutschen Mittelstands« (so eine Schweizer Zeitung) auf der lokalen Ebene seiner südoldenburgischen, katholisch geprägten Heimat. Nach einer Buchdruckerlehre und einer anschließenden journalistischen und verlegerischen Ausbildung hatte er nach dem Krieg die elterliche Buchdruckerei übernommen. Als Abgeordneter der CDU im Bundestag, dem er von 1949 bis 1972 angehörte, galt er als entschiedener Verfechter mittelständischer Interessen. Der Arbeitskreis Mittelstand der CDU/CSU wurde von ihm mitgegründet und lange Jahre geleitet.
Mit dieser Hausmacht im Rücken gelang es ihm als wirtschaftspolitischem Sprecher seiner Fraktion, zum Vorsitzenden des Wirtschaftsausschusses (1959–1961) und stellvertretenden Fraktionsvorsitzenden aufzusteigen. Ludwig Erhard holte den Politiker 1963 als Wirtschaftsminister in sein Kabinett, doch hatte es Schmücker schwer, mit dem Wirtschaftswundermythos seines Vorgängers fertig zu werden. Trotz des von ihm entwickelten Stabilisierungsgesetzes gelang es ihm weder den Kaufkraftverlust der DM noch die beginnende Konjunkturkrise aufzuhalten. Bei der Bildung der Großen Koalition 1966 drängte man ihn ins Schatzministerium ab, dessen Leitung er bis 1969 beibehielt. Von 1968 bis 1971 war Schmücker, der als undogmatischer Pragmatiker gilt, Schatzmeister der CDU, zog sich dann aber allmählich aus der aktiven Politik zurück.

Georg Braun

Adolph Schönfelder
* 5. 4. 1875 Hamburg; † 3. 5. 1966 Hamburg
Dem großen alten Mann Hamburgs war seinerzeit vom nur ein Jahr jüngeren Adenauer zugeraunt worden: »Wir Alten sollten jetzt den Jüngeren Platz machen!« Schönfelder erzählte dies gern und fügte dann blitzenden Auges hinzu, Adenauer hätte damit aber nicht sich gemeint. Damals war Schönfelder noch Hamburger Bürgerschaftspräsident, mit 85 Jahren. Dieses Amt hatte er seit Kriegsende ununterbrochen bis 1960 inne.
Der Sohn eines »Konstablers«, SPD-Mitglied seit 1902, arbeitete bis 1905 als Zimmerer, wurde dann aktiver Verbandsfunktionär, später Verbandsvorsitzender. Nach dem Krieg zog es ihn mehr in die Politik: Er war erst Senator, dann »Polizeiherr« seiner Heimatstadt. Die Nazis jagten ihn aus dem Amt. Doch 1945 hatten die Hamburger ihren stets bürgernahen Sachwalter nicht vergessen. Er wurde 2. Bürgermeister, Präsident des Stadtparlaments und in den Parlamentarischen Rat entsandt.
Der schlagfertige und entscheidungsfreudige, aber auch kompromißbereite Hanseat trug wesentlich zur Gestaltung des Bonner Grundgesetzes bei. Nebenbei präjudizierte er die Entscheidung in der Flaggenfrage, indem er als Vizepräsident des Rates eine schwarz-rot-goldene Flagge hissen ließ. Seine Liebe galt vor allem Hamburg, daneben aber der SPD, deren Zentraler Kontrollkommission er seit 1920 bis zu seinem Tode angehörte.

Horst-Peter Schulz

Erwin Schoettle
* 18. 10. 1899 Leonberg; † 25. 1. 1976 Bühlerhöhe
Wenn andere vor dem Zahlenspiel mit Millionen resignierten, wurde dieser kleine, schlagfertige Schwabe erst richtig lebendig. Nicht nur als Haushaltsexperten der SPD nannten ihn seine Gegner »Kritiker mit Verstand und Verständnis«.
Der Sohn eines Schuhmachers begann seine berufliche und politische Laufbahn bei den »Aristokraten des Arbeiterstandes«: Er absolvierte eine Schriftsetzerlehre. 1917, kurz vor seiner Soldatenzeit, organisierte er sich gewerkschaftlich. Ab 1919 war er im Rahmen der SPD aktiv: zunächst in der Arbeiterjugend, dann seit 1928 als Redakteur in Esslingen und seit 1931 als Parteisekretär in Stuttgart, wo er mit Kurt Schumacher zusammenarbeitete. Nach 1933 schloß Schoettle sich in der Emigration der links von der SPD stehenden Gruppe »Neu-Beginnen« an und war von England aus bei Sendungen der BBC gegen Nazideutschland tätig. Nach seiner Rückkehr wurde er Herausgeber der *Stuttgarter Nachrichten,* 1947 Vertreter der SPD im Frankfurter Wirtschaftsrat und SPD-Landesvorsitzender in Nordwürttemberg-Baden bzw. Baden-Württemberg. 1949 zog er in den Bundestag ein. Bis 1969 leitete er dort den Haushaltsausschuß, und seine fundierten Repliken u.a. gegen den langjährigen Finanzminister Schäffer waren - auch rhetorisch - stets Höhepunkte der Haushaltsdebatten. Daß er auch gegen Erhards Wirtschaftspolitik war, versteht sich von selbst. Sein Einfluß im außenpolitischen Ausschuß und insbesondere in seiner Fraktion, in der er verschiedene Funktionen wahrnahm, wurde meistens - fälschlich - unterschätzt. Neben seinen Aktivitäten in der Landespolitik, u.a. bis 1962 als SPD-Landesvorsitzender, gehörte er von 1949 bis 1968 dem SPD-Vorstand an und prägte entscheidend die Entwicklung der Nachkriegs-SPD. Von 1961 bis 1969 war er Bundestagsvizepräsident. 1972 verzichtete er aus Altersgründen auf eine erneute Kandidatur zum Bundestag.

Lit.: F. Schäfer (Hrsg.) *Finanzwissenschaft und -politik.* Festschrift für Erwin Schoettle (1964)

Horst-Peter Schulz

Gerhard Schröder
* 11. 9. 1910 Saarbrücken
Zu den CDU-Politikern der ersten Nachkriegsjahre gehörte Schröder nicht, doch wurde er seit Anfang der fünfziger Jahre zum begabten politischen Nachwuchs gerechnet und galt jahrelang als der »kommende Mann« der CDU. Daß es aber weder zum Bundeskanzler noch zum Bundespräsidentenamt reichte, ist nicht zuletzt auf seine reservierte Erscheinung zurückzuführen, die auf Wähler nur wenig anziehend wirkte.
Seine politische Karriere verdankte der Sohn eines Reichsbahnbeamten und studierte Jurist, der 1945 der CDU beitrat, vor allem seiner Sachkenntnis in der Verwaltung der von den Alliierten beschlagnahmten Eisen- und Stahlindustrie. Die zähen Diskussionen über die Regelung der Mitbestimmungsfrage im Montanbereich 1950/51 ermöglichten es ihm, sich zu profilieren. Der weitgehend von Schröder formulierte Regierungsentwurf fand in der Bundestagsfraktion Anerkennung und Respekt. 1952 wählte sie ihn zu ihrem stellvertretenden Vorsitzenden. Nach den Parlamentswahlen 1953 sah Adenauer in ihm den geeigneten Mann für das Innenressort, in dem er jedoch nicht immer eine glückliche Hand hatte - so, als er für die Wiedereinführung der Todesstrafe eintrat, Pläne

Sitzung der CDU/CSU-Bundestagsfraktion am 7. 5. 1974, nachdem Willy Brandt vom Amt als Bundeskanzler zurücktrat (v. l. Gerhard Schröder und Ludwig Erhard).

für eine Notstandsgesetzgebung vorlegte oder, aus Angst vor kommunistischer Unterwanderung, nicht nur die Amnestie von Mitgliedern der verbotenen KPD verhindern, sondern auch den Besucherverkehr aus der DDR kontrollieren wollte.

1961 übertrug ihm Adenauer, an den er sich aus Ermangelung einer Hausmacht in der Partei eng anschloß, das Außenministerium. Ohne Erfolg bemühte sich Schröder um größere Popularität und eine unabhängigere Stellung in der Partei. In dem innerparteilichen Streit um den außenpolitischen Kurs der Bundesrepublik kam sein proamerikanischer Ansatz erst nach Adenauers Rücktritt 1963 voll zur Geltung. Zusammen mit Erhard und von Hassel zählte er zur Gruppe der »Atlantiker«, die Adenauer, Strauß und von Guttenberg gegenüberstanden, jener Gruppe von »Gaullisten«, die um die Aushöhlung des deutsch-französischen Vertrages fürchteten.

Die Kritik an Schröders Außenpolitik schmälerte seine Aussichten auf die Nachfolge Erhards als Bundeskanzler. Sein Wechsel ins Verteidigungsministerium während der Großen Koalition (1966–1969) deutete denn auch schon seinen politischen Abstieg an. Die knapp fehlgeschlagene Kandidatur gegen Gustav Heinemann um das Amt des Bundespräsidenten 1969 untermauerte diese Entwicklung. Als Vorsitzender des Auswärtigen Ausschusses des Bundestages beschäftigte er sich zwar weiterhin mit der Außenpolitik. Doch erregte in den siebziger Jahren lediglich seine Reise in die VR China (1972) Aufsehen, da sie der Aufnahme diplomatischer Beziehungen zwischen Bonn und Peking vorausging. 1980 schied Schröder aus Altersgründen aus dem Bundestag aus.

Lit.: H. Kunst/H. Kohl/P. Egen (Hrsg.), *Dem Staate verpflichtet*. Festgabe für Gerhard Schröder (1980)

Hanns Jürgen Küsters

Louise Schroeder
* 2. 4. 1887 Hamburg-Altona; † 4. 6. 1957 Berlin
Als ihr 1962 das »Große Verdienstkreuz« verliehen wurde, rühmte der damalige Bundespräsident Heuss die »unpathetische Tapferkeit« einer Frau, deren politisches Engagement begründet war durch am eigenen Leibe erfahrene Armut und Not. Schon im Reichstag, dem sie von 1920 bis 1933 angehörte, war die Tochter eines Bauarbeiters als Anwältin der sozial Schwachen und Unterprivilegierten hervorgetreten. An diese Rolle knüpfte sie 1945 in Berlin als Vorsitzende der Arbeiterwohlfahrt, die sie 1920 mitbegründet hatte, zunächst an, bis sie - seit 1946 stellvertretende Bürgermeisterin - vom Juni 1947 bis zum Dezember 1948 für Ernst Reuter, dessen Amtsantritt die Sowjets verhinderten, die Geschäfte des Oberbürgermeisters führen mußte.
Ihr couragiertes Eintreten für die Belange der notleidenden Bevölkerung trug ihr Respekt wie Zuneigung ein. »Unsere Louise redet deutsch mit den Russen«, soll es im Volksmund geheißen haben. Politisch unterstützte sie Reuters Kurs der Westintegration (als Delegierte des Europarates nach 1949 konnte sie dieses Anliegen vertiefen). Der 1. und 2. Bundestag (1949–1957) erlebte Frau Schroeder nicht nur als Sachwalterin der Interessen Berlins, sondern auch als engagierte Sozialpolitikerin; so trat sie 1954, in der Diskussion um die Kinderbeihilfe, vehement und damals durchaus unpopulär für die Rechte der ledigen Mütter ein.

Ulrike Nikel

Helga Schuchardt
* 2. 8. 1939 Hannover
Die heute parteilose Politikerin bezeichnete sich selbst gern als »Hefe im Kuchen der Bundes-FDP« und gehörte in der Tat stets zu den Kreativen und Unbequemen dieser Partei. 1965 hatte die Ingenieurin für technische Physik begonnen, in der FDP und bei den Jungdemokraten aktiv mitzuarbeiten, war ab 1970 Abgeordnete der Hamburger Bürgerschaft, errang 1972 ein Mandat für den Bundestag, wo sie zur bildungspolitischen (ab 1976 entwicklungspolitischen) Fraktionssprecherin avancierte. Als Vorsitzende des hamburgischen FDP-Landesverbands (1975–1980) prägte sie wesentlich dessen zeitweise stark progressiv-liberalen Kurs.
Neben der Bildungs- und Entwicklungspolitik (sie wurde 1981 zur Präsidentin des Kuratoriums der Deutschen Stiftung für Internationale Entwicklung, DSE, gewählt) gehörte ihr Engagement vor allem aktuellen gesellschaftspolitischen Problemen. Strikt bezog sie Position gegen rechtsstaatliche Einschränkungen wie Extremistenerlaß, Verteidigerüberwachung etc. Spektakulär war ihre Empfehlung bestimmter staatlicher Lenkungseingriffe auf wirtschaftliche Investitionen. Forsch bis rebellisch begründete sie manche von der Fraktionsmehrheit abweichende Haltung (z. B. beim Koalitionsbeschluß zum »Schnellen Brüter« im Dezember 1978). Wie viele andere Linksliberale und Freisinnige verließ Frau Schuchardt, die zu den prominentesten Kritikern des Koalitionswechsels vom Herbst 1982 gehört hatte, die Partei, nachdem Genscher sich gegen seine innerparteilichen Gegner durchgesetzt hatte. In der Folgezeit unterstützte sie die SPD

und wurde nach deren Wahlsieg in Hamburg (Dezember 1982) von Bürgermeister Klaus von Dohnanyi zur Kultursenatorin berufen.

Rüdiger Bolz

Ernst Schütte

* 11. 7. 1904 Wanne-Eickel; † 24. 10. 1972 Türkei

Die Träume der optimistischen Arbeiterbildungsvereine des 19. Jahrhunderts sind in seinem Leben erfüllt: Der aus einer Bergarbeiterfamilie stammende Schütte arbeitete nach Besuch der Volksschule auf einer Gelsenkirchener Zeche, wurde 1923, beim Ruhreinmarsch der Franzosen und Belgier, arbeitslos, ging nach München und schlug sich mit Gelegenheitsarbeiten durch. In Bayern kam er in Kontakt mit der Sozialistischen Arbeiterjugend und bereitete sich in den damals von den Sozialdemokraten geförderten akademischen Arbeiterkursen auf die Reifeprüfung vor. Nach bestandenem Abitur begann er zu studieren: Germanistik, Philosophie und Geschichte. Er legte die beiden Staatsexamen für das höhere Lehramt ab, promovierte 1936 und war bis Kriegsausbruch als Studienrat tätig. Von 1946 bis 1956 war Schütte, inzwischen der SPD beigetreten, Professor an der Pädagogischen Akademie in Kettwig, die er ab 1950 auch als Direktor leitete. Seine zweijährige Tätigkeit als Ministerialdirigent in der nordrhein-westfälischen Schulverwaltung trug dazu bei, den hessischen Ministerpräsidenten Georg August Zinn auf ihn aufmerksam zu machen.
Im Januar 1959 übernahm Schütte das Amt eines hessischen Ministers für Erziehung und Volksbildung. In einem Nachruf stellte 1972 Hildegard Hamm-Brücher (FDP) fest, er sei der »weitsichtigste, langlebigste (über zehn Jahre) und erfolgreichste Kultusminister der Nachkriegszeit« gewesen. Bald nach Amtsübernahme reformierte er – gegen einen erbitterten konservativen Widerstand – das hessische Landschulwesen (christliche Gemeinschaftsschulen und Mittelpunktschulen auf dem Land). Mit Rückendeckung durch den Ministerpräsidenten Zinn verwirklichte er schrittweise das 9. Schuljahr und erschloß vielen den zweiten Bildungsweg durch die sog. Hessenkollegs. Richtschnur seines Handelns war für ihn das Recht des einzelnen auf Bildung. Obwohl sich die hessischen Universitäten wie auch die radikaleren Studenten gegen ihn stellten, unternahm er einen ersten Anlauf zur Hochschulreform (1968): Im Hochschulkonzil sollte die »Drittelparität« verwirklicht werden. Die alte Forderung nach Einheit von Forschung und Lehre hielt er für eine Illusion. Die Universität brauche vor allem den Lehrer. Die Studienzeit müsse auf ein Normalmaß zurückgeführt werden. Die Studentenunruhen trafen ihn, »den glühenden Sozialdemokraten und Anwalt der unruhigen jungen Generation« (Hamm-Brücher), sehr, die aufbrechende Radikalisierung und die antidemokratischen Tendenzen bereiteten ihm Sorge. 1969 gab Schütte – aus Altersgründen – sein Ministeramt auf. Er starb bei einem Autounfall in Anatolien.

Lit.: *Politik, Wissenschaft, Erziehung*. Festschrift für Ernst Schütte (1969)

Werner Krause

Klaus Schütz

* 17. 9. 1926 Heidelberg

Als »Nothelfer für Berlin« trat Klaus Schütz 1967 das Amt des Regierenden Bürgermeisters an und blieb mit fast zehn Jahren der bis dato am längsten »Regierende«. Seinen Amtsvorgänger, Pastor Heinrich Albertz, hatten die heftigen

politischen Turbulenzen jener Zeit in Berlin zur Aufgabe gezwungen. Aus dem Stand heraus mußte sich Schütz über Jahre ebenfalls mit den eskalierenden Studentenunruhen auseinandersetzen. An der neuen Ostpolitik der Regierung Brandt seit 1969 (Grundlagenvertrag, Viermächteabkommen über Berlin, Transitabkommen) war er im Interesse Berlins maßgeblich beteiligt.
Der in Berlin aufgewachsene Anwaltssohn studierte nach Rückkehr aus dem Kriege in Berlin, später in den USA, vor allem Politische Wissenschaften, wobei seine Spezialthemen Wahlkampfforschung und -strategie waren. Mit diesem Rüstzeug versehen, half er, seit Beginn der fünfziger Jahre SPD-Mitglied und 1954 ins Berliner Abgeordnetenhaus gekommen, seinem Mentor Willy Brandt auf dessen Weg zum Berliner Parteivorsitz Widerstände zu beseitigen. 1961 und 1965 managte er als »Generalstabschef« Brandts Wahlkampagnen und führte dabei auch einen amerikanischen Wahlkampfstil ein. Danach war er bis 1966 u.a. als Berliner Bevollmächtigter beim Bund häufig in die Passierscheinverhandlungen zwischen Bonn und Berlin eingeschaltet. Anschließend holte Brandt den kühlen Taktiker und Strategen als Staatssekretär ins Auswärtige Amt, doch nach nur zehn Monaten folgte er dem Ruf seiner Partei ins Regierungsamt von Berlin.
Nach der Zeit seiner herausragenden Erfolge geriet der kritisch-distanzierte und integre Mann nun in den Strudel der Berliner Parteimisere und zwischen die Fronten seiner Partei, deren Landesvorsitz er 1968 übernommen hatte. Unverblümt und permanent wurden ihm Führungsschwäche und politische Erfolglosigkeit vorgeworfen. Schließlich resignierte er und trat 1977 von allen Berliner Funktionen zurück – ein Vorgang, der allgemein als »bedrückend« bezeichnet wurde. Im selben Jahr übernahm er einen der schwierigsten Botschafterposten: Als Vertreter der Bundesrepublik in Israel handelte er mit Takt und großem diplomatischen Geschick, bis er 1981 zum Intendanten der Deutschen Welle in Köln gewählt wurde.

Horst-Peter Schulz

Kurt Schumacher
* 13. 10. 1895 Kulm/Weichsel; † 20. 8. 1952 Bonn
Der erste Nachkriegsvorsitzende der SPD war ein Mann nicht nur von herausragenden Talenten, sondern ausgestattet auch mit Ecken und Kanten. Scharf, oftmals verletzend in der Wahl seiner Worte, geradlinig bis zur Kompromißlosigkeit machte er es Freund wie Feind nicht immer leicht. Ein kranker Mann, der seinem hinfälligen Körper das Letzte abverlangte. Und der doch in den wenigen Jahren, die ihm noch blieben, das Gesicht seiner Partei wie das der Bundesrepublik entscheidend mitgestaltete.
Das Schicksal hatte Kurt Schumacher, dem Sohn aus wohlhabender westpreußischer Kaufmannsfamilie, schon früh übel mitgespielt. Nach Notabitur und freiwilliger Meldung zum Kriegsdienst erlitt er bereits im Dezember 1914 jene schweren Verwundungen, die ihn zeit seines Lebens quälten: Der rechte Arm wurde amputiert, zahlreiche Granatsplitter im Körper konnten nicht entfernt werden. Schumacher begann mit dem Studium der Staats- und der Rechtswissenschaften. In seiner Dissertation *Der Kampf um den Staatsgedanken in der deutschen Sozialdemokratie* – von konservativen Berliner Professoren zurückgewiesen und erst 1926 in Münster angenommen – legte er den Grundstock dessen, was bei der Neuorientierung der SPD nach dem Krieg eine Rolle spielen sollte. Und schon in den Wirren der Novemberrevolution hielt Schumacher,

SPD-Mitglied seit 1918 und als Vertreter des parteinahen Reichsbundes der Kriegsversehrten im Berliner Arbeiter- und Soldatenrat, nichts von den ultralinken, staatsverneinenden Abweichlern. Der Haß auf Extreme von links wie rechts, der später in Reden und Publikationen seinen Niederschlag finden sollte – auch er hatte seine Wurzeln in dieser Zeit. Daß er entschlossen war, den demokratischen Staat um jeden Preis zu verteidigen, bewies Schumacher 1922 mit der Gründung der paramilitärischen Organisation »Schwabenland«.
Seit 1920 war er Redakteur der sozialdemokratischen *Schwäbischen Tagwacht;* 1924 zog er in den württembergischen Landtag ein; seit 1930 gehörte er dem Reichstag an. Sein berühmter Zwischenruf bei einer Goebbels-Rede im Februar 1932, »Die ganze nationalsozialistische Agitation ist ein dauernder Appell an den inneren Schweinehund im Menschen«, trug ein Jahr später Früchte. Im Juli 1933 verschwand Schumacher für zehn Jahre in Gefängnissen und Lagern. Noch einmal im Zusammenhang mit dem 20. Juli kurzfristig inhaftiert, erwartete er in Hannover das Ende des Krieges. Bereits vor dem offiziellen Waffenstillstand, die Stadt war schon besetzt, faßte er mit Freunden am 19. 4. 1945 den Beschluß zur Neugründung der SPD; kurz darauf wurde das »Büro Dr. Schumacher« als inoffizielle Parteizentrale eingerichtet. Zu den engsten Mitarbeitern der ersten Stunde zählten Alfred Nau, Egon Franke und Annemarie Renger.
Von Hannover aus betrieb Schumacher den Zusammenschluß der SPD in den Westzonen, als deren alleiniger Sprecher er auf der ersten Reichskonferenz vom

Wahlplakat der SPD zur Bundestagswahl 1953 mit dem ehemaligen SPD-Bundesvorsitzenden Kurt Schumacher.

5./6. 10. 1945 anerkannt wurde. Gegen die Vertreter der Ost-SPD dagegen führte er einen strikten Kurs der Abgrenzung, da sich bereits deren Verschmelzung mit der KPD zur SED anzubahnen begann. Ebenso entschieden widersetzte er sich Bestrebungen, neue Kontakte mit den Kommunisten anzuknüpfen. Im Mai 1946 wurde Schumacher auf dem ersten Nachkriegsparteitag mit 244 von 250 Stimmen zum Vorsitzenden gewählt. In seinem Grundsatzreferat legte er den neuen Kurs der SPD fest. Auch wenn er den Gedanken des Klassenkampfs in modifizierter Form beibehielt, begann er doch, mit einem Bekenntnis zu Staat und Nation der Partei ein Fundament zu geben, von dem aus spätere Wandlungen erst möglich wurden.

Zentrales Anliegen war ihm die Frage der nationalen Eigenständigkeit, ohne die ihm eine angestrebte, gleichberechtigte europäische Einigung nicht möglich schien. Besorgt um die Identität des deutschen Volkes, machte Schumacher Front: gegen die Alliierten, gegen Adenauer und politisch Gleichgesinnte, die einen dezentralisierten, stark föderal gestalteten Staat anstrebten. Schumacher setzte dem – mit Erfolg – ein entschiedenes Nein entgegen: Die Zustimmung der SPD zum Grundgesetz werde es nur geben, wenn die Rechts- und Wirtschaftseinheit, die Finanzhoheit sowie eine einheitliche Sozialordnung gewährleistet seien. Im Oktober 1948 laut Allensbach-Umfrage noch als »fähigster deutscher Politiker« betrachtet, geriet Schumacher nach Gründung der Bundesrepublik zunehmend in den Schatten des Kanzlers. Der asketische Preuße und der joviale Rheinländer: »Sie sind wie Feuer und Wasser. Sie sind die schlechtesten Nachbarn, die man sich denken kann«, schrieb der Bonner Chronist Walter Henkels. Und doch: »Sie sind – beide – die größten lebenden deutschen Klassiker der Politik.«

Enttäuscht durch die Wahlniederlage seiner Partei und die voraufgegangene, ihm ungerecht erscheinende Bevorzugung der bürgerlichen Kräfte durch die Alliierten, verweigerte Schumacher jede Zusammenarbeit mit der Regierung, deren Politik ihm für Deutschland ruinös erschien. Selbst die Chance, einen aussichtsreichen SPD-Kandidaten für das Amt des Bundespräsidenten zu benennen, unterband er. Statt dessen stellte er sich – pro forma – eigensinnig selbst zur Wahl. In harten Worten geißelte der todkranke Oppositionsführer – auch ein Bein hatte amputiert werden müssen – in den folgenden Jahren die flexible Westpolitik der Regierung, weil diese zu unnötigen Zugeständnissen an die Westmächte bereit sei: »Kanzler der Alliierten« schalt er Adenauer. Nein zum Petersberger Abkommen, zum Ruhrstatut; nein zum Deutschlandvertrag – dieser beende das Provisorium des westdeutschen Staates und verewige die Teilung. Wohl behielt Schumacher recht, daß Adenauers »Politik der Stärke« nicht die Wiedervereinigung nach sich ziehen werde, doch schloß er mit seiner Ablehnung sachdienlicher Kompromisse seine Partei auf Bundesebene von einer Mitverantwortung beim Wiederaufbau aus und nahm ihr damit einen Bonus in der Wählergunst. Unbestritten jedoch seine Integrität, seine demokratische Gesinnung, sein ehrlicher Patriotismus. »Es war gut und sinnvoll, daß in den Jahren der deutschen Ohnmacht einer da war, der die Sieger davor warnte, zu weit zu gehen« – so Paul Sethe in einem Nachruf. Oder wie sagte Schumacher wenige Wochen vor seinem Tod: »Wer nicht die Kraft hat, in gewissen Situationen nein zu sagen, dessen Ja ist völlig wertlos.«

Lit.: K. Schumacher, *Reden und Schriften*, hrsg. von A. Scholz/W. Oschilewski (1953); *Bundestagsreden*, hrsg. von A. Renger (1972); *Der Kampf um den Staatsgedanken in der deutschen Sozialdemokratie*, hrsg. von F. Holtmeier (1973);

U. Buczylowski, *Kurt Schumacher und die deutsche Frage* (1973); F. Heine, *Dr. Kurt Schumacher* (1963); H. Ritzel, *Kurt Schumacher* (1972); A. Scholz/ W. Oschilewski, *Turmwächter der Demokratie. Ein Lebensbild von Kurt Schumacher,* 3 Bde (1952–1954)

Ulrike Nikel

Elisabeth Schwarzhaupt
* 7. 1. 1901 Frankfurt/M.
Als Tochter eines Oberschulrates und DVP-Landtagsabgeordneten studierte Elisabeth Schwarzhaupt, nach bestandenem Lehrerinnenexamen, Rechtswissenschaften und promovierte zum Dr. jur. Von 1919 bis 1933 gehörte sie der DVP an, für die sie in Jugend- und Frauenverbänden warb. Kritische Äußerungen über den Nationalsozialismus machten nach 1933 ein weiteres Verbleiben im Staatsdienst unmöglich. Bis 1936 arbeitete sie als Juristin beim Deutschen Rentnerbund, danach in der Verwaltung der Deutschen Evangelischen Kirche. Dort wirkte sie in der Kirchenkanzlei und ab 1948 im Kirchlichen Außenamt, zuletzt als Oberkirchenrätin.
1953 wurde sie für die CDU in den Bundestag gewählt, in dessen Rechts- und Familienausschuß sie besonders die Ausarbeitung der neuen Ehegesetzgebung im Sinne restriktiver kirchlicher Moralvorstellungen beeinflußte. 1957 wurde sie in den Vorstand der CDU/CSU-Fraktion gewählt. Daneben engagierte sie sich als Sprecherin der christlichen Frauenbewegung in der Ökumene, in der Unesco in der großen Strafrechtskommission und im Evangelischen Arbeitskreis der CDU. Von 1961 bis 1966 leitete sie als erster weiblicher Minister der Bundesrepublik das neugeschaffene Ministerium für Gesundheitswesen, das ihr eine Fülle von Impulsen, besonders auf medizinischem und lebensmittelhygienischem Gebiet, verdankt. Nach ihrem Ausscheiden aus dem Bundestag 1969 betätigte sich Frau Schwarzhaupt von 1970 bis 1972 noch als Vorsitzende des Deutschen Frauenrates.

Clemens Vollnhals

Christian Schwarz-Schilling
* 19. 11. 1930 Innsbruck
Nach einem Geschichts- und Sinologiestudium mit abschließender Promotion übernahm Schwarz-Schilling 1957 nach dem Tod seines Schwiegervaters die Geschäftsführung der Akkumulatorenfabrik Sonnenschein. 1960 trat er der CDU bei, in der er u.a. als stellvertretender Landesvorsitzender und Generalsekretär der hessischen CDU (1967–1980) und als Mitglied des CDU-Bundesvorstandes (1969–1975) wirkte. Dem hessischen Landtag gehörte er von 1966 bis 1976, dem Bundestag von 1976 bis 1982 an.
Als erfahrenes Mitglied des ZDF-Fernsehrates (seit 1971) wählte ihn das CDU-Präsidium zum Beauftragten für Medienfragen. In dieser Funktion trat Schwarz-Schilling wiederholt für die Beseitigung des öffentlich-rechtlichen Rundfunkmonopols und für die Zulassung privater Anbieter, insbesondere bei den »neuen Medien«, ein. 1980 übernahm er den Vorsitz der Kommission »Neue Informations- und Kommunikationstechniken« des Bundestages. Als Bundespostminister, seit dem Regierungswechsel im Oktober 1982, forciert Schwarz-Schilling vor allem die zügige Einführung von neuen Medien und Techniken: Bildschirmtext, Teletext, Breitbandverkabelung, Kabel- und Satellitenfernsehen. Kritiker bezweifeln jedoch, ob die ehrgeizigen Verkabelungspläne

kostendeckend sein werden. Und im Juni 1984 erteilte ein Gutachten des Bundesrechnungshofes dem Minister die Rüge, er beabsichtige seine Verkabelungspläne zu Lasten des Fernsprechnetzes rentabler erscheinen zu lassen, als sie in Wirklichkeit seien.

Clemens Vollnhals

Leo Schwering

* 16. 3. 1883 Coesfeld/Westf.; † 7. 5. 1971 Köln

Über den Unionspolitiker der allerersten Stunde ist wenig geschrieben worden, um so stärker ist der promovierte Studienrat und spätere Bibliotheksdirektor in Köln seinerseits als Chronist der eigenen Partei hervorgetreten. Schon 1946 warf er einen ersten parteigeschichtlichen, zum Teil wohl auch parteiischen Rückblick auf die *Entstehung der CDU;* am Ende der Ära Adenauer, 1963, faßte er weitere Aufzeichnungen und Veröffentlichungen zur *Frühgeschichte der CDU* zusammen. Sein größtes Verdienst (neben weitgehend präziser Detailrekonstruktion) ist die Verankerung der Gründungsmotive der CDU in der Programmdiskussion des Zentrums seit der Jahrhundertwende (Julius Bachem, Adam Stegerwald) und besonders im katholischen Kampf gegen den Nationalsozialismus, im »Katakombengeist, der sich in den Kreisen des Widerstands und Konzentrationslagern formte«, mit dem er das »Wunder« der neuen Volkspartei erklärte.

Der Verfolgung durch das NS-Regime war Schwering als Angehöriger des linken Zentrumsflügels (und langjähriger Leiter des »Volksvereins für das katholische Deutschland« in Köln sowie MdL in Preußen 1921–1932) selbst ausgesetzt: 1944 wurde er wegen Hochverrat verhaftet, die letzten Kriegsmonate verbrachte er im KZ-Durchgangslager Deutz. Ab Mai 1945 nahmen die Pläne für die neue interkonfessionelle und sozial fortschrittliche Partei (zunächst die CDP, die sich erst ab Dezember 1945 Union nannte) unter seinem maßgebenden Einfluß schnell konkrete Formen an. Am 19. 8. 1945 wurde die Kölner Kreispartei gegründet, am 2. 9. 1945 der rheinische Landesverband, dessen Vorsitz er bis zur Abwahl und zum Wechsel zugunsten von Adenauer am 5. 2. 1946 übernahm. Von 1946 bis 1958 gehörte er für den Wahlkreis Schleiden-Monschau dem nordrhein-westfälischen Landtag an.

Hans Peter Mensing

Hans-Christoph Seebohm

* 4. 8. 1903 Emanuelssegen/Oberschles.; † 17. 9. 1967 Bonn

17 Jahre lang, von 1949 bis 1966, war er zugegen, wo immer mit dem Zerschneiden eines weißen Bandes ein neuer Streckenabschnitt feierlich eröffnet wurde. Bis 1945 hatte der promovierte Bergbauingenieur die familieneigenen Unternehmen im oberschlesischen Kohlerevier geleitet. Dann, nach Kriegsende, etablierte er sich in Braunschweig als Vizepräsident der dortigen Industrie- und Handelskammer sowie als Vorsitzender der Wirtschaftsverbände Erdölgewinnung und Maschinenbau in der britischen Zone. Seine politische Heimat suchte Seebohm zunächst in der Deutschen Partei Heinrich Hellweges, zu deren Gründungsmitgliedern er gehörte.

Bei der Spaltung der Partei 1960 gehörte er zu den ersten, die zur CDU wechselten (1966 wurde er deren Schatzmeister). Noch als DP-Mitglied war Seebohm (1947/48 in Niedersachsen Minister für Aufbau und Arbeit) 1949 als Verkehrsminister ins 1. Kabinett Adenauer eingezogen. In den langen Jahren seiner

Amtszeit stellte er vor allem den Ausbau der Fernstraßen in den Mittelpunkt, nicht zu vergessen, daß es zunächst galt, das zerstörte Verkehrsnetz auf Straßen und Schienen wiederherzustellen. In die Ära Seebohm fällt ferner die Neugründung der Lufthansa 1955.
Doch nicht nur als Verkehrsminister trat Seebohm hervor: Weitaus negativere Publizität erzielte er als Sprecher der Sudetendeutschen Landsmannschaft (1959–1967), wenn er etwa das Münchner Abkommen von 1938 verteidigte oder die Rückgewinnung der Ostgebiete forderte. Mit solchen Äußerungen zog er sich auch den Unmut seines Kanzlers zu, der ihn deswegen zweimal rügte.

Michael Dörfler

Hanns Seidel
* 12. 10. 1901 Schweinheim; † 5. 8. 1961 München
Er war so gar nicht der typische bayerische Politiker. Der schmächtige Franke, Rechtsanwalt von Beruf und seit 1945 in der CSU, verabscheute die Kabalen innerhalb der Partei; Intrigen und Biertischpolitik waren nicht sein Fall. Schon 1945 Landrat von Aschaffenburg, zog er im Dezember 1946 für die CSU in den Münchner Landtag ein, wurde von September 1947 bis Dezember 1954 bayerischer Wirtschaftsminister.
Als die CSU, selbstgerecht und auf überzogenen Koalitionsbedingungen bestehend, von einer Viererkoalition aus SPD, FDP, BHE und Bayernpartei in die Opposition gedrängt wurde, kam Seidels große Stunde: Der ruhige Fachmann, ohne Hausmacht und ohne Ellenbogen eher ein Liberaler in der CSU, wurde hochgeachteter Oppositionsführer, im Januar 1955 außerdem noch Parteivorsitzender. Er schlug den nach vorne drängenden Bonner Minister Franz Josef Strauß mit 380 zu 329 Stimmen. Als die CSU 1957 erneut die Regierung übernahm, wurde Seidel fast selbstverständlich Ministerpräsident. Doch seine Gesundheit war angegriffen. Schon bei seiner Regierungserklärung am 5. November erlitt er einen Schwächeanfall. Bei einem Verkehrsunfall zog er sich im Juni 1958 eine heimtückische Wirbelverletzung zu, die ihn immer stärker behinderte und ihn im Januar 1960 zur Aufgabe des Ministerpräsidentenamtes zwang.

Lit.: H. Seidel, *Zeitprobleme. Gesammelte Aufsätze und Vorträge* (1960)

Bernd Kühnl

Johannes Ferdinand Semler
* 16. 12. 1898 Hamburg; † 31. 1. 1973 München
Nach der Rückkehr aus dem Ersten Weltkrieg ließ sich der promovierte Jurist, dessen Vater nationalliberaler Reichstagsabgeordneter gewesen war, 1924 als Rechtsanwalt in Hamburg nieder. 1932 wurde er Wirtschaftsprüfer und erwarb sich als Berater und Aufsichtsratsmitglied namhafter Firmen einen guten Ruf. An der Aktienreform 1931/32 war er maßgeblich beteiligt. 1945 gehörte Semler, der vor 1933 der DVP nahegestanden hatte, zu den Mitbegründern der CSU, war Mitglied des Landesvorstandes und Vorsitzender des wirtschaftspolitischen Ausschusses. Weiterhin wurde er zum Mitglied des bayerischen Wirtschaftsrates gewählt. 1947 entsandte ihn der bayerische Landtag in den Frankfurter Wirtschaftsrat, der ihn zum Direktor der Verwaltung für Wirtschaft des Vereinigten Wirtschaftsgebietes der Bizone wählte.
Nach einem scharfen Angriff auf die Ernährungspolitik der amerikanischen Besatzungsmacht (»Hühnerfutterrede«) wurde Semler 1948 seines Amtes entho-

ben. Nachfolger wurde Ludwig Erhard. In den Jahren 1950 bis 1953 vertrat Semler die CSU im Bundestag, wo er sich besonders in der Europapolitik engagierte. Unter anderem gehörte er der Beratenden Versammlung des Europarates an und wirkte jahrelang als Vizepräsident des deutschen Rates der europäischen Bewegung. Später betätigte sich Semler vor allem als gesuchter Spezialist für Unternehmenssanierung, so etwa bei Henschel und BMW.

Clemens Vollnhals

Lothar Späth
* 16. 11. 1937 Sigmaringen
Einen »politischen Senkrechtstarter« nannte ihn die *Stuttgarter Zeitung*, nachdem er nur zehn Jahre nach seiner Wahl zum Abgeordneten Ministerpräsident von Baden-Württemberg geworden war. Schon zu Beginn seiner Karriere hatte er wegen seines unkonventionellen Arbeitsstils von sich reden gemacht. 1960 trat er in die Finanzverwaltung der Stadt Bietigheim ein, wo er sieben Jahre später Bürgermeister wurde. Seine Baupolitik war so erfolgreich, daß sie ihm 1970 eine Berufung in die Geschäftsführung der »Neuen Heimat« und 1973 einen Vorstandssitz einbrachte. Da er aber »mehr Zeit für die Politik gewinnen« wollte, zog er sich 1974 aus der Baugesellschaft zurück. Bereits seit 1972 war er Fraktionsvorsitzender der Landtags-CDU, für die er erstmals 1968 ein Abgeordnetenmandat erobert hatte. Unter seiner Führung stand die Fraktion zeitweise in dem Ruf, die »eigentliche Opposition« der CDU-Regierung zu sein.
Bei der durch die Stammheimer Terroristenselbstmorde notwendig gewordenen Kabinettsumbildung berief ihn Ministerpräsident Hans Filbinger zum Innenminister. Nachdem Filbinger wegen der Vorwürfe im Zusammenhang mit seiner Tätigkeit als Marinerichter zurücktreten mußte, übernahm Späth 1978 dessen Amt und konnte sich damit gegen seinen Mitbewerber Manfred Rommel durchsetzen. Späth hat sich mehrfach, über die Landespolitik hinaus, für die Beibehaltung des Leistungsprinzips und die Einführung neuer Technologien, beispielsweise im Medienbereich, ausgesprochen, um die wirtschaftliche Spitzenstellung der Bundesrepublik zu erhalten.

Bernd Löffler

Wolfgang Stammberger
* 14. 7. 1920 Coburg; † 1. 5. 1982 Coburg
Für den ausgeprägten Individualisten war es nicht leicht, sich mit einer politischen Partei voll zu identifizieren. Im traditionell liberalen Coburg aufgewachsen, gehörte er nach dem Krieg zu den Mitbegründern der liberalen Hochschulgruppe in Erlangen und des Verbands der Jungdemokraten in Bayern, deren Landesvorsitzender er bis 1948 war. Nach einer fünfjährigen Tätigkeit im Stadtrat seiner Heimatstadt wurde der junge Rechtsanwalt 1953 erstmals für die FDP in den Bundestag gewählt. Als Vorsitzender des Gesundheitsausschusses setzte er sich u.a. für ein neues Lebensmittelgesetz ein und bekämpfte die Luftverunreinigung. Die Idee, daß der Staat das Leben seiner Bürger nicht mehr als notwendig regulieren solle, versuchte er auch als Bundesjustizminister (seit 1961) in die Tat umzusetzen.
Im Rahmen der Spiegelaffäre im Herbst 1962 kam es zu einer schweren Auseinandersetzung zwischen ihm und dem damaligen Verteidigungsminister Strauß, weil das Verteidigungsministerium Stammberger nicht von der geplanten Aktion

gegen das Hamburger Nachrichtenmagazin unterrichtet hatte. Am 19. November reichte er, gemeinsam mit den anderen FDP-Ministern, seinen Rücktritt ein. Als die FDP sich schließlich zu einer neuen Koalition mit der CDU bereitfand, gehörte er dem 5. Kabinett Adenauer nicht mehr an. Verbittert und von seiner Partei, in der er den nötigen Rückhalt vermißte, enttäuscht, trat er 1964 zur SPD über, die er bis 1969 im Bundestag vertrat. 1970 wurde Stammberger mit Unterstützung der SPD zum Oberbürgermeister von Coburg gewählt. Als er nach Ablauf der Amtsperiode 1978 wegen parteiinterner Differenzen nicht mehr für diesen Posten nominiert wurde, verließ er auch die SPD.

Georg Braun

Jochen Steffen
* 19. 9. 1922 Kiel
Mit einer »Mischung aus Erleichterung und wehmütiger Trauer« verließ er 1979 nach mehr als 30jähriger Mitgliedschaft die SPD. Sein Verhältnis zu dieser Partei war stets spannungsreich gewesen. Steffen arbeitete nach dem Studium (Philosophie, Psychologie und Soziologie) und einigen Jahren Assistententätigkeit an der Universität Kiel hauptberuflich als Journalist. 1954 wählten ihn die schleswig-holsteinischen Jungsozialisten zu ihrem Landesvorsitzenden. Erste Konflikte mit der Partei entstanden, als er 1955 die Haltung der SPD und Ollenhauers in Fragen der Europapolitik und Wiederbewaffnung kritisierte. 1958 wurde er Mitglied des Landtags von Schleswig-Holstein. Noch 1963 lehnte er es jedoch ab, für das Amt des stellvertretenden Landesvorsitzenden zu kandidieren, weil ihm nicht geklärt schien, wie weit sich die SPD nach links hin öffnen würde. In den folgenden Jahren übernahm er dann jedoch eine Reihe wichtiger Parteiämter: Landesvorsitzender der schleswig-holsteinischen SPD (1965), Fraktionsvorsitzender im Kieler Landtag (1966) und Mitglied des Parteivorstandes der SPD (1968).
Der »Altsozialist« wurde zur politischen Leitfigur der Linken in der SPD, vor allem der Jungsozialisten, die er auch in Fragen der Theorie- und Strategiediskussion beeinflußte. Dennoch blieb der »rote Jochen« politisch stets ein Einzelgänger. Zwischen 1973 und 1977 zog er sich schrittweise aus seinen Ämtern und Funktionen zurück. Dabei sorgten vor allem sein demonstrativer Rücktritt als Vorsitzender der Grundwertekommission der SPD und Äußerungen über die möglicherweise bevorstehende Gründung einer neuen Linkspartei noch einmal für Schlagzeilen. Die Haltung der SPD in der Kernenergiefrage war schließlich ausschlaggebend für seinen Parteiaustritt. Bereits in den vorangegangenen Jahren hatte er sich erfolgreich als Autor und sogar als Kabarettist betätigt. Trotz gewisser Sympathien für die »Grünen« will er Politik künftig nur noch »mit dem Wahlzettel« betreiben.

Lit.: J. Steffen, *Krisenmanagement oder Politik?* (1974); *Strukturelle Revolution* (1974); *Nu komms du! Kuddl Schnööfs noie achtersinnige Gedankens und Meinungens* (1975); ders./A. Wiemers, *Auf zum letzten Verhör. Erkenntnisse des verantwortlichen Hofnarren der Revolution, Karl Radek* (1977)

Ilse Fischer

Gerhard Stoltenberg
* 29. 9. 1928 Kiel
Der »kühle Klare aus dem Norden«, wie er wegen seines sachlich nüchternen Auftretens scherzhaft genannt wird, gehört seit Jahren zum engen Kreis der

möglichen Kanzlerkandidaten der Union. Das Erreichen des höchsten Regierungsamts wäre sicherlich die Krönung der Laufbahn dieses Politikers, dessen Aufstieg in jungen Jahren beispiellos war. Noch 1944 war der Pastorensohn Flakhelfer geworden und anschließend in englische Gefangenschaft geraten. Seine steile Karriere nach 1945 vollzog sich zunächst zweigleisig. Nach dem Abitur studierte er Geschichte, Philosophie und Sozialwissenschaften, promovierte 1954 zum Dr. phil. und war dann als wissenschaftlicher Assistent an der Universität Kiel, seit 1956 als Lehrbeauftragter an der PH Kiel tätig.
Gleichzeitig begann sein Aufstieg in der CDU, der er seit 1947 angehört. Seit 1951 Landesvorsitzender der Jungen Union, wurde er 1954 als jüngster Abgeordneter in den schleswig-holsteinischen Landtag gewählt. Nachdem er im Jahr darauf den Bundesvorsitz der JU übernommen hatte, war 1957 der Einzug des erst 29jährigen in den Bundestag keine Überraschung mehr. Neben seiner Abgeordnetentätigkeit (u.a. im Haushaltsausschuß) und der Leitung der Jugendorganisation seiner Partei (bis 1961) fand der ehrgeizige und fleißige Politiker noch genügend Zeit, auch seine Hochschulkarriere voranzutreiben. Er habilitierte sich und wurde Privatdozent an der Universität Kiel.
1962 bereits wollte ihn Adenauer zum Verteidigungsminister machen, doch lehnte Stoltenberg damals ab. Obwohl er als Kritiker der Haushaltspolitik Erhards Ärger mit seiner Partei bekam und sich deshalb grollend vorübergehend als Direktor für Volkswirtschaft beim Krupp-Konzern betätigte, vertraute ihm Ludwig Erhard 1965 die Leitung des Wissenschaftsministeriums an. In diesem Amt, in dem er bis zum Ende der Großen Koalition 1969 verblieb, setzte er sich u.a. für die Beschleunigung der Studienreform, eine kräftige Erhöhung des Wissenschaftsetats und eine übergreifende Planung auf dem Gebiet der Forschungspolitik ein. Nochmals war der 1969 mit der höchsten Stimmenzahl zu einem der stellvertretenden Parteivorsitzenden der CDU gewählte Politiker für ein Jahr bei Krupp tätig, ehe er sich, des Opponierens in Bonn etwas müde, als Spitzenkandidat für die Landtagswahl 1971 in Schleswig-Holstein aufstellen ließ. Er errang für seine Partei einen überwältigenden Wahlsieg, wurde Ministerpräsident und kurze Zeit später Landesvorsitzender der CDU.
In den folgenden Jahren, in denen er das nördlichste Bundesland unangefochten und mit der absoluten Mehrheit im Rücken regierte, nahm er auch weiterhin zu bundespolitischen Fragen Stellung. Wiederholt meldete er seine Anwartschaft auf eine Kanzlerkandidatur an. Leichte Stimmenverluste bei Kommunal- bzw. Landtagswahlen zwischen 1975 und 1979 dämpften jedoch seine diesbezüglichen Erfolgsaussichten. 1979 übernahm er im CDU-Präsidium die Sparte Konjunktur- und Finanzpolitik und entwickelte von nun an als vehementer Kritiker der Verschuldungspolitik der sozialliberalen Koalition alternative Konzepte zur Sanierung der Bundesfinanzen. Seit Oktober 1982, als er, wie erwartet, Kiel verließ und als Finanzminister in das Kabinett Helmut Kohls eintrat, versucht er nun, diese schwierige Aufgabe zu lösen. Große Erfolge sind bis jetzt nicht eingetreten und trotz der selbst von seinen politischen Gegnern anerkannten fachlichen Kompetenz angesichts der gegenwärtigen Wirtschaftslage in absehbarer Zukunft auch kaum zu erwarten.

Lit.: G. Stoltenberg, *Staat und Wissenschaft* (1969); B. Brügge, *Über Gerhard Stoltenberg* (1982)

Georg Braun

Anton Storch

* 1. 4. 1892 Fulda; † 26. 11. 1975 Fulda

Seine für ein Bonner Kabinettsmitglied beispiellose Vita, ein »Lebensweg vom Fuldaer Waisenhaus zum Bonner Ministeramt« (Hans Günter Hockerts), weist folgende Stationen auf: Volksschulausbildung, Tischlerlehre, Kriegsteilnahme (1914–1918), Mitgliedschaft im Windthorstbund und in der Zentrumspartei, Funktionärstätigkeit für den Christlichen Holzarbeiterverband (1920–1933), Vorsitz im Provinzialverband Hannover des (christlichen) Deutschen Gewerkschaftsbundes (1931–1933), 1933 seiner Ämter enthoben, bis 1939 Versicherungsvertreter, danach Dienstverpflichtung zur Feuerschutzpolizei Hannover, nach dem Krieg erneute Ausübung des Tischlerberufes, Beteiligung am Aufbau der Einheitsgewerkschaft und der CDU-Gründung in Hannover, Leitung der sozialpolitischen Abteilung des DGB in der britischen Zone (1946–1948), Mitgliedschaft im Wirtschaftsrat (1947–1949) und Leitung der Verwaltung für Arbeit des Vereinigten Wirtschaftsgebietes (1948/49).

In der anschließenden Amtszeit als erster Bundesminister für Arbeit und Sozialordnung (1949–1957) erfolgten die richtungweisenden sozialpolitischen Weichenstellungen der Ära Adenauer, so u. a. in den Aufgabenbereichen der paritätischen Mitbestimmung in der Montanindustrie (1951), der Betriebsverfassung (1952), der Arbeitsgerichte (1953), der Kriegsopferversorgung und des Kindergeldes (1954) sowie besonders der Rentenreform (1957). Nach seinem Ausscheiden aus dem Kabinett Adenauer (in dem er als Exponent des linken CDU-Flügels, trotz der stolzen Leistungsbilanz seines Ressorts, nie unumstritten war) gehörte er weiterhin dem Deutschen Bundestag (bis 1965) wie auch dem Europäischen Parlament an (ab 1957), letzterem zeitweise als Vorsitzender des Sozialpolitischen Ausschusses.

Hans Peter Mensing

Franz Josef Strauß

* 6. 9. 1915 München

Es gibt wohl keinen deutschen Politiker der Nachkriegszeit, dessen Erscheinungsbild und Wirken so umstritten ist wie das von F. J. S., wie er oftmals kurz genannt wird. Seine Gegner sahen und sehen in ihm einen gefährlichen, machtbesessenen, unberechenbaren, ja skrupellosen Reaktionär, dem es stets darauf ankommt, seinen Einfluß geltend zu machen und seine Interessen durchzusetzen. Freunde und Anhänger hingegen betrachten den »Ur-Bayern« als eine politische Persönlichkeit mit historischer Perspektive und Kontinuität. Sie schätzen seine staatspolitische Eigenwilligkeit und sein Durchsetzungsvermögen. Alle sind sie sich jedoch einig: Strauß ist eine Ausnahmeerscheinung in der deutschen Politik.

Der einer bayerischen Metzgerfamilie entstammende Strauß wuchs in München auf, legte 1935 dort das beste Abitur in ganz Bayern ab und hatte nach absolviertem Arbeitsdienst und achtsemestrigem Studium des Lateins und Griechischen, der Germanistik, Geschichte und Volkswirtschaft während eines Studienurlaubs als Soldat 1941/42 sein 1. und 2. Staatsexamen für das Lehramt an Höheren Schulen gemacht. 1943 wurde er zum Studienrat ernannt, ohne je Dienst zu tun. Der Heeresflakoffizier lag bis 1943 an der Ostfront und wurde dann Ausbildungsoffizier (zuletzt Oberleutnant) an der Flakschule Schongau. Nach kurzer Gefangenschaft war er dort 1946 als Landrat tätig, bis er 1948 als Jugendreferent ins Bayerische Staatsministerium des Inneren wechselte. Seine

Franz Josef Strauß bedankt sich für den Beifall nach seiner Rede während des 28. CDU-Bundesparteitags in Berlin am 19. 5. 1980.

politische Karriere jedoch hatte bereits 1945 begonnen: Strauß war Gründungsmitglied der CSU in Schongau und wurde im Mai 1946 stellvertretender Vorsitzender seines CSU-Kreisverbandes. Bald darauf rückte er in den Landesvorstand und ins Präsidium der CSU auf. Von 1948 bis 1952 bekleidete er als Landesgeschäftsführer faktisch die Position des Generalsekretärs.
Durch seine Mitgliedschaft im bizonalen Wirtschaftsrat in Frankfurt/Main wurde er über die Grenzen Bayerns bekannt. Seine parlamentarische Karriere in Bonn nahm 1949 ihren Anfang, als er als Kandidat des Wahlkreises Weilheim in den Bundestag einzog, dessen Vertreter er bis 1976 blieb. Der allseits als talentiert eingeschätzte Nachwuchspolitiker stand vorerst im Schatten der bayerisch-patriotisch gesinnten Kräfte seiner Partei, die sich bis in die fünfziger Jahre hinein mit der Bayernpartei um den »richtigen« Kurs des Freistaates im Nachkriegsdeutschland auseinandersetzte. Seine Taktik, den Parteivorsitz einzunehmen und dann gezielt auf die Bundespolitik Einfluß zu nehmen, schlug zunächst fehl, doch wurde Strauß 1952 immerhin hinter Ministerpräsident Hans Ehard zweiter Mann der CSU. Zwar verlor er auch 1955, diesmal vor allem aufgrund der damaligen Oppositionsrolle der CSU in Bayern, das Rennen gegen Hanns Seidel, der als Landespolitiker mehr erprobt war, doch 1961 fiel dem Bundesminister Strauß das Amt dann ohne Konkurrenz zu. Er behielt es seitdem.
Bundespolitisch war er zu diesem Zeitpunkt schon recht erfolgreich gewesen, und selbst Adenauer konnte sich des nach oben drängenden Bayern nicht erwehren. 1953 ernannte der Kanzler den damaligen Vorsitzenden der CSU-Landesgruppe im Bundestag - ein Amt, das er bis 1957 und von 1963 bis 1966 nochmals innehatte - zum Bundesminister für besondere Aufgaben, 1955 dann zum ersten Atomminister, wo er sich mit Nachdruck für den Kauf und den Bau von Kernreaktoren einsetzte und bei der Ausarbeitung der Römischen Verträge dar-

auf achtete, daß die Bundesrepublik bei der friedlichen Nutzung der Atomenergie gleichberechtigt behandelt wurde. Strauß' Ernennung zum Verteidigungsminister 1956 entsprach nicht nur seiner positiven Einstellung zur Wiederbewaffnung der Bundesrepublik, sondern kam auch seinen Ambitionen auf dem Gebiet der Außenpolitik entgegen. Jedoch verwickelte er sich in diesem Amt in verschiedene politische Affären (Onkel-Aloys-, Fibag- und Starfighter-Affäre), die seinem Ansehen schadeten. Die Spiegelaffäre vom Herbst 1962 zwang ihn dann zum Rücktritt als Verteidigungsminister, ohne daß damit seine Karriere beendet gewesen wäre.
Er setzte auf die Diadochen-Kämpfe der Nach-Adenauer-Zeit in der CDU, die sich im außenpolitischen Kursstreit »Atlantiker gegen Gaullisten« beim Sturz Erhards 1966 und in den Auseinandersetzungen mit der SPD in der Großen Koalition offenbarten, in die er als Finanzminister eintrat. Aufgrund seiner langfristigen Konsolidierungspolitik, die von SPD-Wirtschaftsminister Karl Schiller voll mitgetragen wurde, hinterließ er beim Regierungswechsel 1969 geordnete Staatsfinanzen. Mit der Phase der CDU/CSU-Opposition (1969–1982) begann zugleich die spannungsreiche Zeit zwischen den beiden Schwesterparteien über den richtigen Weg, die Regierungsverantwortung zurückzugewinnen. Höhepunkt war der nach der Bundestagswahl 1976 gefaßte Beschluß der CSU in Wildbad Kreuth, die Fraktionsgemeinschaft mit der CDU im Bundestag aufzukündigen, der allerdings drei Wochen später wieder zurückgenommen wurde. Strauß, der Kohl und der CDU eine inkonsequente Oppositionspolitik vorwarf, die die Gegensätze in der SPD/FDP-Koalition zu wenig herausstelle, wodurch schließlich die Regierungsübernahme nicht erreicht worden sei, trat in den fol-

Franz Josef Strauß und der Präsident der Republik Togo, Gnassingbé Eyadéma am 5. 7. 1984 während der Einweihung einer Hafenmole (Entwicklungsprojekt der Bundesrepublik) in Lomé.

genden Jahren für eine härtere Linie ein. 1979 reklamierte er für sich die Kanzlerkandidatur und setzte sich – nachdem er 1978 bayerischer Ministerpräsident geworden war – mit einem Frontalangriff gegen die CDU durch: Er drohte mit einer bundesweiten Ausdehnung der CSU (»Vierten Partei«), wobei er die gleichen Argumente wie 1976 anführte. Seine Niederlage bei der Bundestagswahl 1980 zeigte jedoch, daß er seine politische Zugkraft deutlich überschätzt hatte. Als Kohl 1982 Bundeskanzler wurde, und die CSU erneut die Regierungsverantwortung mitübernahm, spekulierte man lange, ob Strauß wieder nach Bonn zurückkomme. Daß Kohl dies nicht zuletzt mit Hilfe der FDP und ihres Chefs Hans-Dietrich Genscher vorerst verhindern konnte, bedeutete jedoch für Strauß nicht, die Mitsprache in der Bonner Politik aufgegeben zu haben.

Lit.: F. J. Strauß, *Analyse der weltpolitischen Situation* (1978); *Signale. Beiträge zur deutschen Politik 1969–1978,* ausgew. und eingel. von W. Scharnagl (1978); *Zur Lage* (1979)

Hanns Jürgen Küsters

Käte Strobel
* 23. 7. 1907 Nürnberg
Als Käte Strobel, von der FAZ als »eine der gescheitesten Frauen im Bonner Hohen Haus« tituliert, im Jahre 1966 in der Großen Koalition das Amt des Bundesministers für das Gesundheitswesen übernahm, hatte sie bereits eine langjährige politische Tätigkeit vorzuweisen. SPD-Mitglied seit 1925, war sie bis 1933 in der Sozialistischen Arbeiterjugend tätig. Während der Hitler-Zeit wurde ihr Mann in einem Massenprozeß gegen fränkische Sozialdemokraten wegen illegaler Tätigkeit verurteilt. Nach dem Krieg übernahm Käte Strobel den Vorsitz der fränkischen Frauengruppe der SPD, 1949 wurde sie in den Deutschen Bundestag gewählt, dem sie bis 1972 angehörte. 1958 wurde sie in das Europäische Parlament entsandt, dessen Vizepräsidentin sie von 1962 bis 1964 war. Anschließend war sie Vorsitzende der Sozialistischen Fraktion des Europaparlaments.
Käte Strobel, die bei ihrer Ernennung zum Bundesminister der breiten Öffentlichkeit kaum bekannt war, setzte sich mit Zähigkeit, Fleiß und Fachwissen bald durch. Nach der Bildung der sozialliberalen Koalition im Jahre 1969 behielt sie ihr Ministeramt mit der erweiterten Zuständigkeit für Jugend und Familie (bis 1972). In ihre Amtszeit fallen wichtige Gesetzentwürfe (u. a. Krankenhausfinanzierungs- und Jugendschutzgesetz) sowie die Reform des Lebensmittel-, des Arzneimittel- und des Jugendhilferechts. Auch auf dem Gebiet der Verbraucheraufklärung und bei der Bekämpfung des Drogen- und Rauschmittelmißbrauchs erzielte sie beachtliche Fortschritte.

Emil Werner

Richard Stücklen
* 20. 8. 1916 Heideck/Mittelfr.
Wenn Skatspielen in Deutschland zum Beruf zu machen wäre, dann hätte Richard Stücklen gewiß gute Aussichten, damit seinen Lebensunterhalt einträglich zu verdienen. Diese Leidenschaft ist jedoch nur der Ausgleichssport des Berufspolitikers Richard Stücklen, der als eines der letzten Mitglieder dem Deutschen Bundestag seit seiner 1. Legislaturperiode, seit 1949 also, angehört.
Vor dem Krieg war er nach Volksschule und Handwerkslehre als Elektroingenieur in einem Industriebetrieb tätig; nach 1945 blieb er zunächst im elterlichen Betrieb, begann jedoch gleichzeitig seine Laufbahn als Politiker. Als Grün-

dungsmitglied der bayerischen CSU und der Jungen Union wurde er 1949 als einer der jüngsten Abgeordneten in den Bundestag gewählt und hat in den nunmehr dreieinhalb Jahrzehnten seiner Bonner Arbeit viele Stufen einer ungewöhnlichen Karriere hinter sich gebracht. Schon bald führendes Mitglied der CSU-Landesgruppe, wurde er im 3. Kabinett Adenauer im Oktober 1957 Bundesminister für das Post- und Fernmeldewesen; dies blieb er bis zum Beginn der Großen Koalition im Herbst 1966. In seine Zeit fällt der Ausbau der Post zu einem leistungsfähigen, auch gewinnbringenden Unternehmen, das es, im Gegensatz etwa zur Bundesbahn, bis heute geblieben ist.
Nach seiner Ministerzeit war er bis Dezember 1976 Vorsitzender der CSU-Landesgruppe im Bundestag; anschließend amtierte er bis 1979 als Vizepräsident des Bundestages. In dieser Zeit gehörte er zu jenen CSU-Politikern, die den Zusammenhalt der Union in Bonn befürworteten und sich gegen die mit dem Wort »Kreuth« verbundenen Pläne und Absichten aussprachen, die beiden Unionsparteien im Bundestag zu eigenständigen Fraktionen zu machen. Hierbei scheute Stücklen auch nicht den Konflikt mit seinem Parteivorsitzenden Franz Josef Strauß. Den Höhepunkt seiner Karriere bildeten die Jahre 1979 bis 1983, in denen er als Nachfolger von Karl Carstens Präsident des Bundestags war; seit der Wahl vom März 1983 fungiert er erneut als Vizepräsident. Der volkstümliche Bayer ist stets ein Mann des Volkes geblieben, den Humor und Schlagfertigkeit auszeichnen und der manche spannungsgeladene Bundestagssitzung durch druckreife Aphorismen beruhigte.

Lit.: R. Stücklen, *Die Deutsche Bundespost 1957–1964. Reden und Aufsätze* (1965)

Engelbert Hommel

Adolf Süsterhenn
* 31. 5. 1905 Köln; † 24. 11. 1974 Koblenz
Bis 1933 vertrat der promovierte Jurist und überzeugte Katholik das Zentrum im Kölner Stadtrat. Während des Dritten Reiches verteidigte er besonders Geistliche in politischen Prozessen. Aus christlich-konservativer Überzeugung beteiligte sich Süsterhenn auch am Aufstand des 20. Juli. 1945 trat er der CDU bei und leitete den vorbereitenden Verfassungsausschuß für Rheinland-Pfalz. Von 1946 bis 1951 leitete er das Justiz- und das Kultusministerium in diesem Land. Wegen der Einführung der Bekenntnisschule und seines Eintretens für studentische Korporationen war er heftigen Angriffen ausgesetzt. Als Mitglied des Parlamentarischen Rates hatte er sich 1949 mit Nachdruck für die Interessen seiner Kirche eingesetzt. Nach einem schweren Unfall verzichtete er 1951 auf das Ministeramt und wurde Präsident des Landesverwaltungsgerichtes und Vorsitzender des Verfassungsgerichtshofes von Rheinland-Pfalz.
Nach zehnjähriger Pause von der aktiven Politik zog Süsterhenn 1961 in den Bundestag ein (bis 1969). Dort machte er vor allem als Initiator der »Aktion Saubere Leinwand« von sich reden. Gemeinsam mit seiner CSU-Kollegin Maria Probst brachte er im Mai 1965 einen Antrag zur Änderung jenes Grundgesetzartikels ein, der die Freiheit von Kunst, Wissenschaft, Forschung und Lehre garantiert. Um der »moralischen Verwilderungserscheinung« im Illustrierten- und Filmgeschäft Einhalt zu gebieten, wollte Süsterhenn eine Ergänzung des betreffenden Artikels erreichen, damit die zugesicherte Freiheit auf den »Rahmen der allgemeinen sittlichen Ordnung« eingeschränkt werde.

Ulrike Nikel

Otto Suhr

* 17. 8. 1894 Oldenburg; † 30. 8. 1957 Berlin

Über seine verschiedenen politischen Ämter und Aufgaben hinaus hat Otto Suhr sich vor allem einen Namen gemacht als Lehrer der Gewerkschaftsbewegung und sozialpolitischer Denker, dessen Anliegen es war, Wissenschaft und Praxis, Forschung und Erziehung zur Demokratie zu verbinden. Der promovierte Nationalökonom (SPD-Mitglied seit 1919), der 1921 zur Gewerkschaft gestoßen war, lehrte von 1928 bis 1933 an der Hochschule für Politik und an der Gewerkschaftsschule in Berlin. Folgerichtig widmete Suhr sich nach Kriegsende in Berlin der Reorganisation der Gewerkschaften.

1946 schloß er sich jenem Kreis an, der sich dem Zusammenschluß von SPD und KPD zur SED in den Westsektoren widersetzte, und wurde zum Generalsekretär der Berliner SPD gewählt. Publizistisch vertrat Suhr diesen Kurs der Abgrenzung gegenüber den Sowjets in der von ihm und Louise Schroeder begründeten Zeitschrift *Das sozialistische Jahrhundert*. Neben verschiedenen Ämtern in Berlin (Stadtverordnetenvorsteher, Präsident des Abgeordnetenhauses und von 1955 bis zu seinem Tod Regierender Bürgermeister) gehörte Suhr dem Parlamentarischen Rat und von 1949 bis 1951 dem Bundestag an. Als sein wesentlichstes Verdienst darf jedoch die Neugründung der Hochschule für Politik gel-

Otto Suhr

ten, die er als Direktor leitete (1949–1955) und die als Institut der Freien Universität Berlin seit 1958 seinen Namen trägt.

Ulrike Nikel

Adolf von Thadden
* 7. 7. 1921 Trieglaff/Pommern
Auf dem Höhepunkt seiner politischen Karriere sagte er 1969 auf dem Schwabacher Parteitag der NPD: »Also, alles in allem, ich bin rundherum zufrieden.« Doch schon zwei Jahre später trat er vom Bundesvorsitz der rechtsradikalen Partei zurück; 1975 verließ er sie ganz.
Der pommersche Adelige, der sich als »Sammler der nationalen Rechten« verstand, hatte sich 1947 zunächst der rechtsradikalen Deutschen Rechtspartei, für die er in den 1. Bundestag einzog, angeschlossen. Nachfolgeorganisation war seit 1950 die Deutsche Reichspartei, die Thadden als ihr Bundesvorsitzender (seit 1961) in die 1964 gegründete NPD überführte. In dieser Partei, die zu ihren besten Zeiten zwischen 30000 und 40000 Mitglieder gehabt haben soll, war ein Großteil der Führungsspitze mit einer nationalsozialistischen Vergangenheit belastet. Aufsehen erregten die Erfolge der Nationaldemokraten bei den Landtagswahlen 1966 in Hessen und Bayern sowie zwei Jahre später in Baden-Württemberg, wo 9,8% der Stimmen auf sie entfielen. Das Ziel, in dieser Zeit auch in den Bundestag einzuziehen, wurde jedoch nicht erreicht: mit 4,3% scheiterte die NPD knapp an der 5-%-Hürde.
1971 trat Thadden als Parteivorsitzender zurück: Es war zu Auseinandersetzungen zwischen seiner vorgeblich »gemäßigten Richtung« und der mehr auf Aktion und Radikalismus abzielenden Gruppe um den Bayern Siegfried Pöhlmann gekommen. Bis 1972 war die NPD aus allen Länderparlamenten verschwunden; die Mitgliederzahl sank.

Michael Dörfler

Günter Verheugen
* 28. 4. 1944 Bad Kreuznach
Auf eine steile Karriere und deren jähe Unterbrechung – beides eng verknüpft mit der politischen Entwicklung Hans-Dietrich Genschers – blickt Günter Verheugen, obwohl erst 40 Jahre alt, bereits zurück. Nach Zeitungsvolontariat und sozialwissenschaftlichem Studium war der nordrhein-westfälische Jungdemokraten-Vorsitzende (1968–1971) von Genscher 1969 als Referent für Öffentlichkeitsarbeit ins Bundesinnenministerium geholt worden. Als Leiter eines eigens im Auswärtigen Amt eingerichteten Stabs »Analysen und Information« (1974), als Bundesgeschäftsführer der FDP ab Januar 1977 und schließlich als Generalsekretär ab November 1978 begleitete Verheugen als engster Mitarbeiter Genschers Weg als Außenminister und Parteivorsitzender. Und er gewann gleichermaßen als Organisator (vor allem des mit 10,6% Stimmenanteil überraschend erfolgreich absolvierten Bundestagswahlkampfs 1980) wie als liberaler Programmatiker Profil und Respekt.
Sein besonderes Engagement galt dabei dem Umweltschutz, der Medienpolitik und den benachteiligten Gruppen der Gesellschaft. Darüber hinaus wirkte der junge Politiker, der sich souverän in den Fußstapfen keines Geringeren als Karl-Hermann Flachs bewegte, ab 1977 als Vorsitzender der Geschäftsführung der Friedrich-Naumann-Stiftung, als Mitglied der Exekutivkomitees der Europäischen Liberalen Demokraten und der Liberalen Internationalen. Angesichts

des »Wende«-Manövers seines Parteivorsitzenden hin zu einer Mitte-Rechts-Koalition wurde Verheugen zu einem der schärfsten Kritiker Genschers und trat nach dessen Bestätigung im Amt (Dezember 1982) zur SPD über, die ihm im März 1983 zu einem Bundestagsmandat verhalf.

Lit.: G. Verheugen, *Das Programm der Liberalen. Zehn Jahre Programmarbeit der F.D.P.* (^{2}1980); *Eine Zukunft für Deutschland* (1980); *Der Ausverkauf. Macht und Verfall der F.D.P.* (1984)

Rüdiger Bolz

Bernhard Vogel
* 19. 12. 1932 Göttingen
Der gelernte Historiker blieb nicht lange in seinem Beruf tätig: 1965 wurde der damalige Assistent an der Universität Heidelberg in den Bundestag gewählt, 1967 schon holte ihn sein Freund Helmut Kohl nach Mainz, wo der gerade 34jährige jüngster Kultusminister der Republik wurde. Neun Jahre später, 1976, wählte ihn der Landtag von Rheinland-Pfalz zum neuen Ministerpräsidenten.
In Vogels Amtszeit als Kultusminister fiel der große Umbruch an deutschen Schulen und Universitäten, auch wenn dieser sich in Rheinland-Pfalz nicht so laut bemerkbar machte wie in anderen Teilen der Bundesrepublik. Zwei große Projekte sind mit Vogels Namen verbunden: die Gründung der Doppeluniversität Trier-Kaiserslautern, aus der inzwischen zwei selbständige Hochschulen entstanden sind, und die Oberstufenreform in den Gymnasien, die als »Mainzer Studienstufe« zum allerdings nicht unumstrittenen Modell für andere Länder geworden ist. Die Abschaffung der Konfessionsschule als Regelschule mußte der kämpferische Katholik Vogel, lange Jahre Präsident des Zentralkomitees der deutschen Katholiken, 1969 dem Koalitionspartner FDP zugestehen. Als Ministerpräsident ist er aus dem Schatten seiner beiden Vorgänger Altmeier und Kohl längst herausgetreten und hat bereits zwei Wahlen mit absoluter Mehrheit für die CDU gewonnen.

Engelbert Hommel

Hans-Jochen Vogel
* 3. 2. 1926 Göttingen
Der einer bildungsbürgerlichen Familie entstammende Vogel war nach brillant absolviertem Jurastudium zunächst im bayerischen Justizministerium, in der Staatskanzlei und als Amtsgerichtsrat tätig. SPD-Mitglied seit 1950, wurde er 1959 Rechtsreferent und berufsmäßiger Stadtrat in München. Als SPD-Kandidat bei den Oberbürgermeisterwahlen im Jahre 1960 errang er einen großen Wahlsieg gegen den CSU-Kandidaten Josef Müller und war damit der jüngste Oberbürgermeister einer europäischen Millionenstadt. Durch seine pragmatische und äußerst effiziente Amtsführung erwarb er sich so große Popularität, daß er 1966 mit mehr als zwei Dritteln aller Stimmen wiedergewählt wurde. Herausragendes Ereignis der zweiten Amtsperiode war die Heimholung der Olympischen Spiele 1972 nach München – Anlaß für große Städtebau- und Verkehrsprojekte. Damals gewann Vogel jedoch bereits allmählich eine kritische Einstellung zur ungehemmten Wachstumspolitik und insbesondere zum Konzept der autogerechten Stadt.
Weniger populär als in der Kommune war Vogel in seiner Partei; der zunehmende Einfluß der Linken in der Münchner SPD veranlaßte ihn 1971 zum Ver-

zicht auf eine erneute Kandidatur als Oberbürgermeister. Die Übernahme des Vorsitzes im Unterbezirk München hatte nicht den gewünschten Erfolg, den linken Parteiflügel zurückzudrängen. Vogel setzte die »Flucht nach oben« fort: 1972 wurde er Vorsitzender der SPD in Bayern und Mitglied des Präsidiums der Bundespartei. Nach der Bundestagswahl 1972 ging er als Minister für Raumordnung, Städtebau und Bundesbauwesen nach Bonn, wo er aber mit seinen Plänen zur Neugestaltung des Bodenrechts und zur Eindämmung der Bodenspekulation nicht den gewünschten Erfolg hatte. Glücklicher agierte er als Bundesjustizminister (1974–1981); auch sein Verhältnis zur Parteilinken entspannte sich damals.

Als in der Berliner Senatskrise 1981 nach dem Rücktritt des Regierenden Bürgermeisters Stobbe ein prominenter Politiker als Nachfolger gesucht wurde, ließ sich Vogel von seiner Partei in die Pflicht nehmen und ging als »Feuerwehr« nach Berlin. Nachdem sein Senat eine Mehrheit gefunden hatte, nahm er mit großer Energie die Probleme der Kommunalpolitik in Angriff. Besonders seine Verfahrensweise in der Hausbesetzerfrage, die »Berliner Linie«, die eine grundsätzliche Ablehnung der Besetzungen mit dem Versuch verband, das Problem im Dialog mit der »Szene« zu lösen, wurde bekannt. Auch versuchte Vogel, die zerstrittenen Flügel seiner Partei zu einigen, ihre Moral zu heben und sie vom Ruch der Skandale und des »Filzes« zu reinigen. Trotzdem fiel die SPD in den Wahlen vom Mai 1981 unter 40%: Vogel wurde Oppositionsführer im Senat.

Die Rückkehr in die Bundespolitik bahnte sich an, als in der Folge des Zerbrechens der sozialliberalen Koalition für den März 1983 Bundestagswahlen angesetzt wurden. Vogel bestritt als Kanzlerkandidat der SPD den Wahlkampf, unterlag aber gegen Helmut Kohl. Seitdem ist er als Nachfolger Herbert Wehners Führer der SPD-Oppositionsfraktion im Bundestag.

Lit.: H.-J. Vogel, *Die Amtskette. Meine 12 Münchner Jahre* (1972); *Reale Reformen. Beiträge zu einer Gesellschaftspolitik der neuen Mitte* (1973)

Christoph Boyer

Karsten Voigt

* 11. 4. 1941 Elmshorn

»Wir sind die SPD der achtziger Jahre«, prophezeite selbstbewußt im Dezember 1969 auf dem Münchner Bundeskongreß der Jungsozialisten deren neugewählter Vorsitzender Karsten Voigt. Das war weniger personell gemeint: Die eindeutige Politisierung der Jusos und die Durchsetzung der Linken auf breiter Basis ließ konservative, durch Apo-Aktionen verunsicherte Gemüter Schlimmes ahnen. Auch »Mutter« SPD lauschte teilweise mißtrauisch den neuen Tönen. »Wir sind die Avantgarde ... eines sozialistischen Politisierungsprozesses ..., der allgemein in der Jugend stattgefunden hat.«

Die Politisierung des studierten Kunstverlegersohnes Voigt (Geschichte, Germanistik und Slawistik) begann Mitte der fünfziger Jahre bei der Hamburger evangelischen Jugend. Seit 1962 SPD-Mitglied, aktivierten ihn die Proteste gegen die Notstandsgesetzgebung zu engagierter Arbeit an der Parteibasis. Der Münchner Kongreß – noch unter dem Eindruck der achtundsechziger Unruhen – sollte den Weg für eine das bestehende Gesellschaftssystem überwindende Reformpolitik aufzeigen, die auch vor Banken- und Industrieverstaatlichung nicht haltmachen wollte. Mittels einer »Doppelstrategie« sollte diesem Ziel nähergekommen werden: Den Versuch, innerhalb der SPD größeren Handlungsspielraum zu gewinnen, ergänzte eine aktive Basisarbeit außerhalb der Partei, die Anfang der

siebziger Jahre große Teile der im Niedergang befindlichen Apo für sich gewinnen konnte. Einige Gruppen des Parteiestablishments jedoch zürnten über die vermeintliche »innerparteiliche Opposition« und die »Partei in der Partei«. Auch den Vorwurf der Kommunistenfreundlichkeit handelte sich Voigt ein – so durch seinen Besuch bei Walter Ulbricht im Jahre 1970.
In den Jahren 1971 bis 1973 war Voigt Vizepräsident und von 1973 bis 1975 Vorsitzender der Kontrollkommission der International Union of Socialist Youth (IUSY). Sein Amt als Juso-Vorsitzender gab er 1972 an Wolfgang Roth ab, blieb allerdings ein weiteres Jahr dessen Stellvertreter. Nach mehreren vergeblichen Anläufen zur Erringung eines parlamentarischen Mandats glückte Voigt, damals stellvertretender Leiter der Frankfurter Volkshochschule, der Einzug in den Bundestag, wo er sich auf dem Gebiet der Außen- und Sicherheitspolitik profilierte. 1976 wurde er stellvertretender, 1981 Obmann der SPD im Auswärtigen Ausschuß und Mitglied des Fraktionsvorstandes. Der dem linken Flügel zuzurechnende Voigt ist dabei auch zunehmend pragmatischer Ansichten fähig. In der Nachrüstungsdebatte wehrte er sich zwar gegen den Stationierungsautomatismus, hielt jedoch einen einseitigen Verzicht des Westens auf die Nachrüstung »für politisch nicht realisierbar«, da er »auf längere Zeit mehr Risiken als positive Seiten« berge. In der Diskussion über das Verhältnis der SPD zur Friedensbewegung sei es Aufgabe der SPD, »jenen Prozeß zu bremsen, der zur Aufrüstung führt«, denn: »Die SPD ist mehr oder weniger Teil der Friedensbewegung.« Auf dem Essener Parteitag vom Mai 1984 wurde Karsten Voigt in den SPD-Vorstand gewählt.

Lit.: K. Voigt, *Wege zur Abrüstung* (1984)

Eberhard Flessing

Friedrich Wilhelm Wagner
* 28. 2. 1894 Ludwigshafen; † 17. 3. 1971 Ludwigshafen
Ein gradliniger Werdegang bis zur Machtergreifung durch die Nationalsozialisten: ab 1922, nach dem Studium der Rechts- und Staatswissenschaften, Rechtsanwalt in Ludwigshafen; Mitglied des SPD-Bezirksvorstandes Pfalz und zeitweise Gauvorsitzender des Reichsbanners Schwarz-Rot-Gold; 1930 bis 1933 Reichstagsabgeordneter. Das NS-Regime ließ den Oppositionellen am 10. 3. 1933 während eines Prozesses vor dem Frankenthaler Landgericht verhaften. Weiteren Verfolgungen konnte sich Wagner und seine Familie durch Flucht entziehen.
Im französischen Exil arbeitete er für den emigrierten SPD-Vorstand und war geschäftsführender Präsident der Zentralvereinigung der deutschen Emigration. 1940, nach der französischen Kapitulation, gelang es Wagner, in den unbesetzten Teil Frankreichs zu entkommen. Mit Hilfe eines amerikanisch-jüdischen Rettungskomitees flüchtete er 1941 über Spanien und Portugal in die USA. Obwohl ihm dort die Gründung einer leidlich gesicherten Existenz gelang (er arbeitete als Bibliothekar in New York), kehrte Wagner 1947 nach Deutschland zurück. Daß der ehemalige Emigrant dann den Ex-Generaldirektor Carl Wurster im sog. Nürnberger IG-Farben-Prozeß verteidigte, stieß bei manchen Parteifreunden auf Unverständnis.
Als Mitglied des Parlamentarischen Rates 1948/1949 gehörte er in vorderster Linie zu jenen, die Artikel 102 des Grundgesetzes durchsetzten: »Die Todesstrafe ist abgeschafft.« Wagner in seiner Begründung: »Wer das Leben nicht ge-

geben hat, kann es auch nicht nehmen.« Der Justizrat – so die Auszeichnung, die ihm verliehen wurde – war dann von 1948 bis 1956 Präsident der Pfälzischen Anwaltskammer und von 1949 bis 1961 Bundestagsabgeordneter. Als sein Freund Rudolf Katz, den er während der nordamerikanischen Emigration kennengelernt hatte, starb, wurde er 1961 zu dessen Nachfolger als Vizepräsident des Bundesverfassungsgerichts und damit zum Vorsitzenden des 2. Senats gewählt. Im Oktober 1967 schied er aus Altersgründen aus dem Amt des Verfassungshüters aus.

Werner Krause

Jürgen Warnke
* 20. 3. 1932 Berlin
Als er 1982 das Amt des Bundesministers für wirtschaftliche Zusammenarbeit übernahm, war der CSU-Politiker und Hauptgeschäftsführer des Vereins der Keramischen Industrie (Selb) auf der Bonner Bühne längst keine unbekannte Größe mehr. Gleich nach Abschluß seiner juristischen Ausbildung war Warnke 1959 wissenschaftlicher Mitarbeiter der CSU-Landesgruppe im Deutschen Bundestag geworden. 1962 zog der damalige Geschäftsführer des Verbandes der Chemischen Industrie in Bayern für die CSU in den Münchner Landtag, dem er bis zum Inkompatibilitätsgesetz von 1970 angehörte. Rasch machte er sich – wie auch später im Bundestag, in den er seit 1969 ununterbrochen gewählt worden ist – einen Namen als Experte im Wirtschaftsausschuß. Sein Fachgebiet war, neben der Regionalpolitik (insbesondere der Zonenrandgebietsförderung), die Außenwirtschaft.
Obwohl Warnke, seit 1971 Vorsitzender des Handelspolitischen Beirats des Bundestages und seit 1978 Vizepräsident des Komitees für europäische und internationale Zusammenarbeit, seit langem als ministrabel galt, überraschte seine Ernennung zum Entwicklungsminister, weil der »fränkische« Protestant, der sich in den frühen sechziger Jahren, als zwischen dem angeschlagenen CSU-Vorsitzenden Strauß und dem Mitglied des CSU-Landesvorstands Guttenberg Zwistigkeiten herrschten, deutlich auf der Seite Guttenbergs hielt, niemals als Intimus seines Parteivorsitzenden galt. Gleichwohl schlägt er als Minister Töne an, die eher dem Straußschen Weltbild entsprechen: Länder, die sich dem Hegemonialbereich der Sowjetunion einordneten, könnten, so Warnke, kaum die bevorzugten entwicklungspolitischen Partner der Bundesrepublik sein.

Alfred Schiffner

Rüdiger von Wechmar
* 15. 11. 1923 Berlin
Als der gelernte Journalist 1974 die Leitung des Presse- und Informationsamtes der Bundesregierung an Klaus Bölling abgab, hatte er sich gute Noten verdient: *Die Zeit* lobte ihn als »beständiges Zugpferd« und geschickten Nachrichtenverkäufer. Noch im selben Jahr wechselte der Offizierssohn, der seit 1971 der FDP angehört, aufs diplomatische Parkett und erwarb sich als Ständiger Vertreter der Bundesrepublik bei den Vereinten Nationen in New York schnell Respekt und Sympathien: Großen Anteil hatte er an der Ausarbeitung der UNO-Resolution zur Friedenssicherung und der Konvention gegen Geiselnahme. So durfte er es dann auch als persönlichen Erfolg werten, daß ihn die UN-Delegierten 1980 für ein Jahr zum Präsidenten ihrer Vollversammlung wählten.

Wegen seines Engagements für einen verstärkten Dialog zwischen Industrie- und Entwicklungsländern hieß der Präsident in UNO-Kreisen bald »Mr. Global«. 1981 siedelte er nach sieben Jahren New York wieder nach Europa über und erhielt zunächst sein Agrément als Botschafter in Rom. Schon Ende 1983 übernahm er jedoch eine neue diplomatische Aufgabe als Botschafter in London.

Klaus Lesche

Herbert Wehner
* 11. 7. 1906 in Dresden
Seine Zwischenrufe und das polternde rednerische Talent haben dem bundesdeutschen Parlamentarismus von Anfang an Würze und Farbe verliehen. »Der Mann, der einst zu Adenauer das geniale Wort fand, der Kanzler sei ›politisches Urgestein‹, hat selbst etwas granitisch Hartes und Ungestümes, das ihn wuchtig und mächtig wie einen politischen Rübezahl oder einen Knecht Ruprecht daherschreiten läßt«, sagte Joseph Rovan in einer Würdigung zu Wehners 75. Geburtstag am 11. 7. 1981 im Bayerischen Rundfunk. Zahllose Ordnungsrufe sammelte der gebürtige Sachse im Bundestag für Ausrufe wie »Verleumder« und »Quatschkopf« – noch eher unoriginelle Schimpfworte aus der Alltagssprache –, für sein »Abscheu-Bild eines Quasiparlamentariers« oder die Bezeichnung »einstudierter Pharisäer«, die sich Rainer Barzel gefallen lassen mußte.
In der Zeit der Großen Koalition hat Wehner für drei Jahre, von 1966 bis 1969, als Minister für gesamtdeutsche Fragen sein höchstes Amt bekleidet. Vorher und nachher befand er sich stets in der zweiten, nichtsdestoweniger einflußrei-

Kurt Georg Kiesinger empfängt am 1. 12. 1966 das neue Kabinett (hier Herbert Wehner).

chen Linie. Schon 1966 hat er die deutschlandpolitische Richtung der SPD gewiesen, als er sagte, daß es gelte, »Rechtsformen zu finden, durch die beide Seiten in Deutschland miteinander verkehren können, obwohl keine Seite die andere als ihresgleichen anerkennt. Das muß um der Menschen willen möglich gemacht werden.« Er war einer der Architekten der Großen Koalition, der schon in der Regierungskrise von 1962 (Spiegelaffäre) mit Adenauer über eine Regierungsbeteiligung der SPD verhandelt hatte.

Dieser Schritt war erst möglich geworden, nachdem sich die Sozialdemokraten von der »Politik der grundsätzlichen Negation« abgewandt hatten. In seiner berühmt gewordenen Rede vom 30. 6. 1960 sprach Wehner vor dem Bundestag das Ja der SPD zur atlantischen Bündnis- und Verteidigungsgemeinschaft aus, die damit erstmals Vorrang vor der Forderung nach Wiedervereinigung erhielt. Ein halbes Jahr zuvor hatte er die Wandlung der Sozialdemokraten zur »Volkspartei« (nichtmarxistische Begründung des Sozialismus im Godesberger Programm) gegen starke innerparteiliche Widerstände durchgesetzt. Das »Schema des Klassenkampfes«, so Wehner bei einem Gespräch mit Günter Gaus 1964, sei »ein Prokrustesbett, bei dem man dann das, was nicht hineinpaßt, dadurch passend macht, daß man es abhackt oder, wenn es zu kurz ist, länger zieht«.

Kurvenreich ist der Weg, den der ehemalige KPD-Funktionär bis zu seinem Abschied vom Bundestag im März 1983 zurücklegte. Der Sohn eines Schuhmachers und gelernte Industriekaufmann, seit 1927 Mitglied der KPD, in den folgenden Jahren in den sächsischen Landtag und ins Zentralkomitee gewählt, wurde nach der nationalsozialistischen Machtergreifung, wie *Der Spiegel* 1976 schrieb, zum »wichtigsten kommunistischen Untergrundkämpfer auf deutschem Boden«. Im Oktober 1933 mußte auch er ins Exil gehen. 1935 wurde er ins Politbüro der Exil-KPD gewählt und hielt sich künftig häufig in Moskau auf, bis er 1941 im Auftrag der Komintern nach Stockholm geschickt wurde, wo ihn ein Jahr später die schwedischen Behörden inhaftierten. Damals brach er mit der KPD. 1946 nach Deutschland zurückgekehrt, trat er der SPD bei und zog drei Jahre später in den 1. Deutschen Bundestag ein, wo er sogleich sein erstes Amt als Vorsitzender des Ausschusses für gesamtdeutsche und Berliner Fragen übernahm; er behielt es 17 Jahre.

Seine Tätigkeit in dieser Funktion spiegelt den politischen Wandel der SPD wider. Noch 1959 legte die Partei unter Wehners Federführung und in konsequenter Fortführung von Schumachers Deutschlandkonzept den sog. Deutschlandplan vor (18. 3.), der eine blockfreie Zone in Mitteleuropa und eine stufenweise Zusammenführung der beiden deutschen Teilstaaten vorschlug. Nur ein Jahr später bereits erfolgte das erwähnte Ja zum Bündnis; der Taktiker in Wehner hatte gesiegt, ging es doch vor allem darum, die SPD regierungsfähig zu machen. Dieses Ziel war 1966 mit der Begründung der Großen Koalition, der Erfüllung von Wehners Lebenswerk, erreicht. Er selbst zog als Minister für gesamtdeutsche Fragen ins Kabinett Kiesinger ein. In den drei Jahren seiner Amtszeit änderte sich die Bonner Haltung gegenüber der DDR spürbar: Für die Verhandlungen zwischen den beiden Teilstaaten dürfe der Rechtsstandpunkt der Bundesrepublik kein Hindernis darstellen. Die Annäherung war wichtig; die Anerkennung der DDR geriet mehr und mehr zur zweitrangigen Frage. An diesem Problem, meinte Wehner später, sei letztlich die Fortsetzung der Großen Koalition nach den Wahlen von 1969 gescheitert.

Anders als der SPD-Spitzenkandidat und neue Kanzler Willy Brandt stand Wehner dem Bündnis mit den Liberalen eher skeptisch gegenüber. Dennoch setzte er in den folgenden Jahren als Fraktionsführer (1969–1983; 1958–1973 zu-

Herbert Wehner und Willy Brandt (v. r.) gratulieren Wilhelm Deffner aus Augsburg, dem ältesten SPD-Mitglied (80 Jahre Mitgliedschaft), zum 100jährigen Geburtstag und überreichen ihm am 11. 5. 1971 das Bundesverdienstkreuz.

gleich stellvertretender SPD-Vorsitzender) alles daran, die oft wackelnden Mehrheiten im Parlament zusammenzubringen und damit vor allem die reibungslose Fortführung der neuen Ostpolitik zu gewährleisten. Anfang der siebziger Jahre begann sich die Kluft zwischen dem Drahtzieher im Hintergrund und dem Mann an der Spitze zu vertiefen. Der Pragmatiker Wehner kritisierte den Kanzler als zu »entrückt«; und als Brandt 1974 im Zusammenhang mit der Spionageaffäre im Kanzleramt zurücktrat, favorisierte Wehner den »Macher« Helmut Schmidt. Seine eigene Aufgabe sah er weiterhin darin, der Regierung den notwendigen Rückhalt in der Fraktion, als deren »Kärrner« er sich oft bezeichnet hat, zu geben. Das zunehmende Auseinanderdriften der Parteiflügel, die kontrovers geführten Diskussionen an der Basis um Kernkraftwerke, Nachrüstung u.a.m., die auch in der Fraktion zum Tragen kamen, haben ihm dabei zunehmend zu schaffen gemacht.

Lit.: H. Wehner, *Bundestagsreden,* 2 Bde (1970/1978); *Zeugnis* (1982); A. Freudenhammer/K. Vater, *Herbert Wehner. Ein Leben für die deutsche Frage* (1978); G. Gaus, *Staatserhaltende Opposition oder Hat die SPD kapituliert? Gespräche mit Herbert Wehner* (1966); G. Jahn (Hrsg.), *Herbert Wehner. Beiträge zu einer Biographie* (1976)

Michael Dörfler

Herbert Weichmann
* 23. 2. 1896 Landsberg/Oberschlesien; † 9. 10. 1983 Hamburg
Obwohl er nahe Angehörige in den Konzentrations- und Vernichtungslagern verloren hatte, kehrte Weichmann nach Kriegsende bald nach Deutschland zurück, um beim Wiederaufbau zu helfen. Er gehörte zu den wenigen Juden, die sich sowohl in der Weimarer Republik politisch betätigten, als auch in der Bundesrepublik Deutschland eine hervorragende politische Rolle spielten. In seiner Partei machte er sich einen Namen durch seine Mitwirkung bei der Entstehung des Grundgesetzes; einer breiten Öffentlichkeit wurde er als populärer 1. Bürgermeister der Hansestadt Hamburg bekannt.
Weichmann, unmittelbar nach dem Kapp-Putsch im Jahre 1920 der SPD beigetreten, wurde nach dem Jurastudium Landrichter in Breslau, bis ihn 1928 der sozialdemokratische preußische Ministerpräsident als persönlichen Referenten nach Berlin holte. Aus der dienstlichen Zusammenarbeit entwickelte sich eine enge persönliche Freundschaft. 1933 emigrierte Weichmann nach Paris und später in die USA. 1948 rief ihn der damalige 1. Bürgermeister von Hamburg, Max Brauer, nach Deutschland zurück. Weichmann war in der Folgezeit Präsident des Hamburger Rechnungshofes (1948–1957), Finanzsenator (1957–1965) und von 1965 bis 1971 dann 1. Bürgermeister. Auf Helmut Schmidt, der als Innensenator mit ihm in Hamburg zusammenarbeitete, machte Weichmann einen so starken Eindruck, daß er ihn zu den bedeutendsten Sozialdemokraten der Bundesrepublik zählte.

Lit.: H. Weichmann, *Gefährdete Freiheit. Aufruf zur streitbaren Demokratie* (1974); *Der Gesellschaft und dem Staat verpflichtet* (1981)

Emil Werner

Richard von Weizsäcker
* 15. 4. 1920 Stuttgart
»Er sieht aus, als sei er in der Villa Hammerschmidt geboren« – so lautete ein Kommentar in der Presse, als die Kandidatur Richard von Weizsäckers für das Amt des Bundespräsidenten bekannt wurde. Sein Aussehen ist es aber nur in zweiter Linie, was die Ausstrahlung dieses Politikers ausmacht, der erst nach einer langen Tätigkeit in der Wirtschaft Berufspolitiker wurde. Seinen Ruf verdankt er seiner eigenen Person und Ausstrahlung allein, obwohl er einen bekannten Namen trägt.
Sein Vater Ernst war Staatssekretär des Auswärtigen Amtes (1938–1943), der mit Friedensinitiativen von sich reden machte, dessen Haltung zum NS-Staat aber ambivalent blieb. Sein Bruder ist der berühmte Physiker und Philosoph Carl Friedrich. Richard von Weizsäcker machte 1937 Abitur in Berlin, studierte dann nach dem Krieg in Oxford, Grenoble und Göttingen Jura und schloß das Studium mit der Promotion ab. Der breiten Öffentlichkeit wurde der Rechtsanwalt und Wirtschaftsjurist erstmals bekannt durch sein Engagement als Mitglied der Synode und des Rates der EKD und vor allem als Präsident des Deutschen Evangelischen Kirchentages (1964–1970). In diese Zeit fiel auch sein Eintritt in die Politik. Für die CDU, deren Mitglied er seit 1950 ist, rückte er 1969 in den Deutschen Bundestag ein. 1972 wurde er stellvertretender Fraktionsvorsitzender seiner Partei, bis er im Juni 1979 das Amt des Bundestagsvizepräsidenten übernahm.
Im Verlauf seines politischen Werdegangs erwies Weizsäcker sich immer mehr als der Typ des selten gewordenen Politikers, der zwar Gegner, aber keine

Feinde hat. In den für die CDU schweren Jahren der Ostpolitik Willy Brandts und der sozialliberalen Koalition zählte er in der Union zu jenen, die sich für eine vorsichtige Annäherung an die neue Konzeption der Ostpolitik aussprachen, ohne dabei Grundsätze christlich-demokratischer Politik aufzugeben. Sein internationales Ansehen war es, das ihn 1981 für das Amt des Regierenden Bürgermeisters von Berlin als geradezu prädestiniert erscheinen ließ, als die CDU zusammen mit »Abweichlern« der FDP im Berliner Abgeordnetenhaus die Mehrheit errang. Er vermochte dem durch Skandale und Affären angeschlagenen Senat verlorengegangenes Ansehen zurückzugewinnen und griff, unterstützt von seiner Mannschaft, beherzt die vielfältigen Probleme Berlins an, so daß sein Weggang nach Bonn, in das höchste Amt der Republik, nicht nur für die Berliner CDU, sondern auch für die Stadt selbst als Verlust bedauert wurde. Am 23. 5. 1984 wählte die Bundesversammlung von Weizsäcker zum sechsten Bundespräsidenten (832 von 1028 abgegebenen Stimmen). Luise Rinser, von den Grünen aufgestellte Gegenkandidatin, erhielt 68 Stimmen.

Lit.: R. von Weizsäcker, *Bewährungsprobe der Freiheit* (1975); *Die Krise als Chance* (1975); *Die deutsche Geschichte geht weiter* (1983); W. Filner/H. Schwan (Hrsg.), *Richard von Weizsäcker. Profile eines Mannes* (1984)

Engelbert Hommel

Richard von Weizsäcker mit seiner Frau Marianne am 3. 7. 1984 vor dem Schloß Bellevue, dem Amtssitz des Bundespräsidenten in Berlin.

Heinz Westphal

* 4. 6. 1924 Berlin

Aufgrund Herkunft, Werdegang und Engagement galt Heinz Westphal als »Muster eines Sozialdemokraten«. Sein Vater Max war langjähriger Vorsitzender der Sozialistischen Arbeiterjugend, Mitglied des SPD-Vorstandes und des preußischen Landtages. Er starb 1942 an den Folgen seiner KZ-Haft. Sein Sohn Heinz besuchte in Berlin die Schule und wurde nach einer Lehre als Flugmotorenschlosser 1943 eingezogen. 1945 trat er der SPD bei und widmete sich intensiv der politischen Jugendarbeit. Am Aufbau und der späteren Leitung der Sozialistischen Jugend »Die Falken« war er maßgeblich beteiligt.

1957 kam er in den Bundestag. Seine Wähler aus dem Herzen des Ruhrgebiets schätzten den unauffälligen Mann mit der gedrungenen Statur, der ihre Sprache verstand, und bestätigten ihn jedesmal mit deutlicher Mehrheit im Parlament. Von 1969 bis 1974 war er Parlamentarischer Staatssekretär im Bundesministerium für Jugend, Familie und Gesundheit. Die Zeit danach nutzte er, sich mit dem ihm eigenen zähen Fleiß in das schwierige Gebiet der Finanz- und Haushaltspolitik einzuarbeiten, und zog, u.a. als Mitglied des Fraktionsvorstandes seit 1974, die Fäden diskret hinter den Kulissen. Ab 1977 leitete er den fraktionsinternen Arbeitskreis »Öffentliche Finanzwirtschaft«. Als er etwas überraschend Anfang 1982 das Ministerium für Arbeit und Soziales übernahm, vermutete man – zu Unrecht –, er sei vom Kanzler dort als »Sparkommissar« eingesetzt. Das Ende der sozialliberalen Koalition bedeutete nicht das seiner politischen Laufbahn: Hans-Jochen Vogel stellte ihn 1983 als Mitglied seiner Wahlkampfmannschaft vor.

Horst-Peter Schulz

Ludger Westrick

* 23. 10. 1894 Münster

Politik war nicht sein eigentlicher Beruf: Vor allem war Ludger Westrick, rechte Hand des Wirtschaftswunderschöpfers Erhard, ein Mann der Wirtschaft. Nach dem Studium der Rechts- und Handelswissenschaften mit abschließender Promotion hielt er sich als Verkaufsleiter der Vereinigten Stahlwerke ab 1930 für längere Zeit auf dem Balkan auf; nach 1933 begann sein schneller Aufstieg in der Wirtschaft, bis er schließlich Vorstandsvorsitzender und Generaldirektor der Vereinigten Industrie-Unternehmen AG (Viag) wurde. Auch nach dem Krieg mochte man auf ihn nicht verzichten: 1948 berief die Kohlenbergbauleitung in Essen Westrick zum Finanzdirektor; Erhard holte den anerkannten Wirtschaftsfachmann 1951 als Staatssekretär ins Wirtschaftsministerium. Im Oktober 1963 wechselte er mit Erhard ins Bundeskanzleramt und wurde von ihm, als 1964 eine Verlängerung der Dienstzeit als Staatssekretär nicht mehr möglich war, zum Bundesminister für besondere Aufgaben ernannt. Zu jener Zeit trat der bis dahin Parteilose der CDU bei.

Mit der Krise Erhards geriet auch Westrick ins Kreuzfeuer der eigenen Partei; man warf ihm vor, den politischen Überblick verloren zu haben und Erhard in seinen Entscheidungen zu hemmen. Diese Angriffe vor allem der Jungen Union verschlechterten auch Westricks Verhältnis zu Erhard, sein Rücktrittsgesuch konnte der Kanzler jedoch nicht annehmen, weil sich kein geeigneter Nachfolger fand. So zog sich Westrick erst in den Ruhestand zurück, als 1966 Kiesinger Bundeskanzler wurde.

Claudia Nölting

Helga Wex
* 5. 7. 1924 Buxtehude
»Die Männer auf den Teppich holen« – so bringt die promovierte Philologin ihr politisches Ziel auf den Punkt. Um die Stellung der Frauen zu verbessern, hat sie sich immer wieder für Erziehungsgeld und Partnerrente, 1983 auch für eine Änderung des Wahlrechts ausgesprochen: Durch die Möglichkeit, einzelne Wunschkandidaten auf den Wahllisten der Parteien anzukreuzen, sollen die oft schlechten Listenplätze der Frauen vom Wähler korrigiert werden können.
Dieser Vorschlag beruht nicht zuletzt auf eigenen Erfahrungen: Nachdem die Tochter eines sozialdemokratischen Offiziers 1961 zur CDU gestoßen war und im Mühlheimer Stadtrat erste politische Erfahrungen gesammelt hatte, zog sie 1967 als Nachfolgerin des verstorbenen Konrad Adenauer in den Bundestag ein. Als Nummer 53 der nordrhein-westfälischen CDU-Landesliste kam sie jedoch 1969 nicht wieder ins Parlament. Dank ihres »gelassenen Ehrgeizes« *(Frankfurter Allgemeine Zeitung)* blieb dieser Rückschlag aber ohne Folgen für ihre Karriere: Von November 1969 bis 1977 war sie stellvertretende Bundesvorsitzende der CDU. 1972 kehrte sie nach Bonn zurück, um bereits ein Jahr später zur stellvertretenden Fraktionsvorsitzenden der CDU gewählt zu werden. Seit 1971 führt sie unangefochten die Frauenvereinigung ihrer Partei an.

Klaus Lesche

Willi Weyer
* 16. 2. 1917 Hagen/Westf.
Als Parteifreunde den seit 1974 amtierenden Präsidenten des Deutschen Sportbundes 1979 drängten, erneut den Landesverband Nordrhein-Westfalen der FDP zu führen, winkte er ab: »Es ehrt mich, aber ich bin gebunden.« Der Jurist, von 1948 bis 1954 Syndikus des Einzelhandelsverbandes Südwestfalen, hatte sich 1975 endgültig aus der Berufspolitik zurückgezogen. Seit 1945 Mitglied der FDP, wurde Weyer 1948 stellvertretender Oberbürgermeister seiner Heimatstadt Hagen. 1950 stellvertretender, 1956 Landesvorsitzender des stärksten FDP-Verbandes, saß er von 1950 bis 1954 und wieder von 1958 bis zu seinem Rücktritt im Düsseldorfer Landtag. 1953 zog er über die FDP-Landesliste in den Bundestag ein, legte das Mandat aber bereits im September 1954 nieder.
Den bodenständigen Westfalen hat die Bundespolitik nie sonderlich gereizt. So verzichtete er, der sich selbst als »konservativ-liberal« einschätzte und von 1963 bis 1968 stellvertretender Bundesvorsitzender war, 1967 auf eine Kandidatur als Bundesvorsitzender. Er machte lieber Landespolitik. Schon 1954 wurde er Wiederaufbauminister. Nach dem von ihm organisierten »Jungtürken-Aufstand« in der FDP, der 1956 den CDU-Regierungschef Karl Arnold stürzte, wurde er Finanzminister und Stellvertreter des SPD-Ministerpräsidenten Fritz Steinhoff, nach dem CDU-Wahlsieg von 1958 aber abgelöst. Erst 1962 wurde Weyer erneut stellvertretender Ministerpräsident und Innenminister – Posten, die er auch ab 1966 nach Bildung einer SPD/FDP-Koalition unter Heinz Kühn innehielt.
Sein Abschied von der Politik schließlich hatte nicht nur gesundheitliche Gründe: Den altgedienten Freidemokraten, wegen seiner hünenhaften Sportlerfigur »Big Willi« oder auch »Siegfried der Liberalen« genannt, hatte tief enttäuscht, daß Freunde aus der »Jungtürken-Zeit« wie Siegfried Zoglmann in den Richtungskämpfen um den sozialliberalen Kurs der Partei offen gegen ihn kämpften und die Partei verließen.

Bernd Kühnl

Heidi Wieczorek-Zeul

* 21. 11. 1942 Frankfurt

Zu ihrem Spitznamen »Rote Heidi« kam die Lehrerin für Deutsch, Englisch und Gesellschaftskunde während ihres Engagements als Bundesvorsitzende der Jungsozialisten in den Jahren von 1974 bis 1977. Wie bei vielen ihrer Generation hatte sich ihr politisches Bewußtsein zur Zeit der Studentenunruhen nach eigenem Bekunden »unter den Wasserwerfern« bei Demonstrationen gegen die Notstandsgesetze Ende der sechziger Jahre gebildet.

Mit Vehemenz setzte sich die Vorsitzende der SPD-Jugendorganisation, die sich vorher im Stadtrat von Rüsselsheim und im Kreistag von Groß-Gerau kommunalpolitisch hervorgetan hatte, für eine »Verwirklichung des demokratischen Sozialismus durch systemüberwindende Reformen« ein – womit die »Vergesellschaftung der Produktionsmittel« gemeint war. Trotzdem galt sie als Verfechterin der »Vorstandslinie«: Denn obwohl sie mit Kritik an der Mutterpartei SPD nicht zurückhielt, stellte sie diese doch nie grundsätzlich in Frage – eine Tatsache, die ihr in den eigenen Reihen durchaus Schwierigkeiten bereitete. Nach ihrem Rücktritt vom Juso-Vorstand (sie hatte das Grenzalter von 35 Jahren erreicht) wurde Heidi Wieczorek-Zeul zur Vorsitzenden des »Europäischen Koordinierungsbüros der internationalen Jugendverbände« gewählt. Seit Juli 1979 ist sie Mitglied des Europaparlaments. Auf dem Essener Parteitag von 1984 gehörte sie zu jenen, die neu in den SPD-Vorstand gewählt wurden.

Lit.: H. Wieczorek-Zeul, *Jugendpolitik in europäischen Institutionen* (1980)

Michael Dörfler

Karl Wienand

* 15. 12. 1926 Lindenpütz bei Rosbach/Sieg

Zu Beginn der achtziger Jahre rauschte es im deutschen Blätterwald: »Wienand mischt wieder mit!« 1974 war er unrühmlich aus dem Bundestag geschieden. Die politische Arbeit des früheren Parlamentarischen Geschäftsführers der SPD-Fraktion und Wehner-Freundes hatten einige Affären überschattet – so wurde er verdächtigt, die Stimme eines CDU-Abgeordneten beim Mißtrauensvotum gegen Willy Brandt im April 1972 gekauft zu haben.

Der Sohn eines Siegerländer Bauarbeiters und aktiven Antifaschisten wurde mit 16 Jahren eingezogen und geriet schwerstverletzt – er hatte ein Bein verloren – in Gefangenschaft. Nach einer dramatischen Flucht aus Rußland holte er das Abitur nach, studierte als Werkstudent Jura und Volkswirtschaft und trat 1947 SPD und Gewerkschaft bei. Als »Benjamin« kam er 1953 in den Bundestag. Von Anbeginn saß er dort im Verteidigungsausschuß und profilierte sich bald zum Wehrexperten seiner Fraktion. Diese wählte ihn in ihren Vorstand und bestellte ihn zu ihrem Geschäftsführer.

Als Mittler zwischen politischen Positionen und als Manager seiner Fraktion wurde er, auch für die Fraktionsvorsitzenden, unentbehrlich. Nicht die »Steiner-Affäre« (s. o.), sondern der Vorwurf privater Korruption führte zu seinem spektakulären »Fall«. Danach schien er in der »Basis« verschwunden, doch seine Kontakte nach Bonn waren nie unterbrochen. In jüngster Zeit gelang Wienand, inzwischen erfolgreicher Geschäftsmann, über die Kommunalpolitik im Rhein-Sieg-Kreis auch der offizielle Einstieg in eine neue politische Laufbahn.

Horst-Peter Schulz

Dorothee Wilms
* 11. 10. 1929 Grevenbroich
Auf Bildungsfragen allein ist Dorothee Wilms, die als erste Frau in der Geschichte der Bundesrepublik nicht das traditionelle »Frauenministerium« für Jugend, Familie und Gesundheit, sondern das Bildungsressort leitet, nie fixiert gewesen: Beeinflußt von den marktwirtschaftlichen Ideen Müller-Armacks, schloß sich die Tochter eines Zentrumspolitikers während ihres Studiums einem Kreis sozialpolitisch engagierter katholischer Kommilitonen an. 1971 meldete sie sich auch in der Mitbestimmungsdebatte der CDU, der sie seit 1961 angehört, zu Wort und sprach sich gegen das paritätische Modell Hans Katzers aus.
Zur Bildungspolitik stieß die promovierte Politologin durch das heutige Institut der deutschen Wirtschaft, in dem sie von 1955 bis 1973 arbeitete. Auf Wunsch Kurt Biedenkopfs von 1974 bis 1976 stellvertretende CDU-Bundesgeschäftsführerin, galt sie schon bald als ministrabel. Die *Süddeutsche Zeitung* kommentierte: »Eine Pragmatikerin strebt nach Bonn.« 1976 zählte sie zum Schattenkabinett des Kanzlerkandidaten Helmut Kohl und zog in den Bundestag ein. Als Kohl schließlich 1982 Kanzler wurde, berief er sie zur Bildungsministerin. Ihre Sparvorschläge, Bafög-Zahlungen an Schüler stark zu kürzen und Ausbildungsgelder an Studenten nur noch auf Darlehensbasis zu zahlen, trugen ihr nicht nur Beifall ein: Während einer Parlamentsdebatte sprach die SPD von einem »bildungspolitischen Kahlschlag«.

Klaus Lesche

Heinrich Windelen
* 25. 6. 1921 Bolkenhain/Schlesien
Als »Mann ohne Wenn-und-Aber-Eigenschaften«, der sich durch Sachkompetenz und Grundsatztreue einen Namen gemacht habe, ist Windelen wiederholt bezeichnet worden. Seine Herkunft – er wuchs im schlesischen Riesengebirge auf – machte ihn früh zu einem engagierten Sprecher für die Belange der Vertriebenen. Nach dem Abitur und einigen Semestern Studium wurde er 1941 eingezogen und 1945 aus der Kriegsgefangenschaft entlassen. In Westfalen, wo er sich bereits 1946 der CDU anschloß, absolvierte er eine kaufmännische Ausbildung. Er arbeitete im Stadtrat und im Kreistag von Warendorf mit, bevor er 1957 in den Bundestag gewählt wurde. 1969, vor dem Wahlsieg der sozialliberalen Koalition, wurde er für kurze Zeit und als Letzter Vertriebenenminister – seither existiert dieses Ministerium als eigenständiges Ressort nicht mehr.
Windelen wandte sich gegen den Vertrag mit Polen, ließ aber den Moskauer Vertrag gemeinsam mit seiner Fraktion passieren. In seinem 1972 erschienenen Buch *SOS für Europa* verteidigte er die Vertriebenenverbände gegen Revanchismusvorwürfe im Zusammenhang mit der Ostpolitik. 1977 übernahm er den Vorsitz im Haushaltsausschuß, vier Jahre später wählte ihn der Bundestag zum neuen Vizepräsidenten. Nach den Wahlen 1983 wurde er zum Bundesminister für innerdeutsche Beziehungen ernannt – ein Amt, als dessen vorrangige Aufgabe er die Pflege und Ausbreitung des Gedankens der deutschen Nation ansieht.

Bernd Löffler

Hans-Jürgen Wischnewski
* 24. 7. 1922 Allenstein
Legion sind seine Spitz-, besser Ehrennamen, Legion auch seine spektakulären Missionen, die er fast immer mit Bravour zu meistern verstand. Er galt als nationaler wie internationaler Krisenmanager schlechthin: immer sprung- und einsatzbereit.
Sein Vater war Bergmann in Gelsenkirchen gewesen, dann Zollinspektor im ostpreußischen Allenstein. In Berlin legte der Sohn das Abitur ab und nahm anschließend am Krieg teil. Nach 1945 arbeitete er in der Metallindustrie und schloß sich 1946 der SPD und der Gewerkschaft an. In den fünfziger Jahren war er Gewerkschaftssekretär in Köln und engagierte sich dort auch zunehmend parteipolitisch. 1957 wurde er in den Bundestag gewählt, dem er bis heute angehört. Schon zu jener Zeit pflegte er intensive Kontakte zur Dritten Welt. Obwohl er sich bis zuletzt gegen die Große Koalition gesträubt hatte, übernahm er 1966 in der Regierung Kiesinger–Brandt das Ressort für wirtschaftliche Zusammenarbeit. Er bemühte sich, die Entwicklungshilfe vom »Geruch der Armenpflege« zu befreien und sie als partnerschaftlichen Beitrag zur Selbsthilfe darzustellen – auch unter dem Aspekt potentieller Märkte für die Wirtschaft.
Nachdem er 1968 sein Ministeramt gegen das des SPD-Geschäftsführers eingetauscht hatte, leitete er mit großem Erfolg für seine Partei den Wahlkampf 1969. Auch nach dem Machtwechsel in Bonn, dem Beginn der Ära der sozialliberalen Koalition, blieb er in der »Baracke«, dem Sitz der SPD-Parteizentrale, trat aber 1971 zurück, als seine Absichten, die Position des SPD-Bundesgeschäftsführers zu stärken, scheiterten.
Seine persönlich geprägten Kontakte zu arabischen Politikern ermöglichten es, daß die aufgrund der Hallstein-Doktrin abgebrochenen Beziehungen wiederhergestellt werden konnten, und brachten ihm den Beinamen »Ben Wisch« ein. Zuvor schon, 1970, hatte er Schlagzeilen gemacht, als er nach einer Flugzeugentführung durch Palästinenser in Amman die Freilassung der Geiseln durchsetzte. 1974 bestellte ihn Helmut Schmidt zum Staatsminister ins Auswärtige Amt. Obwohl dort mit dem Arbeitsbereich »Europa« betraut, wurde er bekannter durch außenpolitische Aktivitäten und erfolgreiche Sondermissionen, bei denen er wieder und wieder »levantinisches« Verhandlungsgeschick bewies. 1976 ging er, ebenfalls als Staatsminister, ins Kanzleramt. Wiederum geriet er in die Schlagzeilen: Souverän leitete er 1977 die Geiselbefreiung auf dem Flugplatz von Mogadischu mit Hilfe des Bundesgrenzschutzkommandos GSG 9 (»Held von Mogadischu«), regelte 1979 unblutig eine andere Flugzeugentführung (»Pastor Wischnewski«), vermittelte im Heringskrieg um Island (»Ben Fisch«) und schlichtete den sich zuspitzenden Tarifkonflikt 1978 im Druckergewerbe (»Ben Tarif«). »Ben . . .« war, wenn es irgendwo brenzlig wurde, als »diplomatischer Feuerwehrmann« zur Stelle.
Auch innerhalb der SPD galt er als »Mehrzweckwaffe« – so bemühte er sich als stellvertretender SPD-Vorsitzender (ab 1979) um das Wahlprogramm der Partei, so »verkaufte« er die Sicherheitspolitik des Kanzlers. Um gewissen Verdächtigungen wegen seiner Macht- und Einflußfülle entgegenzutreten, gab er seine nur kurze Zeit wahrgenommene Position als stellvertretender Fraktionsvorsitzender 1981 wieder auf und »begnügte« sich mit dem Vorsitz im außenpolitischen Arbeitskreis seiner Fraktion. Er sondierte in Washington ebenso wie im Ostblock, suchte im Auftrag der Sozialistischen Internationalen nach Lösungen für die vielfältigen Probleme in Lateinamerika – wobei er unerbittlich die amerikanischen Aktivitäten in dieser Region anprangerte – und pflegte, nicht zu ver-

gessen, enge Kontakte zur DDR-Führung. Auf Wunsch von Helmut Schmidt kehrte er 1982 für kurze Zeit ins Kanzleramt zurück.

Lit.: H. J. Wischnewski, *Nord-Süd-Konflikt. Beiträge zur Entwicklungspolitik* (1969)

Horst-Peter Schulz

Matthias Wissmann

* 15. 4. 1949 Ludwigsburg

Zehn Jahre lang (1973–1983) hat sich der Jurist als Vorsitzender der Jugendorganisation der CDU profiliert. Während der Ära Wissmann konnte die JU einen beträchtlichen Mitgliederzuwachs verzeichnen. Besondere Verdienste erwarb sich Wissmann, CDU-Mitglied seit 1969 und seit 1971 im JU-Bundesvorstand, um den Aufbau der »Schülerunion«. Nicht von ungefähr also engagierte sich der Jungpolitiker seit seinem Einzug in den Bundestag (1976) vor allem in den jugend- und familienpolitischen Ausschüssen.

Die Abkehr der Jugendlichen von den etablierten Parteien sah er durch die Wahlerfolge der Grünen bestätigt. Programmaussagen, betonte er immer wieder, müßten auch den jungen Menschen erreichen. So verwahrte er sich gegen Kohls pauschalen »Volksfront-Vorwurf« an die Adresse der Friedensbewegung im Oktober 1981 (obwohl der Nato-Doppelbeschluß in der JU unbestritten war). Neben seinen jugend- und familienpolitischen Aktivitäten gehört Wissmann im Bundestag dem Wirtschaftsausschuß an. Als derzeitiger wirtschaftspolitischer Sprecher seiner Fraktion forderte er unlängst eine zunehmende Privatisierung der in öffentlicher Hand befindlichen Unternehmen. Wissmann, der als talentierter Redner gilt, wurde 1975 mit großer Stimmenzahl in den CDU-Vorstand gewählt – Indiz dafür, welche Bedeutung man dem damaligen JU-Chef zu jener Zeit bereits beimaß.

Michael Dörfler

Leo Wohleb

* 2. 9. 1888 Freiburg; † 12. 3. 1955 Frankfurt/M.

Mit dem Namen Leo Wohleb untrennbar verbunden ist eine kontroverse Diskussion aus der Frühgeschichte der Bundesrepublik: die politische Gestaltung der Länder im Südwesten. Wohleb, der nach dem Studium der klassischen Philologie in den Schuldienst eingetreten war, gehörte von 1931 bis 1934 dem badischen Staatsrat an. Ende 1946 wurde er als Ministerialrat ins badische Kultusministerium berufen und saß der südbadischen CDU vor, die er mitbegründet hatte. Im Juli 1947 wählte ihn der neue südbadische Landtag zum Staatspräsidenten, im Februar 1949 wurde er in dieser Funktion knapp bestätigt.

Bekannt wurde Wohleb in dieser Zeit vor allem als Gegenspieler von Heinrich Köhler. Anders als dieser setzte er sich strikt gegen eine Vereinigung der vier nach 1945 gebildeten Teilländer zu einem Südweststaat ein und forderte mit Nachdruck den Erhalt Südbadens. Selbst nach der Volksabstimmung vom 9. 12. 1951, die sich für den Südweststaat aussprach, kämpfte Wohleb weiter für einen eigenständigen badischen Staat und focht mit einer zähen Anhängerschaft erfolglos Fragestellung und Durchführung der Wahl an. Noch als man ihn nach Errichtung des Landes Baden-Württemberg in diplomatischer Mission nach Lissabon schickte, verfocht Wohleb weiter die Idee Altbadens. Sie blieb sein Hauptanliegen bis zu seinem Tod: Wohleb starb, als er den portugiesischen

Wirtschaftsminister Cortes auf einem Besuch in der BRD begleitete, an den Folgen einer Lungenembolie.

Lit.: L. Wohleb, *Baden und Württemberg oder Südweststaat* (1948)

Claudia Nölting

Manfred Wörner
* 24. 9. 1934 Stuttgart
Schon lange vor dem Regierungswechsel im Oktober 1982 hatte er sich als Wehrexperte der CDU/CSU einen Namen gemacht, so daß seine Berufung zum Verteidigungsminister unter Bundeskanzler Helmut Kohl keine Überraschung darstellte.
Seine berufliche Laufbahn begann der promovierte Jurist als Regierungsrat bei der Innenverwaltung von Baden-Württemberg, doch wurde er vor allem durch eine ungewöhnliche militärische »Nebenkarriere« bekannt: 1966 ließ er sich in Memmingen zum Starfighter-Copiloten ausbilden und hat seither mehr als 1200 Flugstunden absolviert. Inzwischen besitzt er auch den Militärflugführerschein 1. Klasse und ist Major der Reserve – ohne aber jemals an einer militärischen Grundausbildung teilgenommen zu haben, da er den ungedienten »weißen Jahrgängen« angehört. Seit 1956 CDU-Mitglied, vertritt er für seine Partei seit 1965 den Wahlkreis Göppingen als Bundestagsabgeordneter. Vor den Bundestagswahlen 1972 stellte ihn Rainer Barzel, der Kanzlerkandidat der Union, als Verteidigungsminister seines »Schattenkabinetts« vor, ebenso wie vier Jahre später dessen Nachfolger Helmut Kohl. Nachdem die SPD den Vorsitz im Verteidigungsausschuß nach den Wahlen 1976 abgegeben hatte, gelang es Wörner, sich in dieser Position gegenüber Verteidigungsminister Hans Apel zu profilieren, so bei der Finanzierungskrise des Tornado-Projekts (1980/81).
Als eine der ersten Maßnahmen nach seiner Amtsübernahme kündigte er eine Straffung der Bürokratie im Verteidigungsministerium an, dem mit rund 5300 Mitarbeitern größten Bonner Ministerium. Ähnlich wie in »erfolgreichen Industrieunternehmen« – so Wörner – soll dabei eine periodisch tagende »Planungskonferenz« eine Rolle spielen, welche die laufende Planung zu überprüfen und gegebenenfalls korrigierende Entscheidungen zu treffen habe. In Fragen des militärischen Zeremoniells gilt Wörner als Traditionalist; der Dienst in der Bundeswehr ist für ihn »ein Ehrendienst«. In den vergangenen Jahren hat er sich wiederholt für eine engere Anlehnung an die USA und eine verstärkte konventionelle Verteidigung der Bundeswehr ausgesprochen.
Ins Kreuzfeuer der Kritik geriet Wörner im Januar/Februar 1984 durch die sog. Kießling-Affäre, »eine der peinlichsten politischen Affären der Bundesrepublik« (*Handelsblatt*, Düsseldorf). Der stellvertretende Nato-Oberbefehlshaber General Günter Kießling wurde wegen angeblicher Homosexualität und wegen des »gespannten Verhältnisses« zum Nato-Oberbefehlshaber General Rogers vorzeitig in den Ruhestand versetzt. Doch die Recherchen des Militärischen Abschirmdienstes (MAD) erwiesen sich als fehlerhaft, Wörners Ministerium betrieb eine ungeschickte Informationspolitik, so daß die Affäre »zuletzt nur noch aus einer ganzen Serie von Instinktlosigkeiten, von Taktlosigkeiten und Peinlichkeiten bestand« *(Stuttgarter Zeitung)*. Ein erst später erfolgtes Rücktrittsangebot Wörners lehnte Bundeskanzler Helmut Kohl am 1. 2. 1984 ab; der in Unehren entlassene General wurde öffentlich rehabilitiert. Zunehmend machen dem Verteidigungsminister jedoch auch die Strukturprobleme der Bundeswehr Schwierigkeiten, denen er mit einem Abbau des Verwendung-Staus, mehr Lang-

zeit-Dienenden, der Herabsetzung der Tauglichkeitskriterien und einem möglichen freiwilligen Dienst von Frauen begegnen will. Diese Pläne wurden vielfach kritisiert, die SPD-Opposition warf Wörner »gefährliche Konzeptionslosigkeit« vor.

Bernd Löffler

Franz-Josef Wuermeling
* 8. 11. 1900 Berlin-Charlottenburg
Schon Wuermelings Vater hatte als Zentrumsabgeordneter dem preußischen Landtag angehört und war später Oberpräsident der Provinz Westfalen. Der Sohn studierte Jura und Volkswirtschaft, promovierte bereits 1921 zum Dr. rer. pol. und wurde 1928 zum Regierungsrat im preußischen Innenministerium ernannt. Seine anschließende Tätigkeit als Landrat und Finanzdezernent der Provinzverwaltung Kassel konnte Wuermeling nur bis 1939 ausüben; dann mußte er aus politischen Gründen den Dienst quittieren. Er trat in die Basalt A. G. in Linz/Rhein ein und wurde nach 1945 vorübergehend Bürgermeister der Stadt. Als Vertreter der CDU in den Landtag von Rheinland-Pfalz gewählt, gehörte Wuermeling dem Landesvorstand seiner Partei an und war von 1947 bis 1949 Staatssekretär im rheinland-pfälzischen Innenministerium. Im Bundestag, dem er seit der 1. Legislaturperiode angehörte, galt er als Haushaltsexperte und Fachmann in Fragen des Beamtenrechts.
1953 von Adenauer zum Minister für Familienfragen berufen, wurde der Exponent des katholisch-konserativen Flügels seiner Partei mehrfach wegen unglücklich gewählter Formulierungen und überzogener Stellungnahmen angegriffen. Bei der Wahl des Bundestagspräsidenten etwa unterstellte er der Opposition antichristliche Motive; von der Forderung der SPD nach seinem Rücktritt zeigte er sich wenig beeindruckt. In den folgenden Jahren zog er oft heftig gegen den Egoismus von Wirtschaft und Verbänden zu Felde, der seiner Meinung nach besonders die kinderreiche Familie bedrohte. Als Gegenmaßnahme forderte er eine drastische Erhöhung des 1954 per Gesetz eingeführten Kindergelds vom dritten Kind an und erregte mit seiner Kompromißlosigkeit mehrfach den Unwillen auch des Bundeskanzlers; trotz häufiger Rücktrittsdrohungen behielt er sein Ressort schließlich bis zur Regierungskrise 1962. Familienangelegenheiten blieben weiterhin Wuermelings Hauptanliegen; vor allem die Große Koalition sah sich heftigen Angriffen von seiner Seite ausgesetzt – er warf ihr »Demontage des Familienausgleichs« vor. 1969 schied Wuermeling aus dem Bundestag aus.

Claudia Nölting

Friedrich Zimmermann
* 8. 7. 1925 München
Politisch in Erscheinung trat Zimmermann zum erstenmal als Hauptgeschäftsführer, später Generalsekretär der CSU (1956–1963), der er 1948 beigetreten war. Ihm vor allem hat die CSU die Umwandlung von einer Honoratiorenpartei zu einer starken Mitgliederpartei zu verdanken. Zimmermann erkannte rechtzeitig, daß neben anderen ideologischen Richtungen auch der christliche Konservatismus seine emotionale Bindekraft eingebüßt hatte. Folglich beendete er den innerparteilichen Föderalismus der CSU und zentralisierte die Partei. Die hauptamtlichen Angestellten wurden von 14 im Jahre 1955 auf 100 im Jahre 1961 erhöht. Auch die Bezirks- und Wahlkreisgeschäftsführer wurden nun von

der Landesleitung in München angestellt und besoldet. Die Partei wurde dadurch zu einer zuverlässigen Stütze der von der jeweiligen Landesleitung betriebenen Politik.

In die Amtszeit Zimmermanns als Generalsekretär fiel allerdings auch das dunkle Kapitel der bayerischen Spielbankaffäre, die jahrelang hohe Wellen schlug. Die CSU und deren damaliger Generalsekretär waren bei der Selbstanzeige eines Zeugen beteiligt. Im Verlaufe des anschließenden staatsanwaltschaftlichen Verfahrens kam es auch zu einem Prozeß und zur Verurteilung der früheren Minister der Bayernpartei Baumgartner und Geiselhöringer. Die Bayernpartei wurde durch den Ausgang dieses politischen Prozesses so kompromittiert, daß es der CSU gelang, ihre an diese Partei verlorenen Wähler zum größten Teil zurückzugewinnen. Später wurde Zimmermann selbst wegen eines Vergehens des fahrlässigen Falscheides verurteilt, in der Revisionsverhandlung im Jahre 1961 jedoch freigesprochen. Die Tatsache einer Falschaussage blieb zwar bestehen, aufgrund eines medizinischen Gutachtens wurde Zimmermann jedoch zugebilligt, daß er »unter verminderter geistiger Leistungsfähigkeit« gelitten habe.

Im Bundestag (seit 1957) nahm Zimmermann wichtige Funktionen wahr: Vorsitzender (1965–1972) und stellvertretender Vorsitzender (1972–1982) des Verteidigungsausschusses und Vorsitzender der CSU-Landesgruppe (1976–1982). In enger Zusammenarbeit mit Franz Josef Strauß versuchte Zimmermann, die CSU-Landesgruppe gegenüber der CDU als eigenständige politische Gruppierung zu profilieren. Die spektakulärste Aktion war die Aufkündigung der Fraktionsgemeinschaft mit der CDU, die am 19. 11. 1976 in Wildbad Kreuth be-

Friedrich Zimmermann besucht am 24. 11. 1982 den Ausbildungsstandort der GSG 9 in Bonn/Hangelar.

schlossen wurde. Dies führte zu einer harten Kontroverse mit dem CDU-Vorsitzenden Helmut Kohl. Zimmermann und Strauß bezeichneten die Beendigung der Fraktionsgemeinschaft als »Nichtfortsetzung einer Organisationsform«, die immer unergiebiger geworden und politisch nicht optimal gewesen sei. Der Beschluß wurde am 13. 12. 1976 wieder rückgängig gemacht, wobei weniger die von Kohl angedrohte Ausdehnung der CDU nach Bayern als der unerwartet große Widerstand innerhalb der CSU den Ausschlag gab.
Nach der Wahl Kohls zum Bundeskanzler wurde Zimmermann am 4. 10. 1982 Bundesminister des Inneren. Durch die Fortsetzung der von seinem Vorgänger Gerhart Baum eingeleiteten Umweltpolitik erfuhr Zimmermann zunächst Anerkennung. Die Absicht, ab Januar 1986 Benzinfahrzeuge nur noch mit Katalysator zuzulassen, scheiterte am Einspruch der Auto-Industrie und der EG-Partner. Ein abgestuftes Modell steht derzeit zur Diskussion. Zimmermanns Sicherheits- und Ausländerpolitik hatte von Anfang an starken Widerspruch ausgelöst. Da sie auch innerhalb der Koalitionsparteien umstritten blieb, konnte er sie nicht voll durchsetzen.

Emil Werner

Georg August Zinn
* 27. 5. 1901 Frankfurt/M.; † 27. 3. 1976 Frankfurt/M.
Die Mutter, Tochter eines niedersächsischen Bauern, hatte ihm die Stammnamen der welfischen Herrscher gegeben. »Georg August von Hessen« nannten ihn später scherzhaft und zugleich respektvoll seine Parteifreunde. Kaum ein zweiter Landespolitiker hat so nachhaltig wie er auf die Entwicklung der Bundesrepublik eingewirkt, indem er über die Landespolitik den Boden für den Bund bereitete. Kurt Schumacher selbst hatte 1950 den damaligen hessischen Justizminister (seit 1947) für diese Aufgabe ausersehen. Von Zinn (SPD-Mitglied seit 1920) erhoffte sich die Parteizentrale, daß er als Ministerpräsident einen Weg beschreiten würde, der eine Versöhnung der SPD mit den bürgerlichen Schichten herbeiführen konnte. Dazu schien der Jurist aus gutbürgerlichem Hause (1931–1945 in Kassel als Rechtsanwalt niedergelassen, bis 1933 dort auch als Stadtverordneter tätig) nicht zuletzt deshalb prädestiniert, weil er seine politische Prägung weniger durch den Marxismus als durch Liberalismus und Humanismus erhalten hatte.
Und wirklich gelang es Zinn im Verlauf seiner 19jährigen Ministerpräsidentschaft (1960–1969), Hessen zum »roten Musterland« zu machen. Die von ihm geprägte hessische Verfassung (als Mitglied des Parlamentarischen Rates nahm er auch Einfluß auf das Grundgesetz) ist die liberalste der ganzen Bundesrepublik. Hessen verfügt über die fortschrittlichsten Presse- und Schulgesetze; als erstes Land führte es die Lehrmittelfreiheit ein. Als Wächter über demokratische Grundrechte klagte Zinn mehrfach beim Bundesverfassungsgericht – so gegen Adenauers Fernsehpläne und gegen Abhörgesetze. Während die SPD in Bonn noch von der Regierungsübernahme träumte, errang sie in Hessen 1962 und 1966 die absolute Mehrheit und war auch über ihre Wählerschaft hinaus als regierungsfähig anerkannt. Doch gegen Ende der sechziger Jahre begann der Einfluß des Mannes, dem dies in erster Linie zu danken war, zu schwinden. Als ausgeprägter Föderalist hatte Zinn an der Parteilinie einiges auszusetzen; das Verhältnis zur Parteispitze in Bonn kühlte sich ab. Die eigene Partei in Hessen drängte auf eine Verjüngung, seine erneute Kandidatur wurde 1969 an Bedin-

Georg August Zinn

gungen geknüpft. Wenige Wochen später erlitt er einen Hirnschlag, der ihn zur Aufgabe seiner politischen Ämter zwang.

Ulrike Nikel

Siegfried Zoglmann
* 17. 8. 1913 Neumark/Böhmen
Sein Platz war stets auf dem äußersten rechten Rand des Parteienspektrums. Nach dem Krieg trat der Sudetendeutsche, der es im Dritten Reich zum hohen HJ-Führer gebracht hatte, in eine stramm nationale FDP ein, wurde 1954 nordrhein-westfälischer Landtags-, 1957 Bundestagsabgeordneter, von 1963 bis 1968 sogar stellvertretender FDP-Fraktionsvorsitzender in Bonn.
Ins Abseits geriet der Journalist und Verleger, als er nach der Bundestagswahl 1969 gegen den sozialliberalen Kurs der FDP zu Felde zog. Nach der Gründung der »National-Liberalen Aktion« entmachteter Rechtsaußen in der FDP, kam er im Oktober 1970 einem drohenden Parteiausschluß zuvor und trat mit Erich Mende und Heinz Starke aus. Er ging als Hospitant zur CSU-Landesgruppe und zog 1972 über deren Landesliste erneut in den Bundestag ein. Hoffnungen – etwa von CSU-Chef Franz Josef Strauß –, er könne enttäuschte Nationalliberale für die Union zu einer Mehrheit gegen SPD und FDP sammeln, konnte Zoglmann weder mit der NLA noch mit der 1971 gegründeten »Deutschen

Union« erfüllen. Er und seine nationalliberalen Freunde (Scheel: »politische Pensionäre«) mußten scheitern, weil ihre Parteigründungen niemals über Splittergruppen hinauskamen und damit für die Union uninteressant blieben.

Bernd Kühnl

Zeittafel

1945

6. 5. Gründungsversammlung der SPD in Hannover auf Initiative von Kurt Schumacher.
8. 5. Kapitulation der deutschen Wehrmacht in Berlin (in Reims am 7. 5.).
23. 5. Absetzung und Verhaftung der Regierung Dönitz.
5. 6. Die vier Siegermächte übernehmen die oberste Regierungsgewalt in Deutschland.
17. 6. Die rheinische CDU wird in Köln gegründet. Vorsitzender der Programmkommission: Leo Schwering.
26. 6. Hermes, Kaiser und Lemmer gründen in Berlin die CDU (CDUD, Christlich-Demokratische Union Deutschlands).
1. 7. Vereinbarungsgemäß verlassen die amerikanischen und britischen Truppen Thüringen, Mecklenburg und Sachsen. Dafür rücken Verbände der Amerikaner und Briten in West-Berlin ein.
5. 7. Als erste liberale Partei konstituiert sich in Berlin die LDP. Es folgen am 18. 9. die DVP (gegr. von Maier und Heuss) und am 30. 11. die FDP (gegr. von Dehler). Zusammenschluß dieser Parteien am 11. 12. 1948 zur FDP.
17. 7. Die Regierungschefs der Siegermächte (Die Großen Drei) treffen sich zur Potsdamer Konferenz. Beschlossen werden die politischen und wirtschaftlichen Grundsätze für die Behandlung Deutschlands.
19. 9. Die amerikanische Militärregierung konstituiert die Länder Bayern, Württemberg-Baden und Hessen (am 23. 1. 1947 das Land Bremen).
13. 10. Gründung der bayerischen CSU in Würzburg (am 8. 1. 1946 in München).
6. 11. Als erster Schritt zur Selbstverwaltung konstituiert sich in Stuttgart der Länderrat der US-Zone als ständige Konferenz.
15. 11. Die Gemeinden und Kreise erhalten Selbstverwaltungsrechte.
20. 11. Beginn der Nürnberger Kriegsverbrecher-Prozesse.

1946

27./28. 1. Erste demokratische Gemeindewahlen nach dem Krieg in Bayern, Württemberg-Baden und Hessen.
15. 2. Konstituierung des Zonenbeirats (aus Parteien, Gewerkschaft, Verwaltung) für die britische Zone.
5. 3. Mit dem »Gesetz zur Befreiung von Nationalsozialismus und Militarismus« beginnt in der amerikanischen Zone die Entnazifizierung. Am 12. 10. wird es auf die anderen Zonen ausgedehnt.
23. 8. Die britische Militärregierung konstituiert die Länder Nordrhein-Westfalen, Schleswig-Holstein und Hannover (am 1. 11. 1946 mit Braunschweig, Oldenburg und Schaumburg-Lippe zu Niedersachsen zusammengeschlossen).
30. 8. Bildung des Landes Rheinland-Pfalz durch die französische Militärregierung.

1947

1. 1. Die amerikanische und britische Zone bilden das »Vereinigte Wirtschaftsgebiet« (Bizone). Die französische Zone schließt sich am 8. 4. 1949 an.
10. 2. Friedensverträge werden mit Italien, Ungarn, Bulgarien, Rumänien und Finnland unterzeichnet.

4. 6. Die Deutsche Partei (DP) wird gegründet (hervorgehend aus der Niedersächsischen Landespartei).
5. 6. Der amerikanische Außenminister Marshall appelliert an die Völker Europas, ein gegenseitiges Hilfs- und Wiederaufbauprogramm zu beschließen (Marshallplan).
6./7. 6. Einzige gesamtdeutsche Ministerpräsidentenkonferenz in München. Sie scheitert allerdings schon vor Beginn an der Tagesordnung.
25. 6. In Frankfurt wird der Wirtschaftsrat als oberstes Organ der Bizone gegründet. Ihm gehören 52 Abgeordnete der Landtage an.

1948
9. 2. Die Neuordnung der Wirtschaftsverwaltung der Bizone tritt in Kraft. Der Wirtschaftsrat wird auf 104 Abgeordnete verdoppelt.
7. 6. Die Londoner Sechs-Mächte-Konferenz empfiehlt für Westdeutschland ein föderatives Regierungssystem. Die Frankfurter Dokumente (1. 7.) ermächtigen die Ministerpräsidenten, einen Verfassungsausschuß einzuberufen.
20. 6. Mit der Währungsreform wird die DM-Währung in den drei Westzonen eingeführt und damit die Zwangswirtschaft abgeschafft.
24. 6. Beginn der Blockade von Berlin durch die sowjetische Besatzungsmacht. Am 26. 6. eröffnen die Amerikaner eine Luftbrücke nach Berlin.
10.–23. 8. Der Vorbereitende Verfassungsausschuß tagt im Schloß Herrenchiemsee. Er soll Richtlinien für ein Grundgesetz ausarbeiten.
31. 8. Konferenz der Ministerpräsidenten über die Empfehlungen des Verfassungsausschusses.
1. 9. Erste Tagung des Parlamentarischen Rates in Bonn.
5. 12. Wahlen im Westsektor von Berlin zur Stadt- und Bezirksverordnetenversammlung. Damit ist die politische Spaltung Berlins vollzogen. Am 14. 1. 1949 wählt das Stadtparlament Ernst Reuter zum Oberbürgermeister.

1949
10. 4. Die USA, Großbritannien und Frankreich beschließen die Fusion der drei Westzonen.
8. 5. Das Grundgesetz für die Bundesrepublik Deutschland wird vom Parlamentarischen Rat angenommen (Vorsitz: Konrad Adenauer).
12. 5. Ende der Blockade Berlins.
23. 5. Das Grundgesetz tritt in Kraft. Dies ist die Geburtsstunde der Bundesrepublik Deutschland.
14. 8. Wahlen zum 1. Deutschen Bundestag. Die CDU/CSU erhält, knapp vor der SPD, die meisten Sitze.
7. 9. Erste Sitzung des Deutschen Bundestages.
12. 9. Theodor Heuss wird bei der ersten Bundesversammlung in Bonn zum Bundespräsidenten gewählt.
15. 9. Konrad Adenauer wird vom Deutschen Bundestag mit nur einer Stimme Mehrheit zum ersten Bundeskanzler gewählt.
20. 9. Adenauer stellt sein Kabinett vor. Es besteht aus acht Mitgliedern der CDU/CSU, drei von der FDP und zwei von der DP.
12.–14. 10. Die Einzelgewerkschaften der Länder schließen sich zum Deutschen Gewerkschaftsbund (DGB) zusammen.
3. 11. Der Bundestag entscheidet sich für Bonn als Sitz der verfassungsmäßigen Organe (gegen Frankfurt).

22. 11. Das Petersberg-Abkommen wird unterzeichnet. Die Bundesrepublik ist berechtigt, konsularische Beziehungen zu anderen Ländern aufzunehmen.

1950
29. 8. Konrad Adenauer verlangt in einem Memorandum die stärkere Berücksichtigung der Sicherheitsinteressen der Bundesrepublik. Er bietet darin auch deutsche Streitkräfte zur Verteidigung Europas an.
10. 10. Bundesinnenminister Gustav Heinemann tritt aus Protest gegen die Wiederaufrüstungspolitik des Bundeskanzlers zurück.
29. 10. Theodor Blank soll den deutschen Verteidigungsbeitrag im Rahmen einer europäischen Armee vorbereiten (Dienststelle Blank).

1951
6. 3. Eine Revision des Besatzungsstatuts vom 10. 4. 1949 erweiterte die politischen Rechte und ermöglicht u. a. außenpolitische Beziehung (Einrichtung eines Außenministeriums).
18. 4. Vertrag zur Gründung der Europäischen Gemeinschaft für Kohle und Stahl (EGKS).
2. 5. Die Bundesrepublik wird Vollmitglied des Europarates (assoziiertes Mitglied seit Juli 1950).
14. 9. Die Außenminister der drei Westmächte beschließen den Deutschlandvertrag, der das Besatzungsstatut ablöst.

1952
4. 1. West-Berlin erhält in finanzieller Hinsicht den Status eines Bundeslandes. Der Bund unterstützt den Berliner Haushalt durch die Berlinhilfe.
8. 2. Der Deutsche Bundestag spricht sich mit 204 gegen 156 Stimmen für einen deutschen Verteidigungsbeitrag aus.
10. 3. Die Regierung der UdSSR fordert die Westmächte auf, die Frage eines Friedensvertrages mit Deutschland zu klären (Stalin-Note).
26. 5. Unterzeichnung des Deutschlandvertrages.
27. 5. Unterzeichnung des Vertrages über die Europäische Verteidigungsgemeinschaft (EVG). Die supranationale Armee scheitert 1954 an der französischen Nationalversammlung.
20. 8. Kurt Schumacher, Vorsitzender der SPD, stirbt. Am 27. 9. wird Erich Ollenhauer sein Nachfolger.
25. 12. In der Bundesrepublik wird das erste Fernsehprogramm ausgestrahlt.

1953
7.–9. 4. Erster Staatsbesuch von Adenauer in den USA.
17. 6. Aus einem Demonstrationszug unzufriedener Arbeiter in der Stalinallee in Ost-Berlin entwickelt sich ein Massenaufstand, der auch viele andere Städte der DDR erfaßt.
8. 7. Durch ein neues Wahlgesetz wird die 5-%-Klausel eingeführt.
4. 8. Der 17. Juni wird zum Tag der Deutschen Einheit erklärt.
6. 9. Wahlen zum 2. Deutschen Bundestag. Konrad Adenauer wird wiederum zum Bundeskanzler gewählt (am 7. 10.).

1954
17. 7. Theodor Heuss wird von der Bundesversammlung erneut zum Bundespräsidenten gewählt.

23. 10. Die Pariser Verträge gewähren der BRD Souveränität unter Vorbehalten; sie wird als einzig rechtmäßige deutsche Regierung anerkannt und eingeladen, der neugegründeten Westeuropäischen Union (WEU) wie der Nato beizutreten. Die BRD verzichtet auf die Herstellung von ABC-Waffen und unterwirft sich Rüstungskontrollen (Inkrafttreten der Verträge: 5. 5. 1955).
23. 10. Unterzeichnung des Saarstatuts.

1955
25. 1. Die UdSSR gibt als letzte der Siegermächte das Ende des Kriegszustandes mit Deutschland bekannt.
1. 5. Die Ständigen Vertretungen der BRD in Washington, London, Paris werden zu Botschaften.
6. 6. Theodor Blank wird erster Bundesverteidigungsminister.
8.–14. 9. Als Vorsitzender einer deutschen Regierungsdelegation besucht Adenauer Moskau. Als wichtigstes Verhandlungsergebnis wird die Aufnahme diplomatischer Beziehungen zwischen der Sowjetunion und der Bundesrepublik vereinbart. Die Sowjetunion sagt die Heimkehr der deutschen Kriegsgefangenen zu. (Heimkehr der letzten deutschen Kriegsgefangenen am 8. 10.)
10. 10. Die ersten Soldaten der neuen Streitkräfte erhalten ihre Ernennungsurkunden.
23. 10. Das Saarstatut wird von den saarländischen Wählern abgelehnt und damit der Weg geebnet zur Angliederung des Saarlandes an die Bundesrepublik.
8. 12. Außenminister von Brentano erhebt vor diplomatischen Vertretern die »Hallstein-Doktrin« zum politischen Prinzip der Bonner Außenpolitik (nur diplomatische Beziehungen zu Staaten, die die DDR nicht anerkennen).

1956
31. 1. Der saarländische Landtag beschließt die Angliederung an die Bundesrepublik.
6. 3. Der Bundestag beschließt die Einführung einer allgemeinen Wehrpflicht (Änderung des Grundgesetzes).
21. 7. Der Bundestag billigt die allgemeine Wehrpflicht nach einer dramatischen Sitzung.
17.–18. 8. Das Bundesverfassungsgericht erklärt auf Antrag der Bundesregierung die Kommunistische Partei Deutschlands (KPD) für verfassungswidrig.
26. 10. Frankreich und die Bundesrepublik vereinbaren, das Saarland zum 1. 1. 1957 politisch und zum 31. 12. 1959 (vollzogen zum 5. 7.) wirtschaftlich der Bundesrepublik anzugliedern.

1957
25. 3. Sechs westeuropäische Staaten (Belgien, Bundesrepublik, Frankreich, Italien, Luxemburg, Niederlande) unterzeichnen einen Vertrag zur Schaffung der Europäischen Wirtschaftsgemeinschaft (EWG) und der Europäischen Atomgemeinschaft (Römische Verträge).
9./10. 5. Im Bundestag wird heftig die Lagerung von Atomwaffen auf deutschem Boden diskutiert.
20. 5. Berlin ist nach einem Beschluß des Bundesverfassungsgerichts ein Land der Bundesrepublik.
18. 6. Das Gesetz über die Gleichberechtigung von Mann und Frau tritt in Kraft.

15. 9. Wahlen zum 3. Deutschen Bundestag. Die CDU/CSU erhält die absolute Mehrheit der Sitze.
3. 10. Willy Brandt wird nach dem Tod von Otto Suhr zum neuen Regierenden Bürgermeister von Berlin gewählt.
19. 10. Nach der Anerkennung der DDR durch Jugoslawien beschließt die Bundesregierung den Abbruch der diplomatischen Beziehungen.

1958
10. 3. Die Auseinandersetzungen um die Ausrüstung der Bundeswehr mit Atomwaffen erreichen einen Höhepunkt. In Frankfurt wird der Aufruf »Kampf dem Atomtod« von Wissenschaftlern, Künstlern und Politikern veröffentlicht.
25. 3. Der Bundestag beschließt die Ausrüstung der Bundeswehr mit Atomwaffen.
27. 11. Die UdSSR kündigt alle Vereinbarungen über Berlin auf (Berlin-Ultimatum). Am 19. 3. 1959 nimmt Chruschtschow das Ultimatum zurück.

1959
7. 4. Bundeskanzler Adenauer gibt seine Kandidatur für das Amt des Bundespräsidenten bekannt. Am 5. 6. tritt er von dieser Kandidatur zurück.
1. 7. Heinrich Lübke wird zum neuen Bundespräsidenten gewählt.
13.–15. 11. Auf einem außerordentlichen Parteitag in Bad Godesberg verabschiedet die SPD ein neues Grundsatzprogramm, das auf jede weltanschauliche Festlegung verzichtet (Godesberger Programm).

1960
29. 1. Erich Mende wird zum neuen Vorsitzenden der FDP gewählt (Nachfolger von Reinhold Maier).
30. 6. Vor dem Bundestag leitet Herbert Wehner mit einer Grundsatzrede den außenpolitischen Kurswechsel der SPD ein (Bekenntnis der SPD zum europäischen und atlantischen Bündnis- und Verteidigungssystem als Basis jeder Deutschland- und Wiedervereinigungspolitik).
1. 7. Übertritt von 9 der 15 Mitglieder der Bundestagsfraktion der Deutschen Partei (DP) zur CDU, darunter die Bundesminister von Merkatz und Seebohm.
21.–25. 11. Willy Brandt, Regierender Bürgermeister von Berlin, wird auf dem SPD-Parteitag zum Kanzlerkandidaten gewählt.
17. 12. Die Deutsche Friedens-Union (DFU) wird in Stuttgart gegründet.

1961
18. 3. Franz Josef Strauß wird zum neuen Vorsitzenden der CSU gewählt.
15. 4. Zusammenschluß von DP und GB/BHE zur Gesamtdeutschen Partei (GDP).
13. 8. Der Ostsektor von Berlin wird durch eine Mauer und Stacheldraht hermetisch abgeriegelt. Als persönlicher Vertreter von Präsident Kennedy kommt General Lucius D. Clay nach West-Berlin (28. 8.).
17. 9. Wahlen zum 4. Deutschen Bundestag. Die CDU/CSU verliert die absolute Mehrheit.
7. 11. Konrad Adenauer wird wieder zum Bundeskanzler gewählt. Er versichert schriftlich, daß er rechtzeitig zurücktreten werde, um einem Nachfolger Gelegenheit zur Einarbeitung zu geben.

1962

26./27. 10. Die Redaktionsräume des Magazins *Der Spiegel* werden von der Polizei besetzt und durchsucht. Der Herausgeber Rudolf Augstein und der Verlagsdirektor Becker werden verhaftet. Der Militärexperte Conrad Ahlers wird auf Ersuchen von Verteidigungsminister Franz Josef Strauß im Urlaub in Spanien verhaftet.
19. 11. Die fünf FDP-Bundesminister treten zurück. Die FDP macht den Fortbestand der Koalition vom Rücktritt des Verteidigungsministers Strauß abhängig.
30. 11. Franz Josef Strauß verzichtet auf sein Ministeramt.

1963

22. 1. Unterzeichnung des deutsch-französischen Freundschaftsvertrages durch Adenauer und de Gaulle.
16. 10. Ludwig Erhard wird nach Adenauers Rücktritt neuer Bundeskanzler.
12. 12. Der erste Bundespräsident der Bundesrepublik Deutschland, Theodor Heuss, stirbt nach langer Krankheit.
19. 12. Erstmals Ausgabe von Passierscheinen für West-Berliner für Verwandtenbesuche in Ost-Berlin.

1964

16. 2. Auf einem außerordentlichen Parteitag wird Willy Brandt zum neuen Vorsitzenden der SPD gewählt.
28. 11. Aus Resten der DRP, DP und DNVP wird die NPD gegründet. Sie gilt als rechtsextreme Sammelpartei für alle »nationalen« Deutschen.

1965

19. 9. Wahlen zum 5. Deutschen Bundestag. Stärkste Partei wird wieder die CDU/CSU.
20. 10. Ludwig Erhard wird erneut zum Bundeskanzler gewählt.

1966

23. 3. Als Nachfolger von Konrad Adenauer wird Ludwig Erhard auf dem XIV. Parteitag der CDU zum neuen Parteivorsitzenden gewählt.
27. 10. Die FDP-Fraktion kündigt wegen der Finanzierung des Bundeshaushalts die Regierungskoalition mit der CDU/CSU auf. Die vier FDP-Minister treten zurück.
26. 11. Die CDU/CSU einigt sich mit der SPD auf die Bildung einer Großen Koalition. Kurt Georg Kiesinger soll Bundeskanzler und Willy Brandt Vizekanzler werden.
1. 12. Der Deutsche Bundestag wählt Kiesinger zum neuen Bundeskanzler. Erstmals ist die SPD an einer Bundesregierung beteiligt.

1967

10. 3. Das Bundeskabinett beschließt den Entwurf einer Notstandsverfassung.
19. 4. Konrad Adenauer stirbt im Alter von 91 Jahren. Neuer CDU-Vorsitzender wird Kurt Georg Kiesinger.
2. 6. Die Erschießung des Studenten Benno Ohnesorg während des Schah-Besuches in Berlin wird zum Auftakt der Studentenunruhen.

1968

30. 1. Walter Scheel wird als Nachfolger von Erich Mende zum neuen Vorsitzenden der FDP gewählt.
11. 4. Mordanschlag auf den Studentenführer Rudi Dutschke in Berlin.
30. 4. Sondersitzung des Bundestags über die Studentenunruhen an den deutschen Hochschulen. Es kommt in mehreren Städten zu blutigen Auseinandersetzungen und zu Toten.
30. 5. Die Notstandsverfassung wird vom Bundestag verabschiedet.
14. 10. Bundespräsident Heinrich Lübke kündigt seinen vorzeitigen Rücktritt zum 30. 6. 1969 an.
27. 10. Als neue »legale« kommunistische Partei wird in Frankfurt die DKP gegründet.

1969

5. 3. In Berlin wird von der Bundesversammlung der Kandidat der SPD, Gustav Heinemann, zum Bundespräsidenten gewählt. Heinemann spricht von einem »Stück Machtwechsel« (Amtsantritt am 1. 7.).
30. 5. Verzicht der BRD auf Anwendung der Hallstein-Doktrin.
28. 9. Wahlen zum 6. Deutschen Bundestag. Die SPD überspringt erstmals die 40-%-Hürde. Willy Brandt und Walter Scheel vereinbaren eine sozialliberale Koalition.
21. 10. Der Bundestag wählt Willy Brandt zum Bundeskanzler.
28. 11. Die Bundesrepublik unterzeichnet den Atomwaffensperrvertrag.

1970

14. 1. Willy Brandt kündigt Verhandlungen mit der DDR-Führung an.
19. 3. Treffen zwischen Bundeskanzler Willy Brandt und DDR-Ministerpräsident Willi Stoph in Erfurt. Gegenbesuch in Kassel am 21. 5.
12. 8. Unterzeichnung eines deutsch-sowjetischen Gewaltverzichtsabkommens in Moskau.
20. 11. Vertrag über die Normalisierung der Beziehungen zwischen Polen und der Bundesrepublik wird in Warschau und Bonn veröffentlicht.
7. 12. Unterzeichnung des Grundlagenvertrages zwischen Polen und der Bundesrepublik in Warschau. Berühmt wird der Kniefall von Willy Brandt am Mahnmal im Warschauer Ghetto.

1971

13. 5. Finanzminister Alex Möller tritt zurück. Sein Ressort übernimmt zusätzlich Wirtschaftsminister Karl Schiller (Superminister).
3. 9. Die vier Schutzmächte Berlins unterzeichnen das Berlinabkommen.
5. 10. Rainer Barzel wird zum Parteivorsitzenden der CDU gewählt.
20. 10. Das Nobelpreiskomitee gibt bekannt, daß Willy Brandt den Friedensnobelpreis 1971 erhält (überreicht am 10. 12.).
17. 12. Unterzeichnung des Transitabkommens zwischen der DDR und der Bundesrepublik.

1972

28. 1. Grundsatzerklärung der Ministerpräsidenten und der Bundesrepublik über die Beschäftigung von Mitgliedern »radikaler« Organisationen im öffentlichen Dienst (Radikalenerlaß).
6. 4. Altbundespräsident Heinrich Lübke stirbt im Alter von 78 Jahren.

27. 4. Erstmals wird gegen einen regierenden Bundeskanzler ein konstruktives Mißtrauensvotum beantragt. Es scheitert knapp (Rainer Barzel erhält 247 statt der erforderlichen 249 Stimmen). Brandt bleibt Bundeskanzler.
12. 5. Paraphierung des Verkehrsvertrages zwischen BRD und DDR.
17. 5. Die Ostverträge von Moskau und Warschau werden vom Bundestag verabschiedet.
7. 7. Wirtschafts- und Finanzminister Karl Schiller tritt zurück. Sein Nachfolger wird Helmut Schmidt.
22. 9. Willy Brandt stellt im Bundestag die Vertrauensfrage, um den Weg zu Neuwahlen zu ebnen.
19. 11. Vorgezogene Wahlen zum 7. Deutschen Bundestag. Die SPD wird erstmals stärkste Partei.
15. 12. Willy Brandt wird erneut zum Bundeskanzler gewählt.
21. 12. Unterzeichnung des Grundvertrages zwischen BRD und DDR.

1973
11. 3. Die Bundesregierung beschließt die Freigabe des DM-Wechselkurses zum US-Dollar (Floating).
11. 5. Der Bundestag stimmt dem Grundvertrag mit der DDR und dem UN-Beitritt zu.
22. 5. Bayern ruft das Bundesverfassungsgericht an, um das Inkrafttreten des Grundvertrages mit der DDR zu verhindern.
12. 6. Helmut Kohl wird zum Vorsitzenden der CDU gewählt und löst damit Rainer Barzel ab.
21. 6. Grundvertrag mit der DDR tritt in Kraft.
18. 9. Die Bundesrepublik und die DDR werden in die UNO aufgenommen.
11. 12. Unterzeichnung des Prager Vertrages zwischen BRD und ČSSR.

1974
22. 3. Der Bundestag setzt die Volljährigkeit auf 18 Jahre herab.
25. 4. Günter Guillaume, persönlicher Referent von Willy Brandt, wird als DDR-Spion verhaftet.
6. 5. Willy Brandt tritt wegen der Spionageaffäre zurück.
15. 5. Die Bundesversammlung wählt Walter Scheel zum Bundespräsidenten.
16. 5. Helmut Schmidt wird zum Bundeskanzler gewählt.
20. 6. Die ersten Ständigen Vertreter in Ost-Berlin und in Bonn werden akkreditiert (Günter Gaus und Michael Kohl).
1. 10. Hans-Dietrich Genscher wird zum Vorsitzenden der FDP gewählt.
10. 11. Ermordung des Berliner Kammergerichtspräsidenten von Drenkmann durch die RAF.

1975
24. 4. Ermordung von deutschen Botschaftsangehörigen in Stockholm durch Terroristen.
21. 5. Beginn des Baader-Meinhof-Prozesses in Stuttgart.
1. 8. Die KSZE-Schlußakte wird in Helsinki unterzeichnet (u. a. Gleichheit aller Staaten, Nichteinmischung in innere Angelegenheiten, Achtung der Menschenrechte, Selbstbestimmungsrecht der Völker).

1976

12. 2. Der Bundestag verabschiedet die Reform des § 218 (erweiterte Indikationslösung).
18. 3. Das Gesetz über die Mitbestimmung der Arbeitnehmer in den Betrieben wird vom Bundestag verabschiedet.
7. 7. Altbundespräsident Gustav Heinemann stirbt 77jährig.
3. 10. Wahlen zum 8. Deutschen Bundestag. Die sozialliberale Koalition behauptet knapp die Mehrheit; die CDU/CSU wieder stärkste Fraktion.
19. 11. Die CSU beschließt in Kreuth, die Fraktionsgemeinschaft mit der CDU im Bundestag zu beenden. Der Beschluß wird am 12. 12. widerrufen.
15. 12. Helmut Schmidt wird erneut zum Bundeskanzler gewählt.

1977

7. 4. Generalbundesanwalt Siegfried Buback und sein Fahrer werden in Karlsruhe ermordet. Die Tat ist der Auftakt weiterer Morde durch Angehörige terroristischer Vereinigungen.
5. 5. Ludwig Erhard stirbt im Alter von 80 Jahren.
30. 7. Der Chef der Dresdner Bank, Jürgen Ponto, wird von Terroristen erschossen.
5. 9. Der Arbeitgeberpräsident Hanns-Martin Schleyer wird entführt und am 19. 10. ermordet aufgefunden.
18. 10. Die in Stuttgart inhaftierten Terroristen Andreas Baader, Gudrun Ensslin und Jan-Carl Raspe begehen Selbstmord.

1978

1. 1. Inkrafttreten des Datenschutzgesetzes vom 27. 1. 1977.
13. 7. Der ehemalige CDU-Abgeordnete Herbert Gruhl gründet in Bonn die Grüne Aktion Zukunft.
25. 10. Das 1. Grundsatzprogramm der CDU wird auf einem Parteitag in Ludwigshafen beschlossen. Als Volkspartei wendet sich die CDU darin an alle Schichten und Gruppen der Bevölkerung.

1979

23. 5. Karl Carstens wird zum Bundespräsidenten gewählt.
10. 6. Zum erstenmal finden Wahlen zum Europäischen Parlament in der Bundesrepublik statt.
2. 7. Franz Josef Strauß wird zum gemeinsamen Kanzlerkandidaten der Unionsparteien für die Wahl 1980 nominiert.
7. 10. Bei den Wahlen in Bremen gelingt es den Grünen zum erstenmal, Landtagsmandate zu gewinnen.
14. 10. Eine der größten Kundgebungen gegen die Kernenergie findet in Bonn statt.
12. 12. Die Mitgliedsstaaten der Nato beschließen in Brüssel ein Nachrüstungsprogramm im Bereich der nuklearen Mittelstreckenraketen (Nato-Doppelbeschluß).

1980

13. 1. In Karlsruhe wird die Bundespartei der Grünen gegründet.
28. 2. Das Bundesverfassungsgericht erklärt das vom Bundestag beschlossene neue Eherecht für verfassungskonform.

3. 5. Etwa 5000 Kernkraftgegner besetzen in Gorleben die vorgesehene Atommülldeponie.
5. 10. Wahlen zum 9. Deutschen Bundestag. Die sozialliberale Koalition kann ihre Mehrheit ausbauen.
5. 11. Helmut Schmidt wird wieder zum Bundeskanzler gewählt.

1981
7. 1. Die Arbeitslosenzahl übersteigt erstmals seit Januar 1979 wieder die Millionengrenze.
10. 10. Etwa 300000 Menschen versammeln sich in Bonn zu einer Friedenskundgebung (gegen den Nato-Doppelbeschluß).

1982
5. 2. Bundeskanzler Helmut Schmidt stellt im Bundestag die Vertrauensfrage, um Klarheit über den weiteren politischen Kurs zu schaffen. Alle SPD- und FDP-Abgeordneten sprechen ihm das Vertrauen aus.
17. 6. Die hessische FDP beschließt für die Landtagswahlen eine Koalitionsaussage für die CDU.
17. 9. Ende der sozialliberalen Koalition. Helmut Schmidt kündigt das Regierungsbündnis auf. Die vier FDP-Minister treten zurück.
20. 9. Die CDU/CSU und die FDP nehmen Koalitionsgespräche auf. Am 28. 9. einigen sie sich auf ein Koalitionspapier.
1. 10. Helmut Schmidt wird durch ein konstruktives Mißtrauensvotum gestürzt. Sein Nachfolger wird Helmut Kohl, der am 4. 10. eine christlich-liberale Regierung bildet.
29. 10. Nachdem Helmut Schmidt auf eine neue Kandidatur verzichtet hat, wird Hans-Jochen Vogel von der SPD-Fraktion zum neuen Kanzlerkandidaten der SPD gewählt.
5.–7. 11. Der Parteitag der FDP in Berlin wird zur Zerreißprobe der Partei nach dem Koalitionswechsel. Prominente Mitglieder treten aus.
2. 12. Die Arbeitslosenzahl überschreitet die Zweimillionengrenze.
17. 12. Bundeskanzler Helmut Kohl stellt die Vertrauensfrage, um den Weg für Neuwahlen freizumachen.

1983
7. 1. Bundespräsident Carstens löst den Bundestag auf und setzt Neuwahlen für den März an.
4. 2. Der Bundesrat billigt die Neuregelung des Wehrersatzdienstes, derzufolge die Dienstzeit auf 20 Monate verlängert und die bisherige mündliche »Gewissensprüfung« abgeschafft werden.
6. 3. Aus den Bundestagswahlen gehen die CDU/CSU gestärkt, die FDP gegenüber 1980 geschwächt hervor. Erstmals stellen die Grünen Abgeordnete. Helmut Kohl bleibt Bundeskanzler.
8. 3. Hans-Jochen Vogel wird Nachfolger von Herbert Wehner als SPD-Fraktionsvorsitzender.
29. 3. Der 10. Deutsche Bundestag wird eröffnet. Rainer Barzel wird zu seinem Präsidenten gewählt.
19. 5. Auf Antrag der SPD wird zur Klärung der Flickspendenaffäre ein Untersuchungsausschuß eingesetzt.
1. 9. Mit einer spektakulären Aktion wird ein US-Depot in Mutlangen blockiert;

die Blockade bildet den Auftakt zu Protesten gegen die Stationierung der Pershing II in der Bundesrepublik.
21. 10. Die Aktionswoche der Friedensbewegung gegen die atomare Nachrüstung erlebt ihren Höhepunkt (u.a. eine 108 km lange Menschenkette aus über 200000 Menschen).
22. 11. Der Bundestag beschließt gegen die Stimmen von SPD und Grünen, am Nato-Doppelbeschluß festzuhalten. Am Tag darauf treffen die ersten Pershing II in der Bundesrepublik ein.
28. 11. Die CDU nominiert Richard von Weizsäcker als Kandidaten für das Amt des Bundespräsidenten. Die SPD verzichtet auf einen Gegenkandidaten.
29. 11. Die Bonner Staatsanwaltschaft erhebt Anklage in der Flickparteispendenaffäre (u. a. gegen Eberhard von Brauchitsch und Hans Friderichs, am 8. 12. auch gegen Wirtschaftsminister Graf Lambsdorff).
15. 12. Das Bundesverfassungsgericht erklärt das umstrittene Volkszählungsgesetz für verfassungswidrig.

1984
5. 1. Ein Zeitungsbericht löst die sog. Kießling-Affäre aus, durch die der Militärische Abschirmdienst (MAD) und Verteidigungsminister Wörner ins Kreuzfeuer der Kritik geraten (General Kießling stellt am 16. 1. Strafantrag wegen Verleumdung und wird rehabilitiert).
1. 2. In Hessen einigen sich SPD und Grüne auf eine langfristige parlamentarische Zusammenarbeit, doch kam es in der Atomfrage noch vor Jahresende zu grundlegenden Differenzen.
5. 4. Bayern verankert als erstes Bundesland den Umweltschutz in seiner Verfassung.
3. 5. Die Regierungskoalition legt einen »Gesetzentwurf zur Strafbefreiung für Steuervergehen bei Parteispenden« vor. Die heftig kritisierten Amnestiepläne werden am 16. 5. unter dem Druck der Öffentlichkeit wie großer Teile der FDP-Fraktion zurückgezogen.
10. 5. Beginn des Streiks um die 35-Stunden-Woche in der Metallindustrie.
23. 5. Richard von Weizsäcker wird zum neuen Bundespräsidenten gewählt.
25. 6. Beginn der Multilateralen Umweltkonferenz in München mit Delegierten aus 31 Ländern einschließlich des Ostblocks.
27. 6. Rücktritt von Otto Graf Lambsdorff. Neuer Wirtschaftsminister wird Martin Bangemann.
28. 6. Der Streit in der Metallindustrie wird durch den Einigungsvorschlag von Georg Leber (durchschnittliche Wochenarbeitszeit von 38,5 Stunden mit flexiblen Regelungen im Einzelfall) geschlichtet. Die Tarifpartner in der Druckindustrie einigen sich am 6. 7. auf einen ähnlichen Kompromiß.
29. 6. Eröffnung des Hauptverfahrens in der Flickspendenaffäre.
13. 7. Deutsch-französisches Abkommen über vereinfachte Grenzkontrollen.
25. 10. Rücktritt Rainer Barzels als Bundestagspräsident, weil eine Beratertätigkeit ihn in Zusammenhang mit der Flickaffäre gebracht hatte. Nachfolger wird Philipp Jenninger.

Anhang

Die Mitglieder des Parlamentarischen Rates

Adenauer, Konrad	CDU	Nordrhein-Westfalen
Bauer, Hans-Heinz	SPD	Bayern
Becker, Max	FDP	Hessen
Bergsträsser, Ludwig	SPD	Hessen
Binder, Paul	CDU	Württemberg-Hohenzollern
Blomeyer, Adolf	CDU	Nordrhein-Westfalen
Brentano, Heinrich von	CDU	Hessen
Brockmann, Johannes	Zentrum	Nordrhein-Westfalen
Chapeaurouge, Paul de	CDU	Hamburg
Dehler, Thomas	FDP	Bayern
Diederichs, Georg	SPD	Niedersachsen
Eberhard, Fritz	SPD	Württemberg-Baden
Ehlers, Adolf	SPD	Bremen
Fecht, Hermann	CDU	Baden
ab 7. 3. 1949 Hilbert		
Finck, Albert	CDU	Rheinland-Pfalz
Gayk, Andreas	SPD	Schleswig-Holstein
Greve, Otto-Heinrich	SPD	Niedersachsen
ab 20. 5. 1949 Ollenhauer		
Heiland, Rudolf	SPD	Nordrhein-Westfalen
Heile, Wilhelm	DP	Niedersachsen
Hermans, Hubert	CDU	Rheinland-Pfalz
nach Süsterhenn		
Heuss, Theodor	FDP	Württemberg-Baden
Hilbert, Anton	CDU	Baden
nach Fecht		
Hoch, Fritz	SPD	Hessen
Höpker-Aschoff, Hermann	FDP	Nordrhein-Westfalen
Hofmeister, Werner	CDU	Niedersachsen
nach Rönneburg		
Katz, Rudolf	SPD	Schleswig-Holstein
Kaufmann, Theophil	CDU	Württemberg-Baden
Kleindienst, Ferdinand	CSU	Bayern
Kroll, Gerhard	CSU	Bayern
Kuhn, Karl	SPD	Rheinland-Pfalz
Kühn, Adolf	CDU	Württemberg-Baden
nach Walter		
Laforet, Wilhelm	CSU	Bayern
Lehr, Robert	CDU	Nordrhein-Westfalen
Lensing, Lambert	CDU	Nordrhein-Westfalen
Löwenthal, Fritz	SPD	Nordrhein-Westfalen
Maier, Friedrich	SPD	Baden
Mangoldt, Hermann von	CDU	Schleswig-Holstein
Mayr, Karl-Sigmund	CSU	Bayern
Menzel, Walter	SPD	Nordrhein-Westfalen
Mücke, Willibald	SPD	Bayern
Nadig, Friederike	SPD	Nordrhein-Westfalen
Paul, Hugo	KPD	Nordrhein-Westfalen
ab 6. 10. 1948 Renner		

Pfeiffer, Anton	CSU	Bayern
Ollenhauer, Erich *nach Greve*	SPD	Niedersachsen
Reimann, Max	KPD	Nordrhein-Westfalen
Renner, Heinz *nach Paul*	KPD	Nordrhein-Westfalen
Rönneburg, Heinrich *ab 24. 2. 1949 Hofmeister*	CDU	Niedersachsen
Roßhaupter, Albert *nach Seifried*	SPD	Bayern
Runge, Hermann	SPD	Nordrhein-Westfalen
Schäfer, Hermann	FDP	Niedersachsen
Schlör, Kaspar Gottfried	CSU	Bayern
Schmid, Carlo	SPD	Württemberg-Hohenzollern
Schönfelder, Adolf	SPD	Hamburg
Schrage, Josef	CDU	Nordrhein-Westfalen
Schröter, Carl	CDU	Schleswig-Holstein
Schwalber, Josef	CSU	Bayern
Seebohm, Hans-Christoph	DP	Niedersachsen
Seibold, Caspar	CSU	Bayern
Seifried, Josef *ab 14. 10. 1948 Roßhaupter*	SPD	Bayern
Selbert, Elisabeth	SPD	Niedersachsen
Süsterhenn, Adolf *ab 5. 5. 1949 Hermans*	CDU	Rheinland-Pfalz
Stock, Jean	SPD	Bayern
Strauss, Walter	CDU	Hessen
Wagner, Friedrich Wilhelm	SPD	Rheinland-Pfalz
Walter, Felix *ab 23. 2. 1949 Kühn*	CDU	Württemberg-Baden
Weber, Helene	CDU	Nordrhein-Westfalen
Wessel, Helene	Zentrum	Nordrhein-Westfalen
Wirmer, Ernst	CDU	Niedersachsen
Wolff, Friedrich	SPD	Nordrhein-Westfalen
Wunderlich, Hans	SPD	Niedersachsen
Zimmermann, Gustav	SPD	Württemberg-Baden
Zinn, Georg August	SPD	Hessen

Nicht stimmberechtigte Mitglieder (aus Berlin):

Kaiser, Jakob	CDU
Löbe, Paul	SPD
Reif, Hans	FDP
Reuter, Ernst	SPD
Suhr, Otto	SPD

Die Bundespräsidenten

Theodor Heuss	1949–1959
Heinrich Lübke	1959–1969
Gustav Heinemann	1969–1974
Walter Scheel	1974–1979
Karl Carstens	1979–1984
Richard von Weizsäcker	seit 1984

Bundestagswahlergebnisse und Kabinettslisten

Wahlen zum 1. Deutschen Bundestag, 14. 8. 1949

CDU/CSU	139 Sitze	31,0%
SPD	131 Sitze	29,2%
FDP	52 Sitze	11,9%
Sonstige	80 Sitze	27,9% (u.a. KPD 5,7%, DP 4,0%)

1. Kabinett Adenauer, 20. 9. 1949 – 20. 10. 1953

Bundeskanzler seit 15. 3. 1951 auch Außenminister	Konrad Adenauer	CDU
Vizekanzler und Marshallplan	Franz Blücher	FDP
Inneres	Gustav Heinemann	CDU
	ab 13. 10. 1950 Robert Lehr	CDU
Justiz	Thomas Dehler	FDP
Finanzen	Fritz Schäffer	CSU
Wirtschaft	Ludwig Erhard	CDU
Ernährung, Landwirtschaft, Forsten	Wilhelm Niklas	CSU
Arbeit und Sozialordnung	Anton Storch	CDU
Verkehr	Hans-Christoph Seebohm	DP
Post- und Fernmeldewesen	Hans Schuberth	CSU
Wohnungsbau	Eberhard Wildermuth	FDP
	ab 19. 7. 1952 Fritz Neumayer	FDP
Vertriebene, Flüchtlinge und Kriegsgeschädigte	Hans Lukaschek	CDU
Gesamtdeutsche Fragen	Jakob Kaiser	CDU
Bundesrat	Heinrich Hellwege	DP

Wahlen zum 2. Deutschen Bundestag, 6. 9. 1953

CDU/CSU	243 Sitze	45,2%
SPD	151 Sitze	28,8%
FDP	48 Sitze	9,5%
Sonstige	45 Sitze	16,5% (u.a. GB/BHE 5,9%, DP 3,3%, KPD 2,2%)

2. Kabinett Adenauer, 20. 10. 1953 – 29. 10. 1957

Bundeskanzler	Konrad Adenauer	CDU
Vizekanzler und wirtschaftliche Zusammenarbeit	Franz Blücher	FDP
Auswärtiges	Konrad Adenauer	CDU
	ab 8. 6. 1955 Heinrich von Brentano	CDU
Inneres	Gerhard Schröder	CDU
Justiz	Fritz Neumayer	FDP
	ab 16. 10. 1956 Hans-Joachim von Merkatz	DP
Finanzen	Fritz Schäffer	CSU

Wirtschaft	Ludwig Erhard	CDU
Ernährung, Landwirtschaft, Forsten	Heinrich Lübke	CDU
Arbeit und Sozialordnung	Anton Storch	CDU
Verteidigung	Theodor Blank	CDU
	ab 16. 10. 1956	
	Franz Josef Strauß	CSU
Verkehr	Hans-Christoph Seebohm	DP
Post- und Fernmeldewesen	Hans Schuberth	CSU
	ab 10. 12. 1953	
	Siegfried Balke	CSU
	ab 15. 11. 1956	
	Ernst Lemmer	CDU
Wohnungsbau	Viktor-Emanuel Preusker	FDP
Vertriebene, Flüchtlinge und Kriegsgeschädigte	Theodor Oberländer	GB/BHE/CDU
Gesamtdeutsche Fragen	Jakob Kaiser	CDU
Bundesrat	Heinrich Hellwege	DP
	ab 8. 6. 1955	
	Hans-Joachim von Merkatz	DP
Atomfragen	Franz Josef Strauß	CSU
	ab 16. 10. 1956	
	Siegfried Balke	CSU
Familienfragen	Franz-Josef Wuermeling	CDU
Besondere Aufgaben	Waldemar Kraft	GB/BHE/CDU
	bis 16. 10. 1956	
	Hermann Schäfer	FDP
	bis 16. 10. 1956	
	Franz Josef Strauß	CSU
	bis 19. 10. 1955	
	Robert Tillmanns	CDU
	bis 12. 11. 1955	

Wahlen zum 3. Deutschen Bundestag, 15. 9. 1957

CDU/CSU	270 Sitze	50,2%
SPD	169 Sitze	31,8%
FDP	41 Sitze	7,7%
Sonstige	17 Sitze	10,3% (u. a. GB/BHE 4,6%, DP 3,4%)

3. Kabinett Adenauer, 29. 10. 1957 – 14. 11. 1961

Bundeskanzler	Konrad Adenauer	CDU
Vizekanzler und Wirtschaft	Ludwig Erhard	CDU
Auswärtiges	Heinrich von Brentano	CDU
Inneres	Gerhard Schröder	CDU
Justiz	Fritz Schäffer	CSU
Finanzen	Franz Etzel	CDU
Ernährung, Landwirtschaft, Forsten	Heinrich Lübke	CDU
	ab 14. 10. 1959	
	Werner Schwarz	CDU

Arbeit und Sozialordnung	Theodor Blank	CDU
Verteidigung	Franz Josef Strauß	CSU
Verkehr	Hans-Christoph Seebohm	DP/CDU
Post- und Fernmeldewesen	Richard Stücklen	CSU
Wohnungsbau	Paul Lücke	CDU
Vertriebene, Flüchtlinge und Kriegsgeschädigte	Theodor Oberländer	CDU
	ab 27. 10. 1960	
	Hans-Joachim von Merkatz	DP/CDU
Gesamtdeutsche Fragen	Ernst Lemmer	CDU
Angelegenheiten des Bundes und der Länder	Hans-Joachim von Merkatz	DP/CDU
Atomkernenergie und Wasserwirtschaft	Siegfried Balke	CSU
Familien- und Jugendfragen	Franz-Josef Wuermeling	CDU
Wirtschaftlicher Besitz des Bundes	Hermann Lindrath	CDU
	ab 4. 5. 1960	
	Hans Wilhelmi	CDU

Wahlen zum 4. Deutschen Bundestag, 17. 9. 1961

CDU/CSU	242 Sitze	45,3%
SPD	190 Sitze	36,2%
FDP	67 Sitze	12,8%
Sonstige	–	5,7% (u.a. GDP 2,8%, DFU 1,9%)

4. Kabinett Adenauer, 14. 11. 1961 – 13. 12. 1962

Bundeskanzler	Konrad Adenauer	CDU
Vizekanzler und Wirtschaft	Ludwig Erhard	CDU
Auswärtiges	Gerhard Schröder	CDU
Inneres	Hermann Höcherl	CSU
Justiz	Wolfgang Stammberger	FDP
Finanzen	Heinz Starke	FDP
Ernährung, Landwirtschaft, Forsten	Werner Schwarz	CDU
Verteidigung	Franz Josef Strauß	CSU
Verkehr	Hans-Christoph Seebohm	CDU
Arbeit und Sozialordnung	Theodor Blank	CDU
Post- und Fernmeldewesen	Richard Stücklen	CSU
Wohnungswesen, Städtebau und Raumordnung	Paul Lücke	CDU
Vertriebene, Flüchtlinge und Kriegsgeschädigte	Wolfgang Mischnick	FDP
Gesamtdeutsche Fragen	Ernst Lemmer	CDU
Familien- und Jugendfragen	Franz-Josef Wuermeling	CDU
Bundesrat	Hans-Joachim von Merkatz	CDU
Atomkernenergie und Wasserwirtschaft	Siegfried Balke	CSU
Schatz	Hans Lenz	FDP
Wirtschaftliche Zusammenarbeit	Walter Scheel	FDP

Gesundheitswesen	Elisabeth Schwarzhaupt	CDU
Besondere Aufgaben	Heinrich Krone	CDU

5. Kabinett Adenauer, 14. 12. 1962 – 15. 10. 1963

Bundeskanzler	Konrad Adenauer	CDU
Vizekanzler und Wirtschaft	Ludwig Erhard	CDU
Auswärtiges	Gerhard Schröder	CDU
Inneres	Hermann Höcherl	CSU
Justiz	Ewald Bucher	FDP
Finanzen	Rolf Dahlgrün	FDP
Ernährung, Landwirtschaft, Forsten	Werner Schwarz	CDU
Arbeit und Sozialordnung	Theodor Blank	CDU
Verteidigung	Kai-Uwe von Hassel	CDU
Verkehr	Hans-Christoph Seebohm	CDU
Post- und Fernmeldewesen	Richard Stücklen	CSU
Wohnungswesen, Städtebau und Raumordnung	Paul Lücke	CDU
Vertriebene, Flüchtlinge und Kriegsgeschädigte	Wolfgang Mischnick	FDP
Gesamtdeutsche Fragen	Rainer Barzel	CDU
Bundesrat	Alois Niederalt	CSU
Familien- und Jugendfragen	Bruno Heck	CDU
Wissenschaft	Hans Lenz	FDP
Schatz	Werner Dollinger	CSU
Wirtschaftliche Zusammenarbeit	Walter Scheel	FDP
Gesundheitswesen	Elisabeth Schwarzhaupt	CDU
Besondere Aufgaben	Heinrich Krone	CDU

1. Kabinett Erhard, 16. 10. 1963 – 26. 10. 1965

Bundeskanzler	Ludwig Erhard	CDU
Vizekanzler und gesamtdeutsche Fragen	Erich Mende	FDP
Auswärtiges	Gerhard Schröder	CDU
Inneres	Hermann Höcherl	CSU
Justiz	Ewald Bucher	FDP
	ab 1. 4. 1965	
	Karl Weber	CDU
Finanzen	Rolf Dahlgrün	FDP
Wirtschaft	Kurt Schmücker	CDU
Ernährung, Landwirtschaft, Forsten	Werner Schwarz	CDU
Arbeit und Sozialordnung	Theodor Blank	CDU
Verteidigung	Kai-Uwe von Hassel	CDU
Verkehr	Hans-Christoph Seebohm	CDU
Post- und Fernmeldewesen	Richard Stücklen	CSU
Wohnungswesen, Städtebau und Raumordnung	Paul Lücke	CDU

Vertriebene, Flüchtlinge und Kriegsgeschädigte	Hans Krüger	CDU
	ab 19. 2. 1964	
	Ernst Lemmer	CDU
Bundesrat	Alois Niederalt	CSU
Familien- und Jugendfragen	Bruno Heck	CDU
Wissenschaft	Hans Lenz	FDP
Schatz	Werner Dollinger	CSU
Wirtschaftliche Zusammenarbeit	Walter Scheel	FDP
Gesundheitswesen	Elisabeth Schwarzhaupt	CDU
Besondere Aufgaben	Heinrich Krone	
	ab 16. 6. 1964	CDU
	Ludger Westrick	CDU

Wahlen zum 5. Deutschen Bundestag, 19. 9. 1965

CDU/CSU	245 Sitze	47,6%
SPD	202 Sitze	39,3%
FDP	49 Sitze	9,5%
Sonstige	–	3,6% (u.a. NPD 2,0%, DFU 1,3%)

2. Kabinett Erhard, 26. 10. 1965 – 30. 11. 1966

Bundeskanzler	Ludwig Erhard	CDU
Vizekanzler und gesamtdeutsche Fragen	Erich Mende	FDP
	ab 28. 10. 1966	
Vizekanzler:	Hans-Christoph Seebohm	CDU
Gesamtdeutsche Fragen:	Johann Baptist Gradl	CDU
Auswärtiges	Gerhard Schröder	CDU
Inneres	Paul Lücke	CDU
Justiz	Richard Jaeger	CSU
Finanzen	Rolf Dahlgrün	FDP
	ab 8. 11. 1966	
	Kurt Schmücker	CDU
Wirtschaft	Kurt Schmücker	CDU
Ernährung, Landwirtschaft, Forsten	Hermann Höcherl	CSU
Arbeit und Sozialordnung	Hans Katzer	CDU
Verteidigung	Kai-Uwe von Hassel	CDU
Verkehr	Hans-Christoph Seebohm	CDU
Post- und Fernmeldewesen	Richard Stücklen	CSU
Wohnungswesen und Städtebau	Ewald Bucher	FDP
	ab 8. 11. 1966	
	Bruno Heck	CDU
Vertriebene, Flüchtlinge und Kriegsgeschädigte	Johann Baptist Gradl	CDU
Bundesrat	Alois Niederalt	CSU
Familien- und Jugendfragen	Bruno Heck	CDU
Wissenschaft	Gerhard Stoltenberg	CDU

Wirtschaftliche Zusammenarbeit	Walter Scheel	FDP
	ab 8. 11. 1966	
	Werner Dollinger	CSU
Schatz	Werner Dollinger	CSU
Gesundheitswesen	Elisabeth Schwarzhaupt	CDU
Angelegenheiten des Bundesverteidigungsrates	Heinrich Krone	CDU
Besondere Aufgaben (Chef des Bundeskanzleramtes)	Ludger Westrick	CDU
	bis 15. 9. 1966	

Kabinett Kiesinger, 1. 12. 1966 – 20. 10. 1969

Bundeskanzler	Kurt Georg Kiesinger	CDU
Vizekanzler und Auswärtiges	Willy Brandt	SPD
Inneres	Paul Lücke	CDU
	ab 2. 4. 1968	
	Ernst Benda	CDU
Justiz	Gustav Heinemann	SPD
	ab 26. 3. 1969	
	Horst Ehmke	SPD
Finanzen	Franz Josef Strauß	CSU
Wirtschaft	Karl Schiller	SPD
Ernährung, Landwirtschaft, Forsten	Hermann Höcherl	CSU
Arbeit und Sozialordnung	Hans Katzer	CDU
Verteidigung	Gerhard Schröder	CDU
Verkehr	Georg Leber	SPD
Post- und Fernmeldewesen	Werner Dollinger	CSU
Wohnungswesen und Städtebau	Lauritz Lauritzen	SPD
Vertriebene, Flüchtlinge und Kriegsgeschädigte	Kai-Uwe von Hassel	CDU
	ab 7. 2. 1969	
	Heinrich Windelen	CDU
Gesamtdeutsche Fragen	Herbert Wehner	SPD
Bundesrat	Carlo Schmid	SPD
Familie und Jugend	Bruno Heck	CDU
	ab 16. 10. 1968	
	Aenne Brauksiepe	CDU
Wissenschaftliche Forschung	Gerhard Stoltenberg	CDU
Schatz	Kurt Schmücker	CDU
Wirtschaftliche Zusammenarbeit	Hans-Jürgen Wischnewski	SPD
	ab 16. 10. 1968	
	Erhard Eppler	SPD
Gesundheitswesen	Käte Strobel	SPD

Wahlen zum 6. Deutschen Bundestag, 28. 9. 1969

CDU/CSU	242 Sitze	46,1%
SPD	224 Sitze	42,7%

FDP	30 Sitze	5,8%
Sonstige	–	5,4% (u.a. NPD 4,3%)

1. Kabinett Brandt 21. 10. 1969 – 14. 12. 1972

Bundeskanzler	Willy Brandt	SPD
Vizekanzler und Auswärtiges	Walter Scheel	FDP
Inneres	Hans-Dietrich Genscher	FDP
Justiz	Gerhard Jahn	SPD
Finanzen	Alex Möller	SPD
	ab 13. 5. 1971	
	Karl Schiller	SPD
	ab 7. 7. 1972	
	Helmut Schmidt	SPD
Wirtschaft	Karl Schiller	SPD
	ab 7. 7. 1972	
	Helmut Schmidt	SPD
Ernährung, Landwirtschaft, Forsten	Josef Ertl	FDP
Arbeit und Sozialordnung	Walter Arendt	SPD
Verteidigung	Helmut Schmidt	SPD
	ab 7. 7. 1972	
	Georg Leber	SPD
Jugend, Familie und Gesundheit	Käte Strobel	SPD
Verkehr, Post- und Fernmeldewesen	Georg Leber	SPD
	ab 7. 7. 1972	
	Lauritz Lauritzen	SPD
Städtebau	Lauritz Lauritzen	SPD
Innerdeutsche Beziehungen	Egon Franke	SPD
Bildung und Wissenschaft	Hans Leussink	–
	ab 15. 3. 1972	
	Klaus von Dohnanyi	SPD
Wirtschaftliche Zusammenarbeit	Erhard Eppler	SPD
Besondere Aufgaben	Horst Ehmke	SPD

Wahlen zum 7. Deutschen Bundestag, 19. 11. 1972

SPD	230 Sitze	45,8%
CDU/CSU	225 Sitze	44,9%
FDP	41 Sitze	8,4%
Sonstige	–	0,9%

2. Kabinett Brandt, 14. 12. 1972 – 6. 5. 1974

Bundeskanzler	Willy Brandt	SPD
Vizekanzler und Auswärtiges	Walter Scheel	FDP
Inneres	Hans-Dietrich Genscher	FDP
Justiz	Gerhard Jahn	SPD
Finanzen	Helmut Schmidt	SPD
Wirtschaft	Hans Friderichs	FDP
Ernährung, Landwirtschaft, Forsten	Josef Ertl	FDP

Arbeit und Sozialordnung	Walter Arendt	SPD
Verteidigung	Georg Leber	SPD
Jugend, Familie und Gesundheit	Katharina Focke	SPD
Verkehr	Lauritz Lauritzen	SPD
Raumordnung, Bauwesen und Städtebau	Hans-Jochen Vogel	SPD
Innerdeutsche Beziehungen	Egon Franke	SPD
Forschung und Technologie, Post- und Fernmeldewesen	Horst Ehmke	SPD
Bildung und Wissenschaft	Klaus von Dohnanyi	SPD
Wirtschaftliche Zusammenarbeit	Erhard Eppler	SPD
Besondere Aufgaben beim Bundeskanzler	Egon Bahr	SPD
Besondere Aufgaben beim Vizekanzler	Werner Maihofer	FDP

1. Kabinett Schmidt, 16. 5. 1974 – 15. 12. 1976

Bundeskanzler	Helmut Schmidt	SPD
Vizekanzler und Auswärtiges	Hans-Dietrich Genscher	FDP
Inneres	Werner Maihofer	FDP
Justiz	Hans-Jochen Vogel	SPD
Finanzen	Hans Apel	SPD
Wirtschaft	Hans Friderichs	FDP
Ernährung, Landwirtschaft, Forsten	Josef Ertl	FDP
Arbeit und Sozialordnung	Walter Arendt	SPD
Verteidigung	Georg Leber	SPD
Jugend, Familie und Gesundheit	Katharina Focke	SPD
Verkehr, Post- und Fernmeldewesen	Kurt Gscheidle	SPD
Raumordnung, Bauwesen und Städtebau	Karl Ravens	SPD
Innerdeutsche Beziehungen	Egon Franke	SPD
Forschung und Technologie	Hans Matthöfer	SPD
Bildung und Wissenschaft	Helmut Rohde	SPD
Wirtschaftliche Zusammenarbeit	Erhard Eppler	SPD
	ab 8. 7. 1974	
	Egon Bahr	SPD

Wahlen zum 8. Deutschen Bundestag, 3. 10. 1976

CDU/CSU	243 Sitze	48,6%
SPD	214 Sitze	42,6%
FDP	39 Sitze	7,9%
Sonstige	–	0,9%

2. Kabinett Schmidt, 15. 12. 1976 5. 11. 1980

Bundeskanzler	Helmut Schmidt	SPD

Vizekanzler und Auswärtiges	Hans-Dietrich Genscher	FDP
Inneres	Werner Maihofer	FDP
	ab 8. 6. 1978	
	Gerhart Baum	FDP
Justiz	Hans-Jochen Vogel	SPD
Finanzen	Hans Apel	SPD
	ab 16. 2. 1978	
	Hans Matthöfer	SPD
Wirtschaft	Hans Friderichs	FDP
	ab 7. 10. 1977	
	Otto Graf Lambsdorff	FDP
Ernährung, Landwirtschaft, Forsten	Josef Ertl	FDP
Arbeit und Sozialordnung	Herbert Ehrenberg	SPD
Verteidigung	Georg Leber	SPD
	ab 16. 2. 1978	
	Hans Apel	SPD
Jugend, Familie und Gesundheit	Antje Huber	SPD
Verkehr, Post- und Fernmeldewesen	Kurt Gscheidle	SPD
Raumordnung, Bauwesen und Städtebau	Karl Ravens	SPD
	ab 16. 2. 1978	
	Dieter Haack	SPD
Innerdeutsche Beziehungen	Egon Franke	SPD
Forschung und Technologie	Hans Matthöfer	SPD
	ab 16. 2. 1978	
	Volker Hauff	SPD
Bildung und Wissenschaft	Helmut Rohde	SPD
	ab 16. 2. 1978	
	Jürgen Schmude	SPD
Wirtschaftliche Zusammenarbeit	Marie Schlei	SPD
	ab 16. 2. 1978	
	Rainer Offergeld	SPD

Wahlen zum 9. Deutschen Bundestag, 5. 10. 1980

CDU/CSU	226 Sitze	44,5%
SPD	218 Sitze	42,9%
FDP	53 Sitze	10,6%
Sonstige	–	2,0% (u.a. Grüne 1,5%)

3. Kabinett Schmidt, 5. 11. 1980 – 1. 10. 1982

Bundeskanzler	Helmut Schmidt	SPD
Vizekanzler und Auswärtiges	Hans-Dietrich Genscher	FDP
	ab 17. 9. 1982	
	Helmut Schmidt	SPD
Inneres	Gerhart Baum	FDP
	ab 17. 9. 1982	
	Jürgen Schmude	SPD

Justiz	Hans-Jochen Vogel	SPD
	ab 28. 1. 1981	
	Jürgen Schmude	SPD
Finanzen	Hans Matthöfer	SPD
	ab 28. 4. 1982	
	Manfred Lahnstein	SPD
Wirtschaft	Otto Graf Lambsdorff	FDP
	ab 17. 9. 1982	
	Manfred Lahnstein	SPD
Ernährung, Landwirtschaft, Forsten	Josef Ertl	FDP
	ab 17. 9. 1982	
	Björn Engholm	SPD
Arbeit und Sozialordnung	Herbert Ehrenberg	SPD
	ab 28. 4. 1982	
	Heinz Westphal	SPD
Verteidigung	Hans Apel	SPD
Jugend, Familie und Gesundheit	Antje Huber	SPD
	ab 28. 4. 1982	
	Anke Fuchs	SPD
Verkehr	Volker Hauff	SPD
Post- und Fernmeldewesen	Kurt Gscheidle	SPD
	ab 28. 4. 1982	
	Hans Matthöfer	SPD
Raumordnung, Bauwesen und Städtebau	Dieter Haack	SPD
Innerdeutsche Beziehungen	Egon Franke	SPD
Forschung und Technologie	Andreas von Bülow	SPD
Bildung und Wissenschaft	Jürgen Schmude	SPD
	ab 28. 1. 1981	
	Björn Engholm	SPD
Wirtschaftliche Zusammenarbeit	Rainer Offergeld	SPD

1. Kabinett Kohl, 4. 10. 1982 – 30. 3. 1983

Bundeskanzler	Helmut Kohl	CDU
Auswärtiges	Hans-Dietrich Genscher	FDP
Inneres	Friedrich Zimmermann	CSU
Justiz	Hans Engelhard	FDP
Finanzen	Gerhard Stoltenberg	CDU
Wirtschaft	Otto Graf Lambsdorff	FDP
Ernährung, Landwirtschaft, Forsten	Josef Ertl	FDP
Arbeit und Sozialordnung	Norbert Blüm	CDU
Verteidigung	Manfred Wörner	CDU
Jugend, Familie und Gesundheit	Heiner Geißler	CDU
Verkehr	Werner Dollinger	CDU
Post- und Fernmeldewesen	Christian Schwarz-Schilling	CDU

Raumordnung, Bauwesen und Städtebau	Oscar Schneider	CSU
Innerdeutsche Beziehungen	Rainer Barzel	CDU
Forschung und Technologie	Heinz Riesenhuber	CDU
Bildung und Wissenschaft	Dorothee Wilms	CDU
Wirtschaftliche Zusammenarbeit	Jürgen Warnke	CSU

Wahlen zum 10. Deutschen Bundestag, 6. 3. 1983

CDU/CSU	244 Sitze	48,8%
SPD	193 Sitze	38,2%
FDP	34 Sitze	7,0%
Grüne	27 Sitze	5,6%
Sonstige	–	0,4%

2. Kabinett Kohl, seit 30. 3. 1983

Bundeskanzler	Helmut Kohl	CDU
Auswärtiges	Hans-Dietrich Genscher	FDP
Inneres	Friedrich Zimmermann	CSU
Justiz	Hans Engelhard	FDP
Finanzen	Gerhard Stoltenberg	CDU
Wirtschaft	Otto Graf Lambsdorff	FDP
	ab 28. 7. 1984	
	Martin Bangemann	FDP
Ernährung, Landwirtschaft, Forsten	Ignaz Kiechle	CSU
Arbeit und Sozialordnung	Norbert Blüm	CDU
Verteidigung	Manfred Wörner	CDU
Jugend, Familie und Gesundheit	Heiner Geißler	CDU
Verkehr	Werner Dollinger	CSU
Post- und Fernmeldewesen	Christian Schwarz-Schilling	CDU
Raumordnung, Bauwesen und Städtebau	Oscar Schneider	CSU
Innerdeutsche Beziehungen	Heinrich Windelen	CDU
Forschung und Technologie	Heinz Riesenhuber	CDU
Bildung und Wissenschaft	Dorothee Wilms	CDU
Wirtschaftliche Zusammenarbeit	Jürgen Warnke	CSU

Die Bundestagspräsidenten

Erich Köhler	CDU	1949–1950
Hermann Ehlers	CDU	1950–1954
Eugen Gerstenmaier	CDU	1954–1969
Kai-Uwe von Hassel	CDU	1969–1972
Annemarie Renger	SPD	1972–1976
Karl Carstens	CDU	1976–1979
Richard Stücklen	CSU	1979–1983
Rainer Barzel	CDU	1983–1984
Philipp Jenninger	CDU	seit Oktober 1984

Die Präsidenten des Bundesrates

Karl Arnold	CDU	1949–1950	Nordrhein-Westfalen
Hans Ehard	CSU	1950–1951	Bayern
Hinrich Wilhelm Kopf	SPD	1951–1952	Niedersachsen
Reinhold Maier	FDP	1952–1953	Württemberg-Baden
Georg August Zinn	SPD	1953–1954	Hessen
Peter Altmeier	CDU	1954–1955	Rheinland-Pfalz
Kai-Uwe von Hassel	CDU	1955–1956	Schleswig-Holstein
Kurt Sieveking	CDU	1956–1957	Hamburg
Willy Brandt	SPD	1957–1958	Berlin
Wilhelm Kaisen	SPD	1958–1959	Bremen
Franz-Josef Röder	CDU	1959–1960	Saarland
Franz Meyers	CDU	1960–1961	Nordrhein-Westfalen
Hans Ehard	CSU	1961–1962	Bayern
Kurt Georg Kiesinger	CDU	1962–1963	Baden-Württemberg
Georg Diederichs	SPD	1963–1964	Niedersachsen
Georg August Zinn	SPD	1964–1965	Hessen
Peter Altmeier	CDU	1965–1966	Rheinland-Pfalz
Helmut Lemke	CDU	1966–1967	Schleswig-Holstein
Klaus Schütz	SPD	1967–1968	Berlin
Herbert Weichmann	SPD	1968–1969	Hamburg
Franz-Josef Röder	CDU	1969–1970	Saarland
Hans Koschnick	SPD	1970–1971	Bremen
Heinz Kühn	SPD	1971–1972	Nordrhein-Westfalen
Alfons Goppel	CSU	1972–1973	Bayern
Hans K. Filbinger	CDU	1973–1974	Baden-Württemberg
Alfred Kubel	SPD	1974–1975	Niedersachsen
Albert Osswald	SPD	1975–1976	Hessen
Bernhard Vogel	CDU	1976–1977	Rheinland-Pfalz
Gerhard Stoltenberg	CDU	1977–1978	Schleswig-Holstein
Dietrich Stobbe	SPD	1978–1979	Berlin
Hans-Ulrich Klose	SPD	1979–1980	Hamburg
Werner Zeyer	CDU	1980–1981	Saarland
Hans Koschnick	SPD	1981–1982	Bremen
Johannes Rau	SPD	1982–1983	Nordrhein-Westfalen
Franz Josef Strauß	CSU	1983–1984	Bayern
Lothar Späth	CDU	1984–1985	Baden-Württemberg

Die Vorsitzenden des Deutschen Gewerkschaftsbundes (DGB)

Hans Böckler	1949–1951
Christian Fette	1951–1952
Walter Freitag	1952–1956
Willi Richter	1956–1962
Ludwig Rosenberg	1962–1969
Heinz Oskar Vetter	1969–1982
Ernst Breit	seit 1982

Abkürzungsverzeichnis

AA	Auswärtiges Amt
Apo	Außerparlamentarische Opposition
BHE	Block der Heimatvertriebenen und Entrechteten
BVP	Bayerische Volkspartei
CDA	Christlich-Demokratische Arbeitnehmerschaft
CDU	Christlich-Demokratische Union
CSU	Christlich-Soziale Union
CVP	Christliche Volkspartei
DDP	Deutsche Demokratische Partei
DFU	Deutsche Friedens-Union
DGB	Deutscher Gewerkschaftsbund
DNVP	Deutschnationale Volkspartei
DP	Deutsche Partei
DRP	Deutsche Reichspartei
DVP	Deutsche Volkspartei
EG	Europäische Gemeinschaft
EGKS	Europäische Gemeinschaft für Kohle und Stahl
EKD	Evangelische Kirche in Deutschland
EVG	Europäische Verteidigungsgemeinschaft
EWG	Europäische Wirtschaftsgemeinschaft
FDGB	Freier Deutscher Gewerkschaftsbund
FDP	Freie Demokratische Partei
GAZ	Grüne Aktion Zukunft
GB	Gesamtdeutscher Block
GDP	Gesamtdeutsche Partei
GVP	Gesamtdeutsche Volkspartei
HJ	Hitlerjugend
ISK	Internationaler Sozialistischer Kampfbund
JU	Junge Union
Jusos	Jungsozialisten
KPD	Kommunistische Partei Deutschlands
KZ	Konzentrationslager
LDP	Liberal-Demokratische Partei
MAD	Militärischer Abschirmdienst
MdB	Mitglied des Bundestages
MdL	Mitglied des Landtages
MdR	Mitglied des Reichstages
Nato	North Atlantic Treaty Organization
NPD	Nationaldemokratische Partei Deutschlands
NRW	Nordrhein-Westfalen
NS	Nationalsozialismus
NSDAP	Nationalsozialistische Deutsche Arbeiterpartei
ÖTV	Gewerkschaft Öffentliche Dienste, Transport und Verkehr
RAF	Rote Armee Fraktion
SAJ	Sozialistische Arbeiterjugend
SAP	Sozialistische Arbeiterpartei
SDS	Sozialistischer Deutscher Studentenbund
SED	Sozialistische Einheitspartei Deutschlands

SHB	Sozialdemokratischer (ab 1972 Sozialistischer) Hochschulbund Deutschlands
SJI	Sozialistische Jugendinternationale
SPD	Sozialdemokratische Partei Deutschlands
SRP	Sozialistische Reichspartei
UN/UNO	United Nations Organization
USPD	Unabhängige Sozialdemokratische Partei Deutschlands
WEU	Westeuropäische Union

Ausgewählte Literatur zur Geschichte der Bundesrepublik Deutschland

Akten zur Vorgeschichte der Bundesrepublik 1945–1949, hrsg. vom Bundesarchiv und Institut für Zeitgeschichte, 5 Bde, München/Wien 1976.

J. Aretz u. a. (Hrsg.) *Zeitgeschichte in Lebensbildern,* 6 Bde, Mainz 1973–1984.

Die Auswärtige Politik der Bundesrepublik Deutschland, hrsg. vom Auswärtigen Amt, Köln 1972.

A. Baring, *Außenpolitik in Adenauers Kanzlerdemokratie,* Stuttgart 1969.

A. Baring, *Machtwechsel. Die Ära Brandt–Scheel,* Stuttgart 1982.

D. Bavendamm, *Bonn unter Brandt. Machtwechsel oder Zeitenwende,* Wien/München 1971.

J. Becker (Hrsg.), *Dreißig Jahre Bundesrepublik. Tradition und Wandel,* München 1979.

J. Becker/Th. Stammen/P. Waldmann (Hrsg.), *Vorgeschichte der Bundesrepublik Deutschland,* München 1979.

H. U. Behn, *Die Bundesrepublik Deutschland. Handbuch zur staatspolitischen Länderkunde,* München/Wien 1974.

H. U. Behn/E. Eisenacher, *Politische Zeittafel 1949–1979. Drei Jahrzehnte Bundesrepublik Deutschland,* Bonn 1981.

W. Benz, *Die Gründung der Bundesrepublik. Von der Bizone zum souveränen Staat,* München 1984.

W. Benz, *Von der Besatzungsherrschaft zur Bundesrepublik. Stationen einer Staatsgründung,* Frankfurt 1984.

W. Benz (Hrsg.), *»Bewegt von der Hoffnung aller Deutschen«. Zur Geschichte des Grundgesetzes. Entwürfe und Diskussionen,* München 1979.

W. Benz (Hrsg.), *Die Bundesrepublik Deutschland. Geschichte in drei Bänden,* Frankfurt 1983.

W. Benz/G. Plum/W. Röder, *Einheit der Nation. Diskussionen und Konzeptionen zur Deutschlandpolitik der großen Parteien seit 1945,* Stuttgart 1978.

W. L. Bernecker/V. Dotterweich (Hrsg.), *Persönlichkeit und Politik in der Bundesrepublik Deutschland. Politische Porträts,* 2 Bde, Göttingen 1982.

W. Besson, *Die Außenpolitik der Bundesrepublik. Erfahrungen und Maßstäbe,* Frankfurt/Berlin/Wien 1973.

K. von Beyme, *Das politische System der Bundesrepublik Deutschland. Eine Einführung,* München 1981.

K. von Beyme (Hrsg.), *Die großen Regierungserklärungen der deutschen Bundeskanzler. Von Adenauer bis Schmidt,* München 1979.

K. D. Bracher/H. A. Jacobsen/A. Tyrell (Hrsg.), *Bibliographie zur Politik in Theorie und Praxis,* Königstein/Düsseldorf 1982.

W. Bruns, *Deutsch-deutsche Beziehungen. Prämissen, Probleme, Perspektiven,* Opladen 1982.

C. H. Casdorff (Hrsg.), *Demokraten. Profile unserer Republik,* Königstein 1983.

Dokumente zur Deutschlandpolitik, hrsg. vom Bundesministerium für innerdeutsche Beziehungen, Frankfurt 1961.

A. Eggebrecht (Hrsg.), *Die zornigen alten Männer. Gedanken über Deutschland seit 1945,* Reinbek 1979.

Th. Ellwein, *Das Regierungssystem der Bundesrepublik Deutschland,* Wiesbaden 1983.

B. Engelmann, *Wie wir wurden, was wir sind. Von der bedingungslosen Kapitulation bis zur unbedingten Wiederbewaffnung,* München 1980.

Th. Eschenburg, *Zur politischen Praxis in der Bundesrepublik Deutschland,* 3 Bde, München 1967.
O. K. Flechtheim (Hrsg.), Dokumente zur parteipolitischen Entwicklung in Deutschland seit 1945, 9 Bde, Berlin 1962.
G. Fülberth, *Geschichte der Bundesrepublik Deutschland in Quellen und Dokumenten,* Köln 1982.
L. Funcke (Hrsg.), *Freiheit mit Sinn zu erfüllen. Frauen in der Politik – Die Liberalen,* Stuttgart 1984.
H. Grebing/P. Pozorski/R. Schulze, *Die Nachkriegsentwicklung in Westdeutschland 1945–1949,* 2 Bde, Stuttgart 1980.
M. und S. Greiffenhagen, *Ein schwieriges Vaterland. Zur politischen Kultur Deutschlands,* München 1979.
J. Gross, *Unsere letzten Jahre. Fragmente aus Deutschland 1970–1980,* Stuttgart 1980.
A. Grosser, *Deutsche Geschichte seit 1945. Eine Bilanz,* München 1981.
F. Grube/G. Richter (Hrsg.), *Der SPD-Staat,* München 1977.
Ch. Hacke, *Die Ost- und Deutschlandpolitik der CDU/CSU. Wege und Irrwege der Opposition seit 1969,* Köln 1975.
W. F. Hanrieder, *Fragmente der Macht. Die Außenpolitik der Bundesrepublik,* München 1981.
W. F. Hanrieder/H. J. Rühle (Hrsg.), *Im Spannungsfeld der Weltpolitik: 30 Jahre deutsche Außenpolitik (1949–1979),* Stuttgart 1981.
U. Harbecke, *Abenteuer Bundesrepublik. Die Geschichte unseres Staats,* Bergisch-Gladbach 1984.
R. Hellwig (Hrsg.), *Auf dem Weg zur Partnerschaft. Frauen in der Politik – Die Christdemokratinnen,* Stuttgart 1984.
B. Herbstrith, *Daten zur Geschichte der Bundesrepublik Deutschland,* Düsseldorf 1984.
H. Herzfeld, *Berlin in der Weltpolitik 1945–1970,* Berlin 1973.
A. Hillgruber, *Deutsche Geschichte 1945–1972. Die deutsche Frage in der Weltpolitik,* Frankfurt 1978.
A. Huber (Hrsg.), *Verdient die Nachtigall Lob, wenn sie singt? Frauen in der Politik – Die Sozialdemokratinnen,* Stuttgart 1984.
H.-A. Jacobsen (Hrsg.), *Der Weg zur Teilung der Welt,* Koblenz/Bonn 1977.
E. Jäckel (Hrsg.), *Die deutsche Frage 1952–1956. Notenwechsel und Konferenzdokumente der vier Mächte,* Frankfurt/Berlin 1957.
E. Jahn/V. Rittberger (Hrsg.), *Die Ostpolitik der Bundesrepublik. Triebkräfte, Widerstände, Konsequenzen,* Opladen 1974.
H. Kaack, *Geschichte und Struktur des deutschen Parteiensystems,* Opladen 1971.
H. Kaack/R. Roth (Hrsg.), *Handbuch des deutschen Parteiensystems. Struktur und Politik in der Bundesrepublik Deutschland zu Beginn der achtziger Jahre,* 2 Bde, Opladen 1980.
W. Kaltefleiter, *Parteien im Umbruch. Ein Beitrag zur Geschichte der Bundesrepublik Deutschland,* Düsseldorf 1984.
Ch. Kleßmann, *Die doppelte Staatsgründung. Deutsche Geschichte 1945–1955,* Bonn/Göttingen 1982.
R. Klett/W. Pohl (Hrsg.), *Stationen einer Republik,* Stuttgart 1979.
R. Kunz/H. Maier/Th. Stammen (Hrsg.), *Programme der politischen Parteien in der Bundesrepublik Deutschland,* München 1979.
H. G. Lehmann, *Chronik der Bundesrepublik Deutschland.* 1945/49–1983, München 1983.

R. Löwenthal/H.-P. Schwarz (Hrsg.), *Die zweite Republik. 25 Jahre Bundesrepublik Deutschland – eine Bilanz,* Stuttgart 1974.
H. Müller-Roschach, *Die deutsche Europapolitik 1949–1977. Eine politische Chronik,* Bonn 1980.
W.-D. Narr/D. Thränhardt (Hrsg.), *Die Bundesrepublik Deutschland. Entstehung – Entwicklung – Struktur,* Königstein 1979.
K. Niclauß, *Demokratiegründung in Westdeutschland. Die Entstehung der Bundesrepublik 1945–1949,* München 1974.
P. Noack, *Die Außenpolitik der Bundesrepublik Deutschland,* Stuttgart 1981.
E. Nolte, *Deutschland und der Kalte Krieg,* München 1974.
A. Pfitzer, *Der Bundesrat. Mitwirkung der Länder im Bund,* Heidelberg 1983.
Th. Pirker, *Die verordnete Demokratie. Grundlagen und Erscheinungen der »Restauration«,* Berlin 1977.
Ploetz: Die Bundesrepublik Deutschland, Würzburg 1984.
P. Reichelt, *Deutsche Chronik 1945–1970. Daten und Fakten aus beiden Teilen Deutschlands,* 2 Bde, Freudenthal 1970.
H.-J. Ruhl (Hrsg.), *Neubeginn und Restauration. Dokumente zur Vorgeschichte der Bundesrepublik Deutschland 1945–1949,* München 1982.
W. Scheel (Hrsg.), *Nach dreißig Jahren. Die Bundesrepublik Deutschland – Vergangenheit, Gegenwart, Zukunft,* Stuttgart 1979.
H.-P. Schwarz, *Die Ära Adenauer. Gründerjahre der Republik 1949–1957,* Stuttgart 1981.
H.-P. Schwarz, *Vom Reich zur Bundesrepublik. Deutschland im Widerstreit der außenpolitischen Konzeptionen in den Jahren der Besatzungsherrschaft 1945–1949,* Neuwied 1966.
H.-P. Schwarz (Hrsg.), *Handbuch der deutschen Außenpolitik,* München/Zürich 1976.
J. Schwarz (Hrsg.), *Der Aufbau Europas. Pläne und Dokumente 1945–1980,* Bonn 1980.
K. Sontheimer, *Grundzüge des politischen Systems der Bundesrepublik Deutschland,* München 1980.
K. Sontheimer, *Die verunsicherte Republik. Die Bundesrepublik nach dreißig Jahren,* München 1979.
K. Sontheimer/H.-H. Röhring (Hrsg.), *Handbuch des politischen Systems der Bundesrepublik Deutschland,* München/Zürich 1978.
R. Steininger, *Deutsche Geschichte 1945–1961. Darstellung und Dokumente in zwei Bänden,* Frankfurt 1983.
C. Stern/Th. Vogelsang u. a. (Hrsg.), *Lexikon zur Geschichte und Politik im 20. Jahrhundert,* 2 Bde, Köln 1971.
R. Stöss u. a., *Parteien-Handbuch. Die Parteien der Bundesrepublik Deutschland 1945–1980,* 2 Bde, Opladen/Wiesbaden 1982.
Tatsachen über Deutschland, hrsg. vom Presse- und Informationsamt der Bundesregierung, München 1984.
U. Thaysen, *Parlamentarisches Regierungssystem in der Bundesrepublik Deutschland. Daten–Fakten–Urteile im Grundriß,* Opladen 1976.
Th. Vogelsang, *Das geteilte Deutschland,* München 1973.
W. Voß, *Die Bundesrepublik Deutschland. Daten und Analysen,* Stuttgart u. a. 1980.
Zehn Jahre Deutschlandpolitik. Die Entwicklung der Beziehungen zwischen der Bundesrepublik Deutschland und der Deutschen Demokratischen Republik 1969–1979, hrsg. vom Bundesministerium für innerdeutsche Beziehungen, Bonn 1980.

Die Herausgeberin

Ulrike Nikel, 1946, Studium der Geschichte und Germanistik (M. A.), ist nach mehrjähriger Lektoratstätigkeit in München freiberuflich für verschiedene Verlage als Herausgeberin und Redakteurin tätig.

Die Autoren

Angelika Baumann, 1954, nach dem Studium Mitarbeit am Münchner Institut für Zeitgeschichte, promovierte 1984 zum Dr. phil.
Reinhold Bodensteiner, 1953, Lehramtsstudium, ist freier Mitarbeiter der Süddeutschen Zeitung, München.
Rüdiger Bolz, 1953, M.A. und Doktorand, nach freiberuflicher Tätigkeit in München jetzt Dozent für deutsche Literaturgeschichte, Bologna.
Christoph Boyer, 1953, nach dem Staatsexamen Mitarbeiter des Instituts für Zeitgeschichte, München, arbeitet derzeit an seiner Dissertation.
Georg Braun, 1951, Diplom-Bibliothekar und Lehramtsstudium, ist an der Internationalen Jugendbibliothek in München tätig.
Ulrich Cartarius, 1940, Dr. phil., Historiker und wissenschaftlicher Archivar beim Archiv der sozialen Demokratie, Bonn.
Michael Dörfler, 1956, Ausbildung an der Deutschen Journalistenschule und Studium der Diplom-Journalistik, München.
Erwin Fellner, 1951, Studium der Rechts- und Sozialwissenschaften, Redakteur einer populärwissenschaftlichen Zeitschrift (P. M.), München.
Ilse Fischer, 1947, Dr. phil., wissenschaftliche Archivarin beim Archiv der sozialen Demokratie, Bonn.
Eberhard Flessing, 1941, Sozialwissenschaftler (M. A.) und wissenschaftlicher Referent beim Archiv der sozialen Demokratie, Bonn.
Wolfgang Gröf, 1946, wissenschaftlicher Mitarbeiter des Archivs der sozialen Demokratie, Bonn.
Engelbert Hommel, 1945, M. A., wissenschaftlicher Mitarbeiter der Stiftung Bundeskanzler-Adenauer-Haus, Rhöndorf.
Gisela M. Krause, 1948, Archivarin im Archiv der sozialen Demokratie, Bonn.
Werner Krause, 1934, ist Leiter des Archivs der sozialen Demokratie der Friedrich-Ebert-Stiftung, Bonn.
Bernd Kühnl, 1951, Geschichtsstudium und Journalistenschule, Parlamentskorrespondent der Münchner *Abendzeitung* und anschließendes Jahresstipendium an der Harvard-Universität (USA).
Hanns Jürgen Küsters, 1952, Dr. rer. pol., Dipl.-Pol., wissenschaftlicher Mitarbeiter der Stiftung Bundeskanzler-Adenauer-Haus, Rhöndorf.
Klaus Lesche, 1960, Besuch der Journalistenschule und Studium der Diplom-Journalistik in München.
Bernd Löffler, 1959, Ausbildung an der Deutschen Journalistenschule und Studium der Diplom-Journalistik, München.
Julia Massenkeil-Kühn, 1956, Doktorandin in neuer Geschichte und Mitarbeiterin im Archiv der Universität Bonn.
Hans Peter Mensing, 1942, Dr. phil., wissenschaftlicher Mitarbeiter der Stiftung Bundeskanzler-Adenauer-Haus, Rhöndorf.
Marlene Müller, 1956, M. A., nach dem Studium Tätigkeit am Münchner Institut für Zeitgeschichte.

Claudia Nölting, 1954, arbeitet nach einem Studium in München an ihrer Dissertation über nordrhein-westfälische Wirtschaftsgeschichte in Bochum.

Günter Plum-Grossmann, 1931, Dr. phil., wissenschaftlicher Mitarbeiter des Instituts für Zeitgeschichte, München.

Alfred Schiffner, 1949, Studienrat am Wilhelm-Hausenstein-Gymnasium, München.

Horst-Peter Schulz, 1940, M. A., wissenschaftlicher Referent beim Archiv der sozialen Demokratie, Bonn.

Clemens Vollnhals, 1956, M. A., Mitarbeit beim Institut für Zeitgeschichte und beim Institut für Bayerische Geschichte, München.

Christoph Weisz, 1943, Dr. phil., Historiker am Münchner Institut für Zeitgeschichte.

Helga Welsh, 1952, wissenschaftliche Angestellte des Instituts für Zeitgeschichte, München.

Emil Werner, 1913, Chefredakteur der SPD-Wochenzeitschrift *Die Brücke* (1949–1961), anschließend bis 1977 Pressesprecher der bayerischen SPD.

Hans Woller, 1952, Dr. phil., wissenschaftlicher Angestellter des Instituts für Zeitgeschichte, München.

Personenregister

Biomedizin – die natürliche Alternative.

Alexander, Maximilian
Zoubek, Eugen
Schmerzfrei durch Biomedizin
– Neue Naturheilmethoden –
144 Seiten, 11,5 x 18 cm
DM 6,80
ISBN 3-612-20000-3
ETB 20000

Das Buch

Akute und chronische Schmerzzustände sind das Schicksal vieler Menschen und können oft einen Lebensweg beeinflussen und prägen. Die Biomedizin bietet eine natürliche Alternative zu den herkömmlichen Schmerzmitteln. Wirksame Präparate, auf rein biologischer Basis hergestellt, helfen Schmerzen ohne schädliche Nebenwirkungen überwinden, mobilisieren Eigenkräfte und setzten einen natürlichen Heilungsprozeß in Gang. Anhand zahlreicher Praxisbeispiele zeigen die Autoren, mit welchen Mitteln der modernen Naturmedizin der Mensch Krankheiten und Schmerzen vorbeugen und sich selbst erfolgreich behandeln kann.

Die Autoren

Maximilian Alexander arbeitet seit vielen Jahren als freier Journalist und Schriftsteller. Seine Spezialgebiete sind Medizin und Naturheilkunde.
Eugen Zoubek ist Homöopath und Arzt.

Mehr Spaß am Lernen – Mehr Zeit zum Spielen.

Beyer, Günther
So lernen Schüler leichter
– Gedächtnis- und Konzentrationstraining –
128 Seiten, 50 Grafiken
11,5 x 18 cm
DM 6.80
ISBN 3-612-20001-1
ETB 20001

Das Buch

Mangelhafte Konzentrationsfähigkeit und schlechtes Gedächtnis sind oft die Ursachen für ungenügende Leistungen in der Schule. Dieses Buch schafft Abhilfe: Kinder zwischen 8 und 15 Jahren erfahren, wie sie mit einfachen Lerntechniken ihr Gedächtnis schulen und ihre Konzentrationsfähigkeit erhöhen können, um besser zu werden, Spaß am schnellen Lernen zu finden und damit mehr Zeit zum Spielen zu haben.
Übungen und Kontrolltests helfen, Können und Leistungen zu steigern.

Der Autor

Günther Beyer ist Gründer des Eltern-Schüler-Förderkreises Nordrhein-Westfalen. Er leitet ein eigenes Institut für Creatives Lernen.
Im ECON-Verlag erschienen seine Ratgeber 'Creatives Lernen', 'Gedächtnis- und Konzentrationstraining' und 'Superwissen durch Alpha-Training'.

Das Standardwerk der biologischen Küche.

Danner, Helma
Biologisch kochen und backen
– Das Rezeptbuch der natürlichen Ernährung –
288 Seiten, 30 Zeichn.
11,5 x 18 cm
DM 14,80
ISBN 3-612-20003-8
ETB 20003

Das Buch

Natürliche Ernährung ist nicht nur gesund, sondern auch wohlschmekkend, durch sie können Krankheiten geheilt, gelindert und verhindert werden: Karies, Paradontose, Erkrankung des Bewegungsapparates, Zukkerkrankheit, Leber-, Gallen-, Nierenerkrankungen, Beschwerden der Verdauungsorgane, Gefäßerkrankungen u. v. a. m. Naturbelassene Ernährung bringt dem Menschen neuen Schwung, Elastizität, Ausdauer und hohe Konzentrationsfähigkeit, sie erhält ihn gesund und schlank.
Die Rezepte in diesem Buch sind praxiserprobt.

Die Autorin

Helma Danner ist Gesundheitsberaterin. Sie beschäftigt sich seit vielen Jahren mit der wissenschaftlichen und Laienliteratur auf dem Ernährungssektor, mit neuesten und alten Gesundheits- und Kochbüchern.

Mit autogenem Training zu innerer Harmonie.

Eberlein, Gisela
Autogenes Training mit Kindern
112 Seiten
11,5 x 18 cm
DM 6,80
ISBN 3-612-20004-6
ETB 20004

Das Buch

Viele Kinder sind nervös, aufgeregt, schlafen schlecht, sind kontaktarm, inaktiv, unkonzentriert und ängstlich. Durch autogenes Training können diese Störungen behoben werden. Autogenes Training bringt Spannung und Entspannung, fördert Aktivität und Kreativität und hilft den Kindern, selbstsicher, mutig und frei zu werden. Dies Buch zeigt, wie Kinder autogenes Training unter Anwendung von Märchen erlernen und durchführen können und wie die Autorin selbst mit Kindern autogenes Training erfolgreich ausübte.

Die Autorin

Dr. med. Gisela Eberlein lehrt in eigener Praxis, in Seminaren und Arbeitsgemeinschaften autogenes Training. Sie wurde ausgezeichnet mit dem 'Hufeland-Preis' für vorbeugende Gesundheitspflege.

*Akupunktur-
Heilmethode für
alle.*

Ewald, Hans
Akupunktur für Jeden
– Eine Anleitung in Bildern –
128 Seiten, 76 Abb.
11,5 x 18 cm
DM 6,80
ISBN 3-612-20005-4
ETB 20005

Das Buch

Akupunktur heilt Krankheiten, behebt Funktionsstörungen, Akupunktur ist leicht zu erlernen und bewirkt in vielen Fällen unerhoffte Heilerfolge. Anhand von rund 90 Abbildungen und Zeichnungen erläutert der Autor die Meridiane und Punkte des Körpers, beschreibt Grundsätze der Diagnostik und Therapie, gibt Anleitung für Stichtiefe, Handhaltung und Nadelarten und liefert einen Bezugsnachweis für die Nadeln.
Innerhalb kurzer Zeit kann der Laie mit diesem Buch die Selbstbehandlung mit Akupuktur erlernen.

Der Autor

Dr. med. Hans Ewald erlernte Akupunktur in Asien und wendet die Heilmethode seit Jahren erfolgreich in eigener Praxis an. Beim ECON-Verlag erschienen seine Ratgeber Akupunktur und Akupressur, 'Akupressur für Jeden.

*Wasser –
Medikament für
Kranke – Elixier
für Gesunde.*

Jäger, Gerhard
Wasser wirkt Wunder
– Natürliche Heilmethoden –
160 Seiten, 26 Abb.
11,5 x 18 cm
DM 6,80
ISBN 3-612-20006-2
ETB 20006

Das Buch

Wasser ist eine Medizin mit ganz besonderen Eigenschaften: Es härtet den Körper ab, schützt vor Krankheiten und kann viele Krankheiten und chronische Leiden heilen oder lindern.
Der Autor zeigt, wie Wassertherapie wirkt. Wirksam sind medizinische Bäder und Duschen, Wikkel und Güsse, Packungen, heiß, kalt oder wechselwarm, Lösungen mit Kräutern und anderen Zusatzstoffen. Die Wassertherapie hilft u. a. bei Rheuma und Durchblutungsstörungen, bei Herz- und Kreislauferkrankungen, bei Verdauungsstörungen, bei Leber- und Nierenproblemen und bei Infektionskrankheiten.

Der Autor

Gerhard Jäger ist Medizin-Journalist und Schriftsteller. Er praktiziert als Heilpraktiker in eigener Praxis.

*Zum Arzt –
oder nicht?*

Vickery, Donald
Fries, James F.
Zum Arzt – oder nicht?
– Krankheiten erkennen und das Richtige tun –
304 Seiten, 65 Abb.
11,5 x 18 cm
DM 12,80
ISBN 3-612-20007-0
ETB 20007

Das Buch

Wie oft ist der Mensch angesichts körperlicher Beschwerden verunsichert und sucht den Arzt auf, wie oft hätte er sich selbst behandeln können, wie oft aber geht er auch zu spät zum Arzt?
Die häufigsten Beschwerden und Erkrankungen werden in diesem Buch charakterisiert. Bauchschmerzen, Durchfall, Husten, Schnittwunden, innere Schmerzen u.v.a. Krankheiten werden anhand der auftretenden Symptome beschrieben. Die Erscheinungsbilder werden schematisch aufgezeichnet und es wird gezeigt, wann ein Arzt aufgesucht werden muß und wann der Patient sich selbst behandeln kann.

Die Autoren

Donald Vickery und James Fries sind praktische Ärzte mit jeweils eigener Praxis.

*Schlank im
Schlaf.*

Bierach, Alfred
Schlank im Schlaf durch vertiefte Entspannung
– Die SIS-Methode –
144 Seiten, 1 Grafik
11,5 x 18 cm
DM 6,80
ISBN 3-612-20008-9
ETB 20008

Das Buch

Durch vertiefte Entspannung im Schlaf schlank werden, dies ist eine neue Methode, die all jenen zu empfehlen ist, die ohne Mühe schlank werden und endlich wieder ihr Normalgewicht erreichen wollen. Im Zustand tiefster Entspannung suggeriert der Mensch seinem Unterbewußtsein ein verändertes Ernährungsprinzip und kann so bei Bewußtsein mühelos den neuen Weg einhalten. Eine wissenschaftlich und praxiserprobte Methode, die in psychosomatischen Kliniken angewandt wird.

Der Autor

Dr. Alfred Bierach, Psychotherapeut und Naturheilkundler, ist in eigener Praxis am Bodensee tätig. Mit der SIS-Methode hat er vielen Patienten geholfen, schlank zu werden.

Porzellanmalerei – eine reizvolle und traditionsreiche Kunst.

Biesterfeld, Edda
Kleine Kunst auf weißem Gold
– Ein Kurs zum Erlernen der Porzellanmalerei –
160 Seiten, 28 Abb.
11,5 x 18 cm
DM 8,80
ISBN 3-612-20009-7
ETB 20009

Das Buch

Marco Polo brachte das erste Porzellan mit nach Europa, wo es später nacherfunden wurde. Inzwischen ist Porzellanmalerei eines der kreativsten Hobbies.
Die Autorin bietet mit diesem Buch eine Einführung in die Porzellanmalerei. Sie zeigt, zu welchem Zweck man dieses Hobby betreibt, wie man es erlernt, welche Stücke man selbst herstellen kann. Der Laie erfährt alles über Pinsel, Malöle, Materialbeschaffung, Reparaturen, Technik, Komposition. Tips, Anleitungen und Erfahrungsberichte, weiterreichende Literaturangaben und ein Lieferantenverzeichnis bieten dem Neuling eine solide Basis.

Die Autorin

Edda Biesterfeld, Leiterin einer Stadtbücherei, betreibt dieses Hobby seit über 10 Jahren und unterrichtet in Porzellanmalerei an der Volkshochschule.

Die Ängste unserer Kinder.

Eberlein, Gisela
Ängste gesunder Kinder
– Praktische Hilfe bei Lernstörungen –
160 Seiten,
11,5 x 18 cm
DM 7,80
ISBN 3-612-20010-0
ETB 20010

Das Buch

Jedes Kind kämpft mit unbewußten Ängsten, die es in irgendeiner Form hindern, zwanglos fröhlich, aktiv und spontan zu sein. Nervosität, Schlafstörungen, Kontaktschwierigkeiten, ja sogar Asthma, Stottern, Bettnässen sind Folgen dieser Ängste, die durch gezielt angewendete psychologische und pädagogische Entspannungsübungen behoben werden können. Wie, das zeigt dies Buch.

Der Autorin

Dr. med. Gisela Eberlein lehrt in eigener Praxis, in Seminaren und Arbeitsgemeinschaften autogenes Training. Besonders bei Kindern erzielte sie über psychologisch und pädagogisch fundierte Entspannungsmethoden große Erfolge.

Geistige Vorstellung malerisch ausdrücken.

Gabisch, Eva
Chinesische Malerei
– Anleitung für ein schöpferisches Hobby –
96 Seiten, 31 Abb.
11,5 x 18 cm
DM 5,80
ISBN 3-612-20011-9
ETB 20011

Das Buch

Innere Ausgeglichenheit und Harmonie sind in unserer Zeit durch Unruhe, Hektik und Unsicherheit notwendiger geworden denn je. Eine Möglichkeit zur Selbstverwirklichung bietet die Kunst der chinesichen Tuschemalerei. Die Autorin führt gründlich in das Wesen dieser Malerei ein. Sie bietet eine ausführliche Anleitung und zeigt in 30 Einzelübungen mit genauen Arbeitsvorlagen und einzeln erläuterten Arbeitsschritten, wie rasch dieses kreative Hobby erlernt werden kann. Eine Liste von Firmenanschriften vervollständigt den Band.

Die Autorin

Eva Gabisch ist Grafikerin. Sie beschäftigt sich seit Jahren mit der chinesischen Tuschemalerei und leitet eine Schule für chinesische Malerei und kreative Selbstentfaltung.

Jede dritte Frau leidet unter Orangenhaut.

Ulrich, Wolf
Zellulitis ist heilbar
– Orangenhaut vorbeugen und selbst behandeln –
128 Seiten, 51 Abb.
11,5 x 18 cm
DM 6,80
ISBN 3-612-20012-7
ETB 20012

Das Buch

Zellulitis ist heilbar! Der Autor erklärt, wie Zellulitis entsteht und schildert, wie man Zellulitis erfolgreich vorbeugen kann und sie heilt. Er entwickelte ein mehrstufiges Anti-Zellulitis-Programm, mit dem er durch Lebensführung, richtige Ernährung, Sport und Gymnastik, Massage, Medikamente und viel Geduld in zehn Wochen diese häßliche Krankheit heilen kann. 50 Bilder erläutern sein Programm und erleichtern dem Leser, es alleine durchzuführen.

Der Autor

Dr. med. Wolf Ulrich ist Facharzt für Hautkrankheiten.